Caro aluno, seja bem-vindo à sua plataforma do conhecimento!

A partir de agora, está à sua disposição uma plataforma que reúne, em um só lugar, recursos educacionais digitais que complementam os livros impressos e foram desenvolvidos especialmente para auxiliar você em seus estudos. Veja como é fácil e rápido acessar os recursos deste projeto.

1 Faça a ativação dos códigos dos seus livros.

Se você NÃO tem cadastro na plataforma:
- acesse o endereço <login.smaprendizagem.com>;
- na parte inferior da tela, clique em "Registre-se" e depois no botão "Alunos";
- escolha o país;
- preencha o formulário com os dados do tutor, do aluno e de acesso.

O seu tutor receberá um *e-mail* para validação da conta. Atenção: sem essa validação, não é possível acessar a plataforma.

Se você JÁ tem cadastro na plataforma:
- em seu computador, acesse a plataforma pelo endereço <login.smaprendizagem.com>;
- em seguida, você visualizará os livros que já estão ativados em seu perfil. Clique no botão "Códigos ou licenças", insira o código abaixo e clique no botão "Validar".

Este é o seu código de ativação! → **DFLLH-BFNBR-AZ7EP**

2 Acesse os recursos

usando um computador.

No seu navegador de internet, digite o endereço <login.smaprendizagem.com> e acesse sua conta. Você visualizará todos os livros que tem cadastrados. Para escolher um livro, basta clicar na sua capa.

usando um dispositivo móvel.

Instale o aplicativo **SM Aprendizagem**, que está disponível gratuitamente na loja de aplicativos do dispositivo. Utilize o mesmo *login* e a mesma senha que você cadastrou na plataforma.

Importante! Não se esqueça de sempre cadastrar seus livros da SM em seu perfil. Assim, você garante a visualização dos seus conteúdos, seja no computador, seja no dispositivo móvel. Em caso de dúvida, entre em contato com nosso canal de atendimento pelo **telefone 0800 72 54876** ou pelo *e-mail* atendimento@grupo-sm.com.

LÍNGUA PORTUGUESA

GERAÇÃO ALPHA

6

CIBELE LOPRESTI COSTA
Bacharela em Letras, Mestra em Literatura e Crítica Literária pela Pontifícia Universidade Católica de São Paulo (PUC-SP).
Doutora em Letras pela Faculdade de Filosofia, Letras e Ciências Humanas (FFLCH) da Universidade de São Paulo (USP).
Professora de Língua Portuguesa e Literatura na rede particular.

GRETA MARCHETTI
Bacharela e licenciada em Letras pela FFLCH-USP.
Mestra em Educação pela Faculdade de Educação (FE) da USP.
Doutora em Linguística Aplicada e Estudos da Linguagem pela PUC-SP.
Professora e coordenadora de Língua Portuguesa na rede particular.

São Paulo, 5ª edição, 2023

Geração Alpha Língua Portuguesa 6
© SM Educação
Todos os direitos reservados

Direção editorial André Monteiro
Gerência editorial Lia Monguilhott Bezerra
Edição executiva Isadora Pileggi Perassollo
Colaboração técnico-pedagógica: Cristiane Imperador, Millyane M. Moura Moreira, Priscila Piquera Azevedo
Edição: Beatriz Rezende, Cláudia Letícia Vendrame Santos, Cristiano Oliveira da Conceição, Ieda Rodrigues, Laís Nóbile, Lígia Maria Marques, Raphaela Comisso, Raquel Lais Vitoriano, Rosemeire Carbonari, Tatiane Brugnerotto Convelsan
Suporte editorial: Camila Alves Batista, Fernanda de Araújo Fortunato
Coordenação de preparação e revisão Cláudia Rodrigues do Espírito Santo
Preparação: Andréa Vidal, Iris Gonçalves
Revisão: Daniela Uemura, Janaína T. Silva, Márcio Medrado
Apoio de equipe: Lívia Taioque
Coordenação de *design* Gilciane Munhoz
***Design*:** Lissa Sakajiri, Paula Maestro, Camila N. Ueki
Ilustrações que acompanham o projeto: Laura Nunes
Coordenação de arte Vitor Trevelin
Edição de arte: Fabiane Eugenio, Renné Ramos
Assistência de arte: Selma Barbosa Celestino
Assistência de produção: Júlia Stacciarini Teixeira
Coordenação de iconografia Josiane Laurentino
Pesquisa iconográfica: Bianca Fanelli
Tratamento de imagem: Marcelo Casaro
Capa Megalo | identidade, comunicação e design
Ilustração da capa: Thiago Limón
Projeto gráfico Megalo | identidade, comunicação e design; Lissa Sakajiri, Paula Maestro, Camila N. Ueki
Editoração eletrônica Arbore Comunicação
Pré-impressão Américo Jesus
Fabricação Alexander Maeda
Impressão Amity Printng

Dados Internacionais de Catalogação na Publicação (CIP)
(Câmara Brasileira do Livro, SP, Brasil)

Costa, Cibele Lopresti
  Geração alpha língua portuguesa, 6 /
Cibele Lopresti Costa, Greta Marchetti. --
5. ed. -- São Paulo : Edições SM, 2023.

  ISBN 978-85-418-2964-9 (aluno)
  ISBN 978-85-418-3113-0 (professor)

  1. Língua portuguesa (Ensino fundamental)
I. Marchetti, Greta. II. Título.

23-15446   CDD-372.6

Índices para catálogo sistemático:
1. Língua portuguesa : Ensino fundamental 372.6

Cibele Maria Dias - Bibliotecária - CRB-8/9427

5ª edição, 2023
2ª impressão, 2024

SM Educação
Avenida Paulista, 1842 – 18º andar, cj. 185, 186 e 187 – Condomínio Cetenco Plaza
Bela Vista 01310-945 São Paulo SP Brasil
Tel. 11 2111-7400
atendimento@grupo-sm.com
www.grupo-sm.com/br

APRESENTAÇÃO

OLÁ, ESTUDANTE!

Ser jovem no século XXI significa estar em contato constante com múltiplas linguagens, uma imensa quantidade de informações e inúmeras ferramentas tecnológicas. Isso ocorre em um cenário mundial de grandes desafios sociais, econômicos e ambientais.

Diante dessa realidade, esta coleção foi cuidadosamente pensada para ajudar você a enfrentar esses desafios com autonomia e espírito crítico.

Atendendo a esse propósito, os textos, as imagens e as atividades nela reunidos oferecem oportunidades para que você reflita sobre o que aprende, expresse suas ideias e desenvolva habilidades de comunicação nas mais diversas situações de interação em sociedade.

Vinculados aos conhecimentos próprios da área de Linguagens, também são explorados aspectos dos Objetivos de Desenvolvimento Sustentável (ODS), estabelecidos pela Organização das Nações Unidas (ONU). Com isso, esperamos contribuir para que você compartilhe dos conhecimentos construídos em Língua Portuguesa e os utilize para fazer escolhas responsáveis e transformadoras em sua vida.

Desejamos também que esta coleção contribua para que você se torne um cidadão atuante na sociedade do século XXI e seja capaz de questionar a realidade em que vive, buscando respostas e soluções para os desafios presentes e os que estão por vir.

Equipe editorial

Abertura de unidade

Nesta unidade, eu vou...
Nessa trilha, você conhece os objetivos de aprendizagem da unidade. Eles estão organizados por capítulos e seções e podem ser utilizados como um guia para seus estudos.

Uma imagem busca instigar sua curiosidade e motivar você ao estudo da unidade.

Primeiras ideias
As questões desse boxe incentivam você a contar o que sabe sobre os conteúdos da unidade e a levantar hipóteses sobre eles.

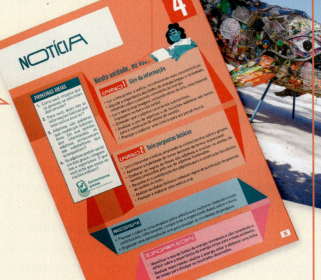

Leitura da imagem
As questões propostas orientam a leitura da imagem e permitem estabelecer relações entre o que é mostrado e o que você conhece sobre o assunto.

Cidadania global
Nesse boxe, você começa a refletir sobre um dos Objetivos de Desenvolvimento Sustentável (ODS). Ao percorrer a unidade, você terá contato com outras informações que ampliarão seu conhecimento sobre o ODS.

Capítulos

Abertura de capítulo
As unidades são compostas de dois ou três capítulos. Cada capítulo traz um texto de leitura do gênero que você vai estudar. O boxe *O que vem a seguir* apresenta algumas informações sobre o texto e propõe o levantamento de hipóteses antes da leitura.

Glossário
Apresenta definições de palavras e expressões que talvez você não conheça.

4

Texto em estudo
Nessa seção, você desenvolve habilidades de leitura e explora as características dos gêneros estudados, a linguagem e o contexto de produção de cada um deles.

Saber ser
O selo *Saber ser* indica momentos oportunos para o desenvolvimento de competências socioemocionais: tomada de decisão responsável, autogestão, autoconsciência, consciência social e habilidades de relacionamento.

Uma coisa puxa outra
Essa seção permite que você estabeleça diálogo entre textos, ampliando suas possibilidades de leitura.

Boxe Cidadania global
Traz informações e questões relacionadas ao aspecto do ODS apresentado na abertura da unidade, para que você reflita e amplie seu conhecimento sobre o assunto.

A língua na real
Nessa seção, você amplia os conhecimentos sobre a língua portuguesa por meio de diferentes situações de uso.

Língua em estudo
Nessa seção, você reflete e constrói seu conhecimento sobre o funcionamento e a estrutura da língua portuguesa de maneira contextualizada.

Boxe Relacionando
Relaciona os conteúdos da seção *Língua em estudo* ao gênero textual visto no capítulo.

Atividades
As atividades dessa seção ajudam você a desenvolver diferentes habilidades.

Boxe Anote aí!
Traz, de maneira sistematizada, os conceitos abordados na seção.

5

Agora é com você!

Nessa seção, você vai produzir um texto do gênero estudado no capítulo, percorrendo todas as etapas necessárias para sua elaboração.

Escrita em pauta

Essa seção oferece atividades para você ampliar e colocar em prática o que sabe sobre ortografia, acentuação e pontuação.

Boxe de ampliação

Traz informações que complementam e ampliam o assunto abordado.

Boxe Etc. e tal

Apresenta informações e curiosidades relacionadas à língua portuguesa.

Boxe Para explorar

Oferece sugestões de livros, *sites*, filmes e lugares para visitação relacionados ao assunto em estudo.

Fechamento de unidade

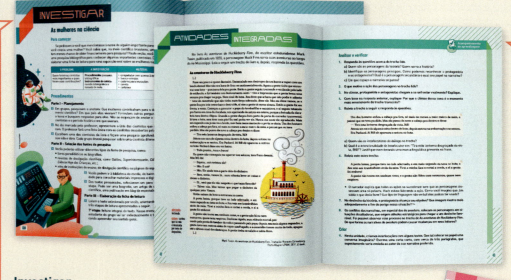

Atividades integradas

As atividades dessa seção integram os conteúdos abordados na unidade, para que você possa avaliar seus conhecimentos, e também auxiliam no desenvolvimento de habilidades e competências.

Investigar

Em dois momentos do livro, você e seus colegas vão entrar em contato com algumas metodologias de pesquisa e diferentes modos de coleta de dados. Também vão desenvolver diferentes formas de comunicação para compartilhar os resultados de suas investigações.

Cidadania global

Essa seção fecha o trabalho com o ODS e está organizada em duas partes. Em *Retomando o tema*, você vai retomar as discussões realizadas ao longo da unidade e terá a oportunidade de ampliar as reflexões feitas. Em *Geração da mudança*, você será convidado a realizar uma proposta de intervenção que busque contribuir para o desenvolvimento do ODS trabalhado na unidade.

6

No final do livro você também vai encontrar:

Interação
Essa seção propõe um projeto coletivo, que resultará em um produto destinado à comunidade escolar, incentivando o trabalho em equipe.

Prepare-se!
Seção composta de dois blocos de questões com formato semelhante ao de provas e exames oficiais, como Enem, Saeb e Pisa, para você verificar seus conhecimentos.

GERAÇÃO ALPHA DIGITAL

O livro digital oferece uma série de recursos para interação e aprendizagem. No livro impresso, eles são marcados com os ícones descritos a seguir.

Atividades interativas
Esse ícone indica que, no livro digital, você encontrará atividades interativas que compõem um ciclo avaliativo ao longo da unidade. No início dela, você poderá verificar seus conhecimentos prévios. Em algumas seções, você encontrará conjuntos de atividades para realizar o acompanhamento da sua aprendizagem e, ao final da unidade, terá a oportunidade de realizar uma autoavaliação.

 Conhecimentos prévios

 Autoavaliação

 Acompanhamento da aprendizagem

Recursos digitais
Esse ícone indica que, no livro digital, você encontrará galerias de imagens, áudios, animações, vídeos, entre outros recursos. Quando ele aparecer na página do livro impresso, acesse o recurso e faça a atividade proposta.

O QUE SÃO OS
OBJETIVOS
DE DESENVOLVIMENTO
SUSTENTÁVEL

Em 2015, representantes dos Estados-membros da Organização das Nações Unidas (ONU) se reuniram durante a Cúpula das Nações Unidas sobre o Desenvolvimento Sustentável e adotaram uma agenda socioambiental mundial composta de 17 Objetivos de Desenvolvimento Sustentável (ODS).

Os ODS constituem desafios e metas para erradicar a pobreza, diminuir as desigualdades sociais e proteger o meio ambiente, incorporando uma ampla variedade de tópicos das áreas econômica, social e ambiental. Trata-se de temas humanitários atrelados à sustentabilidade que devem nortear políticas públicas nacionais e internacionais até o ano de 2030.

Nesta coleção, você trabalhará com diferentes aspectos dos ODS e perceberá que, juntos e também como indivíduos, todos podemos contribuir para que esses objetivos sejam alcançados. Conheça aqui cada um dos 17 objetivos e suas metas gerais.

1 ERRADICAÇÃO DA POBREZA

Erradicar a pobreza em todas as formas e em todos os lugares

2 FOME ZERO E AGRICULTURA SUSTENTÁVEL

Erradicar a fome, alcançar a segurança alimentar, melhorar a nutrição e promover a agricultura sustentável

11 CIDADES E COMUNIDADES SUSTENTÁVEIS

Tornar as cidades e comunidades mais inclusivas, seguras, resilientes e sustentáveis

10 REDUÇÃO DAS DESIGUALDADES

Reduzir as desigualdades no interior dos países e entre países

9 INDÚSTRIA, INOVAÇÃO E INFRAESTRUTURA

Construir infraestruturas resilientes, promover a industrialização inclusiva e sustentável e fomentar a inovação

12 CONSUMO E PRODUÇÃO RESPONSÁVEIS

Garantir padrões de consumo e de produção sustentáveis

13 AÇÃO CONTRA A MUDANÇA GLOBAL DO CLIMA

Adotar medidas urgentes para combater as alterações climáticas e os seus impactos

14 VIDA NA ÁGUA

Conservar e usar de forma sustentável os oceanos, mares e os recursos marinhos para o desenvolvimento sustentável

3 SAÚDE E BEM-ESTAR

Garantir o acesso à saúde de qualidade e promover o bem-estar para todos, em todas as idades

4 EDUCAÇÃO DE QUALIDADE

Garantir o acesso à educação inclusiva, de qualidade e equitativa, e promover oportunidades de aprendizagem ao longo da vida para todos

5 IGUALDADE DE GÊNERO

Alcançar a igualdade de gênero e empoderar todas as mulheres e meninas

8 TRABALHO DECENTE E CRESCIMENTO ECONÔMICO

Promover o crescimento econômico inclusivo e sustentável, o emprego pleno e produtivo e o trabalho digno para todos

7 ENERGIA LIMPA E ACESSÍVEL

Garantir o acesso a fontes de energia fiáveis, sustentáveis e modernas para todos

6 ÁGUA POTÁVEL E SANEAMENTO

Garantir a disponibilidade e a gestão sustentável da água potável e do saneamento para todos

15 VIDA TERRESTRE

Proteger, restaurar e promover o uso sustentável dos ecossistemas terrestres, gerir de forma sustentável as florestas, combater a desertificação, travar e reverter a degradação dos solos e travar a perda da biodiversidade

16 PAZ, JUSTIÇA E INSTITUIÇÕES EFICAZES

Promover sociedades pacíficas e inclusivas para o desenvolvimento sustentável, proporcionar o acesso à justiça para todos e construir instituições eficazes, responsáveis e inclusivas a todos os níveis

17 PARCERIAS E MEIOS DE IMPLEMENTAÇÃO

Reforçar os meios de implementação e revitalizar a parceria global para o desenvolvimento sustentável

NAÇÕES UNIDAS BRASIL. Objetivos de Desenvolvimento Sustentável. Disponível em: https://brasil.un.org/pt-br/sdgs. Acesso em: 2 maio 2023.

SUMÁRIO

UNIDADE 1 — NARRATIVA DE AVENTURA 13

1. Espaço de desafios 16
- **Texto** "Robinson Crusoé", de Daniel Defoe 16
- **Texto em estudo** 18
- **Uma coisa puxa outra** | Aventuras em um universo peculiar 20
- **Língua em estudo** Língua e linguagem 22
- **Atividades** 24
- **A língua na real** O diálogo entre os textos 25
- **Agora é com você!** Continuação de narrativa de aventura 26

2. Personagens em ação 28
- **Texto** "A criatura", de Laura Bergallo 28
- **Texto em estudo** 30
- **Língua em estudo** Fatores de textualidade e gêneros textuais 32
- **Atividades** 34
- **A língua na real** O gênero e o contexto de produção 35
- **Escrita em pauta** Letra e fonema 36
- **Agora é com você!** Escrita de narrativa de aventura 38

▲ **Atividades integradas** | "As aventuras de Huckleberry Finn", de Mark Twain 42
▲ **Cidadania global** 44

UNIDADE 2 — CONTO POPULAR 45

1. Histórias daqui 48
- **Texto** "O boneco de piche", de Ana Maria Machado 48
- **Texto em estudo** 51
- **Uma coisa puxa outra** | Diversão na roça 53
- **Língua em estudo** Variação linguística 54
- **Atividades** 56
- **A língua na real** A variação linguística e a caracterização de personagens 58
- **Agora é com você!** Contação de conto popular ... 60

2. Contos de lá 62
- **Texto** "O kow de Hedley", de Ethel Johnston Phelps 62
- **Texto em estudo** 65
- **Língua em estudo** Variação linguística: variedades situacionais e sociais 68
- **Atividades** 70
- **A língua na real** O registro e a adequação à situação discursiva 71
- **Escrita em pauta** Encontro consonantal e dígrafo ... 72
- **Agora é com você!** Reescrita de conto popular ... 74

▲ **Atividades integradas** | "O homem pequeno", de Henriqueta Lisboa 76
▲ **Cidadania global** 78

UNIDADE 3

HISTÓRIA EM QUADRINHOS 79

1. Clássico em nova roupagem 82
Texto HQ sem título, de Benett 82
Texto em estudo 83
Uma coisa puxa outra | Evolução de personagens 86
Língua em estudo Substantivo 88
Atividades 92
A língua na real O substantivo em classificados e poemas 93
Agora é com você! Elaboração de história em quadrinhos (parte 1) 94

2. O cotidiano em quadrinhos 96
Texto "É... olhando assim, faz sentido", de Orlandeli 96
Texto em estudo 98
Língua em estudo O substantivo e suas flexões 100
Atividades 102
A língua na real O valor semântico dos graus do substantivo 103
Escrita em pauta Separação de sílabas 104
Agora é com você! Elaboração de história em quadrinhos (parte 2) 106

⊿ **Atividades integradas** | "Calvin e Haroldo", de Bill Watterson 108
⊿ **Cidadania global** 110

UNIDADE 4

NOTÍCIA 111

1. Giro da informação 114
Texto "Instalação de sistemas de energia solar tem alta de 75% em 10 meses na Grande SP", de Thaís Luquesi 114
Texto em estudo 116
Uma coisa puxa outra | Arte e meio ambiente 118
Língua em estudo Adjetivos 120
Atividades 122
A língua na real O adjetivo na notícia 123
Agora é com você! Escrita de notícia 124

2. Seis perguntas básicas 126
Texto "Aos 18, mineira descobre um asteroide em projeto da Nasa", de Isac Godinho 126
Texto em estudo 127
Língua em estudo O adjetivo e suas flexões 130
Atividades 132
A língua na real O valor semântico da flexão dos adjetivos 133
Escrita em pauta Sílaba tônica e acentuação das oxítonas e das proparoxítonas 134
Agora é com você! Notícia radiofônica 136

⊿ **Investigar** | As mulheres na ciência 138
⊿ **Atividades integradas** | "Babuínos fazem sons semelhantes às vogais *a, e, i, o, u*, diz estudo", de AFP (*Folha de S.Paulo*) 140
⊿ **Cidadania global** 142

UNIDADE 5

RELATO DE VIAGEM E DE EXPERIÊNCIA VIVIDA 143

1. Pelo mundo afora 146
Texto "Os piratas existem!", de Heloisa Schürmann 146
Texto em estudo 148
Uma coisa puxa outra | A viagem de Magalhães 151
Língua em estudo | Artigo e numeral 152
Atividades 154
A língua na real A determinação e a indeterminação em relatos 155
Agora é com você! Escrita de relato de viagem 156

2. Experiências que marcam 158
Texto "Amyr Klink fez do prazer de viajar a sua profissão", de Amyr Klink (*Fantástico*) 158
Texto em estudo 161
Língua em estudo Interjeição 164
Atividades 165
A língua na real A interjeição na construção de sentidos 166
Escrita em pauta Acentuação das paroxítonas 168
Agora é com você! Relato oral de experiência vivida 170

⊿ **Atividades integradas** | "Transpatagônia", de Cauê Steinberg 172
⊿ **Cidadania global** 174

UNIDADE 6

POEMA 175

1. Poesia e poema 178
Texto "Infância", de Carlos Drummond de Andrade 178
Texto em estudo 179
Uma coisa puxa outra | *Robinson Crusoé* 182
Língua em estudo Pronomes pessoais e pronomes de tratamento 184
Atividades 188
A língua na real Os pronomes de tratamento e seus usos 189
Agora é com você! Reescrita de poema 190

2. Cotidiano poético 192
Texto "Ritmo", de Mario Quintana 192
Texto em estudo 193
Língua em estudo Pronomes demonstrativos 196
Atividades 198
A língua na real O pronome na coesão do texto 199
Escrita em pauta Acentuação de hiatos e ditongos 200
Agora é com você! Escrita de poema 202

⊿ **Atividades integradas** | "Fotografia", de Eucanaã Ferraz 204
⊿ **Cidadania global** 206

11

UNIDADE 7 — BIOGRAFIA E ANÚNCIO DE PROPAGANDA 207

1. A vida em destaque 210
- **Texto** "Chiquinha Gonzaga", de Edinha Diniz 210
- **Texto em estudo** 212
- **Uma coisa puxa outra** | O Carnaval de antigamente 214
- **Língua em estudo** Verbo 216
- **Atividades** 219
- **A língua na real** Os usos de verbos no presente 220
- **Agora é com você!** Escrita de biografia 222

2. A arte de engajar-se 224
- **Texto** Anúncio de propaganda da Justiça Eleitoral 224
- **Texto em estudo** 225
- **Língua em estudo** Verbo: modo indicativo 228
- **Atividades** 230
- **A língua na real** O modo indicativo no anúncio de propaganda 231
- **Escrita em pauta** Alguns casos de acentuação 232
- **Agora é com você!** Elaboração de anúncio de propaganda 234

▲ **Investigar** | História da televisão no Brasil 236
▲ **Atividades integradas** | "Heitor Villa-Lobos", de Loly Amaro de Souza 238
▲ **Cidadania global** 240

UNIDADE 8 — ENTREVISTA 241

1. Bate-papo com poesia 244
- **Texto** "Cidade de Leitores", Leila Richers entrevista Bruna Beber 244
- **Texto em estudo** 246
- **Uma coisa puxa outra** | Gentileza gera gentileza 249
- **Língua em estudo** Verbo: modo subjuntivo e modo imperativo 250
- **Atividades** 253
- **A língua na real** O modo subjuntivo na construção de argumentos 254
- **Agora é com você!** Entrevista oral 256

2. Conversa com escritor 258
- **Texto** "Quebrando a história única", Juliana Domingos de Lima entrevista Jeferson Tenório 258
- **Texto em estudo** 260
- **Língua em estudo** Período composto por coordenação 262
- **Atividades** 263
- **A língua na real** Relações de sentido entre orações coordenadas 264
- **Escrita em pauta** Emprego do *g* e do *j* 266
- **Agora é com você!** Entrevista escrita 268

▲ **Atividades integradas** | Entrevista com Fernando Vilela, de Bruno Molinero 270
▲ **Cidadania global** 272

INTERAÇÃO
- Grêmio estudantil **273**
- Feira de HQ **279**

PREPARE-SE! 285
BIBLIOGRAFIA COMENTADA 303
CRÉDITOS OBRIGATÓRIOS 304

NARRATIVA DE AVENTURA

UNIDADE 1

PRIMEIRAS IDEIAS

1. Em sua opinião, que tipo de situação caracteriza uma aventura?
2. Para você, com que objetivo alguém lê uma narrativa de aventura?
3. É possível interagir com outra pessoa sem usar palavras? Explique.
4. Você costuma postar conteúdos na internet? Se sim, qual é sua intenção com essas postagens?

Conhecimentos prévios

Nesta unidade, eu vou...

CAPÍTULO 1 — Espaço de desafios

- Ler e interpretar narrativa de aventura, identificando algumas de suas características.
- Reconhecer a convivência com o outro como uma oportunidade de aprendizagem.
- Analisar relação entre narrativa de aventura e conto fantástico.
- Diferenciar língua e linguagem, assim como linguagem verbal e linguagem não verbal.
- Escrever a continuação de uma narrativa de aventura e participar de uma roda de leitura.

CAPÍTULO 2 — Personagens em ação

- Ler, interpretar e comparar narrativas de aventura.
- Discutir a importância do equilíbrio entre o uso de tecnologias e atividades ao ar livre para a saúde e o bem-estar.
- Compreender os conceitos de gênero textual, contexto de produção e intencionalidade.
- Identificar a relação entre letra e fonema.
- Produzir narrativa de aventura e organizar uma coletânea com as narrativas produzidas.

CIDADANIA GLOBAL

- Refletir sobre a importância de práticas de lazer ao ar livre para a saúde e o bem-estar.
- Realizar entrevistas e mapeamento de brincadeiras infantis tradicionais.

LEITURA DA IMAGEM

1. Em que lugar as crianças estão caminhando? Como você concluiu isso?
2. Que objeto as crianças estão segurando? Com que finalidade ele está sendo usado?
3. Em sua opinião, as crianças estão gostando da caminhada? Justifique sua resposta.

CIDADANIA GLOBAL

De acordo com a Sociedade Brasileira de Pediatria (SBP), o contato com a natureza garante maior bem--estar às crianças e benefícios como: redução de hiperatividade, diminuição de processos depressivos e aumento da imunidade.

1. Você e sua família têm o hábito de praticar atividades ao ar livre? Como você se sente nessas situações?
2. Você acredita que momentos de lazer em contato com a natureza são importantes para uma boa qualidade de vida? Por quê?

 Acesse o recurso digital e responda: O que caracteriza os parques naturalizados e o que os diferencia dos demais tipos de parques?

Grupo de crianças durante caminhada.

CAPÍTULO 1
ESPAÇO DE DESAFIOS

O QUE VEM A SEGUIR

O texto que você vai ler é um trecho de uma adaptação da obra clássica *Robinson Crusoé*, escrita por Daniel Defoe (1660-1731) e publicada em 1719. A história narra as aventuras de um jovem que, em 1652, decide viajar pelo mar e, após escapar como único sobrevivente de um naufrágio, vive sozinho em uma ilha por muitos anos. Até que, em certa ocasião, liberta um nativo de um grupo de canibais e, em homenagem ao dia em que isso ocorre, dá a esse nativo o nome Sexta-Feira. Em sua opinião, o que ocorrerá com Robinson Crusoé e Sexta-Feira nesse episódio?

TEXTO

Robinson Crusoé

Celebrei o vigésimo sétimo aniversário da minha vida na ilha de modo especial. Tinha muito a agradecer a Deus, agora mais do que antes, já que os três últimos anos haviam sido particularmente agradáveis ao lado de Sexta-Feira. Tinha também o estranho pressentimento de que este seria o último aniversário comemorado na ilha.

O barco estava guardado, em lugar seco e protegido, esperando a época das chuvas terminar para empreender a viagem até o continente.

Enquanto aguardava tempo bom para lançar-me ao mar, eu preparava todos os detalhes necessários ao sucesso da jornada: armazenar milho, fazer pão, secar carne ao sol, confeccionar moringas de barro para transportar água...

Sexta-Feira andava pela praia, à cata de tartarugas. Voltou correndo, apavorado.

— Patrão, patrão! Três canoas chegar. Muitos inimigos. Já estar muito perto...

Também me assustei. Não contava com o inesperado: os selvagens não vinham à ilha no tempo das chuvas. Espiei-os do alto da paliçada, com os binóculos. Desembarcavam muito próximos do meu "castelo", logo depois do ribeirão. O perigo nunca fora tão iminente...

— Não são gente do seu povo, Sexta-Feira?

— Não, patrão. Ser inimigos. Eu ver direito.

— Assim de tão longe? Como é que você sabe?

— Eu saber. Estes são inimigos. Talvez até vir aqui pra pegar Sexta-Feira.

Acalmei-o. Claro que não tinham vindo até a ilha por causa dele! Já havia passado muitos anos... Mas, de qualquer forma, o perigo era grande. Estavam tão próximos que poderiam descobrir-nos facilmente. Se quiséssemos ter alguma chance de sobrevivência, precisávamos atacá-los primeiro, quando não esperassem. Era fundamental fazer da surpresa nosso terceiro guerreiro!

— Você pode lutar? — perguntei ao meu companheiro.

— Sexta-Feira guerrear com patrão. Só dizer o que fazer...

Carreguei duas espingardas e quatro mosquetes com chumbo grosso, para dar a impressão de muitas balas. E preparei ainda duas pistolas. Reparti as armas de fogo com Sexta-Feira e rumamos para o acampamento dos antropófagos. Eu levava também a espada, presa à cintura, e meu companheiro, seu inseparável machado.

Protegidos pelas árvores, chegamos a menos de quarenta metros do inimigo. Na hora, não pude contá-los todos. Posteriormente, somando os mortos e os fugitivos, descobri que eram vinte e um. As chamas da fogueira já ardiam, como línguas vorazes à espera da gordura humana, que pingava de membros e partes cortadas, para alimentar sua gula.

Eu relutava em atacá-los. Estava mesmo disposto a aguardar o máximo possível, escondido no meio do bosque. E, se descobrisse que iriam embora sem andar muito pela ilha, deixá-los-ia voltar sem importuná-los.

O grupo todo encontrava-se ocupado em soltar as cordas que prendiam mãos e pés de um prisioneiro. Por fim, desmancharam a roda que ocultava o condenado à morte e o arrastaram para perto do fogo. Meu Deus, o prisioneiro era um homem branco! Não, não iria aguardar os acontecimentos. Um homem cristão como eu estava prestes a ser devorado por selvagens antropófagos... Na minha ilha. Eu não podia deixar aquela bestialidade prosseguir!

Fiz sinal a Sexta-Feira. Estava pronto? Então que atirasse com a espingarda, que seguisse meu exemplo...

— Agora, Sexta-Feira! — berrei.

Os dois tiros ecoaram simultaneamente. Por um instante, o mundo parou. Horrorizados, os selvagens viram vários dos seus guerreiros caírem sem vida. Não conseguiam compreender de onde vinha a morte. As espingardas, carregadas com chumbo grosso, provocaram um enorme estrago entre os inimigos: cinco caíram mortos, três outros feridos. [...]

O mundo então pareceu vir abaixo: a praia virou um enorme pandemônio. Tínhamos sido descobertos, mas ainda assim os selvagens não se atreviam a atacar-nos. Gritos de guerra e raiva misturavam-se aos de dor dos feridos.

Corri ao encontro do inimigo, Sexta-Feira seguiu atrás de mim. No meio do caminho, já na areia da praia, paramos para garantir a pontaria do tiro do último mosquete carregado. Mais alguns mortos e feridos caíram ao chão. Os que ainda se mantinham em pé não sabiam se corriam ou se lutavam. Fomos ao seu encontro.

Ao passar pelo homem branco, entreguei-lhe minha pistola: podia precisar dela para defender-se. A luta prosseguia, agora num combate corpo a corpo. Matei mais dois, três, quatro – não posso precisar quantos – com a espada. [...] Ainda assim, três inimigos conseguiram saltar dentro de um dos barcos e fugiram para o mar. Dois pareciam ilesos; o outro sangrava, gravemente ferido. [...]

Corremos para a outra canoa, encalhada na areia da praia. Antes de fazê-la navegar, descobrimos, deitado no seu fundo, mais um prisioneiro amarrado. De repente, a máscara de guerra, em que se transformara o rosto de Sexta-Feira, tornou-se doce e suave ao avistar o velho homem, imóvel no chão do barco.

Sexta-Feira tratou-o com muito cuidado, dedicação e carinho. Soltou o velho, sentou-o, abraçou-o, apoiou sua cabeça contra seu forte peito, enquanto afagava com mão de criança seus cabelos...

Sem o saber, Sexta-Feira acabara de salvar da morte o seu próprio pai.

[...]

Daniel Defoe. *Robinson Crusoé*: a conquista do mundo numa ilha. 17. ed. Adaptação para o português: Werner Zotz. São Paulo: Scipione, 2001. p. 85-89.

---

antropófago: ser humano que se alimenta de carne humana.

bestialidade: comportamento que assemelha o ser humano à besta ("animal"); brutalidade, estupidez, imoralidade.

empreender: realizar.

ileso: sem ferimento.

iminente: próximo, prestes a acontecer.

moringa: vaso de barro bojudo e de gargalo estreito usado para guardar e conservar a água fresca e potável.

mosquete: arma de fogo similar a uma espingarda.

paliçada: cerca feita com estacas apontadas e fincadas na terra, que serve de barreira defensiva.

pandemônio: mistura confusa de pessoas ou coisas; confusão.

simultaneamente: ao mesmo tempo.

voraz: que devora.

TEXTO EM ESTUDO

AUTOR DE *ROBINSON CRUSOÉ*

Daniel Defoe (1660-1731) foi um escritor inglês que publicou em 1719 sua mais conhecida obra, *Robinson Crusoé*, que teria sido inspirada nas memórias de alguns viajantes da época. Defoe escreveu panfletos favoráveis ao rei da época (Guilherme III) e chegou a fundar um jornal.

▲ Daniel Defoe, em pintura de 1722.

PARA ENTENDER O TEXTO

1. Antes da leitura, você pensou sobre o que ocorreria com Robinson Crusoé e Sexta-Feira no episódio narrado. Sua hipótese se confirmou? Justifique.

2. Que aniversário Robinson Crusoé estava comemorando na ilha?

3. É possível saber, pelo texto, quanto tempo Crusoé permaneceu sozinho na ilha? Explique.

4. Crusoé teve de aprender a viver em um espaço bem diferente daquele a que estava acostumado. Copie no caderno o quadro a seguir e, com base no texto, complete-a, apontando as características da ilha e o que ele precisou construir para sobreviver nela.

Presença de vegetação na ilha	
Características do mar da região da ilha	
Clima da ilha	
Alimentação de Crusoé	
Objeto que Crusoé produziu para armazenar água	
Características da moradia de Crusoé	

5. Responda às questões a seguir sobre as personagens do texto que você leu.
   a) Quem são as personagens?
   b) Quem é o protagonista da narrativa, ou seja, aquele que lidera as ações principais?
   c) Quem atua como personagem secundária, auxiliando o líder a alcançar seus objetivos?
   d) Quem são os antagonistas, ou seja, as personagens que representam uma oposição aos objetivos e às ações do líder na narrativa?

6. Releia o texto e copie no caderno um trecho que caracterize o relacionamento entre Robinson Crusoé e Sexta-Feira.

7. Reúna-se com mais dois colegas e discutam as questões a seguir. Depois, anote no caderno as conclusões.
   a) Que participação Sexta-Feira tem na elaboração e na execução do plano de ataque contra os selvagens?
   b) Sexta-Feira poderia ter impedido a morte de seu pai sem a interferência de Robinson Crusoé? Explique.

ANOTE AÍ!

A **caracterização das personagens** e **do espaço** ajuda a construir o enredo. Nas narrativas de aventura, além de **características externas** (aparência), as personagens destacam-se por **características internas** (sentimentos e personalidade), como coragem e determinação, necessárias para a superação de obstáculos. O **espaço**, por sua vez, não é mero cenário onde se desenvolve a história, mas pode **gerar desafios** às personagens e contribuir para a **criação do suspense** em uma narrativa.

8. **SABER SER** No início do texto lido, Robinson Crusoé comenta a alegria dos três últimos anos na ilha, os quais passou na companhia de Sexta-Feira. Ao longo desses anos, Sexta-Feira adquiriu costumes muito diferentes dos que tinha antes de conhecer Crusoé.

   a) Em sua opinião, o que Sexta-Feira e Crusoé podem ter aprendido um com o outro nesse período?

   b) O que você já aprendeu com amigos que são diferentes de você? Comente.

O CONTEXTO DE PRODUÇÃO

9. Em que ano foi publicado o romance cujo trecho você leu?

10. Em sua opinião, por que o mar é um cenário frequente nas obras dessa época? Nos tempos atuais, qual seria o espaço mais desafiador para as personagens de uma história de aventura? Justifique.

ANOTE AÍ!

As narrativas de aventura apresentam as **ações extraordinárias** de personagens fictícias diante de grandes perigos. Essas ações nem sempre são possíveis no mundo real, porém representam o desejo dos seres humanos de superar seus limites.

Acesse o recurso digital e descreva o que as imagens retratam.

A LINGUAGEM DO TEXTO

11. Observe três trechos extraídos da narrativa de aventura que você leu.

    — Patrão, patrão! Três canoas **chegar**. Muitos inimigos. Já **estar** muito perto...
    [...]
    Eu não podia deixar aquela bestialidade prosseguir!
    [...]
    — Agora, Sexta-Feira! — berrei.

    a) Por que os verbos destacados no primeiro trecho não foram conjugados?
    b) Quanto à pontuação, o que esses trechos têm em comum?
    c) Com qual finalidade esse tipo de pontuação é utilizado?

12. Releia este trecho.

    — Você pode **lutar**? — perguntei ao meu companheiro.
    — Sexta-Feira **guerrear** com patrão. Só dizer o que fazer...

    - Os sentidos dos verbos destacados no trecho se aproximam. No entanto, o valor dado a cada ação é diferente. Qual expressão parece exigir uma ação mais planejada e, por isso, mais trabalhosa?

ANOTE AÍ!

Uma narrativa de aventura procura **envolver emocionalmente** o leitor nas situações de perigo enfrentadas pelas personagens.
Recursos linguísticos, como o emprego de frases exclamativas e de determinadas palavras e expressões, contribuem para a criação do clima de emoção da história.

PARA EXPLORAR

A ilha do tesouro, de Robert Louis Stevenson. Porto Alegre: L&PM, 2013. Um dos romances de aventura mais célebres da literatura, publicado em 1883, *A ilha do tesouro* conta a história de Jim Hawkins, um jovem que participa de uma expedição em busca de um tesouro escondido. Ao lado de seus companheiros, ele enfrenta terríveis perigos em uma disputa com piratas assustadores.

UMA COISA PUXA OUTRA

Aventuras em um universo peculiar

O trecho do conto que você vai ler se passa na China Antiga e narra a aventura de Zheng, um chinês que deseja descobrir a ilha misteriosa de Cocobolo, onde seu pai teria desaparecido. Zheng acredita que a ilha abriga valiosos tesouros e a cura para sua estranha doença. Será que Zheng encontrará a ilha?

Cocobolo

Ao longo da expedição, a tripulação entrou em contato com outras embarcações, em busca de informações sobre Cocobolo. [...]

E assim a viagem prosseguiu por meses. A tripulação ficou inquieta, e houve ameaças veladas de motim. O imediato insistiu com Zheng para que ele desistisse.

— Se a ilha fosse real, a essa altura já a teríamos encontrado — disse o imediato.

Zheng suplicou por mais tempo. Ele passou aquela noite rezando por sonhos proféticos e, no dia seguinte, se dirigiu à coberta e encostou a orelha na parede do casco, tentando ouvir o canto de baleias. Sem ouvir cantos ou ter sonhos, Zheng começou a entrar em desespero. Se voltasse para casa de mãos vazias, sem dinheiro e sem uma cura, certamente a esposa o deixaria, a família o evitaria e os investidores se recusariam a financiá-lo, levando-o ao fracasso completo.

Zheng parou na proa do navio, desanimado, e ficou contemplando a turbulenta água verde. Sentiu uma vontade repentina de nadar. E, dessa vez, não a reprimiu.

Ele atingiu a água com uma força incrível. A corrente forte e absurdamente gelada o puxava para baixo.

Zheng não lutou contra a força da água. Então percebeu que estava se afogando.

Da escuridão emergiu um olho gigante suspenso em uma parede de carne cinza. Era uma baleia, indo rapidamente na direção de Zheng. Quando ia colidir com ele, a baleia mergulhou e desapareceu de vista. Na mesma hora os pés de Zheng atingiram algo sólido — era a baleia o empurrando por baixo, impulsionando-o para cima.

Eles romperam a superfície juntos, com Zheng tossindo água dos pulmões. Alguém do navio jogou uma corda para ele, que a amarrou na cintura, mas, quando estava sendo puxado, ouviu a baleia cantar.

Seu canto dizia: *Siga-me*.

Quando estava sendo erguido para o convés, Zheng viu que a baleia saíra nadando. Estava tremendo de frio e sem fôlego, mas encontrou energia para gritar:

— Sigam aquela baleia!

O Improvável desfraldou as velas e partiu em perseguição. Eles a seguiram por todo aquele dia e também durante a noite, marcando a posição da baleia pela névoa de seu respiradouro. Quando o sol nasceu, avistaram uma ilha no horizonte — uma ilha que não aparecia no mapa.

Só podia ser Cocobolo.

Eles navegaram naquela direção o mais rápido que o vento permitia, e o que havia sido um mero ponto no horizonte foi crescendo com o passar do dia. Mas a noite caiu antes que conseguissem alcançá-la, e quando o sol tornou a nascer, a ilha não passava de um ponto distante.

— É exatamente como disseram: ela *se move* — maravilhou-se Zheng.

Foram três dias perseguindo a ilha. A cada dia eles chegavam a uma proximidade tentadora, só para vê-la escapar toda noite. Então um vento forte os empurrou, deixando o Improvável mais veloz que nunca, e finalmente conseguiram chegar até ela. Ancoraram em uma <u>enseada</u> arenosa bem quando o sol se punha no horizonte.

Fazia meses que Zheng sonhava com a ilha Cocobolo, e deixara que seus sonhos corressem soltos, mas a realidade não era parecida com nada do que ele imaginara: não havia cachoeiras de ouro se derramando no mar, nenhuma encosta reluzindo com árvores carregadas de rubis. Era uma coleção irregular de colinas desinteressantes cobertas de vegetação densa, similar às milhares de ilhas pelas quais ele havia passado em suas viagens. O mais decepcionante foi não haver sinal da expedição de seu pai. Zheng havia imaginado encontrar o navio de Liu Zhi [pai de Zheng] semiafundado em alguma enseada, e o próprio homem, isolado em uma ilha deserta por vinte anos, esperando pelo filho em uma praia, com a cura nas mãos. Mas só havia uma meia-lua de areia branca e um muro de palmeiras ondeando ao vento.

[...]

Ransom Riggs. *Contos peculiares*. Rio de Janeiro: Intrínseca, 2016. *E-book*.

1. Que motivos levaram Zheng a seguir em expedição para Cocobolo?

2. Segundo esse trecho, Zheng teve sucesso na busca pela ilha? Justifique.

3. Para encontrar Cocobolo, Zheng teve a ajuda de uma baleia, que o salvou de um afogamento e o guiou até a ilha.

    a) Esse acontecimento é algo possível de ocorrer na vida real?

    b) Nas narrativas, quando os eventos não obedecem à lógica do mundo real, dizemos que há um elemento fantástico na história. Identifique outro elemento com essa característica na narrativa lida.

4. Qual foi o maior obstáculo encontrado por Zheng para atingir seu objetivo?

5. O elemento fantástico teve papel decisivo no conto? Por quê?

6. Compare o conto "Cocobolo" com *Robinson Crusoé*, considerando o espaço da narrativa, o objetivo da personagem principal e os elementos fantásticos.

7. Qual é sua personagem favorita: Robinson Crusoé ou Zheng? Justifique.

coberta: pavimento de um navio.

convés: qualquer piso ou pavimento do navio, aberto ou protegido por toldo.

enseada: pequena curvatura na costa que serve normalmente de porto.

imediato: oficial que ocupa o segundo lugar no comando de um navio.

Improvável: nome do navio.

motim: revolta; ação de desobediência contra as autoridades.

PARA EXPLORAR

O lar das crianças peculiares. **Direção: Tim Burton. EUA, 2016 (127 min).** O filme narra as aventuras incríveis do jovem Jake, que parte em busca da senhorita Peregrine para atender ao último pedido de seu avô. Chegando ao País de Gales, descobre outro mundo, onde a senhorita Peregrine mantém uma casa para cuidar de crianças dotadas de poderes especiais. A narrativa "Cocobolo" integra um livro de histórias que a senhorita Peregrine lia para essas crianças.

LÍNGUA EM ESTUDO

LÍNGUA E LINGUAGEM

1. Releia este trecho de *Robinson Crusoé*:

> Sexta-Feira andava pela praia, à cata de tartarugas. Voltou correndo, apavorado.
> — Patrão, patrão! Três canoas chegar. Muitos inimigos. Já estar muito perto...
> Também me assustei. Não contava com o inesperado: os selvagens não vinham à ilha no tempo das chuvas.

   a) Que palavra Sexta-Feira utiliza para se dirigir a Robinson Crusoé?
   b) O que o uso dessa palavra revela sobre a relação entre Robinson Crusoé e Sexta-Feira?
   c) Como você imagina os gestos e a expressão de Sexta-Feira em sua fala?
   d) Sexta-Feira poderia comunicar o que estava acontecendo sem usar palavras?

As pessoas interagem por meio da linguagem, expressa por diferentes sistemas de signos: gestuais, sonoros, gráficos, etc. Ao falar, gesticular, escrever, desenhar, olhar, não só comunicamos algo como agimos sobre o outro. Pela linguagem, podemos transformar o comportamento, as atitudes e as opiniões das pessoas com as quais interagimos. No trecho lido, por exemplo, Sexta-Feira identifica a chegada dos inimigos e, ao comunicar o fato a Robinson Crusoé, influencia-o a se preparar para o combate.

Assim, os sentidos são construídos a partir da interação entre os indivíduos, chamados de interlocutores.

> **ANOTE AÍ!**
> **Linguagem** é uma atividade de **interação**. Por meio da linguagem, os **indivíduos se comunicam**, **constroem sentidos** e **agem** uns sobre os outros. **Interlocutores** são os sujeitos que participam de uma interação.

LINGUAGEM VERBAL E LINGUAGEM NÃO VERBAL

2. Observe as imagens e depois responda às questões.

▲ Gustave Coubert. *O homem desesperado*, 1843-1845. Óleo sobre tela, 45 cm × 54 cm.

▲ Mauricio de Sousa. *Turma da Mônica*. Acervo do autor.

   a) Que sentimentos as personagens das duas imagens expressam?
   b) Em relação à linguagem, o que há em comum entre a pintura e a HQ?

CINEMA MUDO

Os primeiros filmes produzidos não tinham falas nem som. A encenação era feita por meio de gestos, expressões e ações dos atores. A música e outros sons eram, inicialmente, realizados por uma orquestra que tocava ao vivo, na sala de cinema. Posteriormente, antes que houvesse fala, a música foi incorporada aos filmes. Além disso, havia também algumas frases projetadas que interrompiam as cenas para situar o espectador em relação à história ou para comunicar os diálogos das personagens. O cinema mudo durou de 1895, quando surgiu, até 1927, quando foi exibido o primeiro filme falado. A atuação no cinema mudo é um exemplo de linguagem não verbal.

Nas imagens da atividade **2**, há o uso da linguagem não verbal, ou seja, a personagem representada na pintura e as personagens da história em quadrinhos da *Turma da Mônica* não usam a palavra escrita na comunicação, que ocorre por meio de expressões faciais, gestos e recursos gráficos (corações).

Em nosso dia a dia, é comum utilizarmos a linguagem não verbal para nos comunicar. Os *emoticons* e os *emojis*, presentes nas interações virtuais, são bons exemplos disso. Outro tipo de linguagem não verbal comum são as placas de trânsito, que informam aos motoristas e aos pedestres as regras para o bom funcionamento do tráfego. Há ainda formas mistas da linguagem que mesclam a verbal e a não verbal: no espetáculo teatral, por exemplo, os movimentos dos atores, suas expressões faciais e seus gestos somam-se às falas das personagens, à iluminação, ao cenário e à trilha sonora. Juntas, essas linguagens ajudam a construir os sentidos da peça apresentada.

EMOJIS E EMOTICONS	
😄	Rindo
😢	Triste
🙂	Feliz
😉	Piscando
😴	Dormindo
X-)	Com vergonha ou tímido
:-))))	Gargalhando
>:-||	Zangado
:'''-(	Chorando
:-@	Gritando

> **ANOTE AÍ!**
> A **linguagem verbal** estabelece a comunicação por meio de **palavras escritas** ou **faladas**. A **linguagem não verbal** estabelece a comunicação por meio de outros **sinais**: **gestos**, **expressões faciais**, **imagens**, **cores**, **sons**, etc.

A LÍNGUA

A forma específica como a linguagem verbal é compartilhada socialmente entre um grupo de pessoas em determinada região ou país é denominada **língua**. Em algumas comunidades, a língua é apenas falada, não sendo representada por um sistema de escrita.

As línguas são primeiro orais, ou seja, **faladas**. A **escrita** é uma representação gráfica posterior ao surgimento da língua falada. Tanto a língua falada como a escrita apresentam características próprias.

Cada língua possui um conjunto de palavras e regras de combinação dessas palavras, a fim de que os falantes possam interagir e compreender uns aos outros. Essas regras variam conforme a situação em que utilizamos a língua. Todas as línguas podem expressar significados, mas não fazem isso da mesma maneira. Por exemplo, embora a palavra *saudade*, do português, não exista em inglês, falantes do inglês são capazes de expressar esse significado por meio do verbo *to miss*, que significa *sentir falta de*.

No Brasil, a **língua portuguesa**, mais especificamente o **português brasileiro**, foi herdada dos colonizadores portugueses, sofrendo, ao longo do tempo, diversas modificações devido às práticas sociais e ao contato com outras línguas, incluindo as indígenas e as africanas. O português brasileiro é diferente do **português europeu**, que também vem sofrendo modificações, o que nos revela que as línguas mudam e se transformam. A diversidade em relação às línguas é o que motiva cientistas a estudá-las. A **linguística** é a ciência que tem como objeto central de estudo a língua.

> **LÍNGUAS INDÍGENAS**
> O português não é a única língua falada no Brasil. Segundo o Instituto Brasileiro de Geografia e Estatística (IBGE), existem 274 línguas indígenas faladas em território nacional, como a língua guarani-kaiowá, a xavante, a yanomami e a kaingang.

Acesse o recurso digital e responda: Qual a importância do trabalho de preservação das línguas indígenas?

> **ANOTE AÍ!**
> A **língua** é uma forma de **comunicação verbal** composta de um sistema de **signos** e **estruturas gramaticais**. Ela permite que seus falantes possam interagir entre si.

Acompanhamento da aprendizagem

Retomar e compreender

1. Observe a tira e responda às questões.

Mauricio de Sousa. *Revista Cascão*, n. 49. São Paulo: Globo.

a) Apesar de não haver palavras, o leitor entende a informação apresentada. Que linguagem foi usada para construir essa tira?

b) Explique o que cada personagem imaginava ao cultivar a planta.

c) Dos três desejos manifestados pelos balões de cada personagem, quais expressam benefícios comuns que uma árvore pode proporcionar?

d) Qual dos três desejos gera o humor da tira?

e) Para compreender o humor da tira, você usou seu conhecimento sobre uma das personagens. Que conhecimento foi esse?

f) Qual é a característica mais conhecida do cacto, no último quadrinho?

g) Caso desconhecesse a característica da personagem ou do cacto, o leitor conseguiria compreender bem a tira? Por quê?

2. Observe estas placas:

a) Quais são as diferenças e as semelhanças entre as placas?

b) Qual das placas apresenta maior capacidade comunicativa? Por quê?

c) Se a segunda placa fosse colocada em uma rua na França, ela cumpriria a função de comunicar?

d) O que a resposta à pergunta anterior nos revela sobre a linguagem verbal?

Aplicar

3. Em grupo, produzam uma placa tendo como referências cartazes e placas que vocês conhecem ou já viram no local onde vivem. A placa que vocês vão produzir tem como objetivo principal incentivar a coleta seletiva de lixo na escola. Reparem ainda que qualquer coleta seletiva conta com alguns tipos de lixo: metal, plástico, papel, lixo orgânico, etc. Para a criação, vocês poderão utilizar as linguagens verbal e não verbal.

A LÍNGUA NA REAL

O DIÁLOGO ENTRE OS TEXTOS

1. Compare as duas imagens e escreva o que elas têm em comum.

▲ Johannes Vermeer. *Moça com brinco de pérola*, cerca de 1655. Óleo sobre tela, 44,5 cm × 39 cm.

▲ Grafite de Banksy inspirado no quadro *Moça com brinco de pérola*. Estêncil. Bristol, Inglaterra. Foto de 2019.

O quadro da esquerda, *Moça com brinco de pérola*, é do pintor holandês Johannes Vermeer (1632-1675). A foto da direita é uma releitura da obra de Vermeer feita por Banksy, artista contemporâneo conhecido pelos grafites e pelo ativismo político. Banksy usa a forma apresentada por Vermeer; no entanto, além de o contexto ser outro – uma parede de uma rua em Bristol, na Inglaterra –, o artista incorporou, no lugar do brinco de pérola, uma caixa de alarme com a sigla ADT, referente a uma empresa de segurança.

> **ANOTE AÍ!**
>
> Quando um texto **dialoga** com outro, dizemos que eles mantêm entre si uma relação de **intertextualidade**. Essa referência pode ser **explícita** ou **implícita**.

2. Leia a primeira estrofe de uma canção infantil tradicional.

Se essa rua fosse minha

Se essa rua
Se essa rua fosse minha
Eu mandava
Eu mandava ladrilhar

Com pedrinhas
Com pedrinhas de brilhante
Para o meu
Para o meu amor passar

Domínio público.

- Que mudanças você gostaria de fazer no bairro onde vive? Copie no caderno a primeira estrofe do poema a seguir, substituindo as ★ por suas ideias e criando um texto que dialogue com a canção infantil.

Se esse bairro
Se esse bairro fosse meu
Eu ★
Eu ★

Com ★
Com ★
Para ★
Para ★

25

AGORA É COM VOCÊ!

CONTINUAÇÃO DE NARRATIVA DE AVENTURA

Proposta

Releia, a seguir, o trecho final da aventura apresentada no início deste capítulo. Nela, as personagens vencem os inimigos e fazem uma descoberta.

> Sem o saber, Sexta-Feira acabara de salvar da morte o seu próprio pai.
> [...]

Agora, escreva a continuação dessa história, descrevendo as ações das personagens. Em seguida, você e os colegas farão uma roda de leitura para compartilhar as produções.

GÊNERO	PÚBLICO	OBJETIVO	CIRCULAÇÃO
Narrativa de aventura	Colegas da turma	Narrar a continuação da história lida, com base nos elementos nela apresentados	Roda de leitura na escola

Planejamento e elaboração do texto

1 Relembre a história e descreva, no caderno, as características das personagens, não só de Robinson Crusoé e de Sexta-Feira, como também do pai do nativo e do homem branco que foi libertado. Quem é ele? Como foi parar na ilha?

2 Sua história deve ter como ponto de partida a intenção de Robinson Crusoé de sair da ilha. Planeje de que forma isso vai ocorrer. Para tanto, responda às perguntas a seguir. Elas vão ajudá-lo nesse planejamento.

- Além de Robinson Crusoé, de Sexta-Feira, de seu pai e do homem libertado, a história terá outras personagens? Se sim, quem serão elas? Qual será a participação delas na narrativa?
- Como vai ser a viagem de Robinson Crusoé? Ele vai acompanhado ou sozinho? Que tipo de dificuldades ele vai enfrentar?
- De que forma as dificuldades serão superadas?
- Robinson Crusoé vai conseguir chegar ao continente? O que acontecerá com ele no final da narrativa?
- O que acontecerá com Sexta-Feira e seu pai? E com o homem libertado?

3 Anote no caderno algumas cenas e diálogos que poderão compor a continuação. Verifique momentos oportunos para a inserção de diálogos entre as personagens, a fim de dar voz a elas e propiciar maior vivacidade ao texto.

4 Agora, escreva seu texto. Desenvolva os aspectos levantados no planejamento e crie um título para a história.

LINGUAGEM DO SEU TEXTO

1. Em *Robinson Crusoé*, você observou o uso dos sinais de pontuação? Você se lembra de algum sinal cujo uso tenha sido marcante? Se sim, qual? Ao escrever seu texto, procure evidenciar as emoções das personagens por meio do uso de sinais de pontuação.

Avaliação e reescrita do texto

1 Agora é o momento de revisar seu texto. Para isso, siga estas dicas:

- Leia silenciosamente o que escreveu.
- Faça os ajustes necessários, observando ortografia e pontuação.
- Releia o texto em voz alta e observe se a história que você quis contar está clara, se há trechos que não estão bem desenvolvidos e se há algo que você gostaria de mudar para transmitir outras emoções.
- Verifique se o título se relaciona a algum aspecto importante da história.
- Se necessário, faça alterações.

2 Em seguida, forme uma dupla e troque o texto com o colega.

3 Faça uma revisão silenciosa da produção do colega, avaliando-a de acordo com as seguintes questões:

ELEMENTOS DA NARRATIVA DE AVENTURA
No início da história é apresentado o propósito do protagonista?
As personagens estão bem caracterizadas e contextualizadas?
Há um momento de tensão na narrativa, no qual o protagonista passa por dificuldades?
As dificuldades são superadas?
As ações das personagens são coerentes com seus papéis na narrativa?
O final da história é coerente com o que foi apresentado ao longo dela?

4 Depois da leitura, reflita sobre as questões a seguir e faça anotações no caderno.

- **a)** O que achei mais interessante no texto do colega? Acrescentaria ou mudaria algo nessa história para adequá-la ao gênero narrativa de aventura?
- **b)** O que achei mais interessante em meu texto? Como posso melhorá-lo?

5 Apresente sua opinião ao colega e elabore a versão final do seu texto, considerando a avaliação que ele fez e a orientação do professor.

Circulação

1 Organize com os colegas uma roda de leitura em sala de aula. Antes do dia combinado para a roda de leitura, ensaie em casa, acompanhando as orientações apresentadas nos tópicos a seguir.

- Crie uma voz diferente para cada personagem e para o narrador.
- Busque uma entonação que transmita o clima de suspense e perigo.
- Leia em um ritmo adequado, nem muito devagar, nem muito rápido, e com fluência, para que o ouvinte acompanhe a história sem dificuldade.
- Atente-se à pontuação, respeitando as pausas, as hesitações e a entonação indicada. Controle o tom e a altura da voz para que todos possam ouvi-lo e para ganhar a atenção do público.
- Lembre-se de fazer contato visual e gestos durante a leitura.

2 Depois do ensaio, coloque em prática as dicas durante a roda de leitura.

3 Ao final, façam uma roda de conversa para expressar suas opiniões e sensações em relação à atividade e aos textos dos colegas. Lembrem-se de respeitar a fala de cada colega, escutando-o com atenção.

CAPÍTULO 2
PERSONAGENS EM AÇÃO

O QUE VEM A SEGUIR

O texto que você vai ler é um trecho do livro *A criatura*, escrito por Laura Bergallo (1958-) e publicado em 2005. Na obra, são explorados os conflitos que se estabelecem entre uma criatura ficcional e seu criador. No capítulo selecionado, você conhecerá uma personagem que enfrenta vários desafios e aventuras em cenários cada vez mais presentes no dia a dia de muitos jovens. Quem será a criatura nessa história?

TEXTO

A criatura

A tempestade tornava a noite ainda mais escura e assustadora. Raios riscavam o céu de chumbo e a luz azulada dos relâmpagos iluminava o vale solitário, penetrando entre as árvores da floresta espessa. Os trovões retumbavam como súbitos tiros de canhão, interrompendo o silêncio do cenário com estranha urgência. Além disso, nada mais se podia ouvir a não ser o assobio zangado do vento e o farfalhar de mil galhos que dançavam loucamente, jogados com violência de um lado para o outro.

Alimentadas pela chuva insistente, as águas do rio começavam a subir e a invadir as margens, carregando tudo o que encontravam no caminho. Barrancos despencavam e árvores eram arrancadas pela força da correnteza, enquanto o rio se misturava ao resto como se tudo fosse uma coisa só.

Mas algo... ou alguém... ainda resistia.

Agarrado desesperadamente a um tronco grosso que as águas levavam rio abaixo, um garoto exausto e ferido lutava para se manter consciente e ter alguma chance de sobreviver. Volta e meia seus braços escorregavam e ele quase afundava, mas logo ganhava novas forças, erguia a cabeça e tentava inutilmente dirigir o tronco para uma das margens.

De repente, no período de silêncio que se seguia a cada trovão, ele começou a ouvir um barulho inquietante, que ficava mais e mais próximo. Uma fumaça esquisita se erguia à frente, e ele então compreendeu: era uma cachoeira!

Usou quase toda a energia que lhe restava para tentar escapar. Se não conseguisse, despencaria no abismo de espuma que se aproximava e, então, seria o fim de tudo.

Num pulo desesperado, agarrou o ramo de uma árvore que ainda se mantinha de pé perto da margem e soltou o tronco flutuante, que seguiu seu caminho até a beira do precipício e nele mergulhou descontrolado.

A tempestade prosseguia e cegava o garoto, o rio continuava seu curso feroz e a cachoeira rosnava bem perto de onde ele estava. De repente, percebeu que a distância entre uma das margens e o galho em que se pendurava talvez pudesse ser vencida com um pulo. Deu um jeito de se livrar da camisa molhada, que colava em seu corpo e tolhia seus movimentos, e respirou fundo para tomar coragem.

Se errasse o pulo, seria engolido pela queda-d'água... mas, se acertasse, estaria a salvo. Viu que não tinha outra saída e resolveu tentar. Tomou impulso e, no exato momento em que projetou o corpo para a frente, um raio caiu bem no meio do rio. A luz repentina ofuscou seus olhos e o barulho quase estourou seus tímpanos, mas milagrosamente ele conseguiu alcançar a margem. [...]

Ficou de pé meio vacilante e examinou o lugar em torno, tentando decidir para que lado ir. Foi quando ouviu um rugido horrível, que parecia vir de bem perto. Correu para o lado oposto, mas não foi longe. Logo se viu encurralado em frente a um penhasco gigantesco, que barrava sua passagem. O rugido se aproximava cada vez mais.

Estava sem saída. De um lado, o penhasco intransponível; de outro, uma fera esfomeada que o cercava pronta para atacar. Então, viu um buraco no paredão de pedra e se meteu dentro dele com rapidez. A fera o seguiu até a entrada da caverna, mas foi surpreendida. Com uma pedra grande que achou na porta da gruta, o garoto golpeou a cabeça do animal com toda a força que pôde e a fera cambaleou até cair, desacordada.

Já fora da caverna, ele examinou o penhasco que teria que atravessar antes que o bicho voltasse a si. Mas a pedrada não tinha resolvido o problema. A fera acordou, vingativa, e saltou sobre ele com um movimento rápido.

Foi quando uma águia enorme passou voando bem baixo e o garoto a agarrou pelos pés, alçando voo com ela. Vendo-se no ar, olhou para baixo, horrorizado. Se caísse, não ia sobrar pedaço. Segurou com firmeza as compridas garras do pássaro e atravessou para o outro lado do penhasco.

O outro lado tinha um cenário muito diferente. Para começar, era dia, e o sol brilhava num céu sem nuvens sobre uma pista de corrida cheia de obstáculos, onde se posicionavam motocicletas devidamente montadas por pilotos de macacão e capacete, em posição de largada. Apenas em uma das motos não havia ninguém.

A águia deu um voo rasante sobre a pista, e o garoto se soltou quando ela passava bem em cima da moto desocupada. Assim que ele caiu montado, foi dado o sinal de largada.

As motos aceleraram ruidosamente e partiram em disparada, enfrentando obstáculos como rampas, buracos e lamaçais. O páreo era duro, mas a motocicleta do garoto era uma das mais velozes. Logo tomou a dianteira, seguida de perto por uma moto preta reluzente, conduzida por um piloto de aparência soturna.

Em poucos instantes estavam praticamente emparelhados, mas, apesar de muito tentar, a motocicleta negra não conseguia passar à frente. A linha de chegada se aproximava, e os gritos entusiasmados da torcida ecoavam ao fundo. A vitória era quase certa.

Inclinando o corpo um pouco mais, o garoto conseguiu acelerar sua moto e aumentou a distância entre ele e o segundo colocado. Mas o piloto misterioso tinha uma carta na manga: num golpe rápido, fez sua moto chegar por trás e, com um movimento preciso, deu uma espécie de rasteira na moto do garoto.

A motocicleta derrapou e caiu, rolando estrondosamente pelo chão da pista e levantando uma nuvem de poeira. O garoto rolou com ela e ambos se chocaram com violência contra uma montanha de terra, um dos últimos obstáculos antes da chegada.

A moto negra ganhou a corrida, sob os aplausos da multidão excitada, e o garoto ficou desmaiado no chão.

Com um sorriso vitorioso, Eugênio viu aparecer na tela as palavras FIM DE JOGO. Soltou o *joystick* e limpou na bermuda o suor da mão. Desligou o computador e se aproximou da janela do quarto, de onde avistou os pescadores sentados no píer e o reflexo prateado da lua no mar.

Laura Bergallo. *A criatura*. São Paulo: SM, 2005. p. 37-44.

---

estrondosamente: fazendo muito ruído, barulho.

intransponível: que não se pode transpor, que não se pode atravessar.

joystick: dispositivo de controle utilizado em jogos eletrônicos.

lamaçal: lugar onde há grande quantidade de lama.

páreo: competição, disputa.

penhasco: rocha grande e difícil de escalar.

rasante: voo praticado a baixa altura, muito próximo do solo.

retumbar: ressoar, ecoar, refletir o som com estrondo.

ruidosamente: de modo barulhento.

soturno: assustador, sinistro.

súbito: repentino, inesperado.

tolher: impedir, atrapalhar, perturbar.

vacilante: sem firmeza, trêmulo.

Weberson Santiago/ID/BR

TEXTO EM ESTUDO

ESCRITORA PARA JOVENS

Laura Bergallo (1958-) é autora de livros infantojuvenis, roteirista de programas de TV e ganhadora de diversos prêmios de literatura, inclusive o Prêmio Jabuti de 2007 na categoria Livro Juvenil. Publicou 23 livros, alguns deles traduzidos para o inglês e para o francês.

▲ Escritora Laura Bergallo. Foto de 2020.

PARA ENTENDER O TEXTO

1. Antes da leitura, você imaginou quem seria a criatura na história. Você acertou? Justifique.

2. O livro do qual o texto foi extraído apresenta uma história acontecendo dentro de outra.
   a) No texto lido, quem pode ser considerada a personagem principal em cada história apresentada?
   b) Essas personagens principais vivem em espaços muito diferentes. Que espaços são esses?
   c) Em qual desses espaços há adversidades a serem superadas ao longo da narrativa?

3. O garoto do jogo enfrentou muitos perigos. Copie no caderno o quadro a seguir e complete-o, informando como, segundo o texto, ele agiu para superar esses perigos.

Ele é arrastado pela correnteza em direção a uma cachoeira.	
Uma fera faminta o ameaça.	
Ele precisa fugir antes que a fera acorde.	

4. O início do texto descreve uma tempestade.
   a) Identifique os elementos que a caracterizam.
   b) A que outros elementos naturais o texto se refere?
   c) Como é caracterizado esse espaço inicial?

5. Releia o trecho a seguir.

> De repente, no período de silêncio que se seguia a cada trovão, ele começou a ouvir um barulho inquietante, que ficava mais e mais próximo. Uma fumaça esquisita se erguia à frente, e ele então compreendeu: era uma cachoeira!

   a) Quais informações do trecho antecipam ao leitor que algo ameaçador se aproxima? Transcreva-as no caderno.
   b) Volte ao texto e copie no caderno outro trecho em que uma estratégia semelhante é utilizada para criar suspense na narrativa.

ANOTE AÍ!

Uma narrativa, em geral, apresenta a seguinte estrutura:
Situação inicial: apresentação das personagens, do espaço e do tempo.
Complicação: virada na narrativa; os conflitos surgem para as personagens principais.
Desenvolvimento: série de acontecimentos que levam as personagens ao evento principal.
Clímax: ponto alto de tensão na narrativa.
Desfecho: momento em que a complicação é solucionada.

O CONTEXTO DE PRODUÇÃO

6. Pela reação de Eugênio diante da mensagem na tela do computador, no final do texto, qual era, provavelmente, o objetivo dele no jogo?

7. Por que você acha que a autora resolveu situar essa narrativa de aventura em um contexto de jogo?

> **ANOTE AÍ!**
>
> O **espaço** em que se passam as narrativas de aventura pode evocar o contexto das pessoas que fazem parte do **público-alvo** da obra.

A LINGUAGEM DO TEXTO

8. Releia um trecho do texto.

> Alimentadas pela chuva insistente, as águas do rio começavam a subir e a invadir as margens, carregando tudo o que encontravam no caminho. Barrancos despencavam e árvores eram arrancadas pela força da correnteza, enquanto o rio se misturava ao resto como se tudo fosse uma coisa só.

- Que impressões essa descrição detalhada do espaço em que se desenvolverá a ação de aventura pode provocar no leitor?

> **ANOTE AÍ!**
>
> A **descrição** de sons, cores e objetos na caracterização do espaço contribui para a criação do suspense em uma narrativa de aventura.

COMPARAÇÃO ENTRE OS TEXTOS

9. Observe a sequência narrativa do trecho de *Robinson Crusoé*.

Situação inicial	Complicação	Desenvolvimento	Clímax e desfecho
Crusoé e Sexta-Feira preparam-se tranquilos para a viagem.	Sexta-Feira e Crusoé sentem-se ameaçados.	Crusoé e Sexta--Feira atacam os selvagens.	Os selvagens são derrotados, e Sexta-Feira liberta seu pai.

- Copie o quadro no caderno e complete-o com informações sobre o texto *A criatura*.

10. Quanto aos protagonistas, que diferença existe entre os desfechos dos dois textos que você leu?

CIDADANIA GLOBAL

CONVIVÊNCIA E TECNOLOGIA

No texto *A criatura*, após a derrota no jogo, o protagonista desliga o computador e, pela janela do quarto, vê pescadores sentados no píer e o reflexo da lua no mar. Considerando essa cena, reflita sobre as questões a seguir.

1. Quais são as práticas de lazer e convivência retratadas no texto?

2. Os jogos eletrônicos são uma forma de entretenimento e lazer na vida de muitas pessoas. No entanto, por que seu uso excessivo pode se tornar um problema?

LÍNGUA EM ESTUDO

FATORES DE TEXTUALIDADE E GÊNEROS TEXTUAIS

INTENCIONALIDADE E CONTEXTO DE PRODUÇÃO

1. Leia a seguir o trecho de uma resenha sobre *A criatura*, publicado no *blog* Mundo da Sue.

> **Resenha – *A criatura* – Laura Bergallo**
>
> [...] O livro conta a história de Eugênio Klaus, um programador de jogos. Eugênio é um adolescente arrogante, que é disputado entre as empresas de tecnologia.
>
> Ao entrar em uma nova empresa de jogos, acompanha o novo projeto secreto dela, o Cibertransporte, que permite que o jogador entre dentro do jogo sem causar danos físicos. E Klaus, como programador de jogos, criou um programa chamado Loser (perdedor) para testar seus jogos.
>
> Porém, o que ele não esperava era que Loser se revoltaria e o chamaria em uma disputa, com um jogo que Klaus nunca tivesse jogado e ainda que usasse o cibertransporte para jogar.
>
> Então Klaus adentra o mundo dos jogos e da tecnologia. O que será que o ocorrerá? Quem ganhará?
>
> Este livro me impressionou bastante, a escrita é agradável, a história é interessante e flui rapidamente. A mitologia presente no livro faz com que ele se torne ainda melhor. Eu particularmente gostei bastante e espero que vocês também gostem.

Suelen. Resenha – *A criatura* – Laura Bergallo. *Mundo da Sue*, 2 mar. 2017. Disponível em: http://mundodasue.blogspot.com/2017/03/resenha-criatura-laura-bergallo.html. Acesso em: 11 fev. 2023. (Adaptado.)

a) Qual é o objetivo de produzir essa resenha para postá-la em um *blog* literário?

b) Você acredita que a autora da resenha atingiu esse objetivo? Por quê?

Na atividade anterior, você pôde refletir sobre a intenção da autora da resenha e se, para você, ela atingiu o objetivo a que se propôs. Portanto, refletiu sobre dois fatores da textualidade: a intencionalidade e a aceitabilidade.

> **ANOTE AÍ!**
>
> A **intencionalidade** é a intenção do produtor do texto em atingir o objetivo pretendido e de se fazer entender pelo seu interlocutor. Já a **aceitabilidade** é o esforço do interlocutor em entender o sentido do texto.

2. Leia a sinopse do livro *As loucas aventuras do Barão de Munchausen*.

> **Sobre a obra**
>
> É possível virar um lobo do avesso? Dá para fugir da barriga de uma baleia? Nosso divertido herói sempre consegue sair-se bem das confusões em que se mete. Bem, pelo menos é isso o que ele afirma... Com tradução realizada a partir da versão integral do século XVIII, e adaptação da escritora Heloisa Prieto, as 12 aventuras deste livro são garantia de boa e divertida leitura.

Catálogo da editora Salamandra. Disponível em: https://www.moderna.com.br/literatura/livro/as-loucas-aventuras-do-barao-de-munchausen. Acesso em: 11 fev. 2023.

a) Onde esse texto foi publicado?

b) Considerando que o livro mencionado é indicado para estudantes do 6º ano, a que público você acha que a sinopse é direcionada? Justifique sua resposta.

Para compreender um texto, é importante conhecer, além da intencionalidade, os contextos de produção, publicação e circulação, que estabelecem a maneira como o texto se comunica com os interlocutores. É preciso, portanto, que o interlocutor acione seus conhecimentos prévios e o que sabe sobre a situação de comunicação em que o texto foi falado ou escrito para a construção de sentidos. Essa situação é denominada **contexto de produção**.

Ao ler a sinopse do livro *As loucas aventuras do Barão de Munchausen*, originalmente escrito por Rudolph Erich Raspe, é possível concluir que a sinopse foi, possivelmente, produzida para leitores que gostam de histórias de aventuras ou para familiares ou professores que desejam escolher livros para a faixa etária entre 11 e 12 anos, idades dos estudantes do 6º ano do Ensino Fundamental.

ANOTE AÍ!

O **contexto de produção** envolve as condições em que um texto é produzido: quem fala, para quem fala, de que modo é transmitido e em que momento.

GÊNEROS TEXTUAIS

Para cada ato comunicativo, usamos formatos específicos de texto. Sabemos, muitas vezes, por intuição e por experiência, qual deles é mais adequado a uma situação. Outras vezes, aprendemos formalmente, na escola, alguns desses formatos.

Quando queremos, por exemplo, avisar a familiares que vamos chegar em casa mais tarde, sabemos que um bilhete é adequado, pois trata-se de uma situação informal que requer textos mais curtos. Por outro lado, para manifestar a insatisfação com um produto ou serviço, não podemos escrever um bilhete; nesse caso, é necessário empregar um gênero chamado carta de reclamação.

Também utilizamos formatos específicos de texto oral. Você já deve ter acompanhado pela televisão um debate ou uma entrevista. Cada um deles tem características específicas e pode ser reconhecido pelas pessoas.

A essas diferentes formas de organização dos textos damos o nome de **gêneros textuais**. Para escolher o gênero textual a ser empregado em determinada situação, é importante saber o público que se pretende atingir e o objetivo a ser alcançado.

As conversas em aplicativos de mensagens, por exemplo, apareceram graças às novas tecnologias contemporâneas. A carta, por sua vez, deixou de ser utilizada por diversos grupos sociais. Outro exemplo muito usual é o universo jornalístico, que dispõe de gêneros textuais típicos, como a notícia e a reportagem.

ANOTE AÍ!

Chamamos de **gênero textual** as diversas maneiras como os textos se apresentam. Cada um dos gêneros textuais possui uma forma diferente de organização em relação ao **registro da linguagem**, aos **interlocutores**, ao **contexto de produção** e à **intencionalidade**. Esses elementos são chamados de **fatores de textualidade** e são utilizados como parâmetro para analisarmos as características de cada gênero textual.

ATIVIDADES — Acompanhamento da aprendizagem

Retomar e compreender

1. Leia o texto a seguir, inscrito na etiqueta de uma blusa de seda.

a) Qual é a informação principal do texto?
b) Quem deve ter escrito essas instruções da etiqueta?
c) Quem é o possível leitor desse texto?
d) Qual é a finalidade das instruções?
e) Que tipos de linguagem a etiqueta usa para veicular sua mensagem?

2. Leia a tira.

Fernando Gonsales. *Níquel Náusea*: tédio no chiqueiro. São Paulo: Devir, 2006. p. 4.

a) No caderno, descreva o que acontece em cada um dos quadrinhos.
- Quadrinho 1
- Quadrinho 2
- Quadrinho 3

b) Qual é o significado da frase "Essa vassoura está me matando!" em cada quadrinho? Reescreva as falas das personagens de modo a expressar esse significado.

c) O que faz com que a mesma frase tenha diferentes sentidos?

Aplicar

3. Leia o texto a seguir e responda às questões.

> **Uma viagem extraordinária**
>
> *The Young and Prodigious T. S. Spivet.* França/Canadá, 2013. Direção: Jean-Pierre Jeunet. Com: Kyle Catlett, Helena Bonham Carter e Robert Maillet. 105 min. Livre.
>
> T. S. Spivet é um garoto superdotado que ganha um prestigioso prêmio científico. Para recebê-lo, ele cruza os EUA, sem avisar os pais, e passa por várias aventuras no trajeto.
>
> Caixa Belas Artes 2 — [sala] Cândido Portinari, legendado: sex. a qua.: 16h30.

Guia da Folha. *Folha de S.Paulo*. Disponível em: http://www1.folha.uol.com.br/guia/ci2811201405.shtml. Acesso em: 11 fev. 2023.

a) O texto apresenta quais informações?
b) Onde esse texto foi publicado?
c) Qual é a finalidade do texto?
d) Qual é o gênero do texto?

A LÍNGUA NA REAL

O GÊNERO E O CONTEXTO DE PRODUÇÃO

1. Leia o texto a seguir e responda às questões.

JULHO 9 SÁBADO

Eu odeio a minha mãe!!!! Odeio muito!!!!! Hoje ela veio aqui, ao meu quarto, e mexeu em tudo que é meu. Futucou nas minhas gavetas, arrumou a minha mesa de um jeito horrível e, pior de tudo, pegou na minha agenda. Eu simplesmente ODEIO ela!!!!!!!! Ela sempre faz isso e pensa que eu não percebo. Só que, desta vez, ela passou dos limites. Pegou na minha agenda que eu sei. Estava aberta em outra página. Estou com muita raiva, muita raiva mesmo!!!! Ahrrrrrr!!!!! Na hora, fiquei que nem bicho, a gente brigou muito feio. Eu fiz um escândalo, disse que ela não tinha direito de mexer nas minhas coisas, ela disse que era minha mãe, que tinha direito sim, que o meu quarto estava uma bagunça, eu falei que ela não podia nunca ter lido a minha agenda, que são as minhas intimidades, ela disse que não leu. Mentira!!! Eu sei que leu sim!!!!!! Aí, eu disse que ela era a pior mãe do mundo e que o meu quarto tinha que ficar do meu jeito, não do dela. Aí, ela é que ficou nervosa e disse que quando eu crescesse eu podia fazer o que eu quisesse da minha vida, mas enquanto eu morasse aqui, não. Ia ter que obedecer todas as regras. Que era ela e o meu pai que mandavam. Eu comecei a chorar, fiquei me sentindo muito mal, um lixo. Ela não podia falar assim comigo. Ela não manda em mim, muito menos nas minhas coisas!! [...] A partir de agora, tomei uma decisão muito séria, vou passar a escrever em código, assim, se ela ler de novo não vai entender nada!! Hahaha!! Bem feito!!

Inês Stanisiere. *A agenda de Carol*. Belo Horizonte: Leitura, 2004. s. p.

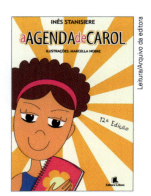

▲ Inês Stanisiere. *A agenda de Carol*. Belo Horizonte: Leitura, 2004.

a) Qual é a intencionalidade desse texto?
b) O trecho lido se assemelha a um texto produzido em que meio?
c) Quem fala no texto expressa seus sentimentos por meio da escrita. Identifique as marcas linguísticas que caracterizam o contexto de produção.
d) Você acha possível encontrar esse texto em uma revista científica dirigida a estudiosos do comportamento humano (terapeutas, psicólogos, etc.)? Comente sua resposta e justifique seu ponto de vista.
e) Observe os termos em destaque nos enunciados abaixo. Pense em que contexto esses enunciados podem ter ocorrido e, em seguida, explique o sentido manifestado em cada um deles.
   - "Eu simplesmente **ODEIO** ela!!!!!!!!"
   - "**Ahrrrrrr**!!!!!"

ANOTE AÍ!

O **contexto de produção** influencia não só o gênero textual a ser utilizado, ou seja, a organização e a estrutura do texto, como também a seleção do vocabulário, a escolha da pontuação e o modo como o interlocutor decide expressar seus sentimentos.

ESCRITA EM PAUTA

LETRA E FONEMA

1. Observe as imagens a seguir.

a) No caderno, escreva as palavras com as quais nomeamos esses animais.
b) Quantas letras cada uma dessas palavras tem?
c) Quantos sons cada uma das palavras apresenta?

A **palavra** é a unidade básica da comunicação verbal e pode ser dividida em unidades menores, como **sílabas** e **fonemas**. Quando pronunciamos as palavras *pato* e *gato*, observamos que elas são muito parecidas. Ambas são formadas por quatro sons, e os três últimos são idênticos. A simples distinção no primeiro som dessas palavras é que gera a diferença de significado.

Observe, ainda, que o primeiro som de cada palavra é representado por letras diferentes: a letra *p* na palavra *pato* e a letra *g* na palavra *gato*.

> **ANOTE AÍ!**
> As **menores unidades sonoras** da língua capazes de estabelecer diferenças de significado entre as palavras são chamadas de **fonemas**.
> Os **sinais gráficos** utilizados para representar os fonemas são as **letras**.

ALFABETO DA LÍNGUA PORTUGUESA

O alfabeto da língua portuguesa é composto de 26 letras. Algumas não faziam parte do nosso alfabeto, mas foram incorporadas à língua portuguesa recentemente. São elas *k*, *w* e *y*. Essas letras são usadas em palavras emprestadas de outras línguas (como *show*, de origem inglesa), em abreviaturas (*kg*) e em grafias de nomes estrangeiros (*Wellington*) ou palavras deles derivadas (*shakespeariano*).

2. Observe os nomes dos animais no quadro a seguir.

P	A	T	O
G	A	T	O
R	A	T	O

- No caderno, organize as palavras indicadas a seguir em dois quadros, de acordo com a semelhança dos fonemas. Assim como no modelo visto, acrescente, em cada um dos quadros, uma palavra que apresente apenas um fonema diferente das demais.

| mola | tela | cola | sela |

Os fonemas são representados entre barras inclinadas. Assim, na palavra *pato*, temos os seguintes fonemas: /p/ /a/ /t/ /o/.

Note que o número de letras e o número de fonemas da palavra *gato* são iguais, bem como os das palavras da atividade **2**. No entanto, o número de letras e o número de fonemas nem sempre correspondem. Para descobrir mais sobre esse assunto, faça as atividades a seguir.

3. Os objetos a seguir estão representados por ilustrações. Escreva no caderno o nome de cada um deles.

- Releia as palavras que você escreveu. Em seguida, analise-as e responda: Quantos fonemas há em cada uma delas?

4. No caderno, copie as letras das palavras a seguir que representam o primeiro fonema da palavra *sapo*.

| passarinho | sítio | nascer | exceto |
| sela | ciúme | sótão | açúcar |

5. A letra *x* pode representar diferentes fonemas. Copie no caderno as palavras a seguir, agrupando-as de acordo com o fonema que essa letra representa.

| xícara | enxuto | exame | experiência |
| exemplo | excelente | ameixa | exagero |

ANOTE AÍ!

Um único **fonema** pode ser representado graficamente por uma ou por mais de uma letra. Uma mesma **letra** pode representar diferentes fonemas.

ETC. E TAL

Palavras se modificam com o tempo

Os sons das palavras sofrem mudanças ao longo da história de uma língua, assim como sua escrita. A mudança dos sons recebe o nome de *metaplasmo*. Vejamos a seguir alguns exemplos de palavras do latim que tiveram seus sons e escrita modificados, dando origem aos vocábulos conhecidos hoje em língua portuguesa:

nocte > noite   *male* > mal   *lupu* > lobo

regno > reino   *bonu* > bom

Assim como os sons, a escrita também muda; no entanto, nem toda mudança ortográfica é motivada pela mudança no som. O trema é um exemplo disso. Antes do Novo Acordo Ortográfico, em vigor desde 2009, palavras como *linguística* e *frequência* eram grafadas com trema, indicando, nas sequências *gue/gui* e *que/qui*, que o som do *u* deveria ser pronunciado. Na nova ortografia, o trema não é mais utilizado, com exceção de nomes próprios estrangeiros, como *Müller*. Essa norma, porém, não é reflexo da mudança na sonoridade das palavras, que permanecem com a mesma pronúncia.

AGORA É COM VOCÊ!

ESCRITA DE NARRATIVA DE AVENTURA

Espaços de aventura

Os desafios que o protagonista tem de enfrentar em uma narrativa de aventura muitas vezes são impostos pelo espaço em que a ação ocorre. As dificuldades podem estar ligadas a condições climáticas, desastres naturais, entre outros fatores. Para vencer essas barreiras, a personagem principal precisa mostrar suas habilidades e desenvolver muitas outras no caminho.

Conheça, a seguir, alguns espaços, seus desafios e as características do protagonista necessárias para superar as adversidades desses ambientes. Fique atento às dicas que podem ser úteis para você elaborar seu texto. Que tal começar a imaginar possíveis aventuras em um desses lugares?

EM UMA RUÍNA HISTÓRICA

Desafios:
- língua desconhecida
- portas trancadas
- pedras soltas
- armadilhas

O que é preciso para superá-los:
- conhecimento de outras línguas
- conhecimento histórico
- persistência
- atenção

NA METRÓPOLE

Desafios:
- multidão
- congestionamento
- barulho
- pessoas desconhecidas

O que é preciso para superá-los:
- tranquilidade
- rapidez
- concentração
- sociabilidade

Cinco sentidos

As pessoas relacionam-se com o lugar em que estão por meio da visão, da audição, do olfato, do tato e do paladar, certo? Portanto, uma forma possível de caracterizar o espaço e os desafios que ele apresenta é pensar em elementos que estimulem os cinco sentidos da personagem. No caso de uma grande metrópole, seriam o barulho, o cheiro de fumaça, os esbarrões nas ruas cheias de gente. Dessa maneira, você cria uma atmosfera para a narrativa e mexe com as emoções do leitor.

Ilustrações: Carlos Caminha/ID/BR

Caracterização das personagens

Na hora de planejar a caracterização das personagens, é importante pensar no espaço em que elas estão inseridas e como esse lugar pode influenciar em seus aspectos físicos e psicológicos: seu corpo, suas habilidades e seu modo de se vestir, de pensar e de falar. Uma característica da personagem pode ser mais importante para superar um desafio em certo momento da história; outra pode ser decisiva em uma situação diferente.

NO ESPAÇO

Desafios:
- falhas na nave
- tempestade de meteoros
- falta de tempo
- oxigênio em queda

O que é preciso para superá-los:
- conhecimento de pilotagem
- agilidade
- concentração
- calma

NA FLORESTA

Desafios:
- correnteza do rio
- calor intenso
- animais venenosos
- tempestade tropical

O que é preciso para superá-los:
- destreza
- senso de direção
- coragem
- inteligência

NAS MONTANHAS

Desafios:
- frio intenso
- terreno íngreme
- ar rarefeito
- avalanches

O que é preciso para superá-los:
- resistência física
- confiança
- atenção
- persistência

NO DESERTO

Desafios:
- tempestade de areia
- ausência de sinal de celular
- frio e calor intensos
- falta de água

O que é preciso para superá-los:
- resistência física
- senso de direção
- confiança

Peixe fora d'água

Quando as personagens estão em um espaço muito estranho, para o qual não estão preparadas, elas são como "peixes fora d'água". Em narrativas desse tipo, é importante pensar como a personagem, com suas características e seus recursos, pode lidar com os desafios perante o desconhecido.

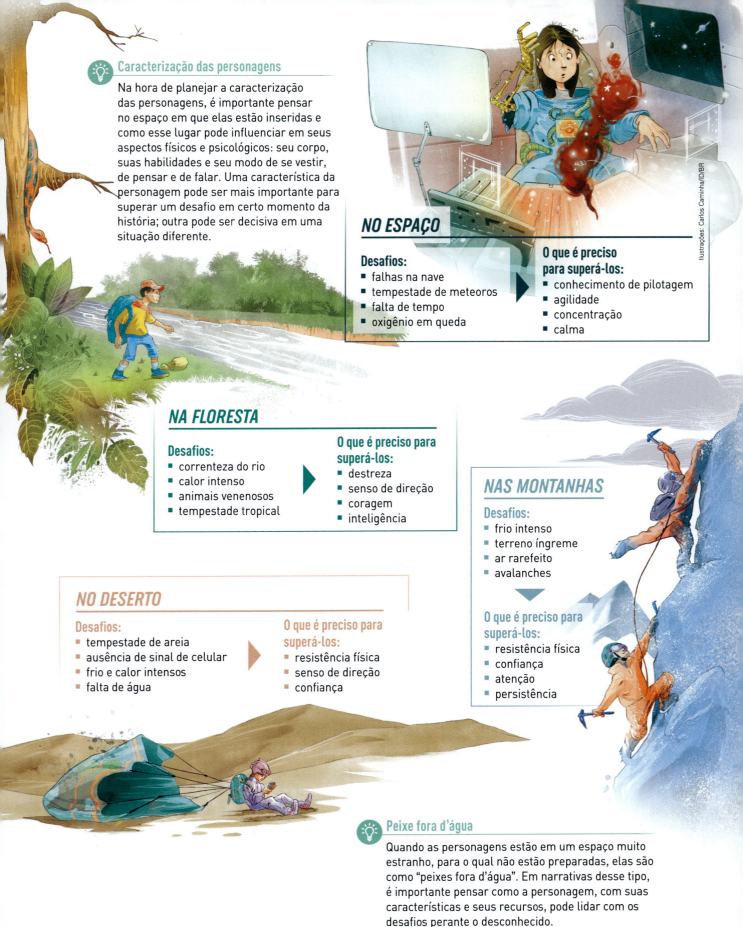

Ilustrações: Carlos Caminha/ID/BR

39

Acesse o recurso digital e responda: Como surgiram as narrativas de aventura?

Proposta

Agora, você vai escrever uma narrativa de aventura! Inspire-se nas narrativas desta unidade e nas sugestões apresentadas anteriormente para imaginar a caracterização das personagens e do espaço.

Sua produção fará parte de uma coletânea dos textos da turma. O livro poderá ser doado para a biblioteca da escola; assim, toda a comunidade escolar terá a oportunidade de se divertir com as aventuras que você e seus colegas vão inventar.

GÊNERO	PÚBLICO	OBJETIVO	CIRCULAÇÃO
Narrativa de aventura	Comunidade escolar	Entreter a comunidade escolar por meio de uma narrativa de aventura	Biblioteca da escola

Planejamento e elaboração do texto

1. Antes de escrever sua narrativa, imagine uma aventura que possa envolver quatro personagens.

2. Agora, pense sobre o tempo e o espaço dessa aventura.
   - Em que tempo sua narrativa acontece?
   - Em que espaço ela se desenvolve?
   - Quais são as características principais desse espaço?
   - Esse espaço possibilita desafios para as personagens?
   - Faça uma lista de desafios que as personagens podem enfrentar nesse espaço.

3. No caderno, liste as características externas e internas das personagens. Lembre-se de que as personagens podem desempenhar diferentes papéis.
   - **Personagens principais** são o protagonista e o antagonista, que têm papel central na história. Elas precisam ter valores opostos.
   - **Personagens secundárias** são os coadjuvantes, que auxiliam as personagens principais a realizar seus objetivos, e os figurantes, que costumam ter ações que pouco ou nada alteram o desenvolvimento da narrativa.

4. Além das caracterizações, é preciso refletir a respeito das ações das personagens principais e das secundárias.
   - Quais são a motivação e o desafio do protagonista? E os do antagonista?
   - Qual é o conflito entre essas personagens?
   - Qual será a ação do coadjuvante?
   - Qual será o papel do figurante na narrativa?

5. Definidos o conflito e as personagens, é hora de planejar o enredo.
   - Como as personagens e os espaços serão apresentados?
   - O que acontece de inesperado e que desestabiliza a situação inicial?
   - Como as personagens reagem ao momento de complicação?
   - Qual é o ponto alto de tensão da narrativa (clímax)?
   - Qual é a resolução do clímax?
   - No desfecho, o protagonista atinge seus objetivos?

6. Elabore seu texto e desenvolva os aspectos levantados no planejamento. Crie um título atrativo para sua história.

LINGUAGEM DO SEU TEXTO

1. Em *Robinson Crusoé*, como são demarcados os diálogos?

2. Dê exemplos de palavras que foram usadas para marcar a passagem do tempo no texto.

Agora, ao escrever sua narrativa, utilize a pontuação adequada no desenvolvimento dos diálogos entre as personagens. Além disso, empregue palavras que marquem a passagem do tempo na história.

Avaliação e reescrita do texto

1 Copie e preencha no caderno o quadro a seguir. Ele deve servir de base para a autoavaliação de sua narrativa de aventura.

ELEMENTOS DA NARRATIVA DE AVENTURA
As personagens principais têm um objetivo?
A caracterização das personagens principais permite identificar aspectos internos e externos delas?
O enredo apresenta situações de perigo e tensão?
O espaço contribui para essas situações?
Protagonista e antagonista enfrentam-se no clímax da história?
O texto traz uma resolução do clímax?

2 Leia o texto em voz alta, observando se as palavras e a pontuação empregadas contribuem para a tensão da narrativa. Com base no quadro de autoavaliação e nas orientações do professor, reescreva seu texto, fazendo as alterações necessárias. Se possível, digite e imprima o texto.

Circulação

1 Você e os colegas vão produzir uma coletânea das narrativas de aventura. Esse livro será doado à biblioteca da escola.

2 A turma será dividida em quatro grupos com funções específicas.

- O **grupo 1** organizará os textos do livro. É possível ordená-los por sequência alfabética, autor, título ou espaço de aventura em que se passam as narrativas.

- O **grupo 2** fará o sumário do livro, em que constarão os títulos das narrativas, o nome dos autores e o número das páginas correspondentes.

- O **grupo 3** será responsável pela capa e pelas ilustrações. A capa deve conter um desenho que represente o universo das narrativas de aventura. As narrativas também podem receber ilustrações produzidas pela turma.

- O **grupo 4** ficará responsável pela montagem do livro. Sugestão: fazer dois furos nas laterais das folhas e utilizar fita ou cordão para amarrá-las.

3 Quando o livro ficar pronto, organizem, com os colegas de outros grupos e o professor, um dia para a apreciação das histórias e das ilustrações.

4 Ao final, com a ajuda do professor, entreguem a publicação à biblioteca.

ATIVIDADES INTEGRADAS

No livro *As aventuras de Huckleberry Finn*, do escritor estadunidense Mark Twain, publicado em 1855, a personagem Huck Finn narra suas aventuras ao longo do rio Mississippi. Leia a seguir um trecho do livro e, depois, responda às questões.

As aventuras de Huckleberry Finn

[...]

Parei um pouco e quase desmaiei. Encurralado nos destroços de um barco a vapor com um bando desses! Mas não era hora de ficar se sentimentalizando. Agora a gente *tinha que* encontrar esse bote — precisava dele pra gente. Então a gente seguiu tremendo e vacilando pelo lado de estibordo, e foi também um deslocamento lento — tive a impressão que a gente levou uma semana pra chegar na popa. Nem sinal do bote. Jim disse que achava que não podia ir adiante — tava tão assustado que não tinha mais força sobrando, disse ele. Mas eu disse vamos, se a gente fica pra trás nesse barco destruído, aí sim a gente tá numa sinuca. Então a gente foi em frente, a esmo. Começou a procurar a popa do tombadilho e encontrou, e aí seguiu tateando pra frente em cima da claraboia, nos agarrando de <u>estore</u> em estore, porque a beirada da claraboia tava dentro d'água. Quando a gente chegou bem perto da porta do corredor transversal, lá tava o bote, sem tirar nem pôr! Eu mal podia ver ele. Nunca me senti tão agradecido. Mais um segundo e eu já me via a bordo, mas bem nesse momento a porta se abriu. Um dos homens enfiou a cabeça pra fora, só mais ou menos a meio metro de mim, e pensei que eu tava perdido. Mas ele puxou de novo a cabeça pra dentro e disse:

— Tira esta lanterna desgraçada da vista, Bill!

Atirou um saco de alguma coisa dentro do bote, depois entrou na embarcação e se sentou. Era Packard. Aí Bill *ele* apareceu e entrou no bote. Packard disse em voz baixa:

— Tudo pronto... toca o barco!

Eu quase não conseguia me agarrar nos estores, tava fraco demais. Mas Bill diz:

— Espera... ocê revistou ele?

— Não. E ocê?

— Não. Ele ainda tem a parte dele do dinheiro.

— Bem, então, vamos lá... num adianta levar as coisas e deixar o dinheiro.

— Ei... será que ele não suspeita o que tamo fazendo?

— Talvez não. Mas temos que pegar o dinheiro de qualquer jeito. Vamos.

Então saíram do bote e entraram no navio.

A porta bateu, porque tava no lado <u>adernado</u>, e em meio segundo eu tava no bote, e Jim veio aos trambolhões atrás de mim. Tirei a minha faca e cortei a corda, e aí a gente foi embora!

A gente não tocou em nenhum remo, e a gente não falou nem sussurrou, quase nem respirou. Deslizou rápido, num silêncio mortal, passando pela ponta do tambor da roda e passando pela popa; depois, em mais alguns segundos, a gente tava cem metros além do vapor naufragado, e a escuridão tomou conta de tudo, apagou até o último sinal dos destroços. A gente tinha se safado e sabia disso.

[...]

Bruno Nunes/ID/BR

Mark Twain. *As aventuras de Huckleberry Finn*. Tradução: Rosaura Eichenberg. Porto Alegre: LP&M, 2011. *E-book*.

adernado: inclinado.

estore: cortina que se rola e desenrola por meio de dispositivo.

Acompanhamento da aprendizagem

Analisar e verificar

1. Responda às questões acerca do trecho lido.

   a) Quem são as personagens da história? Quem narra a história?

   b) Identifique as personagens principais. Como podemos reconhecer o protagonista e os antagonistas? Qual é a personagem secundária e qual seu papel na narrativa?

   c) Em que espaço a narrativa se passa?

2. O que motiva a ação das personagens no trecho lido?

3. No clímax, protagonista e antagonistas chegam a se enfrentar realmente? Explique.

4. Com base na resposta anterior, explique: Por que o clímax dessa cena é o momento mais emocionante do trecho transcrito?

5. Releia o trecho a seguir e responda às questões.

> Um dos homens enfiou a cabeça pra fora, só mais ou menos a meio metro de mim, e pensei que eu tava perdido. Mas ele puxou de novo a cabeça pra dentro e disse:
> — Tira esta lanterna desgraçada da vista, Bill!
> Atirou um saco de alguma coisa dentro do bote, depois entrou na embarcação e se sentou.
> Era Packard. Aí Bill *ele* apareceu e entrou no bote.

   a) Quem são os interlocutores do diálogo no trecho?

   b) Qual é a intencionalidade do interlocutor em: "Tira esta lanterna desgraçada da vista, Bill!"? Justifique mencionando uma marca linguística presente na frase.

6. Releia este outro trecho:

> A porta bateu, porque tava no lado adernado, e em meio segundo eu tava no bote, e Jim veio aos trambolhões atrás de mim. Tirei a minha faca e cortei a corda, e aí a gente foi embora!
> A gente não tocou em nenhum remo, e a gente não falou nem sussurrou, quase nem respirou.

   - O narrador explica que todas as ações se sucederam sem que as personagens dissessem uma só palavra. Huck estava liderando a ação. Como você imagina que Jim sabia o que devia fazer? Que tipo de linguagem não verbal eles podem ter usado?

7. No desfecho da história, o protagonista alcança seu objetivo? Que imagem ilustra mais adequadamente o fim do perigo nessa situação?

8. Os conflitos das narrativas, em especial das de aventura, colocam os personagens em situações desafiadoras, que exigem atitudes estratégicas para chegar a um desfecho favorável. Foi possível observar esse processo no trecho de *As aventuras de Huckleberry Finn*. De que forma as narrativas de aventura podem causar mudanças em seus leitores?

Criar

9. Nesta unidade, criamos interlocuções com alguns textos. Que tal colocar no papel uma conversa imaginária? Escreva uma carta curta, com cerca de três parágrafos, que supostamente seria enviada ao autor da sua narrativa preferida.

43

CIDADANIA GLOBAL
UNIDADE 1

3 SAÚDE E BEM-ESTAR

Retomando o tema

Ao longo desta unidade, você e seus colegas puderam discutir sobre a importância de práticas de lazer e do contato com a natureza, reconhecendo seus benefícios para a saúde e o bem-estar. Agora, vocês vão refletir sobre formas de lazer da sua geração e de gerações anteriores.

1. O que você gosta de fazer em seu tempo livre? Cite, pelo menos, três hábitos de lazer que fazem parte de sua rotina.
2. Em sua opinião, o que as gerações anteriores, como as de seus familiares mais velhos, podem ensinar a respeito dos hábitos de lazer?

Geração da mudança

Com base na discussão realizada, vocês vão conhecer ou relembrar brincadeiras infantis comuns em outras épocas. Para isso, realizarão entrevistas e uma pesquisa a fim de mapear essas brincadeiras e, depois, praticá-las com a turma.

- Em grupos, entrevistem três familiares ou outras pessoas mais velhas. Elaborem um roteiro com perguntas sobre o local onde os entrevistados viveram a infância, as brincadeiras que praticavam e como eram praticadas.
- Em seguida, realizem uma pesquisa complementar sobre as brincadeiras citadas, consultando livros sobre o tema ou *sites* confiáveis.
- Escolham duas brincadeiras para serem apresentadas à turma.
- Em um dia combinado e, de preferência, em um espaço aberto da escola, descrevam cada brincadeira para a turma, explicando suas regras e informando a região na qual ela costuma ser praticada. Em seguida, mencionem o nome do entrevistado e as fontes de pesquisa consultadas. Por fim, mostrem na prática como as brincadeiras são realizadas.
- Após as apresentações dos grupos, escolham uma brincadeira para toda a turma praticar, inclusive com a participação do professor!

Autoavaliação

CONTO POPULAR

UNIDADE 2

PRIMEIRAS IDEIAS

1. Por que algumas narrativas são transmitidas de geração a geração?
2. Você já ouviu ou leu algum conto popular? Em caso afirmativo, compartilhe-o com os colegas.
3. Você conhece os falares de outra região do Brasil? Cite exemplos.
4. Você costuma usar gírias em seu dia a dia? Onde aprendeu e com quem?

Conhecimentos prévios

Nesta unidade, eu vou...

CAPÍTULO 1 — Histórias daqui

- Ler e interpretar um conto popular, reconhecendo que o gênero tem origem na tradição oral.
- Sensibilizar-se frente aos conflitos vivenciados por outrem e cooperar com os que vivenciam situações desafiadoras.
- Ler e interpretar uma obra de arte *naïf*.
- Compreender o fenômeno da variação linguística, reconhecendo as variedades regionais e as normas urbanas de prestígio.
- Contar histórias oralmente para os colegas.

CAPÍTULO 2 — Contos de lá

- Ler e interpretar um conto popular, identificando a presença de traços culturais e costumes no texto.
- Refletir sobre a caracterização de personagens femininas em contos populares.
- Entender o que são as variedades situacional e social e o preconceito linguístico.
- Diferenciar encontro consonantal de dígrafo.
- Reescrever um conto popular e criar um mural.

CIDADANIA GLOBAL

- Refletir sobre a desigualdade de gênero na sociedade.
- Sensibilizar a comunidade para os problemas causados pela desigualdade de gênero por meio de intervenções artísticas.

45

LEITURA DA IMAGEM

1. Qual atividade profissional a mulher retratada na imagem desempenha?
2. Que elementos do vestuário da mulher caracterizam sua profissão e a auxiliam em seu trabalho?
3. Que acessório usado pela mulher indica que ela mantinha comunicação com outras pessoas?
4. Para exercer a profissão representada na imagem, além de competência técnica, que outras habilidades são esperadas dessa mulher?

CIDADANIA GLOBAL

A fotografia retrata uma mulher desempenhando um trabalho que, na nossa sociedade, é majoritariamente realizado por homens. A partir dessa imagem, podemos refletir sobre a representação feminina em diferentes profissões e sobre algumas mudanças sociais que têm ocorrido relacionadas à igualdade de gênero.

1. Quais são as profissões das mulheres de sua família? Nas áreas em que elas trabalham, há predominância de algum dos gêneros? Compartilhe com os colegas.
2. Para você, há alguma profissão imprópria para mulheres? Justifique sua resposta.

 Acesse o recurso digital para ver outras atividades realizadas por mulheres que, no passado, eram exercidas predominantemente por homens. Quais atividades são mostradas? Discuta com os colegas sobre a importância dessa conquista feminina.

Agente da brigada de incêndio em ação contra o fogo na região da Galícia, na Espanha. Foto de 2022.

CAPÍTULO 1
HISTÓRIAS DAQUI

O QUE VEM A SEGUIR

O conto que você vai ler, registrado de forma escrita por Ana Maria Machado, é uma história do imaginário popular brasileiro, transmitida oralmente de geração a geração. Em seu livro, a escritora recontou narrativas tradicionais que seu pai, sua mãe e sua avó contavam quando ela era criança. Observe o título do texto e a ilustração que o acompanha. Depois, elabore uma hipótese: O que pode ter motivado o surgimento de um boneco de piche?

TEXTO

O boneco de piche

Era uma vez uma mulher que morava sozinha, numa casa pequenina, entre uma horta e um pomar, com uma mata por perto. O marido já tinha morrido havia muitos anos. Os filhos já tinham crescido e saído de casa, só de vez em quando vinham visitar e trazer os netos. Ela fazia todo o serviço da casa e cuidava da horta, do galinheiro e do jardim. E estava começando a se sentir cansada.

Nos fundos do quintal, a mulher tinha plantado várias bananeiras. Sempre tinha alguma dando fruta. Ela acompanhava, dia a dia, a flor linda da bananeira, as pétalas que caíam, as frutinhas bem miúdas e verdes começando a aparecer, depois crescendo devagar... até virarem um cacho enorme, cheio de pencas de bananas. Grandes e lindas, mas ainda verdes. Pesado demais para ela carregar.

Então ela esperava uma manhã em que o vizinho passasse em sua carroça a caminho da vila, para comprar alguma coisa na venda ou levar qualquer coisa ao mercado. Cumprimentava e pedia ajuda.

O vizinho, que era amigo dela, cortava o cacho de bananas e deixava na varandinha dos fundos da casa. Durante o dia, ela dividia o cacho em várias pencas e depois arrumava tudo com cuidado num cesto para as bananas não baterem umas nas outras, não estragarem nem empedrarem (porque banana-maçã empedra por dentro quando leva pancada, você sabia?).

Daí a uns dois dias, quando o vizinho ia à vila outra vez, parava em frente à casa dela e perguntava:

Bernardo França/ID/BR

— Tudo pronto, dona Maria?

Se as bananas já estivessem ficando de vez, começando a madurar, ela confirmava. Então, ele pegava o cesto e levava para vender. Na volta trazia o dinheiro para ela e mais alguma coisinha que ela tivesse encomendando: sal, óleo, um pacote de macarrão...

Era sempre assim.

Até que apareceu o macaco. Quer dizer, sempre apareciam macaquinhos por ali, porque a casa era perto de uma mata, como eu já disse. Mas uma vez apareceu um macaco um pouco maior e mais esperto, que era muito guloso e pegava as bananas ainda verdes, antes que a dona pudesse tirar do pé e preparar para vender. Ele ia lá, descascava a fruta, provava, via que estava verde e cheia de cica. Então jogava no chão, pegava a do lado, fazia a mesma coisa. E depois o mesmo, com outra banana e mais outra. A mulher ficava furiosa. Tentava espantar o macaco com uma vassoura, gritava para ele ir embora, mas não adiantava. Ele ria, saía do alcance dela e ainda zombava:

— Você não me pega... Você não me pega...

Não pegava mesmo. Ele era ligeiro. E ela ficava no prejuízo. Tinha que pedir ao vizinho para tirar o cacho antes da hora. Rendia menos e as frutas não ficavam tão gostosas.

Um dia ela teve uma ideia. Voltou para casa repetindo:

— Não pego? Não pego? Não pego mesmo. Mas vou dar um jeito e ver o que te pega.

Pensou em fazer uma armadilha para ele. E teve a ideia que usar a coisa mais peguenta que conseguiu imaginar. Fez um boneco de <u>piche</u> do tamanho de um menino e botou de pé no quintal. Nos braços estendidos para a frente, o boneco segurava uma bandeja. Na bandeja, a mulher deixou um cacho de bananas maduras.

Daí a pouco, o macaco chegou ali e viu aquelas bananas amarelinhas, como ele nunca conseguia comer na bananeira. Mas viu que estavam com um menino, que tomava conta. Aproximou-se e pediu:

— Moleque, me dá uma banana...

O boneco nem se mexeu. O macaco insistiu:

— Moleque, me dá uma banana... por favor.

Não adiantou nada. O boneco continuou imóvel e calado. O macaco perdeu a paciência:

— Moleque, se você não me der uma banana, eu te dou um tapa...

E como o boneco não se mexeu mesmo, nem deu uma resposta, o macaco levantou o braço direito e tacou um tapa nele.

Ficou com a mão presa no piche, claro. Bem grudada, não soltava de jeito nenhum. Aí, ele pediu:

piche: substância grudenta, de cor preta, resultado da destilação dos produtos químicos alcatrão e terebintina.

— Moleque, solta a minha mão.

O boneco nem se mexeu. O macaco insistiu:

— Moleque, solta minha mão... por favor.

Não adiantou nada. O boneco continuou imóvel e calado. O macaco perdeu a paciência:

— Moleque, se você não soltar a minha mão, eu te dou outro tapa...

E como o boneco não se mexeu mesmo, nem deu uma resposta, o macaco levantou o braço esquerdo e tacou um tapa nele. Resultado: ficou com as duas mãos grudadas no piche. Não soltavam de jeito nenhum.

O macaco pediu, implorou... Não adiantou nada.

— Olha que eu te dou um chute... – ameaçou.

E como o boneco não se mexeu mesmo, nem deu uma resposta, o macaco tomou um impulso com o pé direito e deu um chute nele. Ficou grudado e bem grudado, não adiantou gritar nem esbravejar. As duas mãos e o pé direito estavam presos no piche.

Mas não aprendeu. Ficou tão furioso, que fez tudo de novo:

— Moleque, solta minhas mãos e meu pé...

O boneco não soltou, e ele já foi ameaçando:

— Solta logo ou eu te dou outro chute... Você vai ver só.

Quem viu foi ele. O boneco não se mexeu, o macaco deu um chute nele com o pé esquerdo e ficou com esse pé também preso.

— Me solta, moleque, me solta! – gritava o macaco.

Lá de dentro da casa, a mulher olhava pela janela e dava risada. O macaco continuava:

— Me solta, moleque, ou eu te dou uma cabeçada!

O boneco não soltou. Furioso, o macaco deu uma marrada nele, como se fosse um cabrito. E ficou com a cabeça presa. Só faltava uma coisa:

— Me solta de uma vez, seu moleque, ou vou te dar uma barrigada!

Teve que dar mesmo, porque o boneco não soltou. E o macaco ficou todo grudado, gritando, brigando e chorando. Mas não adiantou nada.

Passou a noite inteira assim. De manhã cedo, a mulher foi até lá e ficou com pena. Resolveu ajudar o macaco. Mas fez um trato:

— Vou aproveitar que o moleque está dormindo e te solto. E ainda te dou todas essas bananas maduras que estão na bandeja. Mas você tem que me prometer que nunca mais volta aqui.

Porque se o moleque te pegar outra vez, eu não vou poder te ajudar de novo.

O macaco prometeu. E cumpriu.

Comeu todas as bananas e foi-se embora. Para nunca mais voltar. E não é que a mulher até sentiu saudade dele de vez em quando? Era ladrão de banana, mas, afinal de contas, era um macaco muito engraçado.

Ana Maria Machado. *Histórias à brasileira – Pedro Malasartes e outras*. São Paulo: Companhia das Letrinhas, 2004. p. 77-80.

TEXTO EM ESTUDO

PARA ENTENDER O TEXTO

1. Após a leitura da história, sua hipótese sobre o que pode ter motivado o surgimento de um boneco de piche se confirmou? Justifique.

2. O macaco do conto possui uma característica peculiar.
   a) Que característica é essa?
   b) Como a mulher da história reage a essa característica da personagem?
   c) Ao longo do conto, a mulher e o macaco se revelam muito diferentes. Qual é a diferença básica entre a personalidade deles?

3. Com base nos quatro primeiros parágrafos do texto, responda:
   a) Que dificuldades a mulher apresentava ao executar suas tarefas?
   b) Que estratégia a personagem utilizava para enfrentar essa situação?
   c) Como se caracteriza, no texto, o ambiente onde se passa a ação?

4. Por que a mulher faz uma armadilha para o macaco?

5. No fim do conto, as duas personagens principais mudaram de comportamento.
   a) Que mudanças ocorreram com cada personagem?
   b) O que levou a essas mudanças?

> **ANOTE AÍ!**
>
> **Contos populares** são narrativas da tradição oral que expressam costumes, ideias, valores de um povo ou de determinada cultura. Uma característica é a presença de seres com poderes sobrenaturais, que falam, pronunciam palavras mágicas e/ou lançam feitiços ou encantos.

6. **SABER SER** No conto, o vizinho apresentava atitudes de cooperação para com a mulher. Já o macaco gerava conflito, sem pensar nas consequências de suas ações.
   a) Para você, que comportamento o macaco poderia ter para evitar conflitos?
   b) Que ações você pratica, no dia a dia, para exercitar a solidariedade?

O TEMPO NARRATIVO

7. Observe as expressões "Era uma vez" e "Daí a uns dois dias", presentes no texto.
   a) Qual delas indica que ocorrerá uma mudança na história?
   b) Alguma delas marca o tempo em que se passa a narrativa?

8. Que expressão indica que acabou o sossego da mulher?

9. Se as expressões apontadas nas questões **7** e **8** não fossem utilizadas, que efeito isso causaria no conto?

10. Em quanto tempo se desenvolveram as ações narradas na história?

> **ANOTE AÍ!**
>
> Nos contos populares não é especificado o **momento histórico** em que o fato acontece. Para indicar o tempo, é comum o uso de expressões que sinalizam um passado distante e impreciso. Essas expressões temporais remetem a um **tempo imaginário**, e não a um tempo real.
>
> Nos contos também são usados **marcadores de tempo**, expressões que indicam o **tempo narrativo**, dando ideia do momento em que determinadas ações acontecem e da ordem em que os fatos se desenvolvem na história. O tempo narrativo segue uma **ordem linear** ou **cronológica** (passado – presente – futuro). No entanto, nem toda história segue essa ordem, e pode apresentar os fatos de modo **não linear**.

O CONTEXTO DE PRODUÇÃO

11. Leia uma fala de Ana Maria Machado sobre como recolher boas narrativas.

> Venho de uma família em que se contava muita história. Com livro ou sem livro. E os repertórios variavam muito, de acordo com o contador. Minha mãe era especialista em contos de fadas. Meu pai sempre trazia uns clássicos diferentes, muitas vezes mostrando as figuras nuns livrões que tirava da estante. Minha avó contava as histórias populares de nossa tradição oral, cheias de almas do outro mundo, heróis bobos ou espertalhões, bichos que falavam, gigantes... Entre elas, talvez as minhas preferidas fossem as de Pedro Malasartes, de que ela parecia ter um estoque interminável.
>
> Ana Maria Machado. *Histórias à brasileira – Pedro Malasartes e outras*. São Paulo: Companhia das Letrinhas, 2004. p. 7.

a) Como a autora descobriu algumas das histórias que registrou em livro?

b) É possível saber, por esse trecho, se as pessoas que contavam as histórias eram necessariamente as autoras dessas narrativas?

12. Releia este trecho do conto.

> Nos fundos do quintal, a mulher tinha plantado várias bananeiras. Sempre tinha alguma dando fruta. Ela acompanhava, dia a dia, a flor linda da bananeira, as pétalas que caíam, as frutinhas bem miúdas e verdes começando a aparecer, depois crescendo devagar... até virarem um cacho enorme, cheio de pencas de bananas. Grandes e lindas, mas ainda verdes. Pesado demais para ela carregar.

a) Por esse trecho, o que podemos perceber sobre a vida da personagem?

b) Em que ambiente é comum adquirir conhecimento sobre os cuidados com as frutas?

A LINGUAGEM DO TEXTO

13. Reescreva a frase abaixo substituindo o trecho destacado conforme indicado.

> — Tudo pronto, **dona Maria**?

a) De que outra maneira a personagem poderia ter dito essa frase?

b) Como você diria essa frase se estivesse conversando com um colega?

c) Nas respostas aos itens *a* e *b*, você utilizou as mesmas palavras? Por quê?

14. Agora, releia outro trecho do texto.

> Daí a pouco, o macaco chegou ali e viu aquelas bananas amarelinhas, como ele nunca conseguia comer na bananeira. Mas viu que estavam com um **menino**, que tomava conta. Aproximou-se e pediu:
> — **Moleque**, me dá uma banana...

- Comente a diferença de sentido entre os termos destacados.

Acesse o recurso digital sobre contação de histórias e responda: Segundo a contadora, o que é uma boa história?

ANOTE AÍ!

Os contos populares relacionam-se à memória e à cultura de uma comunidade. São contados oralmente em situações informais. Por serem criações coletivas, não há como determinar como surgiram ou quem os criou. Quem os reconta costuma introduzir mudanças e manter o modo de falar das regiões e comunidades nas quais as histórias se originaram, bem como as marcas da época em que foram recolhidas.

UMA COISA PUXA OUTRA

Diversão na roça

Muitos contos populares se passam em ambiente rural, e é nesse cenário que também se desenrola o conto "O boneco de piche".

A viola é um instrumento musical que anima muitas reuniões e festas na roça. Nas rodas de viola, as pessoas se reúnem em torno dos violeiros para ouvir suas músicas e improvisos.

1. Observe atentamente a imagem a seguir e responda às questões.

▲ *Roda de viola*, de Francisco Severino, 2014. Óleo sobre tela, 40 cm × 60 cm.

   a) A cena retratada na pintura remete a um ambiente rural? Justifique sua resposta citando elementos da obra.
   b) O título da obra é *Roda de viola*. Relacione-o com a pintura.
   c) Que características as construções retratadas na pintura apresentam?

2. Faça uma pesquisa para conhecer o conceito do estilo artístico denominado arte *naïf* seguindo as orientações abaixo:
   - Procure informações em locais confiáveis, como livros sobre arte ou *sites* que apresentem conteúdos dessa área.
   - Anote no caderno as principais características desse estilo de arte.
   - Pesquise e analise exemplos de pinturas que correspondam a esse estilo.
   - Observe mais uma vez a pintura *Roda de viola* e identifique elementos da obra que a caracterizam como um exemplo de arte *naïf*.
   - Por fim, redija no caderno um pequeno texto comentando as sensações e impressões que esse estilo causou em você. Compartilhe seus apontamentos com os colegas e ouça o que eles têm a dizer, a fim de verificar como foi a recepção desse estilo de arte pela turma.

LÍNGUA EM ESTUDO

VARIAÇÃO LINGUÍSTICA

1. Releia o trecho a seguir retirado do conto "O boneco de piche" com as seguintes falas do macaco.

> Lá de dentro da casa, a mulher olhava pela janela e dava risada. O macaco continuava:
>
> — Me solta, **moleque**, ou eu te dou uma cabeçada!
>
> O boneco não soltou. Furioso, o macaco deu uma marrada nele, como se fosse um cabrito. E ficou com a cabeça presa. Só faltava uma coisa:
>
> — Me solta de uma vez, seu **moleque**, ou vou te dar uma barrigada!
>
> Teve que dar mesmo, porque o boneco não soltou. E o macaco ficou todo grudado, gritando, brigando e chorando. Mas não adiantou nada.

a) Observe a palavra destacada duas vezes no trecho. Com que sentido ela foi usada no texto?

b) Que outro termo poderia ser empregado no lugar dessa palavra em destaque para amenizar o tom da fala?

c) Agora reflita: é coerente o uso do termo em questão no contexto em que se passa a história?

Embora a língua oficial do Brasil seja o português, é importante ressaltar que os falantes brasileiros não se expressam linguisticamente de maneira uniforme, já que o uso da língua varia de acordo com determinados fatores. Esse fenômeno é conhecido como **variação linguística**.

ANOTE AÍ!

Variação linguística são os diferentes usos que fazemos da língua. Alguns fatores que determinam esses usos são a época, a região, a idade, o grupo social, etc. Essas variações podem ser percebidas no uso de palavras e expressões, na estrutura de frases e na pronúncia de alguns fonemas.

VARIEDADES REGIONAIS

2. Leia a seguir o trecho de um cordel e responda às questões.

Desonesto é enrolão

Comprimir é encarcar
Pessoa chata é cricri
Atrapalhar é empaiar
Menino novo é bruguelo
Miudeza é birimbelo
Debater-se é se estrebuchar

Anchieta Dantas. *O linguajar cearense*. Cordel de "o Zé do Jati" [s.l.]: [s.d.].

a) Qual é o assunto tratado nesse trecho do cordel?

b) O cordel explora um linguajar típico de uma região do país. Quais palavras do texto são comuns no linguajar cearense?

No registro escrito de contos populares e cordéis, é comum que o autor preserve características linguísticas da região e do tempo em que o texto foi recolhido. O cordel "Desonesto é enrolão", escrito por Anchieta Dantas, registrou algumas expressões utilizadas em determinada região do Brasil. De uma região para outra do país, diferentes palavras podem ser usadas para expressar um mesmo significado.

> **ANOTE AÍ!**
>
> A **variedade regional** é a variação linguística relacionada ao local onde vivem os falantes. Isso ocorre porque em diferentes regiões, cidades, estados ou países há distintas culturas, hábitos, modos de viver e tradições que se refletem também no uso que os falantes fazem da língua, tanto na modalidade escrita como na falada.

VARIEDADES URBANAS DE PRESTÍGIO E NORMA-PADRÃO

3. Observe a tira a seguir.

DJOTA. Só dando gizada. *Correio Popular*, Campinas, 12 ago. 2003.

a) A personagem Chica, que segura o livro no segundo e terceiro quadrinhos, apresenta formas distintas de se expressar. Comente as características de cada uma delas.

b) Agora, releia o último quadrinho e observe as expressões apresentadas. Qual é o efeito de sentido criado no texto pela mudança no jeito de falar da personagem?

c) Em sua opinião, o humor provocado na tira por meio da fala da personagem configura um desrespeito aos mineiros?

Na tira, a personagem utiliza diferentes variedades da língua. Do ponto de vista linguístico, não há uma variedade melhor ou pior do que outra, nem uma mais correta do que a outra. Qualquer falante é considerado usuário competente de sua língua materna. No entanto, é importante apropriar-se das variedades de maior prestígio social e saber empregá-las em situações comunicativas, orais ou escritas, que exigem maior monitoramento do uso da língua.

> **ANOTE AÍ!**
>
> As **variedades urbanas de prestígio** estão associadas ao modo de falar e de escrever de uma comunidade que desfruta de maior prestígio político, social e cultural. Essa variedade é muito comum em situações reais de uso, como no meio jornalístico, no meio acadêmico-científico e em documentos oficiais, nos quais se exige um maior cuidado no uso da língua, privilegiando um registro mais formal.
>
> Há ainda a **norma-padrão**, uma referência que normatiza um modelo ideal de língua. Os manuais de gramática procuram descrever esse modelo.

ATIVIDADES

Retomar e compreender

1. Leia a letra de música a seguir e responda às questões.

Óia eu aqui de novo

Óia eu aqui de novo xaxando
Óia eu aqui de novo para xaxar

Vou mostrar pr'esses cabras
Que eu ainda dou no couro
Isso é um desaforo
Que eu não posso levar
Que eu aqui de novo cantando
Que eu aqui de novo xaxando
Óia eu aqui de novo xaxando
Óia eu aqui de novo mostrando
Como se deve xaxar

Vem cá morena linda
Vestida de chita
Você é a mais bonita
Desse meu lugar
Vai, chama Maria, chama Luzia
Vai, chama Zabé, chama Raque
Diz que tou aqui com alegria
Seja noite ou seja dia
Eu tô aqui pra ensinar xaxado
Eu tô aqui pra ensinar xaxado
Eu tô aqui pra ensinar

Antônio Barros. *Óia eu aqui de novo*. Intérprete: Luiz Gonzaga. Disponível em: https://luizluagonzaga.com.br/ia-eu-aqui-de-novo/. Acesso em: 26 abr. 2023.

a) Qual é o significado da palavra *xaxado*? Se necessário, procure no dicionário.
b) Na primeira estrofe, o eu poético revela um objetivo. Qual?
c) Que termo da primeira estrofe está em desacordo com a norma-padrão? Como essa palavra é registrada na norma-padrão?
d) Qual é o efeito produzido pelo uso desse termo da forma como ele aparece no texto.

Aplicar

2. Leia a tira e responda.

Alexandre Beck. *Armandinho*. Doze. Florianópolis: A. C. Beck, 2019. p. 42.

a) Você já ouviu as palavras *aipim*, *mandioca* e *macaxeira*? Pelo contexto da tira, a que elas se referem?
b) Por que as crianças usaram essas três palavras para designar a mesma coisa?
c) Na região onde você vive, como esse alimento é chamado?

Acompanhamento da aprendizagem

3. Leia agora uma mensagem de Dia das Mães postada em um *site*.

MAINHA (s.f)

Um ser de amor, de meiguice e brutalidade. Que proteje, ama e cuida sem cobrar um tostão. Melhor do que uma bacia de cuscuz temperado e outra coisa, não é tuas pariceiras.

Signos Nordestinos

Mainha. *Signos nordestinos*. Disponível em: https://signosnordestinos.com.br/dia-das-maes/. Acesso em: 26 abr. 2023.

a) No texto, as palavras *meiguice* e *brutalidade* apontam duas características opostas das mães. Com que sentido essa oposição foi apresentada?

b) Embora o texto apresente qualidades antagônicas para as mães, há um tom elogioso a elas. Como o uso do termo *mainha* colabora para esse tom?

c) Identifique no texto expressões que se referem à região Nordeste. Depois, explique os sentidos delas.

d) No texto, há uma inadequação linguística referente à norma-padrão escrita da língua. Identifique-a e formule hipóteses para explicar esse desvio.

4. Leia o trecho de notícia publicada por uma agência pública de notícias:

ECA traz mecanismos para o combate ao trabalho infantil

20/7/2022

Por Ethiene Fonseca/Agência de Notícias Alese

A atividade profissional é um direito tão importante para a nossa sociedade que já vem expresso no primeiro artigo da Constituição Federal de 1988. É a partir do trabalho que as pessoas conseguem garantir o sustento de suas famílias. O trabalho também permite que o indivíduo explore a sua vocação e as suas aptidões pessoais, contribuindo, dessa forma, com o desenvolvimento da sociedade.

Ethiene Fonseca. Alese. Disponível em: https://al.se.leg.br/eca-traz-mecanismos-para-o-combate-ao-trabalho-infantil/. Acesso em: 15 maio 2023.

a) Considerando o *site* onde o texto foi publicado, caracterize o público que, em geral, lê suas publicações e comente se a linguagem está apropriada a esse potencial público-alvo.

b) Uma agência de notícias reúne matérias sobre temas diversos que interessam a leitores de diferentes regiões. Com base nessa afirmação, comente o uso da variedade urbana de prestígio e qual a importância de seu uso em textos como esse.

57

A LÍNGUA NA REAL

A VARIAÇÃO LINGUÍSTICA E A CARACTERIZAÇÃO DE PERSONAGENS

Na seção *Língua em estudo*, você aprendeu sobre o fenômeno da variação linguística e percebeu que há diferentes modos de falar uma mesma língua. Observe agora como determinada variedade regional pode ter papel significativo na caracterização das personagens de um texto literário.

1. Leia o texto a seguir.

Trezentas onças

— Pois, amigo! Não lhe conto nada! Quando botei o pé em terra na ramada da estância, ao tempo que dava as — boas-tardes! — ao dono da casa, aguentei um tirão seco no coração... não senti na cintura o peso da guaiaca!

Tinha perdido trezentas onças de ouro que levava, para pagamento de gados que ia levantar.

E logo passou-me pelos olhos um clarão de cegar, depois uns coriscos tirante a roxo... depois tudo me ficou cinzento, para escuro...

Eu era mui pobre — e ainda hoje, é como vancê sabe... —; estava começando a vida, e o dinheiro era do meu patrão, um charqueador, sujeito de contas mui limpas e brabo como uma manga de pedras...

Assim, de meio assombrado me fui repondo quando ouvi que indagavam:

— Então, patrício? Está doente?

— Obrigado! Não, senhor, respondi, não é doença; é que sucedeu-me uma desgraça: perdi uma dinheirama do meu patrão...

— A la fresca!...

— É verdade... antes morresse, que isto! Que vai ele pensar agora de mim!...

— É uma dos diabos, é...; mas não se acoquine, homem!

Nisto o cusco brasino deu uns pulos ao focinho do cavalo, como querendo lambê-lo, e logo correu para a estrada, aos latidos. E olhava-me, e vinha e ia, e tornava a latir...

Ah!... E num repente lembrei-me bem de tudo.

Parecia que estava vendo o lugar da sesteada, o banho, a arrumação das roupas nuns galhos de sarandi, e, em cima de uma pedra, a guaiaca e por cima dela o cinto das armas [...]; tudo, vi tudo.

Estava lá, na beirada do passo, a guaiaca. E o remédio era um só: tocar a meia rédea, antes que outros andantes passassem. [...]

João Simões Lopes Neto. *Contos gauchescos*. Porto Alegre: Globo, 1976.

   a) A que se refere a palavra *onças* no título? Se for necessário, busque o significado dela em um dicionário.

   b) De que outra forma esse título poderia ser compreendido?

2. No texto lido, há algumas palavras e expressões características de certa região do Brasil.

   a) No caderno, liste as palavras e expressões que você não entendeu e suponha um possível significado para elas com base no contexto.

   b) Se não foi possível compreender o significado pelo contexto, consulte um dicionário ou outra fonte confiável.

3. O conto está em primeira pessoa. Quem narra é o protagonista.
   a) A quem o protagonista está contando a história?
   b) Indique uma característica do protagonista. Justifique sua resposta com um trecho do texto.
   c) Qual deve ser a profissão do protagonista?
   d) Em que região do país você supõe que ele viva? Que pistas e elementos do texto possibilitam chegar a essa conclusão?

4. Releia o trecho a seguir.

> — [...] Quando botei o pé em terra na ramada da estância, ao tempo que dava as — boas-tardes! — ao dono da casa, aguentei um tirão seco no coração... não senti na cintura o peso da guaiaca!

   a) O trecho procura representar a maneira como a personagem fala. Que recursos são utilizados para isso? Copie no caderno as alternativas corretas.
      I. Uso de linguagem coloquial.
      II. Pontuação que reforça a expressividade.
      III. Ausência de pontuação.
      IV. Emprego de variedades urbanas de prestígio.
      V. Vocabulário erudito.
      VI. Vocabulário característico da região de origem do conto.
   b) Justifique as alternativas selecionadas com trechos do texto.

5. A expressão "tirão seco no coração" não significa que a personagem levou um tiro de fato, mas que teve um sobressalto, uma sensação de dor no peito provocada por um problema inesperado. O que aconteceu com o protagonista que o deixou tão preocupado?

6. Agora, releia outro trecho do texto.

> Nisto o cusco brasino deu uns pulos ao focinho do cavalo, como querendo lambê-lo, e logo correu para a estrada, aos latidos. E olhava-me, e vinha e ia, e tornava a latir...
>
> Ah!... E num repente lembrei-me bem de tudo.

   a) Nesse trecho, o narrador descreve as ações do "cusco brasino". Essa expressão refere-se a que animal?
   b) Que palavras ou expressões do texto permitem chegar à conclusão de que "cusco brasino" se refere a esse animal?
   c) Qual foi a principal ação do "cusco brasino" no texto?
   d) O termo *cusco* pode ser considerado exemplo de variedade regional? Explique.

7. Sobre os dois últimos parágrafos do texto, responda às seguintes questões.
   a) Qual é a função da descrição do espaço feita pelo narrador?
   b) O narrador consegue resolver o problema que o afligia? Justifique sua resposta.

ANOTE AÍ!

O registro de determinada variedade linguística pode ter uma função fundamental no texto literário quando corresponde à fala de uma personagem: ajudar a compor suas características e apresentar informações sobre o grupo ao qual essa personagem pertence.

AGORA É COM VOCÊ!

CONTAÇÃO DE CONTO POPULAR

Proposta

Neste capítulo, foi possível notar que os contos populares costumam ser transmitidos oralmente em situações informais, como em uma reunião entre familiares ou amigos. Agora, você terá a chance de participar de um evento, organizado pelo professor e por sua turma, no qual poderá contar uma história. Os ouvintes serão pessoas da comunidade escolar com que você tenha contato. A data da apresentação será decidida com o professor.

GÊNERO	PÚBLICO	OBJETIVO	CIRCULAÇÃO
Conto popular	Colegas de outras turmas e outros convidados	Divertir e transmitir um conto de origem popular	Contação de contos populares na escola

Planejamento e elaboração

1 Forme um grupo com mais três colegas. Juntos, vocês devem selecionar o conto que desejam narrar na contação de histórias.

2 Busquem, na biblioteca da escola ou do bairro, ou até mesmo na internet, contos populares que acharem interessantes. Vocês podem definir previamente um tema ou um povo, por exemplo, e procurar apenas livros com narrativas relativas a esse recorte. Outra possibilidade é procurar o conto popular em antologias. Veja algumas sugestões:

- Ana Maria Machado (org.). *Histórias à brasileira.* São Paulo: Companhia das Letras, 2010. 4 v.
- Catherine Gendrin. *Volta ao mundo dos contos nas asas de um pássaro.* São Paulo: SM, 2002.
- Ethel Johnston Phelps (org.). *Chapeuzinho Esfarrapado e outros contos feministas do folclore mundial.* São Paulo: Seguinte, 2016.
- Henriqueta Lisboa. *Literatura oral para a infância e a juventude.* São Paulo: Peirópolis, 2002.
- Luís da Câmara Cascudo (org.). *Contos tradicionais do Brasil.* São Paulo: Global, 2004.
- Silvio Romero (org.). *Contos populares do Brasil.* São Paulo: Landy, 2008.

3 Dividam a leitura dos livros entre os integrantes do grupo. Cada um deve escolher seu conto preferido e compartilhá-lo com os colegas de grupo a fim de que todos possam ler também. Após essa etapa, façam uma votação para escolher qual narrativa será contada aos convidados.

4 Ao planejar a apresentação, o grupo pode optar por escolher um integrante para contar a história integralmente sozinho ou dividir o conto entre os integrantes do grupo. Caso apenas um colega se encarregue da contação, os demais serão a equipe de apoio, ficando responsáveis pelo figurino e pelos adereços, ajudando o contador a memorizar a história, etc. Conversem e definam a forma de apresentação mais adequada ao grupo e à história.

5 No dia da contação, o texto deverá estar memorizado. Vocês vão se basear no texto escolhido, mas poderão fazer pequenas adaptações para que a história tenha palavras, expressões e construções próprias de situações informais.

6 Em relação à linguagem, atentem-se às alterações necessárias para adequá-la à caracterização das personagens e do narrador, bem como à situação vivenciada por eles (caso o narrador faça parte da história).

7 Se por acaso esquecerem algo, é possível improvisar, inventando uma fala ou uma situação, mas fiquem atentos para não modificar toda a história.

8 Ensaiem a contação tantas vezes quanto preciso para que a narrativa se torne fluente e espontânea. Peçam ajuda aos colegas do grupo, para que analisem a apresentação e troquem sugestões, como mudança de postura.

MÚLTIPLAS LINGUAGENS

Durante os preparativos para a apresentação, acessem o recurso digital e assistam a uma contação de história para se inspirarem. Reparem que a contadora busca prender a atenção do público usando a voz e o próprio corpo como elementos expressivos. Observem, também, se ela:

1. Vale-se de adereços – como chapéu, óculos, capa, guarda-chuva – que ajudam na caracterização das personagens ou na construção do clima da história.

2. Cria, para cada personagem, um tom de voz, um modo próprio de falar e de se expressar corporalmente.

3. Usa elementos sonoros, como apito e som de chuva, ou músicas para criar um efeito. Vale-se também de algum objeto para compor o ambiente.

4. Cria o suspense ou a tensão da história, fazendo silêncio e olhando diretamente para alguém do público ou interrompendo a contação e perguntando às pessoas da plateia o que acham que vai acontecer em seguida.

Nos ensaios, verifiquem a melhor forma de captar a atenção do público durante a contação. Para isso, caracterizem as personagens e o ambiente, usando a voz, a expressão corporal e o olhar, valorizando determinadas passagens da narrativa.

Circulação

1 No dia do evento, sigam as orientações do professor quanto à ordem de apresentação dos grupos e à organização do espaço.

2 Organizem a sala de modo que a plateia forme uma roda.

3 Se houver tempo, após as apresentações dos grupos, sugiram aos convidados que contem uma história popular que conheçam.

Avaliação

1 Com a orientação do professor, avaliem a contação feita pelo grupo.

ELEMENTOS DA CONTAÇÃO DE CONTOS POPULARES
A história foi contada de modo que a sequência dos acontecimentos ficou clara?
O contador apresentou-se com expressividade?
Foram usados um tom de voz e um modo de falar próprios para caracterizar as personagens?
Os recursos empregados para atrair a atenção do público foram eficientes?
Como foi o envolvimento dos integrantes do grupo nos preparativos e na apresentação?
O que poderia ser melhorado em uma próxima contação de histórias?

CAPÍTULO 2
CONTOS DE LÁ

O QUE VEM A SEGUIR

O conto popular que será apresentado faz parte de uma coletânea que reúne narrativas com personagens femininas corajosas e determinadas no papel principal. O texto é a adaptação de uma versão da história publicada no século XIX na Inglaterra. Leia o título e responda: Considerando os contos populares que você já conhece, o que poderia ser o *kow* da aldeia Hedley? Que relação a protagonista desse conto, ou seja, a personagem principal, poderia ter com essa criatura?

TEXTO

▲ Capa do livro *Chapeuzinho Esfarrapado e outros contos feministas do folclore mundial*, organizado por Ethel Johnston Phelps.

O *kow* de Hedley

Era uma vez uma velhinha que ganhava a vida fazendo alguns servicinhos para as esposas dos fazendeiros da aldeia onde morava. Embora só recebesse um almoço e um pouco de pão e queijo para o jantar por seu trabalho, estava sempre alegre, como se não precisasse de mais nada no mundo. Todos os dias, ela levantava cedo para catar galhos e pinhas. Deixava-os perto da lareira e, quando voltava para o chalé à noite, fazia uma fogueira para se esquentar.

O chalé era pequeno e tinha poucos móveis. Ficava isolado nos arredores da aldeia, mas a velhinha dizia que não se incomodava de morar sozinha e não se importava de ter de caminhar tanto tempo para chegar em casa.

Mesmo assim, as mulheres de Hedley sempre faziam questão de mandá-la para casa antes do pôr do sol. Quando ficava escuro, o *kow* de Hedley zanzava por lá, aterrorizando os aldeões desde tempos imemoriais. Se era um bicho-papão ou um trasgo, ninguém na aldeia conseguia decidir, mas todos sabiam que podia se transformar em criaturas amedrontadoras e fazer as pessoas enlouquecerem de pavor. O *kow* perseguia suas vítimas, gritando, uivando e dando gargalhadas, e, às vezes, as deixava furiosas com as peças que pregava.

No fim de uma tarde de verão, quando já estava escurecendo e a velhinha se encaminhava depressa para casa, ela encontrou uma panela enorme jogada na beira da estrada.

— Seria perfeita para mim se eu tivesse alguma coisa para colocar dentro — disse ela, abaixando para dar uma olhada. — Quem será que a largou aqui?

62

A velhinha olhou para todos os lados para ver se havia alguém em volta que pudesse ter perdido a panela, mas não tinha ninguém nem nos campos nem na estrada.

— Talvez esteja furada — disse. — É, deve ser por isso que deixaram aqui. Mesmo assim posso colocar alguma coisa dentro. Acho que vou levar para casa.

Ela dobrou as costas doloridas e ergueu a tampa para ver dentro da panela.

— Minha nossa! — exclamou a velhinha, dando um pulo para trás. — Está cheia de moedas de ouro!

Durante algum tempo, ela ficou só andando em volta do tesouro, admirando o ouro amarelo, impressionada com sua sorte e pensando: "Ora, mas se eu não fiquei rica e importante agora!". Logo começou a se perguntar como faria para levar aquilo para casa. O único jeito que lhe ocorreu foi amarrar uma ponta do xale na panela e arrastá-la pela estrada.

— Tenho a noite toda para pensar no que fazer com o ouro — disse para si mesma. — Posso comprar uma casa enorme e viver como uma rainha; ou talvez enterre tudo num buraco no jardim; posso colocar um pouco na chaminé perto da chaleira, como se fosse um enfeite. Ah, estou me sentindo tão importante que nem sei!

A essa altura, a velhinha já estava bem cansada de arrastar tanto peso, por isso parou para descansar um minuto e se virou para ver se o tesouro estava são e salvo.

Mas, quando foi olhá-lo, viu que na panela não havia moedas de ouro, mas um enorme bloco de prata.

Olhou para a panela, esfregou os olhos e olhou de novo, mas ainda era um enorme bloco de prata.

— Eu jurava que eram moedas de ouro — disse, afinal. — Devo ter sonhado. Ora, melhor ainda: vai dar muito menos trabalho cuidar da prata, que não vai chamar tanto a atenção dos ladrões. É complicado cuidar de moedas de ouro. Que bom que me livrei delas. Com esse bloco de prata, continuo rica como nunca!

E ela voltou a caminhar para casa, planejando alegremente todas as coisas maravilhosas que ia fazer com a prata. Depois de pouco tempo, no entanto, ficou cansada de novo e parou para descansar.

A velhinha voltou a virar para olhar seu tesouro e, assim que pousou os olhos nele, soltou uma exclamação de espanto:

— Minha nossa! Agora é um bloco de ferro! Ora, não podia ser melhor. É muito conveniente. Vou vender isso fácil, fácil e conseguir várias moedinhas por ele. Sim, é muito mais prático que um monte de ouro e prata que ia me deixar acordada de noite, com medo de ser roubada. Um bloco de ferro é uma coisa boa de ter em casa: a gente nunca sabe quando vai precisar dele.

E lá se foi ela, rindo e se sentindo muito sortuda, até que olhou por cima do ombro só para ter certeza de que o ferro ainda estava ali.

— Ora, o que é isso? O ferro virou uma pedra enorme! Como é que ele sabia que eu estava mesmo precisando de uma para segurar a porta? Foi uma mudança boa. Tenho muita sorte.

---

imemorial: de que não se tem memória por ser muito antigo.

trasgo: ser mágico que faz travessuras.

E, numa pressa danada de ver como a pedra ia ficar em seu cantinho perto da porta, a velhinha foi descendo a ladeira e só parou lá embaixo, no portão de casa.

Então ela se virou para desamarrar o xale. A pedra permanecia lá, quietinha. A velhinha podia vê-la muito bem ao dobrar as costas doídas.

Mas, de repente, a pedra deu um pulo e soltou um guincho. Num segundo, ficou do tamanho de um cavalo enorme. Esticou quatro pernas finas, sacudiu duas orelhas compridas e fez brotar uma cauda. Então deu um coice no ar, com uma gargalhada.

A velhinha ficou olhando, espantada, enquanto aquele bicho galopava, guinchava e revirava os olhos vermelhos.

— Ora! — disse ela, afinal. — Eu sou *mesmo* muito sortuda! O *kow* de Hedley apareceu só para mim e ainda está me dando a maior pelota!

O *kow* de Hedley parou de galopar e gritar para olhar para a velhinha, irritado.

— Não está com medo? — perguntou.

— Eu, não! — respondeu ela, rindo. — O senhor é uma coisa rara de se ver!

— A maioria grita e me xinga — disse ele. — E ainda sai correndo e gritando!

— Mas você não me fez nenhum mal — disse a velhinha, alegre. — Eu ainda tenho um pouco de pão e queijo para o jantar.

Ela se cobriu com o xale e abriu seu portãozinho. Quando voltou a olhar, em vez de um cavalo enorme, viu um homenzinho de chapéu pontudo arrastando os pés. Ele era moreno como uma maçã assada e tinha uma barba branca toda emaranhada.

— Ora — disse a velhinha, bondosamente. — Não tenho muita coisa, mas o senhor pode entrar e jantar comigo, se quiser.

— Muito obrigado — disse o *kow* de Hedley.

Então ele jantou com a velhinha e, de algum jeito, o pedacinho de queijo se transformou num pedaço imenso, e de repente apareceram na mesa alguns ovos cozidos e uns bolinhos para acompanhar o chá.

A refeição foi bastante alegre. Quando os dois terminaram de comer, sentaram diante da lareira, e o *kow* de Hedley distraiu a velhinha com histórias das peças que tinha pregado. Ela riu tanto que até chorou, e declarou que nunca uma noite tinha passado tão depressa.

O homenzinho moreno foi visitá-la várias outras vezes. Jantavam e passavam a noite conversando. A velhinha passou a encontrar lenha suficiente para a fogueira e o armário cheio de comida, mas, sabiamente, não contou nada para ninguém.

O povo da aldeia ainda falava com medo do *kow* de Hedley, ou praguejava contra ele por causa de suas travessuras. Mas a velhinha só ria e dizia:

— Ele não é mau. Só gosta de rir um pouco, só isso.

O *kow* de Hedley. Em: Ethel Johnston Phelps (org.). *Chapeuzinho Esfarrapado e outros contos feministas do folclore mundial.* Tradução: Julia Romeu. São Paulo: Seguinte, 2016. p. 43-47.

TEXTO EM ESTUDO

PARA ENTENDER O TEXTO

1. Após a leitura, verifique se as respostas dadas anteriormente para as duas questões presentes no boxe *O que vem a seguir* foram confirmadas ou não.

2. A história se passa em uma aldeia na Inglaterra.
   a) Qual é o nome dessa aldeia?
   b) Que características da aldeia podem ser percebidas no texto?
   c) Como é o clima na aldeia? Justifique sua resposta com informações do texto.

3. O texto que você leu tem uma protagonista.
   a) De que modo ela é denominada?
   b) Quais são suas características físicas?
   c) Que marcas de sua personalidade são percebidas no texto?

4. O conto descreve a moradia da personagem principal.
   a) Em que tipo de moradia ela vive?
   b) Quais são as características dessa moradia?

5. A protagonista desse conto popular é retratada como uma trabalhadora.
   a) Qual é a ocupação dela?
   b) Para quem ela trabalha?
   c) Copie no caderno o fragmento do texto que indica qual é o pagamento que ela recebe por seu trabalho.
   d) Você acha justo esse pagamento? Explique.

6. O que acontece de extraordinário, no início do conto, que complica a volta da velhinha para casa?

7. Além da protagonista, há outra personagem importante na história.
   a) Que personagem é essa?
   b) Como ela é caracterizada no texto?
   c) O que muda na vida dessa personagem ao conhecer a protagonista?
   d) O que ocasiona essa mudança?
   e) Considerando o encontro com a protagonista, o temor do povo da aldeia em relação a essa outra personagem se justifica? Explique.

8. No fim do conto, é possível perceber que a vida da protagonista está diferente do que era no início da narrativa.
   a) O que mudou na vida dela?
   b) Que atitude da personagem principal possibilitou essa mudança? Copie no caderno o parágrafo que mostra essa atitude.

Anthony Mazza/ID/BR

ANOTE AÍ!

Para compreender uma história, é essencial identificar as **características dos espaços da narrativa**, **das personagens** e perceber as **mudanças** pelas quais elas passam ao longo da história. Também é fundamental identificar a **complicação**: o acontecimento que **provoca as transformações** na narrativa.

65

O CONTEXTO DE PRODUÇÃO

9. Leia este trecho da introdução do livro do qual foi extraído o conto lido.

> Na verdade, a única certeza que temos em relação a contos folclóricos tradicionais é que eles são constantemente adaptados, com novos contadores mudando alguns detalhes e enfatizando outros, de maneira a se amoldar tanto à época quanto à plateia local. Existem diversas versões ou variações da maioria dos contos, que muitas vezes surgem em países diferentes ou regiões diferentes do mesmo país. Não existe uma versão "autêntica" de um conto folclórico.
>
> Ethel Johnston Phelps (org.). *Chapeuzinho Esfarrapado e outros contos feministas do folclore mundial.* Tradução: Julia Romeu. São Paulo: Seguinte, 2016. p. 19.

a) Quem inventou as histórias que compõem o livro?

b) Como essas histórias chegaram até os dias de hoje?

10. No conto, algo passa por quatro transformações mágicas.

a) Organize no caderno um quadro semelhante ao indicado abaixo, com três colunas e quatro linhas, e complete-o com as transformações ocorridas.

	se transforma em	

b) Qual é a reação da personagem principal diante dessas transformações?

c) Como os contos populares circulam em geral oralmente, você acha que estruturas repetitivas como essa ajudam o contador a transmitir a história? Por quê?

11. Observe que, na narrativa, há diferentes opiniões sobre o *kow* de Hedley.

a) Sintetize as opiniões sobre ele, indicando de quem são.

b) Essas opiniões estão ligadas a um ensinamento transmitido pelo conto. Qual é esse ensinamento?

c) No texto, quem mostra um ensinamento é a velhinha. O que isso revela com relação a quem costuma indicar um valor na comunidade?

> **ANOTE AÍ!**
>
> A **repetição de desafios e ações** é frequente em contos populares. Esse recurso mantém a atenção do leitor e facilita a memorização das histórias.
>
> Além disso, muitos desses contos **transmitem um ensinamento**, isto é, procuram orientar o leitor ou ouvinte quanto a um comportamento, de acordo com os **valores, tradições e saberes da comunidade**, que deu origem à história.

PARA EXPLORAR

Kiriku e a feiticeira. Direção: Michel Ocelot. França, 1999 (70 min).

Animação baseada em um conto da África Ocidental. Kiriku, um menino bem pequenino, precisa enfrentar a feiticeira Karabá para que a água volte a jorrar na fonte de sua aldeia.

A LINGUAGEM DO TEXTO

12. Releia esta fala da velhinha no conto:

> — Ora! — disse ela, afinal. — Eu sou *mesmo* muito sortuda! O kow de Hedley apareceu só para mim e ainda está me dando a maior pelota!

a) Por que a palavra *mesmo* foi destacada na fala da velhinha?

b) O que significa a expressão "está me dando a maior pelota"?

c) Essa expressão se relaciona a uma situação formal ou informal?

13. Hedley fica no norte da Inglaterra. Ao traduzir o conto para o português, o tradutor manteve *kow* na língua original. Pelo contexto, qual é o sentido desse termo?

14. Releia a primeira frase do conto. Que expressão indica que a história se passa em um tempo distante e indeterminado?

> **ANOTE AÍ!**
>
> Por meio das palavras e expressões usadas em um conto popular, pode-se perceber o registro de linguagem da narrativa (mais formal ou mais informal) e as **características do espaço, das personagens e de aspectos culturais da comunidade** de origem do conto: os tipos de moradia, as relações entre pessoas de classes sociais diferentes, os costumes, etc.

COMPARAÇÃO ENTRE OS TEXTOS

15. Compare os desfechos dos contos, considerando o comportamento das personagens de cada um deles.

16. Releia, a seguir, um trecho de cada um dos contos desta unidade.

> **O boneco de piche**
>
> Um dia ela teve uma ideia. Voltou para casa repetindo:
> — Não pego? Não pego? Não pego mesmo. Mas vou dar um jeito e ver o que te pega.
> Pensou em fazer uma armadilha para ele. E teve a ideia que usar a coisa mais peguenta que conseguiu imaginar. Fez um boneco de piche do tamanho de um menino e botou de pé no quintal. Nos braços estendidos para a frente, o boneco segurava uma bandeja. Na bandeja, a mulher deixou um cacho de bananas maduras.

> **O *kow* de Hedley**
>
> — Ora! — disse ela, afinal. — Eu sou mesmo muito sortuda! O *kow* de Hedley apareceu só para mim e ainda está me dando a maior pelota!
> O *kow* de Hedley parou de galopar e gritar para olhar para a velhinha, irritado.
> — Não está com medo? — perguntou.
> — Eu, não! — respondeu ela, rindo. — O senhor é uma coisa rara de se ver!

a) Qual é a virtude em comum às personagens principais?

b) Em cada um dos contos, a que situação essa virtude está relacionada?

17. Como você viu nesta unidade, os contos populares procuram transmitir ensinamentos. Em sua opinião, os contos lidos atingiram esse objetivo? Comente.

CIDADANIA GLOBAL

AS PERSONAGENS FEMININAS E O DIREITO À IGUALDADE

Em "O *kow* de Hedley", a personagem principal enfrenta uma criatura temida pelos habitantes do lugar, revelando sua coragem e sabedoria. Acesse o recurso digital e veja como, ao longo do tempo, com as transformações sociais, começaram a surgir narrativas com personagens femininas mais complexas, com ideias e vontades próprias.

1. Você conhece narrativas em que a mulher é retratada como um ser frágil que depende de um homem para ser salva ou para se desenvolver? Qual é o efeito disso?

2. Releia o título do livro em que foi publicado o conto "O *kow* de Hedley". De acordo com ele, qual é a característica marcante das histórias reunidas nessa obra? Qual é a importância, em sua opinião, de o público ter acesso a obras com tal característica?

67

LÍNGUA EM ESTUDO

VARIAÇÃO LINGUÍSTICA: VARIEDADES SITUACIONAIS E SOCIAIS

1. Releia o trecho a seguir, que reproduz a fala da velhinha ao notar que o bloco de prata se transformou em um bloco de ferro.

   > — Minha nossa! Agora é um bloco de ferro! Ora, não podia ser melhor. É muito conveniente. Vou vender isso fácil, fácil e conseguir várias moedinhas por ele. Sim, é muito mais prático que um monte de ouro e prata que ia me deixar acordada de noite, com medo de ser roubada. Um bloco de ferro é uma coisa boa de ter em casa: a gente nunca sabe quando vai precisar dele.

   a) Nesse trecho, que expressão marca a surpresa da velhinha com o acontecimento? Copie-a no caderno.
   b) O esperado, nessa situação, era a velhinha se aborrecer com o ocorrido. Que trechos explicam a razão dessa quebra de expectativa?
   c) A linguagem desse trecho tem registro mais formal ou mais informal? Relacione sua resposta à situação comunicativa.

   Como você viu na atividade anterior e também estudou no capítulo 1, dependendo da região onde moram ou da situação comunicativa, as pessoas adotam determinado modo de falar. Agora, você vai analisar as variedades linguísticas situacionais e sociais da língua portuguesa.

VARIEDADES SITUACIONAIS

2. O texto a seguir faz parte da contracapa do livro *Histórias de Ananse*, que você vê nesta página.

   > Bem-humoradas e cheias de sabedoria, as histórias de Ananse são inacreditáveis. Transmitidas de boca em boca e bastante populares na região de Gana, na África Ocidental, elas falam de costume, tradição, ética e respeito, mantendo-se vivas na memória do povo desde há muito tempo. Ananse é uma aranha que se comporta como gente. Diante das enrascadas em que se mete, sempre encontra uma maneira de agir com astúcia, de bolar uma artimanha, de passar a perna em seu adversário. Como é um personagem totalmente humano, Ananse às vezes se dá bem, outras vezes não!
   >
   > Adwoa Badoe e Baba Wagué Diakité. *Histórias de Ananse*. São Paulo: SM, 2006.

▲ Capa do livro *Histórias de Ananse*. São Paulo: SM, 2006.

   a) Para que serve a contracapa de um livro?
   b) Nesse trecho, qual é o registro de linguagem predominante: o formal ou o informal? Justifique com palavras e expressões do texto.
   c) Considerando que a obra se destina ao público infantojuvenil, por que foi usado o registro indicado no item *b*?

Acesse o recurso digital para observar como a personagem adequa seu discurso a diferentes situações comunicativas. Em seu cotidiano, você também faz o mesmo? Comente com os colegas.

ANOTE AÍ!

Quando escrevemos ou falamos, precisamos adequar nossa linguagem à **situação de comunicação**, que envolve os **interlocutores**, o **contexto** em que se encontram e a **intenção** de quem produz o texto.

A variação no uso da língua que pode ser observada conforme as diferentes situações de comunicação no dia a dia recebe o nome de **variedade situacional**.

O produtor de um texto pode escolher um registro mais formal ou informal de acordo com seu interlocutor e conforme a situação comunicativa.

ANOTE AÍ!

Registro informal: adequado a situações mais descontraídas e com menor grau de monitoramento de uso da língua, que permitem e/ou muitas vezes requerem o uso de vocabulário pessoal e afetivo, como uma conversa entre amigos ou um texto menos oficial.

Registro formal: adequado a situações mais formais, que exigem vocabulário técnico e objetivo, como um discurso oficial, um seminário ou um artigo científico.

VARIEDADES SOCIAIS

3. Leia a tira a seguir inspirada em um fenômeno linguístico.

Adão Iturrusgarai. Disponível em: https://iturrusgarai.wordpress.com/2017/03/20/tiponite-agda/. Acesso em: 26 abr. 2023.

a) Qual é o termo que se repete na tira?
b) Na tira, em que situações o termo identificado é usado?
c) O termo identificado é uma **gíria**, ou seja, uma variedade ligada a um grupo social. A princípio, esse termo era comum na fala de alguns adolescentes e, com o tempo, passou a ser adotado por outros grupos. Qual é a intenção do cartunista ao usar o termo nas situações apresentadas?
d) De que forma o título da tira se relaciona com essa intenção do cartunista?

4. Agora, leia esta definição de preconceito linguístico.

> O termo *preconceito* designa uma atitude prévia que assumimos diante de uma pessoa (ou de um grupo social), antes de interagirmos com ela ou de conhecê-la, uma atitude que, embora individual, reflete as ideias que circulam na sociedade e na cultura em que vivemos. Assim [...] uma pessoa [...] pode receber avaliações negativas por causa da língua que fala ou do modo como fala sua língua.
>
> Preconceito linguístico. *Glossário do Ceale*. Disponível em: https://www.ceale.fae.ufmg.br/glossarioceale/verbetes/preconceito-linguistico. Acesso em: 26 abr. 2023.

a) Você costuma usar gírias? Já foi criticado por usá-las? Em que situações?
b) Você já se deparou com uma situação de preconceito pelo fato de uma pessoa ou grupo usar determinada variedade linguística? Conte aos colegas.

ANOTE AÍ!

A variação de uso da língua por um grupo de falantes que compartilham características socioculturais (classe socioeconômica, nível cultural, profissão, idade, interesses, etc.) recebe o nome de **variedade social**.

O **preconceito linguístico** resulta da hierarquização equivocada entre um modelo idealizado de língua (com base em gramáticas e dicionários) e os modos de falar em situações reais.

ATIVIDADES

 Acompanhamento da aprendizagem

Retomar e compreender

1. Leia este texto, que explica o que são vírus de computador.

> São programas desenvolvidos para alterar nociva e clandestinamente *softwares* instalados em um computador. Eles têm comportamento semelhante ao do vírus biológico: multiplicam-se, precisam de um hospedeiro, esperam o momento certo para o ataque e tentam esconder-se para não serem exterminados.
>
> Os vírus de computador podem anexar-se a quase todos os tipos de arquivo e espalhar-se com arquivos copiados e enviados de usuário para usuário. [...]
>
> *UOL Tecnologia*. Disponível em: https://tecnologia.uol.com.br/proteja/ultnot/2005/04/15/ult2882u2.jhtm. Acesso em: 27 abr. 2023.

a) De acordo com o texto, por que os programas que alteram *softwares* são chamados de "vírus"?

b) Observe onde esse texto foi publicado. Quem é seu possível público leitor?

2. Leia agora este outro texto.

> Todo mundo já ouviu falar em vírus de computador. Dá pra imaginar? Um computador gripado? Pois eles são uns programinhas safados que invadem o computador e aterrorizam a máquina toda, devorando arquivos, confundindo o processamento ou deixando o micro abobalhado, lento e esquecido. Como alguém que, na vida real, tenha mesmo pegado gripe. [...]
>
> Ziraldo. *Livro de informática do Menino Maluquinho*. São Paulo: Melhoramentos, 2009. p. 62.

a) Explique a expressão "computador gripado".

b) Onde esse texto foi publicado? Quem é seu possível público leitor?

3. Responda às questões sobre os textos das atividades **1** e **2**.

a) Que diferença podemos perceber entre os textos quanto ao registro utilizado?

b) Qual é a razão dessa diferença de registro?

c) Copie duas expressões de cada um dos textos para exemplificar essa diferença de registro.

d) Os dois textos comparam a ação dos vírus de computador com a dos vírus biológicos. Em qual deles a comparação é mais desenvolvida? Explique.

Aplicar

4. Elabore uma conversa entre dois surfistas que se encontram na praia, inserindo palavras ou expressões comumente empregadas por pessoas desse grupo. Para isso, consulte o quadro a seguir, que traz algumas gírias frequentemente usadas por surfistas.

GLOSSÁRIO DO SURFISTA			
Big rider	surfista que gosta de pegar ondas grandes e sabe surfar nelas	**Kaô**	conversa fiada; papo furado
Cabuloso	perigoso; esquisito	**Marrento**	pessoa convencida, "que se acha"
Casca grossa	surfista muito bom em certas manobras; uma situação difícil	**Point**	qualquer local ou lugar; lugar badalado
Crowd	cheio de gente	**Trip**	viagem para praticar surfe
Drop	ato de descer a onda (dropar)	**Vaca**	tombo; queda na onda

A LÍNGUA NA REAL

O REGISTRO E A ADEQUAÇÃO À SITUAÇÃO DISCURSIVA

1. Leia a seguir o trecho da resenha do livro *Zagaia*.

   ### *Zagaia*, de Allan da Rosa

   Zagaia (Difusão Cultural do Livro, 2007) é a obra mais recente do prolífico Allan da Rosa. Logo na dedicatória, o autor alerta a que veio: "dedico este trampo pra juventude do Jabaquara, Americanópolis e Divisa Diadema. A quem muitas vezes só resta sela de cavalo xucro, escolas destroçadas, antenas mascaradas podres e degraus de um escadão da vida cheio de musgo e rachaduras. Mas que há de se organizar no levante, concentrar na vocação e fertilizar felicidade". Mas, não nos enganemos, a dureza anunciada não espanta a poesia, ao contrário, a poesia de Zagaia revelará diamantes no cascalho. [...]

   prolífico: que produz muito.

   Cidinha da Silva. Disponível em: http://cidinhadasilva.blogspot.com/2009/01/zagaia-de-allan-da-rosa.html. Acesso em: 27 abr. 2023.

   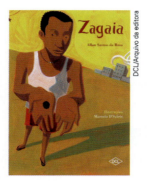
   ▲ Capa do livro *Zagaia*, escrito por Allan Santos da Rosa. São Paulo: DCL, 2007.

   a) Releia este trecho do texto.

   > Mas, não nos enganemos, a dureza anunciada não espanta a poesia, ao contrário, a poesia de Zagaia revelará diamantes no cascalho.

   - Por que na resenha a autora supõe que o leitor pode se enganar em relação ao livro *Zagaia*?

   b) Discuta com os colegas o sentido de "diamantes no cascalho" nesse contexto.

2. No texto lido, há duas vozes: a da autora da resenha (Cidinha) e a do autor do livro *Zagaia*.
   a) Identifique passagens que apresentam essas duas vozes.
   b) Que recursos foram usados para diferenciar as duas vozes presentes no texto?
   c) A quem se dirige cada uma delas?
   d) Considerando a linguagem usada pelo autor do livro *Zagaia* e por Cidinha, como podemos caracterizar seus interlocutores ou leitores?

3. Releia o trecho da dedicatória e analise o registro da linguagem usado pelo autor.

   > "dedico este trampo pra juventude do Jabaquara, Americanópolis e Divisa Diadema. A quem muitas vezes só resta sela de cavalo xucro, escolas destroçadas, antenas mascaradas podres e degraus de um escadão da vida cheio de musgo e rachaduras. Mas que há de se organizar no levante, concentrar na vocação e fertilizar felicidade"

   a) Qual é a intenção do autor ao utilizar o registro mais informal?
   b) Que palavra ele usa para reforçar o registro mais informal?
   c) Como a leitura de textos que apresentam diferentes registros de linguagem, desde o mais formal até o mais informal, pode contribuir para combater o preconceito linguístico?

ANOTE AÍ!

Os falantes fazem uso da língua – tanto na modalidade oral quanto escrita – conforme as diferentes **situações comunicativas**, de acordo com o **contexto de produção**: interlocutores, finalidade, intencionalidade, meio de transmissão do texto e momento em que é produzido.

ESCRITA EM PAUTA

ENCONTRO CONSONANTAL E DÍGRAFO

Você conhece algum trava-língua? Já participou dessa brincadeira? Os trava-línguas são uma espécie de jogo com palavras e fazem parte da cultura oral de vários povos. Essa brincadeira envolve a habilidade de falar, de modo claro e rápido, versos ou frases nos quais há sons difíceis de pronunciar. Leia a seguir dois exemplos de trava-língua.

> Quando toca a retreta na praça repleta,
> Se cala o trombone, se toca a trombeta.

> Três pratos de trigo para três tigres tristes.

Domínio público.

Perceba que, na maioria das palavras que compõem esses trava-línguas, as consoantes *r* e *l* são acompanhadas das consoantes *t*, *p* ou *g*, formando as sílabas: **tr**e, **tr**i, **tr**om, **pr**a, **pl**e e **gr**es.

ANOTE AÍ!

O agrupamento de consoantes em uma palavra é chamado de **encontro consonantal**. Nele, ouve-se o som de cada uma das consoantes quando a palavra é pronunciada.
Os encontros consonantais podem ocorrer:
- na mesma sílaba. Exemplos: **tr**ês, ti-**gr**es, **tr**is-tes, **cl**a-ri-da-de, **pr**a-ta.
- em sílabas diferentes. Exemplos: ri**t**-**m**o, con-vi**c**-**ç**ão, a**b**-**s**o-lu-to.

Leia mais dois trava-línguas e observe as consoantes em destaque.

> A **ch**ave do **ch**efe **Ch**aves está no **ch**aveiro.

> **Qu**ico **qu**er ca**qu**i.
> **Qu**e ca**qu**i **qu**e o **Qu**ico **qu**er?
> O **Qu**ico **qu**er qual**qu**er ca**qu**i.

Domínio público.

A palavra *chave* é composta de cinco letras, mas o número de sons pronunciados não é igual ao número de letras. As letras *ch* são pronunciadas com um som único. O mesmo ocorre com as letras *qu* na palavra *Quico*. A esse conjunto de letras que representam um único som damos o nome de **dígrafo**.

ANOTE AÍ!

Na língua portuguesa escrita, há casos em que **duas letras**, em conjunto, representam **um único som**. A esses casos damos o nome de **dígrafo**. Exemplos: **ch**ato, **gu**itarra, **qu**ero, gali**nh**a, pa**lh**a, ca**rr**o, pá**ss**aro, pi**sc**ina, e**xc**esso.
As combinações **qu** e **gu** só são dígrafos se seguidas de *e* ou *i* e se o *u* não é pronunciado. Exemplos: **gu**erra, **qu**erido, **gu**ichê, **qu**itute. As palavras *quase*, *quarto*, *guardanapo* e *guarita*, por exemplo, não contêm dígrafos, já que nelas o *u* é pronunciado.

PARA EXPLORAR

Cantos de trabalho, da Cia. Cabelo de Maria. Selo Sesc, 2007.
As canções apresentadas nesse CD são importantes manifestações da cultura oral. Recolhidas em diferentes regiões do Brasil, elas são cantadas por membros de uma comunidade quando realizam trabalhos em mutirão.

72

1. Leia o trava-língua a seguir e responda às questões.

   Esta burra torta trota
   Trinca a murta, a murta brota
   Trota, trota, a burra torta.
   Brota a murta ao pé da porta.

   Domínio público.

   a) Copie no caderno palavras do trava-língua com encontros consonantais.
   b) Transcreva a palavra em que ocorre um dígrafo, destacando-o.

2. Observe o quadro a seguir, com palavras grafadas com *qu*.

   | quase | querida | quimera | Equador |

   a) Transcreva no caderno as palavras em que *qu* é dígrafo.
   b) Explique por que, nas demais palavras do quadro, *qu* não é dígrafo.

3. Transcreva no caderno as palavras do quadro a seguir que apresentam encontros consonantais.

   | vassoura | produção | bilheteria | chão | chá | brincadeira |
   | estudar | bárbaro | bruxa | perseguir | trave | prometer |

4. No caderno, indique a alternativa correta em relação às palavras *quelônio*, *quilo* e *guabiroba*.

   I. Ocorre dígrafo na última, mas não nas duas primeiras.
   II. Ocorre dígrafo nas duas primeiras, mas não na última.
   III. Não ocorre dígrafo em nenhuma dessas palavras.

ETC. E TAL

O termo *sic* e a origem das palavras *sim* e *não*

Você já leu um texto em que era usada a palavra *sic*? Se não leu, talvez algum dia se depare com ela. De origem latina, essa palavra é usada, entre parênteses ou colchetes, em citações para indicar que o texto original está reproduzido exatamente como foi dito ou escrito, mesmo que apresente erros gramaticais ou de ortografia. Ao utilizar *sic*, quem fez a citação indica que o erro é do original, e não de sua responsabilidade. O significado do termo latino *sic* é "assim", palavra que deu origem ao *sim*. Já a palavra *não* derivou do latim *non*. Saiba um pouco mais sobre ela:

> [...] o *não* variou muito pouco do original "non", que também gerou "no" (italiano e espanhol), "nò" (corso), "non" (galego), "nu" (romano), "nein" (iídiche) e outras negações em línguas românicas (também conhecidas como línguas latinas), que derivam do latim. Uma curiosidade: especialistas acreditam que a prevalência de palavras com N para indicar negação em idiomas indo-europeus (os quais incluem os derivados do latim) se deve ao fato de que essa letra tem um fonema nasal, já que vocalizações nasais estariam associadas, nos primórdios da comunicação falada, à ideia de negação.

Gabi Monteiro. Qual a origem das palavras "sim" e "não"? *Mundo Estranho*, 20 abr. 2016. Disponível em: https://mundoestranho.abril.com.br/comportamento/qual-a-origem-das-palavras-sim-e-nao/. Acesso em: 27 abr. 2023.

Gustavo Pedrosa/ID/BR

AGORA É COM VOCÊ!

REESCRITA DE CONTO POPULAR

Proposta

Diversos contos de origem popular foram tão divulgados que ficaram conhecidos em boa parte do mundo. Muitos, além de ser transmitidos oralmente, de geração a geração, foram registrados por escrito, chegando a nós também por meio de livros e da internet.

Nesta seção, você vai procurar e reescrever um conto popular. Sua versão da história será publicada em um mural de contos populares recontados pela turma.

GÊNERO	PÚBLICO	OBJETIVO	CIRCULAÇÃO
Conto popular	Colegas da classe	Reescrever um conto popular, atentando para suas características	Mural de contos da turma

Planejamento e elaboração do texto

1 Selecione um conto popular. Procure em livros uma história que, em sua opinião, vá agradar aos colegas. Veja algumas sugestões para consulta:

- Luís da Câmara Cascudo (org.). *Contos tradicionais do Brasil para jovens.* São Paulo: Global, 2006.
- Neil Philip (org.). *Volta ao mundo em 52 histórias.* São Paulo: Companhia das Letrinhas, 1998.
- Rogério Andrade Barbosa (org.). *O segredo das tranças e outras histórias africanas.* São Paulo: Scipione, 2007.

2 A reescrita dependerá muito de sua compreensão do texto. Por isso, faça uma leitura atenta da narrativa selecionada, observando:

- Em que ambiente acontecem os fatos? Que expressões o caracterizam?
- Como são as personagens principais (características físicas e personalidades)? Que qualidades delas estão ligadas às suas ações?
- Há um elemento mágico? De que modo ele funciona na história?
- Quais são os desafios enfrentados pelas personagens?
- Compare as personagens no início e no desfecho do conto: elas sofreram mudanças? Quais?
- O conto traz um ensinamento? Qual?

3 Elabore um plano para seu texto, mantendo-se fiel ao conto selecionado e evitando alterações, a fim de preservar as características fundamentais da história. Você pode, porém, destacar algum elemento do conto original. Possibilidades:

- Destaque uma característica de alguma personagem, de modo a torná-la mais coerente com o desenvolvimento da história. Por exemplo, se ela é corajosa, mostre-a bem confiante, andando com o queixo erguido, pisando firme.
- Chame a atenção do leitor para um momento da narrativa. Por exemplo, ressalte o suspense da história, demore mais para chegar ao clímax.
- Valorize o ensinamento: De que modo é possível deixá-lo mais claro?

4 Ao escrever seu texto, considere a estrutura da narrativa a ser recontada e sua proposta de valorização de algum elemento. Para isso, organize o texto preservando a ordem da história original e seus elementos:

- **Situação inicial:** apresenta as personagens e o ambiente da história.
- **Complicação:** indica o desafio que as personagens precisam enfrentar.
- **Desenvolvimento:** é a sequência dos fatos, as ações que levam ao clímax.
- **Clímax:** o acontecimento decisivo da história.
- **Desfecho:** é a situação final, o novo equilíbrio da narrativa; em geral, é o momento da história em que é possível perceber seu ensinamento.

LINGUAGEM DO SEU TEXTO

1. No capítulo 1, você leu o conto "O boneco de piche". Você observou algum trecho que sugere a região em que se passa a história e que caracteriza as personagens? Se sim, indique sua resposta no caderno.

2. As palavras e expressões empregadas no conto que você escolheu indicam a comunidade ou o ambiente a que as personagens pertencem?

3. Agora, preste atenção especial às falas das personagens do conto escolhido: As falas apresentam características da região em que se passa a história e do modo de ser das personagens?

Ao reescrever o conto popular, utilize uma variedade linguística adequada à caracterização das personagens. Observe também o uso da pontuação e a ortografia das palavras, sobretudo aquelas com encontros consonantais e dígrafos.

Avaliação e reescrita do texto

1 Troque de texto com um colega e leia o conto escrito por ele.

2 Em seguida, avalie o texto escrito pelo colega de acordo com os critérios apresentados a seguir.

ELEMENTOS DO CONTO POPULAR
A narrativa apresenta personagens bem caracterizadas, de acordo com o ambiente em que se passa a história e suas ações na história?
Existe um elemento mágico?
O conto popular está estruturado em situação inicial, complicação, desenvolvimento, clímax e desfecho?
A narrativa apresenta um ensinamento?
A linguagem do conto e a ambientação da história ajudam o leitor a perceber a comunidade a que pertence essa narrativa?

3 Compartilhe com o colega suas anotações sobre o texto que ele elaborou e sugira soluções para os possíveis problemas que você identificou.

4 Veja as propostas dele sobre seu texto e reescreva-o, fazendo as modificações necessárias. Escreva o título e ilustre o conto popular.

Circulação

1 No dia combinado, ajude a turma a organizar os textos no mural da sala.

2 Leia as histórias dos colegas e divirta-se.

ATIVIDADES INTEGRADAS

O conto popular a seguir conta a história de um homem que conhece uma família de gigantes. Leia-o e depois faça as atividades propostas.

O homem pequeno

Uma vez um príncipe saiu a caçar com outros companheiros, e enterraram-se numa mata. O príncipe, que se chamava dom João, adiantou-se muito dos companheiros e se perdeu. Ao depois de muito andar, avistou um muro muito alto, que parecia uma montanha, e para lá se dirigiu. Quando lá chegou, conheceu que estava numa terra estranha, pertencente a uma família de gigantes. O dono da casa era um gigante enorme, que quase dava com a cabeça nas nuvens; tinha mulher também gigante e uma filha gigante de nome Guimara.

Quando o dono da casa viu dom João, gritou logo:

— Oh! homem pequeno, o que andas fazendo?

O príncipe contou-lhe a sua história, e então o gigante disse:

— Pois bem; fique aqui como meu criado.

O príncipe lá ficou, e, passados tempos, Guimara se apaixonou por ele. O gigante, que desconfiou da coisa, chamou um dia o príncipe e lhe disse:

— Oh! homem pequeno, tu disseste que te atrevias a derrubar numa só noite o muro das minhas terras e a levantar um palácio?

— Não senhor, meu amo; mas como vossemecê manda, eu obedeço.

O moço saiu por ali vexado de sua vida e foi ter ocultamente com Guimara, que lhe disse:

— Não é nada; eu vou e faço tudo.

Assim foi: Guimara, que era encantada, deitou abaixo o muro e levantou um palácio que dar-se podia. No outro dia, o gigante foi ver bem cedo a obra e ficou admirado.

— Oh! homem pequeno!

— Inhô!

— Foste tu que fizeste esta obra ou foi Guimara?

— Senhor, fui eu, não foi Guimara; se meus olhos viram Guimara, e Guimara viu a mim, mau fim tenha eu a Guimara, e Guimara mau fim tenha a mim.

Passou-se. Depois de alguns dias, o gigante, que andava com vontade de matar o homem pequeno, lhe alevantou outro aleive [...]. A moça, que era adivinha, comunicou isto a dom João e convidou-o para fugir, deixando nas camas, em seu lugar, bananeiras cobertas com lençóis, para enganar ao pai.

Alta noite, fugiram montados no melhor cavalo da estrebaria, o qual caminhava cem léguas de cada passada. O pai, quando os foi matar, os não encontrou, e disse o caso à mulher, que lhe aconselhou que partisse atrás montado no outro cavalo, que caminhava cem léguas de cada passada, e seguisse a toda a brida. O gigante partiu e, quando ia chegando perto dos fugitivos, Guimara se virou num riacho, dom João num negro velho, o cavalo num pé de árvore, a sela numa leira de cebolas e a espingarda que levavam num beija-flor. [...]

Eles lá se desencantaram e seguiram a toda pressa; mas o gigante de cá partiu como um feroz; ia botando serras abaixo e, quando estava de novo quase a pegá-los, Guimara largou no ar um punhado de cinzas e gerou-se no mundo uma neblina tal que o gigante não pôde seguir e voltou. Depois disto, os fugitivos chegaram ao reino de dom João. Guimara, então, lhe pediu que, quando entrasse em casa, para não se esquecer dela por uma vez, não beijasse a mão de sua tia. O príncipe prometeu; mas, quando entrou em palácio, a primeira pessoa que lhe apareceu foi a tia, de quem ele beijou a mão, e se esqueceu por uma vez de Guimara, que o tinha salvado da morte. A moça lá perdeu na terra estranha o encanto, e ficou pequena como as outras, mas sempre triste.

Henriqueta Lisboa. *Literatura oral para a infância e a juventude*: lendas, contos e fábulas populares no Brasil. São Paulo: Peirópolis, 2002. p. 105, 107 e 108.

aleive: enganação, armadilha.

alevantar: levantar.

brida: rédea.

leira: buraco aberto na terra para plantar algo.

vexado: maltratado, humilhado.

Acompanhamento da aprendizagem

Analisar e verificar

1. Sobre o conto, responda às questões a seguir.

   a) Quem é a personagem principal? Do que ela é chamada ao longo da história?

   b) Quem é a personagem com poderes mágicos? Quais são esses poderes?

   c) No conto, o que leva essa personagem a usar seus poderes mágicos?

2. Releia, com atenção, esta fala.

   > — Não senhor, meu amo; mas como vossemecê manda, eu obedeço.

   a) Como pode ser descrita a forma como dom João se dirige ao gigante?

   b) Por que dom João se dirige ao gigante dessa forma?

   c) O registro utilizado por dom João ao se dirigir ao gigante é formal ou informal?

   d) Observe o termo *vossemecê*. Com que palavra usada atualmente ele se assemelha? Essa palavra é empregada em situações formais ou informais?

3. Em certo momento, o gigante chama dom João e este lhe responde: "Inhô!".

   a) Que outra palavra dom João poderia usar sem alterar o sentido?

   b) A que ambiente o uso da palavra *inhô* remete o leitor?

4. Observe as expressões a seguir. Elas foram retiradas do texto.

conheceu que estava	dava com a cabeça nas nuvens

   a) Localize essas expressões no conto e explique o significado de cada uma delas com base no contexto em que foram usadas.

   b) Você acha que as expressões estão mais próximas do registro formal ou informal?

   c) Por que esse tipo de registro foi utilizado no conto?

5. Releia esta fala de dom João.

   > — **Senhor, fui eu, não foi Guimara**; se meus olhos viram Guimara, e Guimara viu a mim, mau fim tenha eu a Guimara, e Guimara mau fim tenha a mim.

   a) No trecho em destaque, dom João está falando a verdade ao gigante? Explique.

   b) Que relação pode existir entre a segunda parte da fala e o final do conto?

6. Releia mais um trecho do texto.

   > Uma vez um príncipe saiu [...] com outros companheiros, e enterraram-se numa mata.

   - Quais palavras têm encontro consonantal e quais têm dígrafo? Como identificou isso?

Criar

7. O conto lido tem palavras e expressões que não são mais tão usadas.

   - Reúna-se com um colega e reescrevam o conto tornando sua linguagem mais próxima da utilizada atualmente.

   - Usem termos para o registro formal, considerando a variedade situacional proposta.

77

CIDADANIA GLOBAL
UNIDADE 2

5 IGUALDADE DE GÊNERO

Retomando o tema

Nesta unidade, você refletiu sobre a desigualdade de gênero no mercado de trabalho e sobre a maneira como as mulheres são representadas em certos contos. Nesse processo, pôde pensar sobre como as mulheres são rotuladas pela sociedade: ora como frágeis, ora como fortes, ora como resilientes.

Agora, o professor vai apresentar o vídeo *Desigualdade de gênero no olhar das crianças*. Depois, responda:

1. Em que medida o uso de cores como rosa e azul, destinadas respectivamente a meninas e meninos, podem reforçar a desigualdade de gênero?

2. De acordo com o vídeo, o que é preciso haver para a promoção da igualdade de gênero? Você concorda com essa ideia? Discuta com os colegas.

Geração da mudança

Com base nas reflexões anteriores, você e os colegas vão promover intervenções artísticas sobre igualdade de gênero, a fim de sensibilizar a comunidade escolar para o tema.

Para a produção, organizem-se em grupos e sigam as orientações:

- Para definir o assunto da intervenção, discutam sobre, por exemplo, como as meninas se sentem quando percebem que são discriminadas em uma atividade escolar por serem mulheres; o comportamento dos meninos diante dessa injustiça; a união entre homens e mulheres para a eliminação dessa injustiça; etc.

- Escolham uma linguagem artística para expressar as ideias debatidas: artes visuais, dança, música ou teatro e ensaiem as produções.

Em dia e hora previamente marcados, reúnam-se para a publicação ou apresentação de sua intervenção artística. Convidem toda a comunidade escolar para conhecer o trabalho; assim, a discussão pode ser ampliada e mais pessoas conseguem se conscientizar da problemática em pauta.

Autoavaliação

78

HISTÓRIA EM QUADRINHOS

UNIDADE 3

PRIMEIRAS IDEIAS

1. Você gosta de ler HQs? Se sim, quais?
2. Quais são as características de sua personagem favorita nas HQs?
3. No caderno, crie uma lista com os nomes dos itens de seu material escolar. Você sabe a qual classe gramatical pertencem essas palavras?
4. Para você, o que significa a expressão *flexões do substantivo*?

Conhecimentos prévios

Nesta unidade, eu vou...

CAPÍTULO 1 — Clássico em nova roupagem

- Ler e interpretar história em quadrinhos, identificando as características do gênero.
- Refletir sobre as mudanças pelas quais se passa durante a adolescência.
- Analisar a evolução de características estruturais das HQs.
- Estudar o conceito de substantivo, reconhecendo suas diferentes classificações.
- Iniciar o planejamento de uma história em quadrinhos: desenvolvimento do enredo e caracterização das personagens.

CAPÍTULO 2 — O cotidiano em quadrinhos

- Ler e interpretar história em quadrinhos, identificando as características do gênero e, em especial, o efeito de sentido produzido por recursos gráficos e linguísticos.
- Refletir sobre a relação entre padrões de beleza valorizados socialmente e a promoção de saúde mental e bem-estar.
- Analisar o uso dos substantivos e de suas flexões.
- Finalizar a produção da história em quadrinhos: uso de recursos gráficos associado à linguagem verbal.

CIDADANIA GLOBAL

- Refletir sobre como a existência de padrões de beleza valorizados socialmente pode afetar negativamente a saúde mental e o bem-estar das pessoas.
- Planejar e organizar uma campanha de conscientização sobre as diferentes formas de beleza e sua valorização.

79

LEITURA DA IMAGEM

1. Como é o corpo das pessoas que costumam desfilar nas passarelas de eventos de moda?
2. Qual é a diferença entre as pessoas do desfile de moda retratado na fotografia e as que costumam desfilar em outros eventos desse tipo?
3. O que você achou da iniciativa de apresentar corpos diversos na passarela? Explique sua resposta.

 CIDADANIA GLOBAL 3 SAÚDE E BEM-ESTAR

O padrão de beleza valorizado na sociedade e na mídia costuma ser magro e jovem. Para alcançá-lo, muitas vezes as pessoas recorrem a práticas e procedimentos que podem causar danos à saúde física. Nesse processo, a saúde mental também é afetada.

- Para você, como é possível se proteger das cobranças internas e externas para alcançar um corpo que corresponda aos padrões valorizados socialmente?

 Acesse o recurso digital e reflita sobre a procura por procedimentos estéticos pelos adolescentes no Brasil. O que isso revela sobre a importância dada por esse público à aparência física?

Modelos de diferentes idades e etnias em desfile de moda em Paris, França. Foto de 2022.

CAPÍTULO 1
CLÁSSICO EM NOVA ROUPAGEM

O QUE VEM A SEGUIR

O texto a seguir é parte de uma coletânea de HQs que homenageia o quadrinista brasileiro Mauricio de Sousa. Você reconhece as personagens desta página? Por que elas estão diferentes?

TEXTO

Benett. Em: *MSP*: Mauricio de Sousa por 50 artistas. Barueri: Panini Books, 2009. p. 78.

TEXTO EM ESTUDO

PARA ENTENDER O TEXTO

1. A hipótese levantada no boxe *O que vem a seguir* confirmou-se após a leitura da HQ de Benett?

2. Sobre a HQ de Benett, responda:
   a) Quem são as personagens que aparecem?
   b) Como elas se sentiram em relação à nova aparência? Por quê?

3. Uma personagem pode ser identificada por diferentes características. Observe novamente a personagem Cebolinha na versão de Benett e, ao lado, a versão original, criada por Mauricio de Sousa.
   a) Que características físicas do Cebolinha desenhado por Benett permitem o reconhecimento da personagem? Descreva-as.
   b) O Cebolinha de Benett, em suas atitudes, é parecido com o Cebolinha de Mauricio de Sousa? Explique.

▲ Cebolinha, personagem criada por Mauricio de Sousa.

4. Observe novamente o Cebolinha na HQ lida.

   a) Quais partes do corpo dele concentram a representação das emoções?
   b) Que diferentes emoções Cebolinha expressa nessas imagens?

ANOTE AÍ!

No universo dos quadrinhos, há uma infinidade de personagens que são reconhecidas por suas **características físicas**, por seu **comportamento** e por suas **atitudes**. O desenho do rosto e o do movimento das mãos podem expressar a personalidade de uma personagem e, também, seus sentimentos e suas emoções.

5. Agora releia a HQ de Benett.
   a) Há mudanças nos desenhos de um quadrinho para o outro? Indique-as.
   b) Por que cada quadro apresenta uma cena diferente da outra?

6. Na história que você leu, o autor utiliza o suspense e o humor para prender a atenção do leitor. Cite um exemplo de cada caso.

ANOTE AÍ!

As HQs são **narrativas sequenciais**. Cada quadro cria um efeito temporal, como se conseguíssemos ver a passagem do tempo e a movimentação das personagens.

O **suspense** e o **humor** são dois recursos poderosos nas HQs. O suspense mantém a expectativa sobre os acontecimentos que vêm a seguir; já o humor, ao longo da narrativa ou em seu desfecho, aparece por meio de *gags* (falas ou situações inesperadas) ou piadas.

RELAÇÕES ENTRE PALAVRA ESCRITA E IMAGEM NOS QUADRINHOS

7. Leia esta tira da Mafalda, observando os balões de fala:

Quino. *Toda Mafalda.* São Paulo: Martins Fontes, 2003. p. 389.

a) Que diferença há entre o balão do primeiro e o do segundo quadrinhos?
b) O que essa diferença indica quanto às falas das personagens?
c) O que o formato do balão do último quadrinho expressa?

8. Agora, volte à HQ de Benett e observe os dois primeiros quadrinhos da última linha. O que os textos fora dos balões indicam?

9. Na HQ de Benett, há um balão em que as letras estão diferentes das demais.
a) Em que quadrinho está esse balão? Qual é a diferença dele para os demais?
b) O que o cartunista pretende indicar com a mudança?

ANOTE AÍ!

Os **balões** são recursos gráficos que indicam ao leitor **falas**, **pensamentos** e **sentimentos** das personagens. Eles podem aparecer em vários formatos. A voz do **narrador** geralmente aparece fora dos balões.

Outro recurso usado para tornar **mais expressiva** a fala das personagens é o **destaque de palavras**. Podem-se usar o negrito e letras de diversos tamanhos, formatos e cores para expressar emoções, entonação e outras características da fala.

10. Observe a tira a seguir.

Mauricio de Sousa. *Turma da Mônica.* Acervo do autor.

a) O que Cebolinha e Mônica parecem sentir no primeiro quadrinho?
b) Que recursos gráficos foram utilizados pelo quadrinista para demonstrar o que Cebolinha e Mônica estão sentindo?
c) Que recursos o autor usou para representar os movimentos no segundo quadrinho?

ANOTE AÍ!

Nos quadrinhos, os **traços**, as **setas** e as **linhas variadas** são **recursos gráficos** que podem indicar os **movimentos** corporais das personagens. Os autores também utilizam símbolos como: bolinhas para indicar que alguém está com sono; gotas para indicar lágrimas ou suor; corações para mostrar que a personagem está apaixonada; entre outros recursos.

PARA EXPLORAR

MSP: Mauricio de Souza por 50 artistas. Barueri: Panini Books, 2009.
Nesse livro, cinquenta artistas brasileiros interpretam personagens de Mauricio de Sousa em diferentes estilos: das clássicas tiras até as histórias de super-heróis.

11. **SABER SER** Na HQ de Benett, Cebolinha sofre uma mudança em sua aparência e mostra-se descontente. Na adolescência, ocorrem grandes mudanças físicas e emocionais. Com base nisso, discuta:

a) Como você está se sentindo em relação às mudanças pelas quais tem passado nessa fase da vida?

b) O que você pode fazer para ajudar alguém que não gosta da própria aparência?

O CONTEXTO DE PRODUÇÃO

12. Considere o boxe *O que vem a seguir* e a fonte indicada na parte inferior da HQ.

a) Quem é o autor dessa HQ?

b) Onde essa história foi publicada?

c) Qual foi a intenção do autor ao criar essa HQ?

d) A que público se destina essa HQ?

ANOTE AÍ!

Várias personagens surgiram em tiras publicadas em **jornais** e **revistas**; depois, suas histórias ficaram maiores e deram origem a **gibis**. Os quadrinhos ficaram mais sofisticados com o tempo. Atualmente, há **livros** de HQs com desenhos aprimorados, dirigidos também aos adultos, chamados *graphic novels* (novelas gráficas).

A LINGUAGEM DO TEXTO

13. Observe as falas das personagens Cebolinha e Cascão na HQ de Benett.

a) Qual é o tipo de relação entre Cebolinha e Cascão?

b) Descreva a situação de comunicação em que eles se encontram.

c) Qual é o registro utilizado pelas personagens?

14. Na fala de Chico Bento, no último quadrinho, há duas palavras que não estão de acordo com a norma-padrão. Identifique-as e responda: Por que o autor resolveu representar desse modo a fala da personagem?

ANOTE AÍ!

Nas histórias em quadrinhos, as falas das personagens, em geral, são marcadas pelo registro **informal**. Além de caracterizar a situação de comunicação, elas revelam traços próprios das personagens.

15. Sobre a HQ de Benett, responda às questões.

a) O que as expressões *Aaaaauugghhh* e *Ei* significam?

b) Quais expressões poderiam substituí-las, mantendo o mesmo sentido?

c) No sexto quadrinho, o que as palavras dentro do balão de fala representam?

ANOTE AÍ!

As falas também expressam as emoções ou os sentimentos das personagens. Por isso, é comum encontrar nas HQs **interjeições** ou **locuções interjetivas**, por exemplo: *Oba!, Ah!, Oh!, Ufa!, Eba!, Puxa vida!, Iupi!, Oh, não!*.

Outro aspecto recorrente nas HQs é a presença de palavras para representar diversos tipos de som, como a batida na porta (*toc, toc*), o toque de um telefone (*ring*), campainha (*péééé*), água pingando (*plic*), etc. Esse recurso linguístico é chamado de **onomatopeia**.

TIPOS DE PERSONAGEM

Há vários tipos de personagem de HQ. Calvin, do quadrinista estadunidense Bill Watterson, por exemplo, é uma personagem de quadrinhos de humor. Personagens de histórias de aventura podem percorrer o mundo e se envolver em muitas confusões. Personagens de histórias de super-heróis, como o Super-Homem e a Mulher-Maravilha, geralmente têm superpoderes e costumam enfrentar vilões terríveis.

UMA COISA PUXA OUTRA

Evolução de personagens

Você sabia que o traço de personagens de HQ pode mudar com o passar do tempo? No caso da Turma da Mônica, por exemplo, criada na década de 1960, várias mudanças já aconteceram.

1. Observe as mudanças no traço de algumas personagens de Maurício de Sousa e, em seguida, responda às questões propostas.

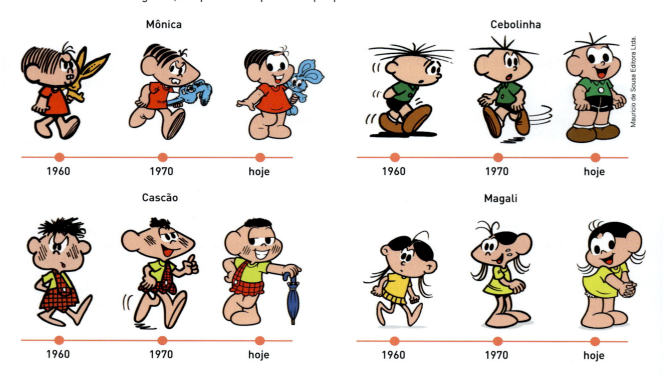

a) O que há de diferente na composição de cada personagem nos três momentos em que elas foram retratadas?

b) O que foi mantido em relação às características físicas de cada personagem nos três momentos?

c) De qual versão você gosta mais? Por quê?

2. Observe as imagens das personagens quando foram criadas, na década de 1960. Em sua opinião, o que há em comum quanto ao traço que Maurício de Sousa utilizou para desenhá-las?

3. Nos anos 1970, o que há em comum em relação ao rosto e ao corpo das personagens?

4. Observe com atenção a versão atual das personagens Mônica, Cebolinha, Cascão e Magali. Depois, copie no caderno a alternativa que faz uma afirmação incorreta.

  I. Os traços são mais arredondados.

  II. As cores das roupas não sofreram modificações.

  III. As personagens estão mais velhas.

  IV. As características principais de cada personagem foram mantidas.

5. O que é possível observar em relação à expressão das personagens na época em que foram criadas e na atualidade?

6. A personagem Mônica surgiu nas tiras de Cebolinha. Só alguns anos mais tarde ela virou a protagonista da própria revista. Veja uma tira do Cebolinha em que ela aparece.

Mauricio de Sousa. *Folha de S.Paulo*, 3 mar. 1963.

a) O que Cebolinha está fazendo quando encontra Mônica?
b) Eles já se conheciam antes desse encontro? Explique sua resposta.

7. Agora, leia uma tira mais recente com o Cebolinha e a Mônica.

Mauricio de Sousa. *Turma da Mônica*. Acervo do autor.

a) O que está acontecendo no primeiro quadrinho? É possível saber o motivo dessa ação?
b) Qual é a estratégia de Cebolinha para resolver seu problema no segundo e no terceiro quadrinhos?
c) A estratégia de Cebolinha funcionou? Por quê?

8. Sobre as tiras das atividades **6** e **7**, responda:
   a) Em ambas as tiras, Mônica está com uma expressão facial fechada. Em qual das duas ela parece mais brava? Por que isso acontece?
   b) Observe a fala de Cebolinha nas duas tiras. É dado algum tipo de destaque à pronúncia dele em cada tira? Se sim, qual?

A TURMA DA MÔNICA AO LONGO DO TEMPO

Mauricio de Sousa (1935-) começou a publicar tiras em jornais em 1959. Suas primeiras personagens foram Bidu e Franjinha. Depois, vieram Cebolinha, Astronauta, Horácio, Penadinho e outras. A Mônica chegou em 1963 e foi inspirada em uma das filhas de Maurício. Em 1970, foi publicada a revista *Mônica e sua turma*, título posteriormente alterado para *Turma da Mônica*. De lá para cá, foram lançadas dezenas de filmes e centenas de revistas, traduzidas para diversos idiomas. Em 2008, foi criada a *Turma da Mônica Jovem*, com as personagens adolescentes e com visual que remete aos mangás japoneses.

LÍNGUA EM ESTUDO

SUBSTANTIVO

1. Leia esta tira do Armandinho:

Alexandre Beck. *Armandinho Seis*. Florianópolis: A. C. Beck, 2015. p. 60.

a) Identifique na tira as palavras que nomeiam problemas de visão.

b) Que palavra da tira nomeia um sentimento?

c) Na tira, fica evidente que o menino Armandinho e o adulto têm pontos de vista distintos sobre "problemas de visão". Explique essa diferença.

> **ANOTE AÍ!**
>
> **Substantivos** são palavras que nomeiam seres, lugares, instituições, ações, ideias, qualidades, sensações e sentimentos reais ou imaginários. Os substantivos podem ser classificados de diferentes modos: próprio, comum, concreto, abstrato, simples, composto, primitivo, derivado e coletivo.

SUBSTANTIVOS PRÓPRIOS E COMUNS

2. Leia a tira com as personagens Calvin, Susie e Haroldo:

Bill Watterson. *Yukon Ho!* – As aventuras de Calvin e Haroldo. 2. ed. Tradução: André Conti. São Paulo: Conrad, 2010. p. 28 (Adaptado).

a) O que provoca humor nessa tira?

b) Calvin e Susie não se referem à terceira personagem da tira da mesma forma. Como cada um se refere a essa personagem?

c) Se Calvin se dirigisse ao amigo da mesma maneira que Susie, que diferença haveria nessa nova forma de tratamento? Explique sua resposta.

3. Na HQ de Benett, as personagens desconhecem o cartunista que as desenhou, tanto que uma delas se refere a ele de maneira genérica.

a) Releia a HQ e identifique que personagem é essa e qual é a maneira utilizada por ela para referir-se ao autor.

b) Caso a personagem conhecesse a identidade do cartunista, como poderia referir-se a ele de maneira individualizada?

RELACIONANDO

Os nomes dados a personagens de **HQs** são muito importantes para chamar a atenção do leitor. Eles podem sugerir características físicas ou psicológicas da personagem (Cascão, Cebolinha, Pateta, Super-Homem, Homem-Aranha); mistério ou suspense (Mandrake, Fantasma, Doutor Estranho); humor (Capitão Feio, Recruta Zero, Níquel Náusea); origem (Capitão América, Zé Carioca); ou mesmo intimidade ou afeto (Tintim, Luluzinha, Gasparzinho).

Os nomes que identificam os seres ou elementos de modo individualizado são chamados **substantivos próprios**. Os substantivos próprios nomeiam não apenas pessoas, mas também lugares, acidentes geográficos, corpos celestes, animais de estimação, entre outros. *Armandinho*, *Calvin*, *Haroldo*, *Susie* e *Benett* são substantivos próprios, pois nomeiam de modo individualizado os seres citados.

As palavras que se referem a um ser ou a um elemento de modo genérico recebem o nome de **substantivos comuns**. Na tirinha de Calvin, as palavras *tigre*, *pistola* e *bermuda* são substantivos comuns, pois se referem a objetos genéricos. A palavra *desenhista*, que aparece na HQ de Benett, também é classificada dessa forma.

ANOTE AÍ!

Substantivos próprios dão nome a seres ou outros elementos em particular. São iniciados com letras maiúsculas. Exemplos: *Rio de Janeiro*, *Armandinho*, *Tietê*.

Substantivos comuns nomeiam todos os seres de uma espécie ou todos os elementos de um grupo. São iniciados com letras minúsculas. Exemplos: *cidade*, *pessoa*, *nariz*, *rio*.

SUBSTANTIVOS CONCRETOS E ABSTRATOS

4. Leia esta tira da Mafalda:

Quino. *Toda Mafalda*. São Paulo: Martins Fontes, 2003. p. 222.

a) Na tira, aparecem vários substantivos. Um deles, *felicidade*, apresenta uma diferença em relação aos demais no que diz respeito ao que eles nomeiam. Converse com os colegas e tente explicar essa diferença.

b) Explique por que as personagens, antes empolgadas com a conversa, parecem tristes no último quadrinho.

Os substantivos que nomeiam seres e elementos de existência própria (como pessoas, animais, vegetais, lugares, objetos e coisas) recebem o nome de **substantivos concretos**. Exemplos desses substantivos, na tira da atividade **4**, são as palavras *comercial*, *televisão*, *brinquedo* e *crianças*. Já os substantivos que nomeiam ações, estados e qualidades recebem o nome de **substantivos abstratos**, como *felicidade*, também presente na tira da Mafalda.

ANOTE AÍ!

Substantivos concretos nomeiam seres ou elementos de existência própria, coisas e fenômenos reais ou imaginários. Exemplos: *Mafalda*, *pé*, *terra*.

Substantivos abstratos nomeiam ações, estados, qualidades e sentimentos. Exemplos: *diversão*, *alegria*, *decepção*, *felicidade*, *amor*, *paz*, *tristeza*.

SUBSTANTIVOS SIMPLES E COMPOSTOS

5. Leia a tira a seguir, com o Menino Maluquinho e sua amiga Carol.

Ziraldo. *Menino Maluquinho*. Jornal do Brasil, Rio de Janeiro, 1991.

- Converse com os colegas e responda: Por que a água-viva tem esse nome?

A maioria dos substantivos é constituída de uma única palavra: *cidade*, *vida*. São os **substantivos simples**. Mas há aqueles formados por mais de uma palavra, como *água-viva*, constituído pelas palavras *água* e *viva*, que, ligadas por um hífen, compõem o substantivo que nomeia o animal. São os **substantivos compostos**. Alguns substantivos compostos, como *girassol*, não apresentam hífen.

> **ANOTE AÍ!**
>
> **Substantivos simples** são constituídos por apenas uma palavra. Exemplos: *tempo*, *sabiá*, *chuva*, *inverno*, *montanha*.
>
> **Substantivos compostos** são formados por mais de uma palavra. Exemplos: *passatempo*, *couve-flor*, *beija-flor*, *guarda-volumes*, *castanha-do-pará*.

SUBSTANTIVOS PRIMITIVOS E DERIVADOS

6. Leia a tira a seguir.

Jim Davis. Garfield. *Folha de S.Paulo*, 18 mar. 1999.

a) Descreva a expressão facial de Jon, tutor do Garfield, no terceiro quadrinho. Por que ele está assim?

b) Em sua opinião, qual é a origem da palavra *fogueira*?

Os **substantivos** que se originam de outras palavras são denominados **derivados** (*fogueira*). Aqueles que não se originam de outras palavras são chamados **primitivos** (*fogo*).

> **ANOTE AÍ!**
>
> **Substantivos primitivos** não são originados de outras palavras. Exemplos: *jornal*, *flor*, *cozinha*, *pedra*, *mar*, *arquivo*.
>
> **Substantivos derivados** são originados de outras palavras. Exemplos: *jornalista*, *floricultura*, *cozinheiro*, *pedreiro*, *marinho*, *arquivista*.

SUBSTANTIVOS COLETIVOS

7. Leia esta tira de Calvin:

Bill Watterson. *Calvin e Haroldo*. Acervo do autor.

a) O substantivo *classe* é usado na tira para nomear o quê?

b) Quais outros substantivos poderiam ser usados no lugar de *classe* nesse caso?

Quando um substantivo nomeia um conjunto de seres ou de coisas, ele é denominado **substantivo coletivo**.

ANOTE AÍ!

Substantivo coletivo é aquele que, mesmo no singular, indica um conjunto de seres ou coisas da mesma espécie. Exemplos: *cacho*, *turma*, *ramalhete*.

Veja outros substantivos coletivos nos quadros a seguir.

COLETIVO	GRUPO DE
álbum	fotografias, figurinhas, selos
arquipélago	ilhas
atlas	mapas
batalhão	soldados, pessoas
biblioteca	livros
cacho	frutas
câmara	deputados, vereadores
caravana	viajantes
cardume	peixes
comunidade	cidadãos
cordilheira	montanhas
discoteca	discos
elenco	atores
enxame	abelhas
falange	soldados
fauna	animais de uma região

COLETIVO	GRUPO DE
flora	plantas de uma região
galeria	quadros
horda	desordeiros
junta	médicos, governantes
júri	juízes, jurados
manada	bois
matilha	cães
molho	chaves, verduras
multidão	pessoas
prole	filhos
ramalhete	flores
recife	corais
saraivada	tiros, vaias
turma	amigos, estudantes
universidade	faculdades
vocabulário	palavras

Acesse o recurso digital e indique outro substantivo coletivo para um grupo de flores.

Retomar e compreender

1. Leia o poema a seguir.

Estação café

Pastéis Santa Clara,
Bem-casados com ambrosia,
Caramelados com nozes
E bombas de baunilha.

Senhora dona doceira,
Me tira dessa agonia!

Mil-folhas e broinhas,
Com geleias e pavê,
Fios de ovos, *apfelstrudel*,
Maçãs flambadas, não vê?

Qual é o doce mais doce?
O doce mais doce? Você!

Pães de queijo, ovos moles,
Olho de sogra, doce de abóbora,
Pingos de chuva, algodão-doce,
Doce, oh doce, senhora!

Senhora dona doceira,
Doce aqui e agora.

E agora, bem no fim,
Eu recuso maria-mole,
Mas nós dois, bem *juntim*,
Agarradim, rocambole.

apfelstrudel: palavra alemã que designa o tipo de doce feito de massa folhada, recheado de maçã e canela.

Sérgio Capparelli. *111 poemas para crianças*. Porto Alegre: L&PM, 2006. p. 26.

a) Identifique um substantivo próprio no poema.
b) Como pode ser classificado o substantivo *agonia*, na segunda estrofe?
c) Liste os substantivos compostos usados no poema. Você já conhecia algum deles?
d) Identifique um momento do poema em que o autor poderia ter usado um substantivo próprio.
e) Destaque do poema um par de substantivos: um primitivo e um derivado dele.

Aplicar

2. Reescreva no caderno as frases a seguir, substituindo os termos destacados por substantivos coletivos. Quando necessário, faça adaptações.

a) Um **grupo de cães** acompanhava de perto o **grupo de viajantes**.
b) Um **conjunto de jurados** escolheu o **grupo de atores** vencedor do concurso.
c) Nos mares daquele **conjunto de ilhas**, há muitos **grupos de peixes**.
d) O **grupo de vereadores** aprovou na segunda-feira o projeto de lei.
e) Um **grupo de filhos** ganhou dos avós um valioso **conjunto de selos**.
f) O **grupo de jogadores** ingleses estava contente com o resultado da partida.
g) O **grupo de músicos** fez um belo *show* na noite anterior.
h) O **grupo de amigos** foi atacado por um **grupo de abelhas**, mas passa bem.
i) O **grupo de médicos** ficou encantado com a beleza do **grupo de corais**.

A LÍNGUA NA REAL

O SUBSTANTIVO EM CLASSIFICADOS E POEMAS

1. Leia o poema.

Cidadezinha qualquer

Casas entre bananeiras
mulheres entre laranjeiras
pomar amor cantar.

Um homem vai devagar.
Um cachorro vai devagar.
Um burro vai devagar.

Devagar... as janelas olham.
Eta vida besta, meu Deus...

Carlos Drummond de Andrade. *Alguma poesia*. Rio de Janeiro: Record, 2022. Carlos Drummond de Andrade © Graña Drummond www.carlosdrummond.com.br.

a) Qual é o sentido que o uso do diminutivo atribui à palavra *cidade*?
b) A qual cidade o eu poético se refere?
c) Qual é a função dos substantivos para a construção da imagem da cidadezinha no poema?
d) Copie o verso do poema em que um ser inanimado tem uma atitude humana.
e) Leia o último verso. Como a vida na cidadezinha é caracterizada?

2. Leia o classificado ao lado.

a) A quem se dirige um classificado de imóveis?
b) Quais informações não podem faltar em um anúncio de venda de uma casa?
c) Qual é a função dos substantivos no texto?

> **Vende-se: Guarujá**
> Casa, 4 quartos, 2 suítes, vista para o mar, área para churrasco, piscina aquecida e sauna, garagem para 2 carros.
> **Contato MAURÍCIO:** tel. (0xx13) 3232-0000.

3. Agora, leia um poema que faz parte de um livro chamado *Classificados poéticos*.

Colecionador de cheiros troca

um cheiro de cidade
por um cheiro de neblina
um cheiro de gasolina
por um cheiro de chuva fina
um cheiro de cimento
por um cheiro de orvalho no vento

Roseana Murray. *Classificados poéticos*. São Paulo: Moderna, 2010. p. 14.

a) Explique por que o poema pode ser considerado um classificado poético.
b) A quem se dirige esse classificado poético?
c) Que oposição é gerada pelos substantivos usados no texto?
d) Você aceitaria fazer essa troca com o eu poético do poema?

> **ANOTE AÍ!**
>
> Entre as funções de um substantivo, podemos destacar a de **descrever** e **caracterizar lugares** e **pessoas**, como nos poemas e nos classificados, e a de **condensar informações** em um texto.

AGORA É COM VOCÊ!

ELABORAÇÃO DE HISTÓRIA EM QUADRINHOS (PARTE 1)

Proposta

Acesse o recurso digital e responda: Qual é seu super-herói favorito? Que características o definem?

Leia a linha do tempo a seguir sobre a história das HQs antes de iniciar a produção. Nesta primeira etapa, você vai criar as personagens e pensar na sequência narrativa. Depois de pronta, sua HQ será lançada em um evento para toda a comunidade escolar e doada para a biblioteca da escola.

GÊNERO	PÚBLICO	OBJETIVO	CIRCULAÇÃO
História em quadrinhos	Estudantes de outras turmas, familiares, professores e funcionários da escola	Entreter o leitor	Escola

Planejamento e elaboração

1. Você vai criar uma HQ baseada em um super-herói inventado por você. O primeiro passo é pensar sobre essa personagem principal. Para ajudar em seu planejamento, procure responder às questões:

   a) Qual será o nome do seu super-herói?
   b) Quais serão as características físicas dele? E as de personalidade?
   c) Quais serão as características do seu principal inimigo?

A HISTÓRIA DAS HQS

Diversas civilizações antigas criaram sistemas de escrita que, combinados com desenhos, permitiam que se registrassem histórias nos mais diferentes suportes.

Nesse mural egípcio, a letra de canção em hieróglifos foi combinada a desenhos de mulheres que tocam e dançam.

Banquete para Nebamun, c. 1350 a.C. Pintura sobre gesso, 88 cm × 119 cm. Tebas.

C. 1350 A.C. EGITO

400 CHINA

Em um rolo de seda, a ilustração da história do escritor Zhang Hua foi combinada ao texto original.

As admoestações da instrutora às damas da corte, c. 400. Pintura sobre seda, 329 cm × 25 cm. China.

No século XIX, a imprensa se espalhou pelo mundo, permitindo o surgimento de publicações cada vez mais criativas e autores que popularizaram o uso de páginas divididas em quadros.

Angelo Agostini, um imigrante italiano, criou a primeira HQ brasileira e uma das mais antigas do mundo.

Angelo Agostini. *As aventuras de Nhô Quim*. Rio de Janeiro: Fundação Biblioteca Nacional, 1869.

1869 BRASIL

1896 EUA

A tira estadunidense *O garoto amarelo* (*Yellow Kid*) foi a primeira a usar balões para mostrar as falas das personagens.

Richard F. Outcault. *O garoto amarelo*. Nova York, EUA, 1896.

94

2 Agora, desenhe cada uma das personagens que você criou. O desenho não precisa ser exato ou conter detalhes e acabamento final. Você pode fazer as personagens de modo esquemático, com figuras geométricas ou colagens. Esse esboço ajudará você no momento de produzir a HQ.

3 Elabore um resumo da sequência narrativa da história.
   a) Onde está a personagem principal?
   b) O que ela está fazendo no início da narrativa?
   c) Com quem ela vai se encontrar?
   d) Que conflito ela vai enfrentar?
   e) Como esse conflito será resolvido?

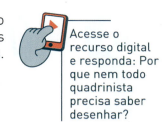

Acesse o recurso digital e responda: Por que nem todo quadrinista precisa saber desenhar?

Avaliação

1 Avalie o que você fez até agora, com base nas perguntas a seguir.

ELEMENTOS DA HISTÓRIA EM QUADRINHOS (PARTE 1)
As características do protagonista estão coerentes com o desafio que ele enfrentará?
As personagens que você desenhou têm as características físicas planejadas?
A história que você criou tem começo, meio e fim?
O conflito proposto é resolvido de modo surpreendente pelo herói?
A história que você planejou é envolvente para o leitor?

2 Se necessário, faça ajustes nesse planejamento sobre as personagens e a sequência narrativa da HQ. A produção será realizada adiante, no capítulo 2.

No século XX, muitos países desenvolveram estilos e gêneros próprios: *comics*, nos Estados Unidos; mangá, no Japão; história em quadrinhos, no Brasil, entre outros.

O tico-tico: jornal das crianças. Brasil, 1906.

Osamu Tezuka. *Astro Boy*. Japão, 1952.

As HQs chegam ao século XXI migrando para outras linguagens, e as mídias digitais expandem as possibilidades de criação desse gênero.

Liniers. *Macanudo*, n. 1, 2008.

Macaco Albino. Brasil, 2015.

1906 BRASIL — **1938 EUA** — **1952 JAPÃO** — **1970 BRASIL** — **2008 ARGENTINA** — **2015 BRASIL** — **2016 EUA**

Action comics, n. 1. EUA, 1938.

Mauricio de Sousa. *Mônica e a sua turma*, n. 1. Brasil, 1970.

A recriação de HQs é prática comum na indústria cinematográfica.

Batman vs. Superman: a origem da justiça. EUA, 2016.

Muitos quadrinistas escolhem plataformas digitais para a publicação de suas HQs, aproveitando os recursos ilimitados do meio virtual.

Fonte de pesquisa: Rogério de Campos. *Imageria*. São Paulo: Veneta, 2015.

95

CAPÍTULO 2
O COTIDIANO EM QUADRINHOS

O QUE VEM A SEGUIR

O quadrinho que você vai ler é de Orlandeli e pertence a uma série chamada (Sic), que foi vencedora de um importante prêmio de HQ organizado pelo Salão Internacional de Humor de Piracicaba, em 2008. Desde então, essa série passou a ser publicada em jornais e livros. É considerada inovadora por seu formato e pelo fato de as personagens não se repetirem nas histórias. Observe a personagem a seguir: Como você acha que é a vida dela tendo cara de sapo?

TEXTO

CARTUNISTA E ILUSTRADOR PREMIADO

▲ Orlandeli em foto de 2016.

Walmir Americo Orlandeli nasceu em Bebedouro, interior de São Paulo, em 1974. O cartunista é formado no curso de Publicidade e Propaganda e faz quadrinhos e ilustrações desde 1994.

Orlandeli já produziu trabalhos para diversos jornais e revistas, como *Folha de S.Paulo*, *O Pasquim 21*, *Superinteressante* e *Época*. Também desenhou quadrinhos para as obras *Front*, *Central de Tiras* e *MSP 50* e participou como organizador e coautor do livro *Central de Tiras*, da Via Lettera. Em 2002, sua revista em quadrinhos intitulada *Grump* ganhou o troféu HQMIX na categoria "Melhor revista de humor". Em 2018, ele recebeu o mesmo troféu, na categoria "Publicação juvenil", pela obra *Chico Bento – Arvorada*.

TROFÉU HQMIX: O OSCAR DOS QUADRINHOS

Esse troféu é um importante prêmio brasileiro criado pelos cartunistas Jal e Gual. Organizado pela Associação dos Cartunistas do Brasil, em parceria com o Instituto do Memorial de Artes Gráficas do Brasil, o troféu tem o objetivo de premiar e divulgar a produção de histórias em quadrinhos e artes gráficas no país.

Todo ano, são selecionados como ganhadores, por votação, aqueles que mais se destacaram entre as diferentes categorias.

Orlandeli. *É... olhando assim, faz sentido*. São Paulo: Sesi, 2016. Série (Sic).

TEXTO EM ESTUDO

PARA ENTENDER O TEXTO

1. Suas ideias iniciais sobre como é a vida da personagem com cara de sapo foram confirmadas? Compare sua hipótese com o que foi relatado na HQ.

2. Observe o primeiro quadrinho. Qual é a função do texto em vermelho?

3. A personagem principal da HQ resolve relatar uma experiência da vida dela.

   a) Qual é a experiência relatada pela personagem?

   b) Para relatar essa experiência, ela cita exemplos de quais fases da vida?

4. Em quais lugares se passam as situações narradas pela personagem na HQ?

5. Qual é a relação entre os cenários e a sequência temporal do que é relatado?

ANOTE AÍ!

As histórias em quadrinhos podem ser ambientadas em diferentes **cenários**. Esses cenários podem ser mais simples e sugestivos ou mais elaborados e cheios de detalhes. Essa escolha depende da **intenção** do autor e do **estilo** da HQ.

A LINGUAGEM DO TEXTO

6. Ao longo da HQ, há várias palavras e expressões em destaque.

   a) Que palavras e expressões são essas?

   b) Por que elas apareceram destacadas?

   c) Por que, além de destacada, a palavra *diretoria* está entre aspas?

7. O que você entende ao ler a frase: "a infância não é um lugar agradável para quem é diferente"?

8. Releia esta frase:

   A adolescência também foi **barra**.

   - De acordo com o contexto apresentado na HQ, copie no caderno a alternativa que apresenta corretamente o sentido da palavra em destaque.

     I. barra de metal

     II. coisa que provoca admiração

     III. algo muito difícil

     IV. conjunto de circunstâncias favoráveis

9. No último quadrinho, a personagem encerra seu relato com a seguinte conclusão: "... antes **cara de sapo** do que **espírito de porco**".

   a) Você conhece a expressão *espírito de porco*? O que ela significa?

   b) Na sua opinião, por que a personagem chega a essa conclusão?

10. Classifique o registro empregado no texto como formal ou informal. Dê exemplos.

ANOTE AÍ!

As histórias em quadrinhos, muitas vezes, podem apresentar **expressões populares** para gerar **humor** ou reforçar a **caracterização de personagens**.

O CONTEXTO DE PRODUÇÃO

11. Na HQ, aparecem vários elementos que buscam a comunicação com o leitor.

  a) A quem se dirige a primeira fala da história?

  b) Que efeito essa escolha gera no leitor?

  c) Que sentimentos o olhar da personagem principal revela do segundo ao quarto quadrinho? O que esse olhar busca provocar no leitor?

  d) Os últimos quadrinhos revelam como a personagem superou os problemas decorrentes de sua aparência. Como você se sentiu ao ler essa parte?

12. Quando pensamos em HQs, logo nos vêm à mente algumas características do gênero, como: imagens coloridas; balões de fala; alguns quadrinhos organizados em linhas; histórias sobre acontecimentos extraordinários ou engraçados; narrador que observa de longe tudo o que está acontecendo.

  a) Na HQ de Orlandeli, as imagens são coloridas, como em boa parte das histórias em quadrinhos? Explique.

  b) De que forma os quadrinhos estão organizados?

  c) A história apresenta fatos extraordinários ou engraçados?

  d) O narrador participa da história? Explique.

  e) Há balões de fala na HQ? Em que lugar os textos estão aplicados nela?

  f) Em sua opinião, as possibilidades que o cartunista Orlandeli adotou para narrar a história combinaram com o tema que ela apresenta?

ANOTE AÍ!

As histórias em quadrinhos apresentam diversas temáticas e variados estilos, uma vez que têm um público abrangente. Para **envolver o leitor**, o quadrinista pode usar várias **estratégias**, como narração em *off*, enquadramentos criativos, enfoque em uma parte do corpo da personagem, além de mesclar cenas horizontais com cenas verticais.

COMPARAÇÃO ENTRE OS TEXTOS

13. Na HQ de Benett, que abre o capítulo 1, as personagens de Mauricio de Sousa estão contrariadas com a própria aparência. Já o texto de Orlandeli relata a história de superação de uma personagem que não apresenta uma aparência condizente com o padrão estabelecido pela sociedade.

  a) Em que aspectos os dois textos se assemelham?

  b) Aponte algumas diferenças entre essas duas histórias.

14. Cebolinha, Cascão e Mônica apresentam postura distinta da postura da personagem de Orlandeli diante de situações parecidas. Em sua opinião, quais personagens souberam lidar melhor com as circunstâncias? Justifique.

CIDADANIA GLOBAL

APARÊNCIA E SAÚDE MENTAL

Na HQ de Orlandeli, a personagem é discriminada em diversos espaços – na escola, nas festas, no trabalho – devido à sua aparência.

1. Você já presenciou alguém ser discriminado por fugir aos padrões vigentes na sociedade? De que forma você acha que esse tipo de discriminação pode afetar a saúde mental de quem a sofre?

2. O que pode ser feito para evitar que esse tipo de discriminação ocorra na escola?

Acesse o recurso digital e responda: Por que o ambiente virtual facilita a disseminação de comportamentos de intolerância?

LÍNGUA EM ESTUDO

O SUBSTANTIVO E SUAS FLEXÕES

FLEXÃO DE GÊNERO

1. Leia com atenção o trecho da HQ a seguir.

Charles M. Schulz. *A vida é um jogo*. São Paulo: Conrad, 2004. p. 113.

As personagens Charlie Brown e Lucy estão jogando beisebol, mas, repentinamente, a partida é interrompida em um momento decisivo, e os dois têm uma discussão inesperada, gerando um efeito de humor na história.

a) Por que Lucy deixa a bola cair no momento decisivo da partida?
b) O que ela explica a Charlie Brown?
c) Qual é a razão do suspiro do garoto no último quadrinho?

Quando escolhemos colocar uma palavra no masculino ou no feminino, estamos fazendo uma flexão de gênero.

> **ANOTE AÍ!**
>
> Na língua portuguesa, os substantivos admitem dois gêneros: **masculino** e **feminino**.
> Pertencem ao gênero masculino os substantivos que podem ser antecedidos pela palavra **o**. Exemplos: **o** jogo, **o** menino, **o** boné, **o** amor.
> Pertencem ao gênero feminino os substantivos que podem ser antecedidos pela palavra **a**. Exemplos: **a** menina, **a** luva, **a** bola, **a** felicidade.

Substantivos **biformes** são aqueles que apresentam uma forma para o masculino e outra para o feminino, como ocorre nos seguintes exemplos: *o* herói/*a* heroína, *o* homem/*a* mulher, *o* pai/*a* mãe, *o* ator/*a* atriz, *o* imperador/*a* imperatriz, *o* genro/*a* nora.

Substantivos **uniformes** são aqueles que podem designar tanto o gênero masculino como o feminino, como é o caso de: *o* peixe, *o* hipopótamo, *a* cobra, *a* criança, *o* indivíduo, *o/a* adolescente, *o/a* paciente, *o/a* dentista, *o/a* artista, *o/a* estudante, *o/a* pianista.

> **RELACIONANDO**
>
> A utilização dos substantivos *homem* e *mulher* (ou dos correspondentes em inglês *man* e *woman*) para nomear personagens de **histórias em quadrinhos** é bastante comum, principalmente para se referir a super-heróis e super-heroínas. Exemplos: Super-Homem, Mulher-Maravilha, Batman, Homem-Borracha, Homem-Aranha, Mulher Invisível, Aquaman, Mulher-Gato e Homem de Ferro.

FLEXÃO DE NÚMERO

Quanto ao número, os **substantivos** podem ser flexionados de dois modos.

- No **singular**, quando indicam um único ser ou um conjunto de seres, como *estação*, *ramalhete*, *povo*, *monumento*, *ave* e *torcida*.
- No **plural**, quando indicam mais de um ser ou mais de um conjunto de seres, como *estações*, *ramalhetes*, *povos*, *monumentos*, *aves* e *torcidas*.

A formação do plural ocorre, em geral, com o acréscimo da letra **s** ao final dos substantivos. Alguns substantivos, porém, formam o plural de diferentes maneiras, de acordo com a terminação da palavra.

FLEXÃO DE GRAU

2. Observe, a seguir, a tira de Calvin e Haroldo.

Bill Watterson. *O mundo é mágico* – As aventuras de Calvin e Haroldo. São Paulo: Conrad, 2007. p. 46.

a) O que indica o substantivo *dodoizão* em relação a *dodói*? E o substantivo *dedinho* em relação a *dedo*?

b) Como se diz "dodói pequeno" com apenas uma palavra? E "dedo grande"?

c) Por que a mãe de Calvin não deu atenção à queixa do filho?

d) As palavras *dodoizão* e *dedinho* têm sentido literal quando usadas por Calvin na tira? Explique sua resposta.

A flexão de grau ocorre, em geral, quando são assinaladas as variações de tamanho dos seres. Os **substantivos** apresentam-se em três graus.

- **Grau normal**: bola, peixe, cachorro.
- **Grau aumentativo**: bolona, peixão, cachorrão.
- **Grau diminutivo**: bolinha, peixinho, cachorrinho.

Em geral, para assinalar o grau diminutivo, acrescentam-se aos substantivos as terminações **-inho/-inha** ou **-zinho/-zinha**. Para marcar o aumentativo, na maioria das vezes, acrescenta-se a terminação **-ão/-ona**. No entanto, a flexão de grau dos substantivos pode ser também indicada de outras formas. Veja os exemplos na tabela a seguir.

GRAU NORMAL	GRAU DIMINUTIVO	GRAU AUMENTATIVO
forno	forn**inho**	forn**alha**
casa	cas**inha**, cas**ebre**	cas**ão**, cas**arão**
chuva	chuv**inha**, chuv**isco**	chuv**ão**, chuv**ada**

ATIVIDADES

Acompanhamento da aprendizagem

Retomar e compreender

1. Leia a seguir a tira do Menino Maluquinho.

Ziraldo. *Menino Maluquinho*. Jornal do Brasil, Rio de Janeiro, 1992.

a) Identifique os substantivos presentes no primeiro quadrinho.

b) Classifique esses substantivos quanto ao gênero, número e grau.

c) O substantivo *Junim* é uma variação de um substantivo no diminutivo. Indique qual substantivo é esse.

d) Por que foi usada a variante *Junim* e não a outra forma desse substantivo?

e) Defina o significado da palavra *calúnia* no segundo quadrinho. Se necessário, consulte um dicionário.

f) Explique por que Junim considera uma calúnia o que o Meninino Maluquinho disse.

g) Por que a reação de Junim gera humor na tira?

Aplicar

2. Leia o texto e responda às questões.

Quem inventou o *band-aid*?

O norte-americano Earle Dickson, funcionário da Johnson & Johnson, em 1920. Segundo a empresa, Earle elaborou o protótipo do produto pensando em sua esposa, Josephine, que se queimava e se cortava com frequência quando cozinhava. Com a invenção do marido, Josephine podia aplicar um curativo no machucado sozinha e rapidamente.

Mas o produto não deu certo imediatamente. Ele só começou a bombar nos EUA quatro anos depois, quando a empresa criou uma máquina que fabricava o *band-aid* já esterilizado. A 2ª Guerra Mundial também deu uma força: as tirinhas adesivas foram enviadas para soldados norte-americanos na Europa e, assim, se popularizaram por lá também.

[...]

Marcel Nadale. *Mundo Estranho*, 1º mar. 2016. Disponível em: http://mundoestranho.abril.com.br/curiosidades/quem-inventou-o-band-aid/. Acesso em: 24 fev. 2023.

a) Explique por que o *band-aid* não fez sucesso logo que foi inventado pelo estadunidense Earle Dickson, em 1920.

b) Releia o texto e preste atenção no registro utilizado pelo autor. Ele é mais formal ou mais informal? Dê um exemplo para justificar sua resposta.

c) Altere a flexão de número e grau do substantivo *tirinhas* de modo que fique no singular e no aumentativo.

d) Escolha no texto um substantivo masculino e flexione-o no feminino.

A LÍNGUA NA REAL

O VALOR SEMÂNTICO DOS GRAUS DO SUBSTANTIVO

1. Leia a tira.

Fernando Gonsales. *Níquel Náusea*: botando os bofes de fora. São Paulo: Devir, 2002. p. 26.

a) Qual era a expectativa da pessoa ao fazer o pedido ao cachorro?

b) No segundo quadrinho, há uma onomatopeia. O que ela representa?

c) A palavra *obediente*, que acompanha o substantivo *cachorrinho*, caracteriza adequadamente a ação realizada pelo cachorro? Explique.

2. Qual ideia o uso do diminutivo *patinha* expressa no primeiro quadrinho?

3. Releia o terceiro quadrinho. Que diferença de sentido há entre o uso do diminutivo nos substantivos *patinha* e *cachorrinho*?

4. Leia o título desta resenha.

> "A chegada" transforma alfabetização de ETs em filmaço tenso e atordoante
>
> Ficção científica tem visão nada clichê da relação humanos x aliens; *G1* já viu. Amy Adams e direção de Dennis Villeneuve credenciam filme ao Oscar.
>
> Braulio Lorentz. *G1*. 24 nov. 2017. Disponível em: http://g1.globo.com/pop-arte/cinema/noticia/2016/11/chegada-transforma-alfabetizacao-de-ets-em-filmaco-tenso-e-atordoante.html. Acesso em: 24 fev. 2023.

a) Qual substantivo do título está no grau aumentativo?

b) Que sentido o uso do aumentativo acrescenta ao título?

c) Se o autor tivesse usado o diminutivo *filminho*, qual seria a ideia expressa no título da resenha?

ANOTE AÍ!

Nem sempre o grau dos substantivos indica variação de tamanho. Os substantivos no **grau aumentativo** e no **grau diminutivo**, quando usados em contextos específicos, podem expressar afeto, carinho, desprezo, zombaria, ironia ou outros tipos de sentimento.

Dizer que as pessoas dão um *jeitinho* de obter benefícios, ou que em determinado lugar só havia *gentalha*, por exemplo, é uma maneira de falar que demonstra um sentimento de desprezo e não tem nenhuma relação com tamanho.

ESCRITA EM PAUTA

Acompanhamento da aprendizagem

SEPARAÇÃO DE SÍLABAS

PARA EXPLORAR

De que tribo eu sou?, de Fabrício Waltrick. São Paulo: Escala Educacional, 2005.

Nesse livro infantojuvenil, uma adolescente se decepciona com uma decisão das amigas e começa a buscar uma nova tribo.

1. Leia a seguir o início do capítulo de um livro que trata da adolescência.

> **Labirinto**
>
> Sábado. Dia de ligar pros amigos e combinar de sair, ver algum filme no cinema [...]. Ou seja, um dia perfeito.
>
> Mas aquele dia não era um sábado do tipo **ó-ti-mo**, como diria a Karen. Na verdade, era um **pé-ssi-mo**. Opa, quero dizer, **pés-si-mo**!

Fabrício Waltrick. *De que tribo eu sou?* São Paulo: Escala Educacional, 2005. p. 26.

a) Qual é o registro predominante nesse texto?
b) Por que as sílabas de *ótimo* e *péssimo* foram separadas?
c) Por que a narradora corrige a si mesma no trecho "quero dizer, pés-si-mo!"?
d) Em que situações é preciso saber como separar as sílabas de uma palavra?

REGRAS DE SEPARAÇÃO DE SÍLABAS

Para separar as sílabas de uma palavra da língua portuguesa, em geral, basta observar o modo como a lemos, mas há alguns casos que costumam gerar dúvidas. Para esses casos, foram criadas certas regras.

Ficam na mesma sílaba

- Encontros consonantais cuja segunda letra é **r** ou **l** → pe-**dr**a, ré-**pl**i-ca
- Vogais de ditongos e tritongos → j**ei**-to, co-lé-g**io**, U-ru-g**uai**
- Dígrafos **ch**, **lh**, **nh** → **ch**a-ve, bo-**lh**a, ni-**nh**o

Ficam em sílabas separadas

- Vogais que formam hiatos → c**o**-**e**-lho, ra-**i**-nha
- Dígrafos **rr**, **ss**, **sc**, **sç**, **xc** → ba**r**-**r**a, ma**s**-**s**a, cre**s**-**c**er, de**s**-**ç**a, e**x**-**c**e-ção
- Consoantes seguidas, mas em sílabas diferentes → a**b**-**d**o-me, bi**s**-**n**e-to

2. Leia esta tira.

Fernando Gonsales. *Níquel Náusea*: tédio no chiqueiro. São Paulo: Devir, 2006. p. 40.

a) Por que o pescador separa a palavra *irresistíveis* ao pronunciá-la?
b) Como essa separação de sílabas ajuda a explicar o que acontece no último quadrinho da tira?

3. Observe esta outra tira.

Fernando Gonsales. *Níquel Náusea*: com mil demônios!! São Paulo: Devir, 2002. p. 26.

a) Uma das personagens muda repentinamente seu comportamento. Que personagem é essa? Como ela se apresenta no início e no final?

b) A que se deve essa mudança de comportamento?

c) Em um dos balões, aparece uma palavra com uma das sílabas separadas. Explique o motivo da separação silábica. Depois, copie a palavra no caderno, separando todas as sílabas.

d) Separe as sílabas das seguintes palavras: *leite, ótimo, depois, reaproveito*.

4. No caderno, separe as sílabas destas palavras:

a) antepassado
b) armadilha
c) biscoito
d) bolha
e) caminhada
f) contrato
g) descrição
h) duelo
i) ecossistema
j) enigma
k) fábrica
l) façanha
m) gafanhoto
n) goela
o) hiato
p) homeopatia

ETC. E TAL

A origem de alguns ditos populares

Você já reparou que, em nosso dia a dia, utilizamos várias expressões sem saber sua origem? Conheça algumas delas.

Motorista barbeiro

Durante muito tempo, os barbeiros, além de cortar cabelo e fazer barba, extraíam dentes e faziam alguns procedimentos médicos, mas seus tratamentos causavam dor e deixavam marcas. Daí surgiu, em Portugal, a expressão *coisa de barbeiro* para designar algo malfeito. Derivada dessa, no Brasil surgiu a expressão *motorista barbeiro* para falar de alguém que é mau motorista, irresponsável no trânsito.

Santo do pau oco

Essa expressão surgiu de um costume dos séculos XVIII e XIX de contrabandear ouro dentro de imagens de santos de madeira ocos (vazios por dentro). Daí designar alguém que parece ou se faz de bonzinho, mas que na verdade não é.

Para inglês ver

No século XIX, quando a Inglaterra exigiu que o Brasil parasse de fazer tráfico de africanos escravizados, várias leis foram criadas pelo governo brasileiro. No entanto, sabia-se que essas leis não seriam cumpridas, por isso surgiu a expressão *para inglês ver*, que significa algo que é feito apenas por formalidade, mas que não será efetivamente cumprido.

AGORA É COM VOCÊ!

ELABORAÇÃO DE HISTÓRIA EM QUADRINHOS (PARTE 2)

Proposta

Nesta segunda parte da atividade, você vai finalizar a HQ que planejou no primeiro capítulo. Para isso, terá de aprimorar a parte visual, inserir as falas do narrador e das personagens e revisar tudo. Quando seu quadrinho estiver pronto, organize com os colegas o lançamento das HQs para a comunidade escolar.

Planejamento e elaboração

1 Retome o que você decidiu na seção *Agora é com você!* do capítulo 1 e aprimore seu esboço. Nesse momento, você precisará pensar no número de páginas de sua HQ para separar as folhas de papel sulfite necessárias.

2 Divida as folhas ao meio. Cada metade será uma página da HQ. Junte todas de modo a montar um livreto. Numere cada página e obedeça à sequência para compor seus quadrinhos. As HQs ocidentais costumam seguir a ordem de leitura da esquerda para a direita; já as orientais seguem a ordem inversa: da direita para a esquerda. Decida qual será o modelo da sua.

3 Utilize uma régua e um lápis para desenhar os quadrinhos em cada página, de acordo com as partes da HQ que você planejou. Lembre-se de que as HQs podem adotar um estilo livre, no qual os quadros não precisam ter o mesmo tamanho, ou tradicional, no qual cada linha é composta de três ou quatro quadros. O importante é ser criativo!

4 Siga estas orientações para finalizar o esboço da sua HQ:

- Com um lápis, desenhe as personagens em cada quadrinho. Nesse momento, o importante é determinar a posição que o corpo de cada personagem ocupa, a expressão de seu rosto e os recursos gráficos que sugerem movimento.

- Em cada quadrinho, desenhe também o cenário, ou seja, o espaço onde se passa a cena. Para se inspirar, procure referências em outras HQs de cartunistas que você admira.

- Posicione em cada quadrinho os balões com as respectivas falas e também o texto do narrador, se houver.

LINGUAGEM DO SEU TEXTO

1. Na HQ de Orlandeli, algumas palavras estavam destacadas. Por quê?

2. Na HQ de Benett, a gargalhada de Cebolinha é representada da seguinte maneira: QUÁ, QUÁ, QUÁ, QUÁ, QUÁ. Qual é o nome desse recurso linguístico?

Ao elaborar a sua história em quadrinhos, atente-se aos recursos que auxiliam a produzir sentidos nesse gênero, que abarca as linguagens verbal e não verbal. Os destaques ajudam a enfatizar as palavras importantes para a narrativa, a indicar a entonação da fala de uma personagem ou até mesmo a reforçar palavras que não atendem à norma-padrão, mas ajudam a caracterizar uma personagem. Já as onomatopeias são essenciais para reproduzir efeitos sonoros, ações e sentimentos que não teriam o mesmo efeito na narrativa sem esse recurso.

Avaliação e reescrita do texto

1 Entregue seu esboço final a um colega e receba o dele, para que cada um avalie a produção do outro utilizando as questões do quadro a seguir.

ELEMENTOS DA HISTÓRIA EM QUADRINHOS (PARTE 2)
As personagens da história estão bem caracterizadas (aspectos físicos, atitudes, vestimenta, motivações)?
Os cenários comunicam com clareza os espaços da ação?
A sequência dos quadrinhos cria um efeito temporal, indicando a passagem do tempo?
Os balões foram empregados no formato correto, correspondendo às falas, aos pensamentos e aos sentimentos das personagens?
Há uso de onomatopeias para representar sons de objetos ou de ações na história?
O recurso de destaque de palavras foi utilizado para deixar a fala das personagens mais expressiva?
O registro empregado está adequado à situação de comunicação representada na HQ?
Quando necessário, as sílabas das palavras foram separadas corretamente?

2 Reúna-se com o colega e ouça atentamente a avaliação que ele fez de sua HQ. Em seguida, compartilhe sua avaliação a respeito da HQ dele. Depois dessa conversa, se necessário, faça alterações no esboço de sua história.

3 Antes de finalizar sua HQ, acompanhe as sugestões a seguir.

- Confira técnicas de desenho e finalização em *sites* especializados.
- Se você está contente com seu esboço, reforce os traços e contornos. Se preferir, passe-o a limpo, aprimorando o desenho já feito.
- Para colorir sua HQ, você pode escolher entre diferentes materiais: aquarela, caneta hidrográfica, lápis de cor, giz de cera, etc. Se optar por deixá-la em preto e branco, use caneta hidrográfica preta de ponta mais fina para os contornos e o texto, e caneta hidrográfica preta de ponta mais grossa para pintar as áreas que precisam de preenchimento.
- Realize o mesmo processo de finalização com a capa. Como as capas das HQs costumam ter um papel diferente das demais páginas, opte por um papel de espessura maior que a do papel sulfite.
- Releia a HQ verificando se todos os elementos receberam tratamento final e se o texto está legível.
- Junte a capa às páginas de quadrinhos e sua HQ estará pronta para ser lida!

Circulação

1 Agora, chegou o momento de mostrar seu trabalho para toda a comunidade escolar! Acompanhe algumas sugestões a seguir.

- Converse com o professor e os colegas sobre o lançamento das HQs.
- Depois de escolhidos a data e o horário, comecem a divulgar o evento! Para isso, produzam cartazes e os afixem no mural da escola. Vocês também podem enviar convites para outras turmas. Pensem em um formato criativo.
- No dia do lançamento, vocês podem trocar as HQs produzidas entre si ou distribuir algumas cópias para outros membros da comunidade escolar.
- Depois de finalizado o evento, doem as HQs da turma à biblioteca da escola. Assim, todos poderão ter acesso a elas.

ATIVIDADES INTEGRADAS

Leia a HQ a seguir, com atenção às características desse gênero, estudadas ao longo da unidade. Depois, responda às questões.

Bill Watterson. *E foi assim que tudo começou* – As aventuras de Calvin e Haroldo. 2. ed. São Paulo: Conrad, 2010. p. 115.

elixir: bebida mágica preparada com substâncias diversas.

Analisar e verificar

1. Qual a brincadeira realizada por Calvin nessa história? Faça um resumo do seu desenvolvimento.

2. Compare a expressão facial de Calvin no segundo e no último quadrinhos.
   a) O que há de diferente?
   b) Por que as expressões faciais de Calvin sofrem essa mudança?

3. A HQ que você leu pode ser dividida em três etapas. Esquematize no caderno essas etapas, seguindo as indicações do quadro.

	1ª ETAPA	2ª ETAPA	3ª ETAPA
Espaço			
Ação			

4. Examine os substantivos presentes na HQ.
   a) Identifique os substantivos próprios.
   b) Selecione ao menos dois substantivos concretos e dois abstratos.
   c) Aponte um substantivo coletivo presente na HQ que poderia ser substituído por "conjunto de habitantes de determinado lugar".

Acompanhamento da aprendizagem

5. Considere a flexão dos substantivos da HQ.
   a) Releia o primeiro quadrinho e categorize em **feminino** ou **masculino** os substantivos que aparecem.
   b) Identifique na HQ um substantivo que pode se referir aos dois gêneros.
   c) Selecione três substantivos da HQ que estão flexionados no plural.

6. Releia esta fala de Calvin, presente no quarto quadrinho:

   > Ele cresce instantaneamente! Vai ficando cada vez maior! Cada vez mais alto!

   - Separe as sílabas de cada palavra da fala lida.

7. Escreva no caderno palavras derivadas destes substantivos primitivos:

   | jornal | dia | cidade |

8. Escolha três substantivos da história em quadrinhos que estão no singular e flexione-os no plural.

9. Leia a seguir o significado do substantivo *lida* e responda à questão.

   > **Lida**: leitura rápida, superficial.
   > Ex.: *hoje dei só uma l. nos jornais*
   >
   > Houaiss eletrônico: dicionário da língua portuguesa. Rio de Janeiro: Objetiva, 2009.

   - Que ideia o uso do diminutivo *lidinha* expressa no primeiro quadrinho da história de Calvin?

10. Há alguma fala, na história de Calvin, que poderia ser transformada em balão de pensamento ou de grito? Se sim, selecione uma e reescreva-a no caderno, desenhando o balão adequado.

Criar

11. Releia a fala da mãe de Calvin no último quadrinho. Você concorda com a decisão dela? Defenda seu ponto de vista.

12. Invente finais diferentes para a história em quadrinhos que você leu, modificando apenas o último quadrinho. Pense em três possibilidades:
    - A mãe de Calvin concordando com o pedido dele.
    - A mãe de Calvin dando outra justificativa para negar o pedido do filho.
    - Calvin fazendo um pedido diferente à mãe dele.

13. Crie uma continuação para a HQ na qual Calvin tente se justificar para a mãe. Leia as orientações a seguir.
    - A continuação deve ter, pelo menos, mais três quadrinhos.
    - Leve em conta a quantidade de texto presente nos quadrinhos já existentes na HQ.
    - Reflita sobre a importância das brincadeiras para o desenvolvimento infantil ao criar o enredo.

PARA EXPLORAR

Calvin e Haroldo: O mundo mágico, de Bill Watterson. São Paulo: Conrad, 2010.

Primeiro livro da série da editora Conrad dedicada à dupla Calvin e Haroldo, apresenta aventuras divertidas inventadas pela mente criativa da personagem principal.

CIDADANIA GLOBAL

UNIDADE 3

3 SAÚDE E BEM-ESTAR

Retomando o tema

Nesta unidade, você e os colegas puderam refletir sobre como a existência de padrões de beleza valorizados socialmente em detrimento de outros pode afetar negativamente a saúde mental e o bem-estar das pessoas. Agora, vão pensar sobre como esses padrões afetam a vida de vocês e o que pode ser feito para ampliar, dentro da comunidade escolar, as noções de beleza.

1. De acordo com o que você observa no cotidiano, quais padrões de beleza são valorizados socialmente?
2. De que forma esses padrões afetam sua vida?
3. Você acha que apenas os tipos de corpo valorizados socialmente são belos? Por quê?
4. Pesquise campanhas publicitárias, *sites* e perfis de redes sociais que valorizam a diversidade de corpos. Qual é sua opinião sobre eles?

Geração da mudança

Com base no que foi discutido, vocês vão se organizar em grupos para desenvolver uma campanha de valorização de diferentes tipos de beleza. A primeira etapa dessa criação deve ser inspirada nas campanhas publicitárias, *sites* e perfis de redes sociais encontrados ao longo da pesquisa proposta na atividade **4**. Com as informações coletadas, vocês devem organizar ações a serem realizadas na escola.

As ações listadas a seguir podem fazer parte dessa campanha.

- Elaborar cartazes visando à valorização de diversos tipos de beleza.
- Exibir vídeos de campanhas de valorização da diversidade.
- Promover debates sobre a importância da valorização de diferentes tipos de corpo para a promoção e a manutenção da saúde mental e do bem-estar dos indivíduos.
- Organizar uma galeria de fotografias para promover a valorização da beleza negra.

Durante a campanha, busquem atingir o máximo possível de pessoas da comunidade escolar: estudantes, professores, funcionários e familiares.

Autoavaliação

NOTÍCIA

UNIDADE 4

PRIMEIRAS IDEIAS

1. Como você imagina que as pessoas se informam diariamente?
2. Para você, quais são as informações básicas que toda notícia deve ter?
3. Adjetivos são palavras que modificam substantivos. Em sua opinião, que informações os adjetivos acrescentam aos substantivos que acompanham?
4. Os adjetivos podem variar em dois graus: comparativo e superlativo. O que você acha que essas variações indicam?

Conhecimentos prévios

Nesta unidade, eu vou...

CAPÍTULO 1 — Giro da informação

- Ler e interpretar a notícia, reconhecendo suas características.
- Discutir a importância das fontes de energia limpas e renováveis, refletindo sobre o uso mais consciente da energia.
- Ler e interpretar imagens, incluindo obras de arte, relacionando linguagens verbal e não verbal.
- Entender que o adjetivo caracteriza substantivos.
- Planejar e elaborar uma notícia para um jornal-mural.

CAPÍTULO 2 — Seis perguntas básicas

- Ler e interpretar a notícia, ampliando os conhecimentos sobre o gênero.
- Aprimorar a habilidade de tomar decisões de forma responsável.
- Conhecer as regras de flexão dos adjetivos e analisar os efeitos de sentido produzidos pelo uso de adjetivos flexionados.
- Analisar as sílabas tônicas e conhecer regras de acentuação de palavras.
- Planejar e elaborar uma notícia oral.

INVESTIGAR

- Planejar e elaborar uma pesquisa sobre a história de mulheres cientistas e suas contribuições, selecionando, comparando e organizando dados sobre o tema.
- Organizar uma apresentação oral para divulgar os resultados da pesquisa.

CIDADANIA GLOBAL

- Identificar o uso de fontes de energia renováveis e não renováveis e refletir sobre a importância da energia limpa para o meio ambiente.
- Realizar experimento relativo à energia solar e elaborar uma linha do tempo para divulgar os resultados observados.

LEITURA DA IMAGEM

1. Observe o que está em destaque no centro da imagem. Você conhece o nome e a função desse mecanismo?

2. O mecanismo presente no centro da imagem é utilizado para gerar energia limpa a partir do movimento do ar. Em sua opinião, por que esse tipo de energia é considerado limpo?

3. Agora, observe a cena ao fundo da imagem. O que está acontecendo?

4. Para gerar energia, as usinas no fundo da imagem utilizam um material tóxico para o meio ambiente. Considerando essa informação, qual é o contraste entre as duas principais situações observadas na fotografia?

CIDADANIA GLOBAL — 7 ENERGIA LIMPA E ACESSÍVEL

A fotografia mostra duas possibilidades diferentes de geração de energia: a eólica, produzida pela força do vento, e a elétrica, pelas usinas a partir da queima de carvão.

1. Em sua opinião, priorizar o uso de fontes de energia limpa, como é o caso da energia eólica, pode ser benéfico para o planeta? Explique sua resposta.

2. Na fotografia, as estruturas para geração de energia eólica aparecem em destaque. Além da posição do fotógrafo no momento do registro, o que mais a perspectiva da foto pode indicar?

 Acesse o recurso digital e responda: Com que objetivo é celebrado o Dia Internacional da Energia Limpa? Qual é a posição do Brasil no que diz respeito ao uso desse tipo de energia?

Fotografia realizada na cidade de Mechernich, na Alemanha, em 26 de outubro de 2022.

113

CAPÍTULO 1
GIRO DA INFORMAÇÃO

O QUE VEM A SEGUIR

A notícia que você vai ler a seguir foi publicada originalmente em um portal de notícias na internet. O texto fala sobre uma tecnologia que começou a ser utilizada em uma região do Brasil para gerar energia elétrica de forma limpa e sustentável, a partir dos raios solares. Observando o título, o texto em itálico abaixo do título e as imagens presentes ao longo do texto, reflita: Em sua opinião, quais as vantagens e as desvantagens dessa tecnologia?

TEXTO

Instalação de sistemas de energia solar tem alta de 75% em 10 meses na Grande SP

Levantamento da Associação Brasileira de Energia Solar Fotovoltaica indica ainda que investimento neste tipo de energia leva, em média, cinco anos para dar retorno financeiro.

O número de sistemas de energia solar instalados na região metropolitana de São Paulo teve um crescimento de 75% nos primeiros 10 meses deste ano, segundo um levantamento da Associação Brasileira de Energia Solar Fotovoltaica (Absolar).

No início de 2021, eram 2.959 instalações em casas e comércios da Grande São Paulo, quantidade que saltou para 5.181 em outubro.

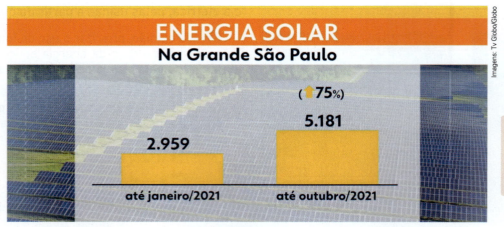

▲ Entre janeiro e outubro de 2021, houve aumento de 75% na instalação de painéis solares na região metropolitana de São Paulo.

A expectativa da associação do setor é a de que o uso de energia fotovoltaica, gerada através da luz solar, cresça ainda mais nos próximos anos, considerando o cenário de crise hídrica que está previsto para 2022.

Porém, a questão financeira segue como uma barreira para o acesso mais amplo e democrático da população a esse tipo de energia limpa e renovável. De acordo com a vice-presidente da Absolar, um consumidor que opta por investir na

Continua

produção de energia através da luz solar leva, em média, cinco anos para ter um retorno financeiro, mas, em contrapartida, tem uma fonte pouco poluidora que é capaz de produzir energia elétrica por mais 20 anos.

Árvores solares

O Parque Villa-Lobos, localizado na Zona Oeste da capital paulista conta com quatro "árvores solares" instaladas. Cada uma possui cinco entradas de USB em que [é possível] carregar celulares ou quaisquer outros aparelhos eletrônicos que sejam compatíveis.

▲ "Folha" de captação de energia solar instalada no parque Villa-Lobos em São Paulo.

A iniciativa faz parte do Programa de Eficiência Energética (PEE) da Agência Nacional de Energia Elétrica (Aneel), no qual as empresas concessionárias de distribuição de energia precisam cumprir com investimentos em tecnologias que promovam uso eficiente de recursos energéticos (mais rendimento e menos desperdício).

Neste caso, a Enel-SP investiu cerca de R$ 43,6 mil reais em cada uma das 30 árvores solares instaladas na região metropolitana, uma aplicação total de, aproximadamente, R$ 1,3 milhão nessas fontes de energia renováveis.

"É um material mais sustentável do que as placas normais, é como se fosse um *upgrade* mais sustentável da geração da energia elétrica, através da captação da energia solar", explica Maurício Gusmão, especialista de Sustentabilidade na Enel-SP.

Em todo o país, apenas 6% da população tem acesso à energia proveniente da luz solar. Somente o estado de São Paulo consome cerca de 13% da produção nacional de energia solar.

Thaís Luquesi. Instalação de sistemas de energia solar tem alta de 75% em 10 meses na Grande SP. *G1*, 15 nov. 2021. Disponível em: https://g1.globo.com/sp/sao-paulo/noticia/2021/11/15/instalacao-de-sistemas-de-energia-solar-tem-alta-de-75percent-em-10-meses-na-grande-sp.ghtml. Acesso em: 24 mar. 2023.

---

concessionária: empresa que possui permissão para prestar determinado serviço.

Enel-SP: companhia que produz e distribui energia elétrica para 24 municípios da região metropolitana de São Paulo.

fotovoltaica: energia produzida a partir da luz solar.

Grande SP: também conhecida como região metropolitana de São Paulo, compreende 39 municípios, como São Paulo, Osasco, Santo André, São Bernardo do Campo, Diadema, Embu das Artes, entre outros.

região metropolitana: conjunto de munícipios que se localiza ao redor de uma grande metrópole, como São Paulo.

***upgrade*:** do inglês, atualização.

USB: do inglês, Universal Serial Bus, tecnologia que permite a conexão entre aparelhos e fontes de energia.

ENERGIA LIMPA E RENOVÁVEL

Energia renovável é aquela que vem de fontes naturais, como o sol, o vento e a água, que são capazes de se regenerar ao longo do tempo, causando menos impacto ambiental. Assim, essa é uma alternativa mais limpa e sustentável que as fontes tradicionais de energia, como o petróleo, o carvão e o gás natural, que, além de fontes finitas, emitem muitos poluentes na atmosfera. No entanto, apesar das vantagens ambientais em se utilizar a energia limpa, muitas vezes é necessário grandes investimentos econômico e tecnológico para sua implementação, o que dificulta sua popularização. Para transformar essas fontes em energia, são utilizadas diferentes tecnologias, como: painéis solares para transformar a luz e o calor do Sol em energia solar; turbinas eólicas para produzir energia eólica a partir da força dos ventos; usinas hidrelétricas para produzir energia elétrica a partir da força da água, entre outras.

TEXTO EM ESTUDO

PARA ENTENDER O TEXTO

1. As hipóteses levantadas antes da leitura da notícia se confirmaram? Explique.

2. O título da notícia é objetivo? Que leitor pode ter interesse nessa notícia?

3. Abaixo do título, há um pequeno texto chamado linha fina. Que informações a linha fina dessa notícia acrescenta ao título?

4. As notícias podem ser acompanhadas de imagens com legendas.
   a) Que imagens acompanham a notícia lida? O que elas acrescentam ao texto?
   b) O que as legendas informam?

> **ANOTE AÍ!**
>
> O **título** de uma notícia destaca o aspecto mais importante do fato relatado. A **linha fina** complementa o que foi expresso no título. Esses elementos introduzem a notícia. As **imagens** ilustram o fato relatado e costumam ter uma **legenda** que complementa as informações sobre o fato. Todos esses elementos têm a função de despertar o interesse do leitor.

5. É comum, nas notícias, que as informações sejam organizadas de acordo com a ordem de importância. Releia a notícia e responda às questões a seguir.
   a) Onde são apresentadas as informações essenciais da notícia?
   b) Em que parte da notícia estão as informações complementares?

6. As notícias costumam apresentar respostas a seis perguntas: O quê? Quando? Onde? Quem esteve envolvido no fato? Por quê? Como aconteceu? Identifique, na notícia lida, as respostas a essas questões.

7. Ao longo da notícia, os dados relativos ao número de instalações de sistemas solares na região metropolitana de São Paulo foram apresentados de duas formas: com números inteiros e com porcentagem.
   a) O que os dados apresentados em números inteiros indicam?
   b) O que o dado apresentado em forma de porcentagem indica?
   c) Por que foi importante apresentar esses dados e relacioná-los à região em que os sistemas solares foram instalados?

8. Na notícia, há uma declaração de um especialista em sustentabilidade.
   a) Busque o significado do termo *sustentabilidade* e registre-o no caderno.
   b) Com que propósito a declaração do especialista foi inserida na notícia?

9. A Absolar prevê aumento no uso de energia solar na Grande São Paulo.
   a) Além da crise hídrica, que outra razão pode levar à instalação desse sistema?
   b) Esse sistema energético apresenta uma desvantagem. Qual?
   c) Conforme noticiado, o investimento na instalação de energia solar pode levar, em média, cinco anos para dar retorno financeiro. O que isso significa?

> **ANOTE AÍ!**
>
> A notícia relata um fato ocorrido na realidade. O uso de **dados numéricos**, de **indicações de lugares** e de **declarações de pessoas** ligadas ao fato dá maior **credibilidade** ao texto.

O CONTEXTO DE PRODUÇÃO

10. Observe a parte superior do portal em que foi publicada a notícia.

- Qual é a relação entre a seção intitulada "São Paulo" e a notícia lida?

11. Observe os recursos disponíveis na página em que a notícia foi publicada.

- O que são os símbolos à direita da página? O que eles possibilitam ao leitor?

12. Os *hyperlinks* remetem o leitor a outros conteúdos.
   a) Na notícia lida há um *hyperlink*; identifique-o. Como foi possível localizá-lo?
   b) Em sua opinião, por que esse *hyperlink* está presente na notícia?

ANOTE AÍ!

Jornais e **empresas de comunicação** veiculam notícias de interesse público em suas páginas. Nesses veículos, **impressos** ou **digitais**, as notícias costumam ser organizadas em **editoriais** ou **seções**, de acordo com o tema abordado. É comum as publicações digitais disponibilizarem **ferramentas de interação** e conteúdos via ***hyperlinks***.

A LINGUAGEM DO TEXTO

13. Releia este trecho da notícia.

> "É um material mais sustentável do que as placas normais, é como se fosse um *upgrade* mais sustentável da geração da energia elétrica, através da captação da energia solar", **explica** Maurício Gusmão, especialista de Sustentabilidade na Enel-SP.

a) Qual é a finalidade do uso de aspas nesse contexto?
b) Qual é a função do termo destacado? Se, em vez de *explicar*, a jornalista tivesse usado o verbo *comentar*, o sentido da frase seria o mesmo? Justifique.

ANOTE AÍ!

Para apresentar a **declaração de entrevistados**, usam-se geralmente aspas e **verbos de elocução (de dizer)**, como *afirmar, declarar, responder, aconselhar* e *explicar*. A escolha do verbo de elocução indica se o discurso é mais objetivo ou mais opinativo.

CIDADANIA GLOBAL

USO CONSCIENTE DA ENERGIA

Com base na notícia, foi possível discutir a importância da energia limpa e renovável para o meio ambiente. Em nosso cotidiano, também é possível agir para minimizar o impacto ambiental ocasionado pela produção de energia, mudando, por exemplo, hábitos de consumo. Converse com os colegas sobre isso, expressando sua opinião de maneira respeitosa.

1. O que é possível mudar em sua rotina e em seus afazeres diários para usar a energia de maneira mais consciente e equilibrada? Essas ações são viáveis?
2. Por que é importante pensar em ações como essas e efetivamente realizá-las?

UMA COISA PUXA OUTRA

Arte e meio ambiente

Uma das possibilidades da arte é a de se conectar com diferentes propósitos, apresentando questionamentos e promovendo reflexões sobre questões políticas, econômicas e até mesmo ambientais. Observe a seguir uma obra do artista gráfico polonês Pawel Kuczynski, conhecido por suas ilustrações de crítica social. Em seguida, responda às questões propostas.

Pawel Kuczynski. *Sun*, 2008. Aquarela e lápis de cor sobre papel. SD. Disponível em: https://www.theuniplanet.com/2012/02/pawel-kuczynski-um-surrealista-moderno/. Acesso em: 27 mar. 2023.

1. Observe os elementos que compõem a ilustração. Nela são apresentadas duas situações: uma delas relacionada a um acontecimento mais realista e outra mais conectada à fantasia e ao inusitado.
    a) Que elementos da cena podem ser considerados mais realistas?
    b) Que situação pode ser considerada mais fantasiosa? Descreva-a.
    c) A junção desses elementos na obra cria um contraste. Explique.
    d) O que esse contraste sugere sobre as ações dos seres humanos?

2. Observe o desenho que o pintor realiza na nuvem de fumaça.
    a) Com base no que você observou na imagem e no que você estudou neste capítulo referente à poluição e à energia limpa, reflita sobre o que esse desenho pode significar.
    b) Além do sentido explorado na questão anterior, esse desenho pode revelar uma intenção poética. Com base nisso, explique como o desenho pode ser interpretado nessa obra.

3. Agora, leia o trecho de um texto em que o artista Pawel Kuczynski se apresenta e conta sobre sua formação e seu trabalho.

> Eu sou observador. Gosto de observar as pessoas e as relações entre elas. Eu apenas tento dizer o que vejo.
>
> Não tento mudar nada, mas fico feliz quando as pessoas gostam dos meus trabalhos e encontram algumas ideias importantes... e depois começam a pensar em mudar a nós mesmos. [...]
>
> Nasci em 1976 em Szczecin.
>
> Eu me formei na Academia de Belas Artes de Poznan com especialização em artes gráficas.
>
> Desde 2004 eu lido com ilustração satírica, e até agora fui recompensado com mais de 140 prêmios e distinções. [...]

Artmajeur. Disponível em: https://www.artmajeur.com/pawel-kuczynski/pt. Acesso em: 27 mar. 2023.

satírico: humor crítico relacionado a instituições, costumes, ideias, entre outros.

Szczecin: nome em polonês que designa a cidade de Estetino, localizada na Polônia.

a) De acordo com Pawel, em que ele se baseia para produzir suas obras?
b) Segundo o artista, o que lhe traz satisfação no trabalho?
c) Com base na obra que você analisou e na resposta ao item anterior, que tipo de reação o trabalho de Pawel pode provocar no público?

Acesse o recurso digital e explique qual é a crítica presente em cada uma das imagens.

4. Observe a seguir, à esquerda, o ícone original que representa o Objetivo de Desenvolvimento Sustentável (ODS) 7 – Energia limpa e acessível e, à direita, uma releitura desse ícone criada pela artista plástica brasileira Estela Sandrini.

Estela Sandrini. *ODS 7 – Energia acessível e limpa*, 2020. Acrílica sobre tela, 90 cm × 90 cm. Disponível em: http://www.odsarte.pr.gov.br/Pagina/ODS-7-ENERGIA-ACESSIVEL-E-LIMPA. Acesso em: 27 mar. 2023.

a) Quais diferenças podem ser observadas entre o ícone original e a releitura desse ícone elaborada pela artista brasileira?
b) Observe os elementos verbais e os elementos não verbais que compõem o ícone original. Qual é a relação entre eles?
c) Cada ODS é representado por uma cor. Em sua opinião, por que a cor amarela foi utilizada para representar o ODS 7?
d) Você conhece o símbolo que está presente no centro do Sol? O que ele representa nesse contexto?

5. Considerando as três imagens apresentadas nesta seção – a ilustração de Pawel Kuczynski, o ícone original do ODS 7 e a releitura de Estela Sandrini –, qual conexão pode-se estabelecer entre elas?

LÍNGUA EM ESTUDO

ADJETIVOS

RELACIONANDO

Em notícias, muitas vezes, os adjetivos são empregados na caracterização daquilo que é relatado. Em determinados casos, essa classe gramatical é utilizada para apresentar um juízo de valor sobre certo acontecimento ou situação. É importante estar atento aos diferentes efeitos de sentido produzidos pelo uso dos adjetivos nas notícias, conforme você verá na seção *A língua na real* deste capítulo.

1. Releia um trecho da notícia apresentada no começo deste capítulo.

> Nesse caso, a Enel-SP investiu cerca de R$ 43,6 mil reais em cada uma das 30 árvores solares instaladas na região metropolitana [...].

a) Nesse trecho, que palavra foi utilizada para especificar a fonte energética utilizada pela Enel-SP?

b) Que termo foi usado para indicar o local onde esse projeto foi realizado?

c) As palavras que você indicou como respostas às questões *a* e *b* se referem a quais substantivos?

d) Qual é a importância das palavras identificadas nas questões *a* e *b* para a construção do sentido do texto?

ANOTE AÍ!

Os adjetivos são palavras que caracterizam substantivos, atribuindo-lhes noções de qualidade, condição, julgamento, estado, etc.

LOCUÇÃO ADJETIVA

2. Releia o trecho a seguir.

> De acordo com a vice-presidente da Absolar, um consumidor que opta por investir na produção de energia através da luz solar leva, em média, cinco anos para ter um retorno financeiro [...].

a) Nesse trecho, que substantivo foi utilizado para nomear a ação de criar, gerar?

b) Esse substantivo é caraterizado por uma expressão. Que expressão é essa?

c) A expressão identificada no item *b* é composta de quantas palavras? Esses termos pertencem a que classe de palavras?

ANOTE AÍ!

As expressões formadas por uma ou mais palavras com função de adjetivo recebem o nome de **locuções adjetivas**. Geralmente, são formadas por uma **preposição** e por um **substantivo**. Exemplos: produção *de energia*, colegas *de turma*, luz *do sol*.

Algumas locuções adjetivas podem ser substituídas por um adjetivo com valor equivalente. Observe:

> carne *de boi* = carne bovina
> loção *de cabelo* = loção capilar
> amor *de irmão* = amor fraternal
> calendário *do estudante* = calendário discente

120

CLASSIFICAÇÃO DOS ADJETIVOS

3. Leia a notícia a seguir, publicada em um portal jornalístico.

> **Corais e Orquestra Infantojuvenil fazem apresentações em Piracicaba**
>
> Crianças do Projeto Jovens Músicos participam de concerto nesta quarta. Evento é gratuito e ocorre no Clube Coronel Barbosa, no Centro da cidade.
>
> O Projeto Jovens Músicos apresenta na próxima quarta-feira (7) o Concerto dos Grupos Pedagógicos em Piracicaba (SP). Durante o espetáculo, cerca de 50 crianças e jovens dos Corais Infantil e Juvenil e da Orquestra Infantojuvenil sobem ao palco do Clube Coronel Barbosa, no Centro da cidade. O espetáculo é gratuito.
>
> O professor Jefferson Ribeiro será o regente dos músicos que farão repertório popular com canções como "Cai cai balão", "Garibaldi", "Na Bahia tem" e três peças de Schumann. Em alguns momentos, a orquestra se unirá aos alunos do Coral, ensaiado pela professora Raissa Amaral, e juntos interpretarão as músicas "Primeiro Natal" e "Noite Azul".
>
> **Serviço:**
> **O quê**: Concerto dos Grupos Pedagógicos
> **Quando**: Quarta-feira (7), às 20h
> **Onde**: Clube Coronel Barbosa (Rua São José, nº 799, Centro)
> **Quanto**: Entrada gratuita

G1, 5 dez. 2016. Disponível em: https://g1.globo.com/sp/piracicaba-regiao/noticia/2016/12/corais-e-orquestra-infantojuvenil-fazem-apresentacoes-em-piracicaba.html. Acesso em: 10 mar. 2023.

a) No título e na linha fina da notícia, que termos fazem referência à faixa etária dos participantes do coral e da orquestra?
b) Qual desses termos nomeia os participantes do concerto?
c) Quais desses termos têm a função de caracterizar substantivos?
d) Que substantivos são caracterizados pelos termos identificados no item *c*?
e) Um dos adjetivos citados na resposta ao item *c* é formado por duas palavras. Que palavras são essas?
f) Que adjetivo caracteriza o repertório dos músicos que vão se apresentar?

Os adjetivos podem ser classificados em **simples** ou **compostos**, em **primitivos** ou **derivados**. Há também os adjetivos **pátrios**. Veja este esquema:

121

ATIVIDADES

Acompanhamento da aprendizagem

Retomar e compreender

1. Leia o trecho a seguir, extraído de um livro de memórias.

> Tipo minhom, magra, dona Carolina não era feia nem bonita mas tinha certo encanto. Os cabelos, louro-avermelhados, sedosos e abundantes mereciam de sua dona cuidados especiais. Ela os penteava de maneira ousada, deixando que madeixas finas e soltas caíssem naturalmente sobre o rosto; grande coque na nuca, preso por pentes e enormes grampos de tartaruga. Sua miopia obrigava-a a usar óculos mas ela escolhera aqueles menos vistosos, apenas as lentes, pequenas, sem aro. De boca rasgada, lábios finos, dentes perfeitos sempre à mostra. [...]

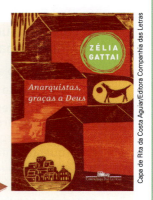

Capa do livro *Anarquistas, graças a Deus*, de Zélia Gattai.

Zélia Gattai. *Anarquistas, graças a Deus*. São Paulo: Companhia das Letras, 2009. p. 304.

a) Na primeira frase, que adjetivos fazem referência a dona Carolina?
b) Que adjetivo composto há no trecho? A que substantivo ele se refere?
c) Na terceira frase, um adjetivo indica uma opinião particular da produtora do relato sobre dona Carolina. Que adjetivo é esse? A que substantivo ele se liga?

2. Leia o trecho do texto a seguir.

Macapá

A capital foi o primeiro município a ser criado no Amapá. Abriga a maior parte da população do Estado, estimada em 456 171 habitantes, concentrados na área urbana. Possui um território de 6 562,41 km². Localiza-se na região sudeste do Estado estendendo-se da margem esquerda do rio Amazonas (entre os rios Pedreira, Matapi e o litoral atlântico) até a nascente do rio Maruanum. É a única capital brasileira cortada pela Linha do Equador (que divide o planeta em dois hemisférios) e sua altitude é de 16,48 m (sede).

Faz limite com os municípios de Santana, Itaubal, Porto Grande, Ferreira Gomes, Cutias e Amapá. Também concentra o serviço público, abrigando as sedes administrativas estaduais e federais. Ainda ampara grande parte de todo o setor primário, com destaque para criações de gado bovino, bubalino e suíno, além de avicultura e pesca artesanal, nas chamadas regiões rurais. [...]

bubalino: relativo a búfalo.

Portal do Governo do Estado do Amapá. *Macapá*. Disponível em: https://www.portal.ap.gov.br/conheca/macapa. Acesso em: 10 mar. 2023.

a) No texto, há três substantivos, os quais são caracterizados por três adjetivos cada um. Copie essas construções no caderno e destaque os adjetivos.
b) Em uma dessas construções, há vírgula entre dois adjetivos. Por quê?
c) Qual é o objetivo do texto? Os adjetivos ajudam a atingi-lo? Por quê?

Aplicar

3. Reescreva as frases no caderno, transformando as locuções adjetivas em adjetivos.
   a) As mulheres **de coragem** enfrentam os desafios da vida.
   b) O rapaz teve uma atitude **de criança** diante da chefe.
   c) A viagem foi longa e teve um trajeto **de dia** e outro **de noite**.
   d) Naquele sábado, haveria uma reunião **de família**.

A LÍNGUA NA REAL

O ADJETIVO NA NOTÍCIA

1. Leia a notícia a seguir e responda às questões.

Campanha incentiva pessoas a desapegar de seus bichinhos de pelúcia

Em Belo Horizonte, três postos de recolha estão disponíveis para receber as doações até o próximo dia 10 de abril

Até o dia 10 de abril três pontos da capital mineira, na região centro-sul, estarão abertos para receber doação de bichinhos de pelúcia. A ideia faz parte da campanha "Amor de Pelúcia", criada pelo recifense Gustavo Arruda, e tem como objetivo promover o desapego das pessoas que acabam mantendo os mimos escondidos nos guarda-roupas sem utilidade.

O publicitário, de 25 anos, conta que, após terminar um relacionamento no ano passado, resolveu abrir mão de algumas coisas pessoais que remetiam à antiga namorada. "Eram presentes que tinham um significado para mim, que eu não queria apagar, mas precisava desapegar. Então, achei que o melhor caminho seria doá-los para quem pudesse aproveitar de uma forma melhor", explica Gustavo.

[...]

▲ A campanha recebe objetos de pelúcia que estejam em bom estado para serem distribuídos para crianças carentes.

O Tempo, 6 abr. 2016. Disponível em: http://www.otempo.com.br/cidades/campanha-incentiva-pessoas-a-desapegar-de-seus-bichinhos-de-pel%C3%BAcia-1.1274491. Acesso em: 10 mar. 2023.

a) O fato divulgado na notícia é uma campanha. Qual é o objetivo dela?
b) Identifique o nome dessa campanha e copie-o no caderno.
c) Que locução adjetiva é usada nesse nome? A que termo ela se refere?
d) O que o uso dessa locução adjetiva informa sobre a campanha?

2. Releia o primeiro parágrafo da notícia.
   a) Duas expressões localizam os pontos que recebem os objetos doados. Copie-as no caderno e destaque os adjetivos.
   b) Por que esses adjetivos contribuem para informar o leitor sobre a campanha?
   c) O adjetivo usado em "mimos *escondidos*" revela um juízo de valor. Explique.

3. No segundo parágrafo, que adjetivo o produtor do texto usa para caracterizar o substantivo *namorada*? Que ideia essa escolha reforça?

ANOTE AÍ!

O **adjetivo** tem papel importante na notícia, pois **caracteriza** o que é relatado e **acrescenta detalhes** sobre os fatos. Além disso, pode expressar **juízo de valor**.

123

AGORA É COM VOCÊ!

ESCRITA DE NOTÍCIA

Proposta

Você vai exercer o papel de jornalista e escrever uma notícia sobre um fato ocorrido em seu bairro. A notícia fará parte de um jornal-mural que será afixado em um local de alta circulação perto da escola, como um posto de saúde ou um estabelecimento comercial. Os leitores serão os moradores da região ou as pessoas que circulam por ela.

GÊNERO	PÚBLICO	OBJETIVO	CIRCULAÇÃO
Notícia	Frequentadores do local selecionado; moradores do bairro	Relatar um fato local relevante e de interesse público	Jornal-mural a ser afixado no bairro

Planejamento e elaboração do texto

1 Para escrever sua notícia, é importante realizar uma análise documental dos fatos ocorridos recentemente em seu bairro. Por exemplo, a inauguração de um estabelecimento comercial ou de um centro esportivo, uma festa típica, um evento cultural, uma campanha de vacinação, entre outros.

2 Faça um levantamento cuidadoso dos dados desse fato que podem ser úteis ao leitor do jornal. Para isso, construa no caderno um quadro como o indicado a seguir, com as perguntas essenciais a que uma notícia costuma responder, e preencha-o com os dados da sua notícia.

O QUÊ?	QUEM?	QUANDO?	ONDE?	POR QUÊ?	COMO?

3 Apresente informações relevantes para quem se interessa pelo assunto e que deem maior credibilidade à notícia. Veja estes exemplos.

- Dados numéricos, espaciais e temporais: conferem precisão ao fato relatado.
- Declarações de entrevistados: para isso, entreviste um especialista no assunto ou alguém diretamente envolvido no fato.
- Fotografia: imagem que ilustra o fato relatado ou algo relacionado a ele. Ela deve ser acompanhada de legenda, isto é, de um texto curto que a descreva.

LINGUAGEM DO SEU TEXTO

1. Na notícia "Instalação de sistemas de energia solar tem alta de 75% em 10 meses na Grande SP", foi utilizado o verbo de elocução *explicar* para apresentar a fala do entrevistado. Considerando a relevância desse entrevistado, que outros verbos poderiam substituir *explicar* sem comprometer o sentido do texto?

2. No último parágrafo da notícia, qual adjetivo ou locução adjetiva indica o tipo de energia tratada de forma prioritária no texto?

Para indicar a fala de uma pessoa em sua notícia, utilize aspas e verbos de elocução. Faça uso adequado dos adjetivos e das locuções adjetivas, preferindo aqueles que informam ao leitor alguma característica essencial sobre o evento relatado. Lembre-se de empregar o registro formal de linguagem. Quando reler seu texto, observe se a pontuação está adequada, conferindo clareza e fluência à notícia.

4. Organize sua notícia de modo que apresente a seguinte estrutura:
- Título: curto e objetivo, destacando o aspecto mais importante do fato relatado.
- Linha fina: para complementar o que foi expresso no título, instigando o leitor.
- Corpo da notícia: parágrafos com as informações sobre o fato anunciado no título, geralmente em ordem de importância. Pontue o texto adequadamente.

> Acesse o recurso digital e veja os elementos presentes em uma notícia. Além do título, da linha fina e do corpo do texto, que outros elementos são citados? Para que eles servem?

Avaliação e reescrita do texto

1. Troque sua notícia com um colega. No texto dele, verifique cada item a seguir e, em uma folha avulsa, faça comentários para ajudá-lo a criar a versão final do texto.

ELEMENTOS DA NOTÍCIA
O título da notícia é curto e objetivo?
O assunto escolhido é atual e de interesse do público leitor?
A notícia responde às perguntas: O quê? Quem? Quando? Onde? Como? Por quê?
Foram usados recursos para dar precisão e credibilidade à notícia (indicação de dados numéricos, espaciais e temporais, fala de entrevistados, etc.)?
O texto foi pontuado adequadamente?
Há imagem relacionada ao fato noticiado? Ela está acompanhada de legenda?

2. Depois de avaliar a notícia do colega, devolva o texto dele e retome o seu.

3. Leia as sugestões apontadas pelo colega e reescreva sua notícia, fazendo os ajustes que forem necessários.

Circulação

1. Organizem-se em grupos para produzir o jornal-mural com as notícias escritas pela turma. Cada grupo deverá se responsabilizar por uma etapa da elaboração do jornal-mural. Por exemplo:
- **Grupo 1**: Escolherá o local do bairro onde o mural será afixado, lembrando que deve ser um lugar de grande circulação de pessoas. Além disso, vai negociar o período de exposição do jornal com os responsáveis pelo espaço.
- **Grupo 2**: Vai se encarregar da edição e da impressão das notícias com letras grandes e bom espaço entre as linhas, para facilitar a leitura. Poderá usar cores distintas em certos pontos, como nos títulos, para chamar a atenção do público.
- **Grupo 3**: Planejará a organização das notícias no mural, lembrando que os textos na parte superior costumam chamar mais a atenção dos leitores.
- **Grupo 4**: Será responsável pela montagem do mural utilizando uma folha de papel *kraft* ou similar e dará um título ao jornal, que deverá estar em destaque. Na imagem ao lado, há um exemplo de jornal-mural para inspirar e ajudar o grupo na montagem.

2 SEIS PERGUNTAS BÁSICAS

O QUE VEM A SEGUIR

A notícia que você vai ler, publicada no jornal *Folha de S.Paulo*, relata a descoberta de um asteroide feita por uma estudante brasileira em 2021. Antes da leitura, levante algumas hipóteses: Como será que a jovem conseguiu realizar esse feito?

TEXTO

Aos 18, mineira descobre um asteroide em projeto da Nasa

Estudante de Física da UFMG conta que passou meses avaliando imagens em preto e branco em busca do astro

A estudante brasileira Laysa Peixoto Sena Lage, 18, descobriu um novo asteroide por meio de uma campanha da Nasa, a agência espacial americana.

O reconhecimento da descoberta aconteceu em agosto e o astro foi batizado de LPS0003, de acordo com suas iniciais. Futuramente, a jovem poderá escolher outro nome.

Lage mora na cidade de Contagem, na região metropolitana de Belo Horizonte. Ela sempre estudou em escolas públicas e, atualmente, está no segundo período do curso de Física na UFMG (Universidade Federal de Minas Gerais), onde também é monitora no Observatório Astronômico Frei Rosário.

Desde fevereiro, a estudante mineira participa do programa de caça a asteroides da Nasa em parceria com a IASC, um programa internacional de colaboração em pesquisa astronômica.

[...]

Após meses de procura, a estudante identificou alguns objetos e enviou relatórios desses achados para o projeto. Um dos pontos que ela localizou foi, enfim, confirmado pela Nasa como sendo um asteroide.

"Quando eu vi meu nome na lista, fiquei muito feliz e emocionada, mal pude acreditar. Foram meses difíceis, passei algumas noites fazendo as análises para conseguir mandar a tempo. É muito gratificante poder contribuir dessa forma com a ciência", afirma Lage sobre o asteroide.

Desde criança, ela gosta de observar as estrelas e se interessa por astronomia, segundo conta. Mas foi durante o Ensino Médio que ela teve a oportunidade de participar de algumas olimpíadas científicas e, com isso, se sentiu mais motivada para aprofundar os estudos nessa área. [...]

asteroide: corpo celeste pequeno que orbita o Sol.

▲ Laysa Peixoto Sena Lage, que descobriu asteroide.

Isac Godinho. Aos 18, mineira descobre um asteroide em projeto da Nasa. *Folha de S.Paulo*, São Paulo, 1º out. 2021. Caderno Ciência, p. 82.

TEXTO EM ESTUDO

PARA ENTENDER O TEXTO

1. As hipóteses levantadas sobre como a jovem fez a descoberta confirmaram-se após a leitura da notícia? Comente.

2. O primeiro parágrafo de uma notícia costuma responder às questões principais sobre o fato relatado. Ele é denominado lide, do inglês *lead*, que significa "conduzir".

   a) No caderno, elabore uma tabela como a do modelo a seguir e complete-a com as informações apresentadas no lide da notícia lida.

O quê?		Quem?	

   b) Com base nas respostas ao item *a*, qual é a relação entre o significado do termo *lead* em português e as informações presentes nessa parte da notícia?

   c) A fim de apresentar um relato completo dos fatos, é comum as notícias apresentarem informações que respondem às perguntas *Quando? Onde? Como? Por quê?* o fato aconteceu. No caderno, responda a essas perguntas com as informações dadas no fato noticiado.

> **ANOTE AÍ!**
>
> O **lide** (*lead*), parágrafo inicial de uma notícia, procura chamar a atenção do leitor para o fato que será relatado. Para isso, sintetiza as informações que respondem a algumas destas questões: **O quê? Quem? Quando? Onde? Como? Por quê?**.
>
> Alguns desses itens, como no caso da notícia em estudo, podem estar presentes no **corpo da notícia**, no qual se ampliam as informações.

3. Ao longo da notícia, não é indicado o ano em que a descoberta ocorreu. O fato de essa informação não estar explícita no texto compromete o entendimento por parte do leitor? Explique.

4. No corpo da notícia não é mencionado, especificamente, o local da descoberta. Porém, pode-se deduzir onde esse fato ocorreu. Que informação auxilia o leitor a identificar esse local?

O CONTEXTO DE PRODUÇÃO

5. Observe a parte superior da página em que a notícia foi publicada.

FOLHA DE S.PAULO ★ ★ ★

ciência

Editoria de Arte/Folhapress

   a) A notícia foi publicada no caderno Ciência. Qual é a relação entre o sentido do nome do caderno e o conteúdo nele apresentado?

   b) Considerando o nome do caderno, que outros temas as matérias contidas nele podem abordar?

> **ANOTE AÍ!**
>
> Os jornais impressos organizam as notícias em **cadernos** de acordo com o tema tratado: cidades, economia, entretenimento, esportes, etc. Para ampliar as informações presentes em jornais impressos, o leitor pode recorrer a diferentes **fontes de pesquisa**.

UFMG: Universidade Federal de Minas Gerais.

6. Agora, leia o título de outra notícia que divulga o mesmo fato.

> **Estudante de Física da UFMG Laysa Peixoto descobre asteroide em campanha da Nasa**
>
> Universidade Federal de Minas Gerais, 30 set. 2021. Disponível em: https://ufmg.br/comunicacao/noticias/estudante-de-fisica-da-ufmg-laysa-peixoto-descobre-asteroide-em-campanha-da-nasa. Acesso em: 10 mar. 2023.

a) O início desse título responde a uma das questões básicas de uma notícia: *Quem?*. Com essa informação, o que se destaca sobre a estudante?

b) Considerando que o título faz parte de uma notícia publicada no *site* da Universidade Federal de Minas Gerais, por que a informação sobre a estudante identificada no item *a* pode ser relevante para o leitor?

c) Releia os títulos das duas notícias lidas. Que diferença há entre eles em relação à forma de apresentar a estudante?

A LINGUAGEM DO TEXTO

7. Observe a imagem e a legenda presentes na notícia da *Folha de S.Paulo*.
   - Qual é a função da fotografia nesse texto? De que forma a escolha da foto relaciona-se com a notícia?

8. Releia esta parte inicial da notícia.

> A estudante brasileira Laysa Peixoto Sena Lage, 18, descobriu um novo asteroide por meio de uma campanha da Nasa, a agência espacial americana.

a) Qual trecho explica o significado do termo "Nasa"?

b) A explicação é introduzida por meio de um artigo. Que artigo é esse e como ele é classificado? Se esse artigo fosse omitido, o efeito de sentido seria o mesmo? Explique sua resposta.

9. Volte ao início deste capítulo e releia o título da notícia. A expressão "Aos 18" faz referência a qual fato? Ao utilizar essa expressão, o que se pretende destacar?

10. Releia este trecho da notícia.

> Lage mora na cidade de Contagem, na região metropolitana de Belo Horizonte. Ela sempre estudou em escolas públicas e, atualmente, está no segundo período do curso de Física na UFMG (Universidade Federal de Minas Gerais) [...].

a) Nessa parte, é apresentada uma informação sobre a trajetória escolar de Laysa Lage. Qual é essa informação?

b) Qual termo do trecho reforça a informação identificada no item *a*? Qual é o efeito de sentido promovido ao enfatizar essa informação?

▲ Alguns cadernos do jornal *Folha de S.Paulo*.

> **ANOTE AÍ!**
>
> Espera-se, em geral, que uma notícia divulgue fatos de maneira objetiva. Entretanto, sua **objetividade** é **relativa**, pois, ao escolher um assunto, o jornalista seleciona determinados aspectos daquilo que será relatado: qualifica o fato de modo mais subjetivo ou mais objetivo e relata os acontecimentos com maior ou menor precisão.

11. Veja novamente o título e parte do lide da notícia da *Folha de S.Paulo*.

> **Aos 18, mineira descobre um asteroide em projeto da Nasa** [...]
>
> A estudante brasileira Laysa Peixoto Sena Lage, 18, descobriu um novo asteroide [...]

a) Que forma verbal indica a ação realizada por Laysa no título?

b) Que forma verbal é utilizada para fazer referência à ação da estudante no trecho do lide?

c) A notícia relata um evento do passado, presente ou futuro?

d) Qual é o efeito de sentido obtido ao utilizar, no título da notícia, um verbo no presente?

ANOTE AÍ!

No **título** e na **linha fina** de notícias, é comum o uso de **verbos** no tempo **presente**, que conferem atualidade a elas. Já no restante do texto, costumam ser empregados verbos no **passado**.

COMPARAÇÃO ENTRE OS TEXTOS

12. Nesta unidade, foram lidas as notícias "Instalação de sistemas de energia solar tem alta de 75% em 10 meses na Grande SP" (capítulo 1) e "Aos 18, mineira descobre um asteroide em projeto da Nasa" (capítulo 2). Por que esses fatos foram noticiados?

13. Essas duas notícias foram reproduzidas de jornais publicados em diferentes suportes. Qual delas foi publicada originalmente na internet e qual foi publicada em papel? O que caracteriza cada um desses suportes?

14. Qual das duas notícias despertou mais seu interesse como leitor? Por quê?

15. Segundo os manuais de redação jornalística, as notícias relatam os fatos de forma imparcial e objetiva. Para você, as notícias lidas nesta unidade foram escritas dessa forma? Explique.

16. Além de notícias, os jornais costumam apresentar textos de gêneros diversos, como reportagens, artigos de opinião, entrevistas, resenhas, sinopses, tiras, entre outros. Escolha um jornal impresso ou *on-line* e identifique os textos presentes nele. Observe qual é o gênero central na publicação escolhida. Depois, no caderno, elabore um comentário sobre suas descobertas relacionadas aos gêneros textuais presentes em jornais impressos ou *on-line*.

17. **SABER SER** Uma pessoa que lê textos variados pode comparar as informações divulgadas e checar sua veracidade. Além disso, pode refletir de forma mais ampla sobre seus hábitos de consumo, sobre preservação ambiental e sobre os cuidados consigo mesma, com o próximo e com a coletividade e, assim, agir de forma responsável na sociedade, exercendo sua cidadania.

a) Para garantir o acesso a notícias e a outros textos com informações confiáveis, que cuidados devemos ter?

b) De que maneira as informações relacionadas a questões ambientais e a inovações tecnológicas podem nos auxiliar a fazer escolhas mais conscientes, conectadas com os desafios do mundo atual?

MANUAIS DE REDAÇÃO

Os grandes veículos da imprensa brasileira costumam produzir um guia para orientar os jornalistas da casa sobre as regras adotadas na redação dos textos e também sobre os princípios da publicação. Geralmente, esses guias recebem o nome de *manuais*. Veja dois exemplos:

▲ Capa do *Manual de redação e estilo* do jornal *O Estado de S. Paulo* e capa do *Manual da redação* do jornal *Folha de S.Paulo*.

LÍNGUA EM ESTUDO

O ADJETIVO E SUAS FLEXÕES

1. O trecho a seguir é uma fala da estudante Laysa Lage, presente na notícia em estudo neste capítulo.

   > "Acho muito importante que os alunos tenham conhecimento das olimpíadas científicas, porque elas podem incentivar e transformar a vida dos estudantes, principalmente das escolas públicas", diz.
   >
   > Isac Godinho. Aos 18, mineira descobre um asteroide em projeto da Nasa. *Folha de S.Paulo*, São Paulo, 1º out. 2021. Caderno Ciência, p. 82.

   a) Nessa fala, há um adjetivo que caracteriza o tipo de competição de que Laysa participou. Qual é esse adjetivo?

   b) Há também um adjetivo que faz referência ao tipo de instituição na qual Laysa estudou. Qual é esse adjetivo? Ao empregá-lo, qual informação a estudante busca enfatizar?

FLEXÃO DE GÊNERO E NÚMERO

2. Releia o início do lide da notícia.

   > A estudante brasileira Laysa Peixoto Sena Lage, 18, descobriu um novo asteroide por meio de uma campanha da Nasa, a agência espacial americana.

   a) Quais adjetivos caracterizam o substantivo *agência*?

   b) Caso a palavra *agência* fosse apresentada no plural, como os adjetivos que a caracterizam seriam registrados?

   c) Se o substantivo *agência* fosse substituído por um substantivo masculino, os adjetivos seriam alterados? Explique.

3. Reescreva no caderno a fala de Laysa presente no trecho da atividade **1**, substituindo a palavra *olimpíadas* por *torneios*. Faça as adaptações necessárias.

As atividades anteriores indicam que, em geral, a forma dos adjetivos varia para concordar com os substantivos que caracterizam. As variações referem-se ao **número** (singular ou plural) e ao **gênero** (feminino ou masculino).

Observe, nos exemplos a seguir, a concordância de gênero e número entre os substantivos e os adjetivos.

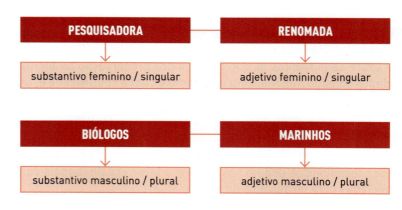

PARA EXPLORAR

As cientistas: 50 mulheres que mudaram o mundo, de Rachel Ignotofsky. São Paulo: Blucher, 2017.

O livro reúne cinquenta biografias de mulheres notáveis para os campos da ciência, da tecnologia, da engenharia e da matemática, desde a Antiguidade até os dias de hoje. Entre essas cientistas, destacam-se Marie Curie – primeira mulher a ser homenageada duas vezes com o prêmio Nobel – e Katherine Johnson, responsável pela trajetória da missão Apolo 11 à Lua.

O plural dos adjetivos simples segue, na maioria dos casos, a regra geral de flexão dos substantivos: acrescenta-se -s no fim da palavra. No caso do gênero, há os adjetivos uniformes, com uma única forma para os dois gêneros, e os adjetivos biformes, com duas formas distintas. Veja:

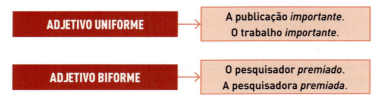

ANOTE AÍ!

O adjetivo varia em número e em gênero para concordar com o substantivo a que se refere. Quanto ao **número**, a forma **plural** costuma ser obtida com o acréscimo de **-s** no fim da palavra. Quanto ao **gênero**, há os adjetivos **uniformes** (com uma única forma para o feminino e o masculino) e os adjetivos **biformes** (com uma forma para o feminino e outra para o masculino).

FLEXÃO DE GRAU

O adjetivo também varia em grau. Há o grau **comparativo**, que compara dois elementos, e o grau **superlativo**, que eleva ao máximo a qualidade de um ser. Conheça as possibilidades gerais de variação nos esquemas.

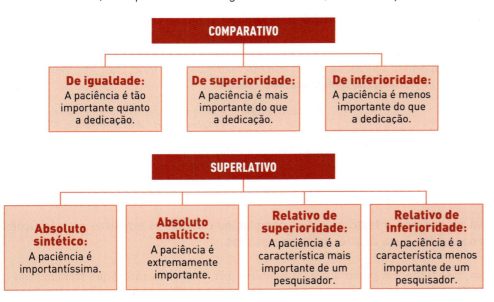

Alguns adjetivos não seguem essas regras de flexão de grau. Observe:

ADJETIVO	COMPARATIVO DE SUPERIORIDADE	SUPERLATIVO Absoluto	SUPERLATIVO Relativo
bom	melhor que	ótimo ou boníssimo	o melhor
mau	pior que	péssimo	o pior
grande	maior que	máximo	o maior de
pequeno	menor que	mínimo	o menor de

ATIVIDADES
Acompanhamento da aprendizagem

Retomar e compreender

1. Leia o texto a seguir.

   ### Continho

   Era uma vez um menino triste, magro e barrigudinho, do sertão de Pernambuco. Na soalheira danada de meio-dia, ele estava sentado na poeira do caminho imaginando bobagem, quando passou um gordo vigário a cavalo:
   — Você aí, menino, para onde vai essa estrada?
   — Ela não vai não: nós é que vamos nela.
   — Engraçadinho duma figa! Como você se chama?
   — Eu não me chamo não: os outros é que me chamam de Zé.

   Paulo Mendes Campos. Continho. Em: Carlos Drummond de Andrade e outros. *Crônicas*. São Paulo: Ática, 1984. p. 76 (Coleção Para Gostar de Ler).

   soalheira: a hora de calor mais intenso do dia.

   vigário: religioso, padre.

   a) Quais são os adjetivos usados pelo narrador para caracterizar o menino Zé?
   b) O que esses adjetivos podem revelar sobre o menino?
   c) Qual desses adjetivos é uniforme? Por quê?
   d) De acordo com a norma-padrão, pode-se flexionar um adjetivo para indicar tamanho, como *barrigudinho*? Em que classe gramatical é comum essa flexão?
   e) No conto, uma situação surpreendente provoca humor. Que situação é essa?

2. Leia este trecho, retirado de uma história de Monteiro Lobato.

   Chamava-se João Teodoro, só. O mais pacato e modesto dos homens. Honestíssimo e lealíssimo, com um defeito apenas: não dar o mínimo valor para si próprio. Para João Teodoro, a coisa de menos importância no mundo era João Teodoro.

   Monteiro Lobato. Um homem de consciência. Em: Monteiro Lobato. *Cidades mortas*. São Paulo: Globo, 2008. p. 181.

   - Quais dos adjetivos referentes a João Teodoro estão no grau superlativo absoluto sintético? Que sentido eles acrescentam às qualidades do homem?

Aplicar

3. Reescreva no caderno o texto a seguir, completando-o com os adjetivos e as locuções adjetivas do quadro. Faça as alterações necessárias.

   Nossa casa tinha um porão cheio de mistério. Por causa dos ratos, que transmitiam doenças ★, minha mãe não deixava brincar lá, mas o Arlindo e eu desobedecíamos. Com medo, rastejávamos entre as tranqueiras do porão ★, aflitos com as teias ★ que grudavam na boca.
   Na entrada do porão, meu tio Constante armava uma ratoeira ★ em forma de gaiola ★, com um pedaço de queijo ★ pendurado no fundo. Quando o rato mordia a isca, a mola soltava e trancava a porta ★, com força. Prendia o rato ★. [...]

   Drauzio Varella. Os passarinhos. Em: Drauzio Varella. *Nas ruas do Brás*. São Paulo: Companhia das Letrinhas, 2000. p. 19-20.

   | de aranha | vivo | comprido | escuro | da gaiola | duro | de arame | terrível |

A LÍNGUA NA REAL

O VALOR SEMÂNTICO DA FLEXÃO DOS ADJETIVOS

1. Leia a notícia a seguir, publicada no jornal *Correio Braziliense*.

Cientistas fazem lista com *top* 10 de novas espécies "queridinhas"

Elas são as "mais mais" da ciência. De aranha a lesma-do-mar, passando por bromélia e bicho-pau, mereceram estar na lista *Top* 10 Instituto Internacional de Exploração de Espécies (IISE, sigla em inglês) devido a características físicas ou comportamentais inusitadas.

A lista é compilada anualmente por um comitê de taxonomistas que tem o duro trabalho de selecionar as *Top* 10 dentre cerca de 18 mil novas espécies descobertas no ano anterior. "A última fronteira inexplorada da Terra é a biosfera. Nós apenas começamos a explorar a origem impressionante, a história e a diversidade da vida", diz Quentin Wheeler, diretor e fundador do IISE. Os cientistas acreditam que cerca de 10 milhões de espécies ainda esperam para serem descobertas — cinco vezes o número das que já são conhecidas pela ciência.

"Um inventário de plantas e animais que começou no século 18 continua sendo construído, com a descoberta de cerca de 18 mil espécies a cada ano. As quase 2 milhões nomeadas até hoje representam uma pequena fração dos 12 milhões que estimamos existirem", afirma Wheeler. "Entre os 10 milhões restantes, estão pistas fundamentais para nossa própria origem, uma planta detalhada de como a biosfera se auto-organizou, além de pistas preciosas sobre maneiras melhores, mais eficientes e mais sustentáveis de atender às necessidades humanas, ao mesmo tempo em que se conserva a vida selvagem. O *Top* 10 é uma lembrança das maravilhas que estão à nossa espera", continua.

Paloma Oliveto. Cientistas fazem lista com *top* 10 de novas espécies "queridinhas". *Correio Braziliense*, 21 maio 2015. Disponível em: https://www.correiobraziliense.com.br/app/noticia/ciencia-e-saude/2015/05/21/interna_ciencia_saude,483987/instituto-internacional-de-exploracao-de-especies-lista-seres-top-10.shtml. Acesso em: 10 mar. 2023.

▲ Essa lesma-do-mar, descoberta no Japão, venceria facilmente um concurso de beleza. Mais do que um rostinho lindo, ela é o elo perdido entre as lesmas que se alimentam de hidroides e aquelas especializadas em corais. A nova espécie, batizada de *Phyllodesmium acanthorhinum*, também contribuiu para compreender melhor a origem da simbiose que mantém com os corais.

hidroide: animal aquático semelhante à hidra.

taxonomista: aquele que se especializa em taxonomia, ciência que se dedica à classificação dos seres vivos.

a) Qual fato é divulgado pela notícia?
b) No lide, qual é o sentido da expressão entre aspas? Ela indica que, na notícia, é usado um registro formal ou um registro informal?
c) Identifique no lide a expressão que indica o critério de seleção das espécies inseridas na lista. Que adjetivo é essencial nessa informação?
d) No segundo parágrafo, que adjetivo caracteriza o trabalho dos taxonomistas?
e) Esse adjetivo está em sentido figurado. Qual é o sentido desse termo?

2. Na notícia, há depoimentos do diretor do instituto responsável pela seleção.
a) Qual fala cita possibilidades oferecidas pelas espécies a serem descobertas?
b) Nessa fala, que expressão é formada por um substantivo acompanhado de adjetivos que sofrem flexão de grau? Indique o tipo de flexão de grau.
c) A flexão de grau intensifica qual informação presente no depoimento?

3. No título da notícia, há um adjetivo entre aspas no grau diminutivo. O que as aspas indicam nesse caso? O adjetivo no diminutivo produz que efeito?

> **ANOTE AÍ!**
> No **registro informal**, muitas vezes os **adjetivos** são flexionados no grau **diminutivo** para expressar carinho, intensidade, valor negativo, etc.

ESCRITA EM PAUTA

SÍLABA TÔNICA E ACENTUAÇÃO DAS OXÍTONAS E DAS PROPAROXÍTONAS

1. Leia a tira a seguir.

Laerte. *Gato e Gata*. *Folha de S.Paulo*, abr. 1999.

a) Que situação provoca humor na tira?

b) Leia em voz alta as palavras *gato*, *único* e *está*. Qual sílaba dessas palavras é pronunciada com mais intensidade?

As palavras *gato*, *único* e *está* têm uma sílaba pronunciada com mais intensidade. Essa sílaba recebe o nome de **sílaba tônica**.

> **ANOTE AÍ!**
>
> **Sílaba tônica** é a sílaba pronunciada de forma **mais intensa**.
> **Sílaba átona** é a sílaba pronunciada de forma **menos intensa**.

De acordo com a posição da sílaba tônica, palavras compostas de duas ou mais sílabas recebem a seguinte classificação:

2. No caderno, classifique as palavras em destaque quanto à sílaba tônica.

a) Meus **avós** vieram de cidades distantes.

b) Deixaram um **lápis** sobre a mesa da sala.

c) Os amigos alugaram um **chalé** na praia.

d) O professor recebeu um **buquê** de rosas.

e) Os **pássaros** sobrevoavam toda a cidade.

f) A família levou os utensílios para o **depósito**.

g) Os atores vestiram roupas de **época**.

h) O **trabalho** pôde ser feito no tempo previsto.

ACENTUAÇÃO DAS OXÍTONAS E DAS PROPAROXÍTONAS

3. Leia o trecho da notícia a seguir.

Nasa lançará robô para estudar solo de Marte somente em 2018

A Nasa (agência espacial americana) afirmou nesta quarta-feira (9) que remarcou para 5 de maio de 2018 o lançamento para Marte do robô americano InSight, inicialmente previsto para março deste ano.

O adiamento, que foi anunciado em dezembro, foi devido a um problema em um instrumento de medição sísmica fornecido pelo Centro Nacional de Estudos Espaciais da França (CNES), que é fundamental para essa missão.

Esta falha técnica e sua reparação forçaram a agência espacial norte-americana a esperar que se abra outra janela de lançamento mais favorável. Se o lançamento ocorrer em 5 de maio de 2018, o robô chegará a Marte em 26 de novembro do mesmo ano.

"A compreensão do subsolo de Marte é um objetivo de planetólogos há muitas décadas [...]", afirmou John Grunsfeld, chefe de programas científicos da Nasa. [...]

▲ Rascunho da sonda InSight, enviada a Marte em 2018.

Nasa lançará robô para estudar solo de Marte somente em 2018. *Folha de S.Paulo*, 10 mar. 2016.

a) Nas palavras *lançará*, *robô* e *chegará*, qual é a posição da sílaba tônica?
b) Quanto à tonicidade, qual é a classificação dessas palavras?
c) Nesses termos, o acento gráfico é aplicado em que letra da sílaba tônica?

4. Considere os termos *sísmica*, *técnica*, *planetólogos*, *décadas* e *científicos*.
a) Qual é a posição da sílaba tônica dessas palavras?
b) Qual é a classificação dessas palavras quanto à tonicidade?
c) Quanto à acentuação gráfica, qual é a semelhança entre essas palavras?

> **ANOTE AÍ!**
>
> São acentuadas as **oxítonas terminadas em *-a*, *-e*, *-o*, *-em*, seguidas ou não de *-s***.
> **Todas** as palavras **proparoxítonas** são acentuadas.

5. Leias as palavras a seguir e, no caderno, justifique a acentuação gráfica delas.

ônibus	depósito	autêntico	dálmata
você	alô	parabéns	guaraná

■ ETC. E TAL

Oxítona, paroxítona, proparoxítona... O que isso significa?

Você sabe que esses termos são usados para se referir à tonicidade das palavras e às regras de acentuação, mas você conhece a origem e o significado deles? A língua portuguesa tem procedência no latim, língua falada há mais de 2 000 anos e influenciado pelo grego antigo. Por consequência, muitas palavras do português vieram do latim e do grego. A palavra *oxítona*, por exemplo, é formada pelos termos gregos **oxy** (que significa "agudo") e **tonos** ("tom"), logo "tom agudo". Já *paroxítona* é formada pela adição de **para** (do grego "ao lado") à *oxítona*, ou seja, "o que tem som agudo na penúltima sílaba". E *proparoxítona* é formada pela inclusão de **pro** ("antes") em *paroxítona*, significando "o que tem som agudo na antepenúltima sílaba".

AGORA É COM VOCÊ!

Acesse o recurso digital para ouvir notícias radiofônicas e responda: Quais são suas principais características?

NOTÍCIA RADIOFÔNICA

Proposta

O rádio é um meio de comunicação de grande alcance. Você provavelmente já ouviu o noticiário de uma emissora de rádio. Nesta seção, você vai produzir, em grupo, notícias radiofônicas de interesse da comunidade escolar e apresentá-las oralmente na escola, por meio de um jornal oral.

GÊNERO	PÚBLICO	OBJETIVO	CIRCULAÇÃO
Notícia radiofônica	Comunidade escolar	Apresentar um jornal oral	Jornal oral na escola

Planejamento e elaboração

1 Para ajudar em sua produção, você lerá a transcrição de um trecho de uma notícia radiofônica transmitida pela Universitária FM, emissora de rádio vinculada à Universidade Federal do Ceará (UFC-CE). Preste atenção ao título dado à notícia, às informações apresentadas no lide, ao detalhamento dos fatos no corpo do texto e ao registro de linguagem utilizado.

> **Seara da Ciência produz série de vídeos Gotas de Ciência**
>
> Crianças, jovens e adultos curiosos sobre temas científicos ganharam um verdadeiro presente da Seara da Ciência, equipamento de divulgação científica da Universidade Federal do Ceará: a série de vídeos Gotas de Ciência. São 11 produções audiovisuais com duração média de três a quatro minutos que exploram diversos temas científicos por meio de animações. O idealizador da iniciativa e professor da Seara da Ciência Marcus Vale fala um pouco do objetivo da série e também da importância da ciência nas nossas vidas:
>
> "A ideia do Gotas de Ciência é de levar uma explicação curta e objetiva de fenômenos da natureza, mostrando que aprender ciência não é coisa para gênios. Todo mundo pode e deve ter um mínimo de conhecimento de ciência, afinal vivemos num mundo muito científico e tecnológico e saber um pouco de ciência ajuda muito a sobreviver melhor." [...]

Universitária FM, 26 abr. 2021. Disponível em: https://www.radiouniversitariafm.com.br/noticias/seara-da-ciencia-produz-serie-de-videos-gotas-de-ciencia/. Acesso em: 10 mar. 2023.

2 A notícia radiofônica é transmitida oralmente. Portanto, contém os elementos essenciais de uma notícia e usa recursos da oralidade para prender a atenção do ouvinte. Costuma ser produzida por escrito, levando em consideração o fato de circular por meio sonoro. Responda às questões sobre a notícia lida.

a) O título responde a quais perguntas essenciais sobre o fato divulgado?

b) Qual é a importância de haver, na notícia, a fala do idealizador do projeto?

3 Organizem-se em grupos. Cada equipe deve escolher um tema geral – cultura, ciência, cidade, etc. – e elaborar duas ou três notícias sobre ele.

4 Considerando os interesses do público-alvo, selecionem os fatos que vocês vão divulgar. Busquem informações sobre eles com base nas questões essenciais de uma notícia: *O quê? Quem? Quando? Onde? Como? Por quê?*

5 Escrevam seus textos atentando para estes itens:

- No título, indiquem o fato e, na notícia, informem suas circunstâncias.
- Organizem as informações em frases curtas e objetivas, retomando, a cada parágrafo, informações essenciais e acrescentando outras. Usem o registro formal para conferir credibilidade às notícias.
- Ao empregar adjetivos, fiquem atentos à correta concordância deles com os substantivos a que se referem.
- Cada notícia deverá ser transmitida em 1 minuto.

MÚLTIPLAS LINGUAGENS

Ouçam um noticiário radiofônico e tomem nota das principais informações veiculadas. Depois, respondam às questões.

1. Na introdução do noticiário, há uma saudação ao público e são mencionados o nome do jornal e as notícias principais? Há acompanhamento sonoro nessa introdução? Como o noticiário é finalizado?

2. As palavras empregadas são conhecidas? As frases são curtas ou longas? As informações sobre o fato são transmitidas uma só vez? Como é o tom de voz do locutor: é sempre o mesmo ou há variação? Ele faz pausas longas ou breves?

Ao organizar o jornal oral, combinem de que modo a introdução e o fechamento dele serão feitos. Nos ensaios de apresentação das notícias, experimentem os recursos de voz e de linguagem observados no noticiário analisado.

6 Depois de analisar o noticiário, retomem as notícias que vocês escreveram para revisá-las, tendo em vista a adequação às características do gênero e a alguns dos elementos observados no noticiário.

Circulação

1 Para a transmissão do jornal, a turma deve escolher um âncora, que vai abrir e fechar o noticiário, e os repórteres, que apresentarão as notícias. O âncora deve ensaiar as saudações inicial e final e a introdução das notícias, além de definir a ordem em que elas serão apresentadas.

2 Ensaiem a apresentação das notícias: observem o tempo de fala e trabalhem a entonação da voz. Como no momento da transmissão será possível ter os textos em mãos, assinalem os trechos em que será usada uma entonação diferenciada.

3 Antes da transmissão do jornal, deverá haver um ensaio geral do noticiário, considerando a introdução, a ordem das notícias e o fechamento.

4 Com a ajuda do professor, organizem a transmissão. Como o jornal é oral, o público não poderá vê-la, mas deverá ouvir tudo adequadamente.

Avaliação

1 Após a transmissão do jornal, avaliem o trabalho com base nestas questões:

ELEMENTOS DA NOTÍCIA RADIOFÔNICA
As notícias responderam às questões essenciais sobre os fatos divulgados?
As notícias foram apresentadas de modo objetivo e utilizando o registro formal?
Os repórteres e o âncora empregaram a entonação e o ritmo adequados?
O âncora introduziu adequadamente as notícias e saudou o público do noticiário?

INVESTIGAR

As mulheres na ciência

Para começar

Se pedissem a você que mencionasse o nome de alguém importante para a ciência, você citaria uma mulher? Você sabia que, no meio científico brasileiro, uma mulher tem menos chance de obter financiamento para pesquisa? Nesta seção, você produzirá uma pesquisa bibliográfica para conhecer algumas importantes cientistas. Depois, vai elaborar uma ficha de leitura para uma exposição oral sobre as mulheres na ciência.

O PROBLEMA	A INVESTIGAÇÃO	MATERIAL
Quem foram as cientistas mais importantes e quais foram suas contribuições?	**Procedimento:** pesquisa bibliográfica **Instrumentos de coleta:** revisão bibliográfica e tomada de nota	• computador com acesso à internet • livros e revistas • caderno para anotações • caneta • cartolina

Procedimentos

Parte I – Planejamento

1. Em grupos, pesquisem e anotem: Que mulheres contribuíram para o desenvolvimento científico? Em que país elas viveram? Formulem outras perguntas sobre o tema e busquem respostas para elas. Não se esqueçam de anotar o nome das cientistas e o período histórico em que viveram.

2. No dia marcado pelo professor, apresentem a lista das cientistas que identificaram. O professor fará uma lista única com as cientistas descobertas pela turma.

3. Escolham uma das cientistas da lista e façam uma pesquisa aprofundada sobre sua vida e obra. Cada grupo deverá pesquisar sobre uma cientista diferente.

Parte II – Seleção das fontes de pesquisa

1. Vocês poderão utilizar diferentes tipos de fonte de pesquisa, como:
   - livros paradidáticos ou biografias;
   - revistas de divulgação científica, como *Galileu*, *Superinteressante*, *Ciência Hoje*, *Ciência Hoje das Crianças*, etc.;
   - *sites* de instituições de ensino, de divulgação científica ou páginas de especialistas.

2. Vocês podem ir à biblioteca da escola, do bairro ou da cidade para consultar materiais impressos e digitais.

3. Dos textos pesquisados, selecionem um para a próxima etapa. Pode ser uma biografia, um artigo de divulgação científica, uma publicação em *blog* de especialista, etc.

Parte III – Elaboração da ficha de leitura

1. Leiam o texto selecionado por vocês, orientando-se pelas três etapas de leitura apresentadas a seguir.

   1ª etapa: leitura integral do texto. Nesse momento, cada estudante do grupo vai ler individualmente o texto, buscando apreender seu sentido geral.

Estela Carregalo/ID/BR

2ª etapa: leitura tomando notas. Cada integrante relê o texto com o cuidado de:
- anotar as palavras cujo sentido não compreendeu e buscar seus significados;
- registrar as informações mais interessantes, considerando o que gostaria de lembrar no futuro sobre a cientista;
- resumir o texto, colocando as citações entre aspas e indicando o número da página (se houver) da qual foram copiadas.

3ª etapa: leitura comparativa. Cada um lê o texto com suas anotações. Verifique:
- se anotou todas as informações relevantes sobre a cientista e seu trabalho;
- se, nesta etapa, você compreendeu todas as palavras e o sentido geral do texto; caso contrário, procure o professor para sanar dúvidas.

2. Organize sua ficha de leitura. Ela deve conter os tópicos:
   - tema da pesquisa: nome da cientista; datas de nascimento e morte (se for o caso);
   - indicação da fonte de pesquisa: nome do autor, título, nome do veículo em que o texto foi publicado, local e data de publicação, nome da editora (se houver);
   - suas anotações sobre o texto, organizadas em itens.

3. Troque sua ficha de leitura com a de um colega do grupo. Um lerá a ficha do outro, observando as informações consideradas mais relevantes pelo colega. Notem que, apesar de todos terem lido o mesmo texto, pode haver diferenças quanto aos destaques.

Estela Carregalo/ID/BR

Questões para discussão

1. Você sabia da existência dessas mulheres cientistas?
2. Que informação surpreendente sobre essas cientistas você encontrou?
3. Você e os colegas de grupo destacaram as mesmas informações do texto?
4. Das contribuições pesquisadas, quais você considera as mais relevantes? Justifique.

Comunicação dos resultados

Exposição oral sobre mulheres na ciência

Planejem a exposição do grupo sobre a cientista estudada. Para isso, tomando como base as fichas de leitura, decidam os dados que vão expor, bem como o formato e a ordem da apresentação. Elaborem também *slides* para apoiar a apresentação, lembrando que eles são um recurso de apoio para a fala e devem ser organizados de acordo com a ordem em que vocês se apresentarão. Os *slides* permitem apenas textos curtos ou imagens. Lembrem-se de que a exposição será feita na sala de aula e de que será preciso usar o registro formal.

Para chamar a atenção da comunidade escolar, elaborem cartazes com foto ou ilustração da cientista e as principais informações sobre sua vida e obra.

Durante a apresentação dos demais grupos, anotem no caderno as informações mais relevantes, bem como dúvidas e comentários. Ao final das apresentações, exponham as dúvidas e as opiniões de modo educado, usando bons argumentos para defender suas ideias. Respeitem os turnos de fala durante a interação com os colegas.

ATIVIDADES INTEGRADAS

Leia a notícia a seguir, publicada no jornal *Folha de S.Paulo*, e responda às questões.

ciência

Babuínos fazem sons semelhantes às vogais a, e, i, o, u, diz estudo

Os babuínos fazem sons semelhantes às vogais a, e, i, o, u, afirmaram pesquisadores nesta quarta-feira (11), sugerindo que alguns macacos tiveram a capacidade física para a linguagem por milhões de anos.

Os resultados, publicados na revista científica *Plos One*, acrescentam uma nova dimensão ao longo debate sobre como a linguagem começou e evoluiu, ao mostrar que os babuínos possuem uma língua e laringe que lhes permite fazer uma série de sons parecidos com vogais.

▲ Babuíno no zoológico de Outeiro de Rei, na Espanha.

"Esta é a primeira vez que mostramos isso em um primata não humano", disse o coautor Joel Fagot, pesquisador do Centro Nacional de Pesquisa Científica (CNRS) da França.

"Isso sugere que a fala humana tem uma história evolutiva muito longa" e surgiu muito antes do homem moderno, afirmou à AFP.

Muitos cientistas acreditam que a origem da linguagem é relativamente recente, tendo surgido nos últimos 70 000-100 000 anos, disse uma declaração do CNRS.

Mas o estudo atual sugere que as habilidades de articulação para a fala podem remontar a 25 milhões de anos atrás, até o último ancestral comum compartilhado por seres humanos e macacos, conhecido como *Cercopithecoidae*.

Alguns pesquisadores argumentaram que os primatas não humanos – juntamente com os neandertais e os bebês humanos até a idade de um ano – são incapazes de fazer sons diferenciados necessários para a linguagem porque sua laringe estava situada muito alta.

Para testar esta teoria em babuínos, os cientistas analisaram mais de 1 300 vocalizações feitas por 15 babuínos da Guiné, tanto machos quanto fêmeas, que estavam vivendo em um centro de primatas em Rousset-sur-Arc, na França.

Os pesquisadores descobriram que sons comparáveis às vogais a, e, i, o, u eram detectáveis em suas vocalizações, sejam estas chamadas de acasalamento, grunhidos, latidos ou o som de duas sílabas – "wahoo".

Embora seja intrigante que os babuínos tenham essa capacidade, isso não significa necessariamente que eles são capazes de falar.

Os babuínos podem fazer barulhos que soam como vogais – e eles podem fazer vocalizações diferentes para várias situações –, mas eles não têm a ampla gama de significados complexos contidos na linguagem humana.

Outros pesquisadores envolvidos no estudo são da Universidade de Grenoble, da Universidade de Montpellier e da Universidade do Alabama.

AFP. Babuínos fazem sons semelhantes às vogais a, e, i, o, u, diz estudo. *Folha de S.Paulo*, 12 jan. 2017.

laringe: órgão em forma de tubo, situado entre a faringe e a traqueia. Uma de suas funções é a produção do som.

Acompanhamento da aprendizagem

Analisar e verificar

1. Com base no título da notícia, responda:

   a) Qual é o fato central da notícia?

   b) O título é objetivo, conforme se espera em uma notícia? Justifique sua resposta.

   c) Em sua opinião, quem teria interesse em ler a respeito desse assunto? Por quê?

2. Observe e analise a estrutura da notícia.

   a) O lide responde a quais perguntas básicas do jornalismo (*O quê? Quem? Quando? Onde? Como? Por quê?*)? Quais as respostas dadas a cada uma delas?

   b) As demais perguntas são respondidas em outros parágrafos do texto. Identifique quais são essas perguntas e em que parágrafos elas são respondidas.

3. Releia a primeira declaração de especialista reproduzida na matéria.

   a) Qual verbo de elocução é utilizado?

   b) Que outra forma verbal poderia indicar essa declaração?

4. Releia a seguir uma fala do pesquisador responsável pelo estudo e um parágrafo elaborado pelo jornalista que escreveu a notícia.

   > "Isso sugere que a fala humana tem uma história evolutiva muito longa"

   > Embora seja intrigante que os babuínos tenham essa capacidade, isso não significa necessariamente que eles são capazes de falar.

   a) Que informação na notícia dá mais detalhes sobre essa história evolutiva? De acordo com esse dado, a fala do pesquisador é baseada em fatos objetivos ou subjetivos?

   b) Na fala do especialista, qual é o adjetivo utilizado para caracterizar o termo *história*? Em que gênero (masculino/feminino) ele é empregado?

   c) No parágrafo escrito pelo jornalista, que adjetivo expressa uma opinião subjetiva sobre a capacidade dos babuínos?

   d) O que o uso de adjetivos em ambos os trechos revela sobre o grau de parcialidade em notícias?

   e) Caso o substantivo *história* fosse trocado pelo substantivo *processo*, a forma do adjetivo seria a mesma? Explique.

5. A notícia sinaliza que, durante a produção do texto, alguns pesquisadores foram entrevistados. Releia o terceiro e o sétimo parágrafos para comparar a maneira como o jornalista se refere às declarações desses entrevistados.

   a) No terceiro parágrafo, há a primeira fala. De que modo o pesquisador é apresentado?

   b) O sétimo parágrafo é introduzido pelo termo *alguns*. Qual é o sentido dele no trecho?

   c) Em qual dos parágrafos a opinião expressa parece ter mais credibilidade? Por quê?

   d) Considerando a resposta ao item *c*, que mudanças você faria no sétimo parágrafo?

Criar

6. Geralmente, os jornalistas escrevem as notícias considerando determinado limite de espaço na página impressa. Suponha que, como repórter, você precise reduzir pela metade essa notícia *on-line*. Escreva a nova versão no caderno.

141

CIDADANIA GLOBAL

UNIDADE 4

7 ENERGIA LIMPA E ACESSÍVEL

Retomando o tema

Ao longo desta unidade, você e os colegas puderam conhecer diferentes fontes de energia e discutir sobre a importância de se facilitar o acesso à energia limpa e renovável, visto que ela causa menor impacto ambiental. Com base nessas aprendizagens, reflita sobre as questões a seguir com os colegas.

1. Vocês conhecem casas ou prédios, comerciais ou residenciais, que utilizem outra fonte de energia limpa, que não a energia vinda de hidrelétricas?
2. Na opinião de vocês, a divulgação de informações e a facilitação do acesso à energia limpa podem ajudar na preservação do meio ambiente? Por quê?

Geração da mudança

Vocês vão realizar um experimento relacionado à energia solar e, ao final, vão organizar as observações em uma linha do tempo. Organizem-se em grupos para a distribuição das tarefas e definam quem ficará responsável por fotografar o experimento.

Materiais

- 2 garrafas PET de mesmo tamanho
- 2 bexigas
- tintas branca e preta

Procedimentos

- Pintem uma das garrafas de branco e a outra de preto. Destampem as garrafas e insiram uma bexiga na boca de cada uma delas. Na sequência, levem-nas para um local ao ar livre e ensolarado.
- Elaborem hipóteses sobre o que vai ocorrer com as bexigas e, então, observem qual delas encherá mais rápido. Após verificar os resultados, procurem uma explicação para o ocorrido e registrem as hipóteses no caderno.
- Criem uma linha do tempo para explicar o passo a passo do experimento e os fenômenos observados. Enriqueçam-na com os registros fotográficos realizados e deem um título a ela. Quando estiver pronta, disponibilizem-na no *site*, nas redes sociais ou no mural da escola.

Autoavaliação

Estela Carregalo/ID/BR

RELATO DE VIAGEM E DE EXPERIÊNCIA VIVIDA

UNIDADE 5

PRIMEIRAS IDEIAS

1. Quando alguém relata uma viagem, procura narrar vivências cotidianas ou fatos inesperados e novos? Em sua opinião, por que isso ocorre?
2. Se fosse contar a alguém uma experiência vivida, você faria um relato escrito ou oral? Por quê?
3. Explique a diferença entre as expressões *o barco* e *um barco*.
4. Que tipo de expressão você usa quando recebe uma notícia boa?

Conhecimentos prévios

Nesta unidade, eu vou...

CAPÍTULO 1 — Pelo mundo afora

- Ler e interpretar relato de viagem, identificando as características desse gênero textual.
- Refletir sobre aspectos relacionados à tomada de decisão responsável e sobre o papel de cada indivíduo no trabalho em equipe.
- Relacionar o trecho de um diário de expedição e um mapa com o relato de viagem lido.
- Diferenciar artigo definido e indefinido, identificar numerais e reconhecer a função dessas classes gramaticais.
- Produzir texto do gênero relato de viagem e montar um livro com os textos escritos.

CAPÍTULO 2 — Experiências que marcam

- Ler e interpretar relato de experiência vivida, identificando as características desse gênero.
- Refletir sobre a relação do ser humano com a vida marinha e a natureza em geral.
- Identificar o papel das interjeições para a construção de sentidos e para a expressividade em textos.
- Conhecer as regras de acentuação das palavras paroxítonas.
- Produzir um relato oral de experiência vivida e apresentá-lo para a turma.

CIDADANIA GLOBAL

- Refletir sobre a importância da conservação dos mares, oceanos e da vida marinha.
- Produzir folheto com o mapeamento de projetos voltados à preservação do ambiente marinho.

143

LEITURA DA IMAGEM

1. Identifique o animal retratado nessa escultura e os materiais usados para produzi-la.
2. Considerando o local de exposição da escultura, de onde você imagina que os materiais foram extraídos?
3. Em sua opinião, qual crítica é apresentada na escultura? Como você chegou a essa conclusão?
4. Qual é o efeito de expor uma escultura como essa em um local de grande circulação de pessoas?

CIDADANIA GLOBAL
14 VIDA NA ÁGUA

A escultura exposta em uma praia de grande potencial turístico e de natureza exuberante, com areia branca e mar de águas azuis, propõe um contraste com o ambiente paradisíaco e busca refletir sobre a conservação e o uso de forma sustentável dos oceanos, mares e recursos marinhos.

1. De que forma a poluição por plástico nos mares e oceanos afeta a vida dos animais marinhos?
2. Para você, qual é a importância de promover ações que busquem denunciar problemas ambientais em nosso planeta?

 Acesse o recurso digital e responda: O que é possível concluir sobre a importância dos oceanos para a manutenção da vida na Terra?

Escultura na praia de Patong, na ilha de Phuket, localizada na Tailândia. Foto de 2021.

CAPÍTULO 1
PELO MUNDO AFORA

O QUE VEM A SEGUIR

O texto a seguir faz parte do primeiro capítulo do livro *Família Schürmann: um mundo de aventuras*. Nesse livro, Heloisa Schürmann relata uma viagem feita por ela e sua família pelos oceanos, a bordo do veleiro Aysso. Da viagem, participaram Heloisa, o marido, Vilfredo, e os filhos deles – David e Kat, uma menina de 5 anos –, além de alguns outros tripulantes. Que situação você supõe que será relatada em um capítulo intitulado "Os piratas existem!"?

TEXTO

Os piratas existem!

A tarde caminha para mais um poente vermelho. A tensão e a ansiedade encurtam a ideia de tempo real, passando-nos a sensação de que o sol desliza no céu, de forma muito rápida, buscando a linha do horizonte.

A bordo, os olhos da tripulação deixaram de maravilhar-se com o mar liso e com as velas gordas de vento, que arrastam o *Aysso* para a frente, riscando bigodes de espuma na água transparente. Olhares inquietos varrem a costa. Buscam abrigo seguro para mais uma noite. Mais que um ancoradouro, o *Aysso* precisa de um esconderijo!

— Ali, ali! — Braços agitados apontam a entrada da enseada. Desnecessária qualquer outra orientação, a larga experiência do capitão já tinha *adivinhado* a baía. Poucos minutos depois, o veleiro deslizava para o abrigo. Velas arriadas, âncora cravada no fundo de areia, era hora de relaxar os nervos. Nenhum barco à vista. A solidão e o silêncio prometiam uma noite tranquila, de bom sono, bons sonhos...

Os mapas e as cartas náuticas indicam que estamos na Ilha dos Pássaros, um santuário de aves. O calor da tarde e a água transparente convidam a um mergulho. Impossível resistir. E quem quer resistir? De volta ao barco, o crepúsculo nos reserva um espetáculo inesquecível: milhares de aves, voando em formação, como uma grande ponta de lança pontiaguda, retornam para seus ninhos, depois de um dia de pescaria em alto-mar. A algazarra é ensurdecedora. A câmara fotográfica de Vilfredo tenta registrar o momento mágico.

— *Capitan, hay un barco llegando, a estibordo!* — O aviso de Jaime quebra o encanto e nos devolve ao mundo real. O perigo está de volta...

Sul das Filipinas, Mar de Sulu, terra de piratas!

O barco, aparentemente um pesqueiro, cruza as pequenas ondas da entrada da baía e traça uma reta, rumo ao *Aysso*. A pouco mais de 100 metros, diminui a marcha, rodopia sobre o próprio eixo e larga a âncora.

— Com uma baía tão grande, precisavam chegar tão perto? — questiona Vilfredo, voz baixa, quase um pensamento. — E já que o fundo aqui é todo de areia, podiam ancorar seguros em qualquer canto.

O barco é velho, malconservado, sujo. Conto 12 homens a bordo. Como é costume na região, todos ocultam os rostos, enrolados em velhas camisetas. Alguns

sentam-se na borda do barco, jogam linhas com anzóis na água. Podem estar pescando, mas quem garante? Uma garrafa roda de boca em boca. Pode ser água, mas é pouco provável. Um dos homens do grupo aponta o braço para nosso veleiro, os outros caem na gargalhada. As sombras ficam compridas. Escurece. [...]

Desde que entramos no Mar das Filipinas, há três meses, a tensão e o medo passaram a fazer parte da rotina. É preciso atenção permanente com os barcos que navegam nas proximidades. De noite, o cuidado é redobrado. [...]

Infelizmente, este não era um medo infundado. O Centro de Pirataria da Malásia, em Kuala Lumpur, emitia avisos com detalhes preocupantes, a intervalos ainda mais preocupantes. Não foram poucas as vezes em que o *Aysso* mudou seu rumo para evitar os locais de ataques recentes [...]

Há 16 anos nossa família navega pelos mares do mundo. [...]

Quando planejamos refazer a rota de Magalhães, sabíamos que o Mar de Sulu, por onde passou o navegador, agora era reduto de violentos piratas. Também é fato conhecido de todos os navegadores que as águas das Filipinas e da Indonésia não apenas são as mais perigosas, mas abrigam (ou seria *escondem*?) o maior reduto de piratas do mundo. Os piratas do Mar da China são famosos desde os tempos antigos, da época dos descobrimentos, quando seus juncos foram bastante romanceados. Hoje, a história é muito diferente. Os piratas modernos possuem barcos rápidos, quase sempre roubados, e armamentos pesados [...].

O que se podia fazer? Reduzir o risco ao mínimo indispensável.

Nós, as mulheres a bordo do *Aysso*, passamos a nos vestir de jeito masculino: calças compridas, camisetas largas, bonés escondendo os cabelos compridos. Brincos, pulseiras e pintura eram absolutamente proibidos. Dessa forma, além de ocultar a presença feminina a bordo, aumentávamos o número de tripulantes homens. Sempre que um barco navegava nas proximidades, Kat permanecia recolhida em sua cabine. Ao desembarcar em algum porto, qualquer porto, nada se falava sobre o barco, nunca se mencionava a rota ou o próximo destino. As armas de sinalização e os foguetes de pedido de auxílio ficavam sempre à mão [...].

Noite sem lua. Por duas vezes, o barco filipino muda de posição, dentro da baía. Buscavam um melhor pesqueiro ou, ao contrário, preparavam o ataque? Vilfredo continua vigiando. Os binóculos de visão noturna permitiam acompanhar os movimentos a bordo do barco vizinho. Os homens bebem, a algazarra é grande. Sem mais nem menos, as luzes se apagam e o barco mergulha na escuridão e no silêncio.

— Vamos embora! — o sussurro de Vilfredo é uma ordem.

Rápida e silenciosamente, cada um dos tripulantes passa a desempenhar suas tarefas. A âncora sobe sem o menor ruído, na força dos braços, sem uso do motor, que poderia denunciar nossa manobra. As velas levantadas enfunam-se com o vento. Vilfredo, no leme, conduz o *Aysso* para a saída da enseada. Tudo isso no escuro, nem a luz da bússola foi acesa. No interior do barco, apenas o radar seguia ligado.

Jaime, encarregado de vigiar com o binóculo, alerta Vilfredo:

— *Capitan, ellos bajaram los botes a l'água, con hombres...*

No mesmo instante, ouvem-se gritos. As luzes do barco voltam a se acender e fachos de luz vasculham a baía, iluminando a ilha. O *Aysso* desliza ao encontro das ondas, mar aberto, a caminho da liberdade. Os sons vão se perdendo na distância. Tiros ecoam na noite. Em que atiravam? Nunca saberemos...

O vento aumenta e permanece firme. O *Aysso* segue rápido, silencioso, mar adentro, deixando para trás a enseada, a ponta da ilha, o susto.

Infelizmente, a tensão e o medo continuariam a bordo por mais um longo tempo!

Heloisa Schürmann. *Família Schürmann*: um mundo de aventuras. Rio de Janeiro: Record, 2000. p. 12-17.

"*Capitan, ellos bajaram los botes a l'água, con hombres...*": frase que significa "Capitão, eles desceram os botes na água, com homens...".

"*Capitan, hay un barco llegando, a estibordo!*": frase que significa "Capitão, há um barco se aproximando, a estibordo", ou seja, do lado direito da embarcação.

enfunar-se: encher-se de ar ou inflar-se.

junco: embarcação a vela ou a remo chinesa, utilizada antigamente em guerras ou para o comércio.

rota de Magalhães: percurso que o navegador português Fernão de Magalhães seguiu ao fazer a primeira volta ao mundo da história (1519).

TEXTO EM ESTUDO

PARA ENTENDER O TEXTO

1. Com base no boxe *O que vem a seguir* e no texto do relato, responda às questões.

   a) O que você imaginou sobre o título do relato se confirmou na leitura? Explique.

   b) De que viagem o relato trata?

   c) Quem relata essa viagem?

   d) Que meio de transporte é utilizado?

   e) Como é a região onde os fatos relatados ocorreram?

2. Nos dois parágrafos logo no início do texto, a autora fala dos sentimentos vividos pela tripulação.

   a) O que provoca a tensão e a ansiedade mencionadas no primeiro parágrafo?

   b) Que sentimento a tripulação experimentou antes dessa tensão? A que fato esse sentimento estava relacionado?

   c) No segundo parágrafo, são utilizadas as expressões "mar liso", "velas gordas de vento" e "riscando bigodes de espuma". Que imagem elas constroem acerca desse momento vivenciado pela tripulação?

3. A princípio, o problema inicial enfrentado parece ter sido solucionado.

   a) Que parágrafos indicam que a tripulação obteve sucesso em sua busca?

   b) Que ações dos tripulantes revelam um momento de tranquilidade?

4. Essa tranquilidade é interrompida por determinada ocorrência.

   a) Que ocorrência?

   b) Como essa informação é apresentada ao leitor?

   c) Uma das frases do texto explicita, de forma resumida, o que se teme no território navegado. Transcreva-a no caderno.

5. A autora apresenta alguns acontecimentos que sugerem perigo.

   a) Que acontecimentos são esses?

   b) Além desses acontecimentos, há também um dado objetivo que indica o perigo de o veleiro viajar por aquela região. Que dado é esse?

6. Como são caracterizados os piratas no relato?

7. Cite três estratégias dos Schürmann para prevenir ataques dos piratas.

8. No fim do relato, os viajantes decidem sair da baía.

   a) Que pistas indicavam um possível ataque do barco filipino?

   b) Copie no caderno as frases a seguir, numerando-as de 1 a 3, de acordo com a sequência dos acontecimentos.

      I. As luzes do barco voltam a se acender e os homens procuram algo na baía.

      II. Ouvem-se gritos.

      III. Os tripulantes do navio filipino entram em botes.

PARA EXPLORAR

Família Schürmann
Nesse *site*, é possível encontrar várias informações e curiosidades sobre as expedições e os projetos da família Schürmann.

Disponível em: http://schurmann.com.br/pt/. Acesso em: 26 fev. 2023.

ANOTE AÍ!

Nos **relatos de viagem**, as **informações** são descritas para possibilitar que o leitor imagine os locais e as situações vivenciadas pelo viajante. As descrições de **sentimentos** e **sensações** vividos por quem escreve também auxiliam a **caracterizar a situação** e a **sensibilizar o leitor**.

9. **SABER SER** No relato de viagem de Heloisa Schürmann, é possível observar o trabalho em equipe da família e dos demais tripulantes do veleiro Aysso para superar os desafios do percurso. Diante de um perigo na viagem, todos respeitaram a tomada de decisão de Vilfredo.

a) Em sua opinião, Vilfredo foi responsável ao tomar sua decisão? Comente.

b) À vista da ameaça, todos tiveram um papel importante, com tomada de decisões responsáveis e cumprindo suas respectivas tarefas. Qual é a importância de atitudes como essas para desenvolver um trabalho em equipe?

SELEÇÃO E ORGANIZAÇÃO DE INFORMAÇÕES

10. Ao longo do relato, há diversas informações relacionadas ao tempo. Além disso, também notamos a sequência em que os fatos relatados ocorreram.

a) Havia quanto tempo a família Schürmann navegava pelo mar das Filipinas? Que outra indicação de tempo revela a experiência dessa família em navegar?

b) Qual é a importância desse tipo de informação ao longo do relato?

11. Releia os trechos a seguir e observe as indicações de tempo destacadas.

> — Ali, ali! — Braços agitados apontam a entrada da enseada. Desnecessária qualquer outra orientação, a larga experiência do capitão já tinha *adivinhado* a baía. **Poucos minutos depois**, o veleiro deslizava para o abrigo.

> Jaime, encarregado de vigiar com o binóculo, alerta Vilfredo:
> — *Capitan, ellos bajaram los botes a l'água, con hombres...*
> **No mesmo instante**, ouvem-se gritos. As luzes do barco voltam a se acender e fachos de luz vasculham a baía, iluminando a ilha.

a) Cada uma dessas indicações de tempo está relacionada a que ação?

b) Que efeito a ausência das indicações de tempo produziria no texto?

12. No relato, são apresentadas indicações e características do lugar em que os acontecimentos relatados ocorreram.

a) Copie no caderno as informações que trazem essas indicações.

b) Esses locais estão associados a quais acontecimentos?

ANOTE AÍ!

Por seu caráter descritivo, o relato de viagem é, geralmente, escrito no tempo **presente**. Para organizar as informações e dar maior precisão aos acontecimentos são utilizados **marcadores temporais**, que comunicam quando e em que sequência os fatos ocorreram.

A objetividade e a precisão das indicações de **espaço**, bem como sua caracterização, possibilitam ao leitor associar as informações do texto aos **locais visitados**.

O CONTEXTO DE PRODUÇÃO

13. A viagem da família Schürmann durou dois anos e cinco meses. Pensando a respeito dessa duração, é possível que Heloisa Schürmann tenha relatado no livro tudo o que aconteceu com a família? Justifique sua resposta.

14. A família registrou e compartilhou a expedição em diferentes veículos.

a) Quais foram esses veículos?

b) Qual é a diferença entre esses veículos, considerando o tempo em que a aventura foi divulgada?

15. Leia as informações a seguir, retiradas do *site* da família Schürmann.

MAGALHÃES GLOBAL ADVENTURE
Mais de 40 milhões de brasileiros
acompanharam a Expedição Magalhães Global Adventure através dos programas produzidos para a televisão e transmitidos mensalmente pela Rede Globo de Televisão.

MAGALHÃES GLOBAL ADVENTURE
Internautas de 44 países
embarcaram com a Família Schurmann na Expedição Magalhães Global Adventure pela internet, acompanhando a aventura entre 1997 e 2000.

MAGALHÃES GLOBAL ADVENTURE
32.657 milhas
foi a distância navegada pela Família Schurmann durante a Expedição Magalhães Global Adventure.

Disponível em: http://schurmann.com.br/pt/numeros. Acesso em: 26 fev. 2023.

a) A expedição foi denominada, em português, Aventura Global Magalhães. Qual é a relação entre esse nome e a rota feita pelos viajantes?
b) O que motivou a família a nomear a expedição com um nome em inglês?

ANOTE AÍ!

Os relatos de viagem reúnem **registros de fatos e acontecimentos**. Em geral, são feitas anotações durante a própria viagem e, depois, esses registros podem ser **organizados em forma de livro**, para possibilitar ao leitor conhecer as situações vividas pelos viajantes.

A LINGUAGEM DO TEXTO

16. No decorrer do relato, são utilizadas várias frases interrogativas.
a) De forma geral, a quem são dirigidas essas perguntas?
b) Qual é o efeito causado pelo uso dessas perguntas?

17. A viagem da família é relatada por Heloisa Schürmann, uma das integrantes da tripulação.
a) Escolha um trecho do texto que indique essa informação e copie as palavras que revelam que a autora do relato também participou dos fatos.
b) O relato da família Schürmann é feito em primeira pessoa. Em geral, os relatos de viagem são escritos dessa forma. Qual seria o motivo?

18. Releia este trecho do relato.

> O barco é **velho**, **malconservado**, **sujo**. Conto 12 homens a bordo. Como é costume na região, todos ocultam os rostos, enrolados em **velhas** camisetas. [...] Um dos homens do grupo aponta o braço para nosso veleiro, os outros caem na gargalhada. As sombras ficam compridas. Escurece.

a) A que classe gramatical pertencem as palavras destacadas no trecho?
b) Qual é a importância dessas palavras para a construção de sentido do texto?

ANOTE AÍ!

Em geral, nos relatos de viagem, o autor registra suas **impressões pessoais** a respeito de **lugares**, **pessoas** e **situações** com os quais se depara ao longo da viagem, procurando caracterizá-los. O **uso de adjetivos** é importante nessa caracterização, pois é justamente essa a sua função no texto. Além disso, auxilia o leitor a **visualizar** o que foi vivenciado na viagem.

PARA EXPLORAR

O mundo em duas voltas. Direção: David Schürmann. Brasil, 2007 (92 min).

O documentário retrata a viagem de volta ao mundo a bordo do veleiro Aysso. No filme, são mostrados alguns dos locais visitados pela família e algumas das situações vividas durante o percurso.

UMA COISA PUXA OUTRA

A viagem de Magalhães

No relato lido, você viu que a família Schürmann fez uma viagem percorrendo a mesma rota seguida, em 1519, pelo português Fernão de Magalhães. O navegador planejou e comandou a primeira viagem de circum-navegação, ou seja, ao redor da Terra. Saindo da Espanha, ele chegou ao extremo sul do continente americano e, ao atravessar o estreito que hoje leva seu nome, alcançou o oceano Pacífico.

Ao sair da Europa, a tripulação contava com mais de duzentos homens — na chegada, em 1522, restavam apenas dezoito. O próprio Magalhães não regressou: morreu nas Filipinas, em 1521, e foi substituído por Juan Sebastián Elcano (1476-1526), que completou a viagem.

1. Antonio Pigafetta (1491-1534), encarregado de registrar os acontecimentos da viagem e um dos sobreviventes da expedição, relatou suas experiências em uma obra publicada em 1525. Leia, a seguir, um trecho desse livro e, depois, observe o mapa.

> 19 DE MAIO DE 1520 – **Porto de San Julián** – Distanciando-nos destas ilhas para continuar nossa rota, chegamos aos 49° 30' de latitude meridional, onde encontramos um bom porto. E como o inverno se aproximava, julgamos ser aconselhável passar ali aquela má estação.
>
> **Um gigante** – Transcorreram dois meses sem que víssemos nenhum habitante do país. Um dia, quando menos esperávamos, um homem de figura gigantesca se apresentou ante nós. Estava sobre a areia, quase nu, e cantava e dançava ao mesmo tempo, jogando poeira sobre a cabeça. [...] Este homem era tão grande que nossas cabeças chegavam apenas até a sua cintura. [...]

Antonio Pigafetta. *A primeira viagem ao redor do mundo*: o diário da expedição de Fernão de Magalhães. Porto Alegre: L&PM, 2011. E-book.

PARA EXPLORAR

A primeira viagem ao redor do mundo: o diário da expedição de Fernão de Magalhães, de Antonio Pigafetta. Porto Alegre: L&PM, 2011.
O relato traz informações e impressões sobre a geografia, os habitantes, a flora e a fauna dos locais visitados pela expedição de Magalhães, entre eles o Brasil.

◀ Mapa de 1602, publicado em Amsterdã (Holanda), que mostra o estreito de Magalhães.

a) No relato da família Schürmann e no de Pigafetta, há em comum a referência a uma situação que se apresenta a quem viaja pelos mares. Que situação é essa?

b) Quais as diferenças entre os perigos enfrentados ou imaginados pelos antigos e pelos atuais navegadores? Explique.

LÍNGUA EM ESTUDO

ARTIGO E NUMERAL

ARTIGO

1. Releia este trecho do relato de viagem da família Schürmann.

   > Os **mapas** e as **cartas** náuticas indicam que estamos na Ilha dos Pássaros, um **santuário** de aves. O **calor** da tarde e a **água** transparente convidam a um **mergulho**. Impossível resistir. E quem quer resistir? De volta ao barco, o **crepúsculo** nos reserva um **espetáculo** inesquecível: milhares de aves, voando em formação, como uma grande ponta de lança pontiaguda, retornam para seus ninhos, depois de um dia de pescaria em alto-mar. A **algazarra** é ensurdecedora. A **câmara** fotográfica de Vilfredo tenta registrar o momento mágico.

   a) A que classe pertencem as palavras em destaque?
   b) Anote no caderno a palavra que antecede cada um dos termos destacados.

2. Observe a expressão "um espetáculo inesquecível", retirada do trecho destacado.
   a) Que situação é caracterizada assim?
   b) É possível supor que, dos fatos vividos nessa viagem, esse foi o único momento em que a autora sentiu uma forte emoção?
   c) O sentido dessa expressão poderia ser alterado por um artigo? Explique.

3. Releia a primeira frase do trecho transcrito na atividade 1.
   a) A que gênero (masculino ou feminino) pertence a palavra *mapas*? E a palavra *cartas*? Como você chegou a essas conclusões?
   b) Qual seria uma das funções das palavras *os* e *as*?

Os artigos podem se unir a outras palavras, como nos exemplos a seguir.

| de + a = da | de + o = do | em + a = na | em + o = no |
| de + as = das | de + os = dos | em + as = nas | em + os = nos |

ANOTE AÍ!

Artigo é uma palavra que antecede o substantivo e tem a função de particularizá-lo ou generalizá-lo. Os artigos variam em **gênero** (masculino ou feminino) e em **número** (plural ou singular), de acordo com o substantivo que acompanham. Os artigos podem ser **definidos** ou **indefinidos**.

NUMERAL

4. A seguir, leia o trecho de um relato de viagem ao Everest.

> Quando o avião levantou voo com destino a Miami, no dia 31 de agosto de 1991, **levava a bordo apenas três integrantes da expedição**: Barney, Kenvy e eu. Éramos a primeira parte do grupo a deixar o Brasil. Fomos para os EUA somente com a bagagem de mão, para comprar os equipamentos de montaria, fotografia, filmagem e radiocomunicação. **O restante da equipe permaneceria no Brasil** mais duas semanas acertando os últimos detalhes.

Thomaz Brandolim. *Everest*: viagem à montanha abençoada. 6. ed. Porto Alegre: L&PM, 2002. p. 34.

a) Compare os segmentos destacados. Qual deles apresenta informações mais precisas em relação à quantidade de pessoas? Explique.

b) Qual é a importância de fornecer informações precisas no relato de viagem?

c) Em relação aos viajantes, o que a palavra *primeira* indica? Justifique.

> **RELACIONANDO**
>
> Em relatos de viagem, o uso adequado dos artigos é muito importante para a construção dos sentidos do texto, pois essa classe de palavras possibilita generalizar ou particularizar sentimentos, impressões, situações. Os numerais também têm uma função relevante nesse gênero textual, pois possibilitam precisão ao relatar os acontecimentos.

TIPOS DE NUMERAL

Cardinal
Define uma quantidade de seres.

Ordinal
Define uma sequência, ordem ou posição.

Multiplicativo
Indica multiplicação.

Fracionário
Indica uma parte ou divisão.

Veja a diferença entre algarismos (sinais gráficos) e numerais (palavras):

ALGARISMOS		NUMERAIS			
Arábicos	Romanos	Cardinais	Ordinais	Multiplicativos	Fracionários
1	I	um	primeiro	–	–
2	II	dois	segundo	dobro, duplo, dúplice	meio ou metade
3	III	três	terceiro	triplo ou tríplice	terço
4	IV	quatro	quarto	quádruplo	quarto
5	V	cinco	quinto	quíntuplo	quinto
6	VI	seis	sexto	sêxtuplo	sexto
7	VII	sete	sétimo	séptuplo	sétimo
8	VIII	oito	oitavo	óctuplo	oitavo
9	IX	nove	nono	nônuplo	nono
10	X	dez	décimo	décuplo	décimo
50	L	cinquenta	quinquagésimo	–	–
100	C	cem	centésimo	cêntuplo	centésimo
1000	M	mil	milésimo	–	milésimo

ANOTE AÍ!

Numerais são palavras que têm a função de indicar **quantidades definidas**. Além de quantidades, os numerais podem expressar a ideia de **ordenação**.

ATIVIDADES

Acompanhamento da aprendizagem

Retomar e compreender

1. Leia a tira.

Dik Browne. *O melhor de Hagar, o Horrível*. Porto Alegre: L&PM, 2006. v. 2. p. 126.

a) Por que Hagar empregou o artigo definido *o* para se referir ao castelo e o artigo indefinido *um* para se referir ao mágico?

b) Releia a fala de Hagar. Como ele chegou a essa conclusão a respeito do dono do castelo? Justifique sua resposta.

2. Leia os ditados populares a seguir e observe os termos destacados.

> Em terra de cego, quem tem **um** olho é rei.

> Mais vale **um** pássaro na mão do que dois voando.

Domínio público.

- Nesses ditados populares, o termo *um* indica que os substantivos *olho* e *pássaro* são indefinidos ou indica quantidade? Justifique sua resposta.

Aplicar

3. Copie as frases no caderno e complete cada lacuna com os artigos *o* ou *a*, de acordo com o significado do substantivo entre parênteses.
   a) ★ cabeça (parte do corpo)
   b) ★ cabeça (líder)
   c) ★ capital (cidade que é a sede de governo)
   d) ★ capital (dinheiro)
   e) ★ grama (unidade de medida)
   f) ★ grama (planta)
   g) ★ nascente (local onde nasce um curso de água)
   h) ★ nascente (nascer do sol)

4. No caderno, copie as frases a seguir completando-as com o numeral adequado.
   a) Carlos tem 7 anos, Pedro tem 14. Pedro tem ★ da idade de Carlos. (a metade / o dobro / um terço)
   b) Cristina ganhou a corrida; Ana chegou logo atrás dela. Ana chegou em ★ lugar. (primeiro / segundo / terceiro)
   c) Havia meia dúzia de laranjas na geladeira. Alfredo usou três laranjas para fazer suco. Alfredo, portanto, usou ★ das laranjas que havia na geladeira. (todas / metade / um quarto)
   d) Maria comeu três brigadeiros na festa. João comeu nove. João comeu ★ dos brigadeiros comidos por Maria. (a metade / um terço / o triplo)

A LÍNGUA NA REAL

A DETERMINAÇÃO E A INDETERMINAÇÃO EM RELATOS

1. Leia este trecho de um relato de viagem das irmãs Klink, filhas de Amyr Klink.

> Um dia, estávamos preparando a festa de aniversário do Flávio (tripulante do barco), fazendo o bolo e os brigadeiros, quando, de repente, os talheres foram jogados para longe. Ouvimos o barulho da barriga do barco raspando em pedras. O barco começou a tremer e a balançar. Corremos para ver o que tinha acontecido. Estávamos encalhados a 30 centímetros de profundidade da água. Que sorte nosso barco ser de alumínio! Só pelo barulho, um barco com casco de madeira já estaria no fundo do mar. O esforço para sairmos de lá foi grande. Nosso pai manobrava a "nossa casa", e o Flávio, um bote. Os dois faziam de tudo para sairmos das pedras que não estavam nas cartas náuticas. As ondas ajudavam a empurrar o barco para um lado e para o outro. O barco tombou e ficou meio de lado e, então, caiu estrondosamente na água, formando ondas no mar. [...]

> Laura, Tamara e Marininha Klink. *Férias na Antártica*. São Paulo: Grão, 2014. p. 56.

a) Que situação de perigo é relatada?

b) Que informações presentes nesse trecho utilizam algarismos e numerais?

c) Caso essas informações fossem retiradas do relato, que mudança haveria?

d) Ao longo do trecho, que artigo antecede o substantivo *barco* quando este se refere ao transporte da família? Explique o sentido criado pelo artigo.

e) Ao indicar outro tipo de barco, que se opõe ao da família, que artigo é utilizado? Explique o sentido expresso pelo artigo.

2. Leia este outro trecho, também de um relato de viagem.

> Éramos quatro alpinistas de três países diferentes – dois poloneses, um americano e um brasileiro – mas com um único objetivo: fazer a primeira ascensão durante o inverno do Monte Makalu, de 8 470 metros de altitude, a quinta montanha mais alta do mundo, no coração da Cordilheira do Himalaia. Os outros cinco alpinistas da equipe estavam no campo-base avançado, quase dois quilômetros abaixo, ansiosos, aguardando os acontecimentos.

> Thomaz Brandolim. *Everest*: viagem à montanha abençoada. 6. ed.
> Porto Alegre: L&PM, 2005. p. 10.

a) No trecho, aparecem numerais indicadores de quantidades definidas e algarismos que substituem os numerais. A que se referem esses algarismos?

b) O que a palavra *quinta* indica em relação ao monte Makalu?

c) Por que razão foram dadas informações tão precisas sobre a altitude do monte Makalu e sua posição na lista dos montes mais altos?

d) Qual é a importância dos numerais em um relato de viagem? Comente sua resposta, levando em conta a especificidade e as características dos numerais nesse gênero textual.

PARA EXPLORAR

Férias na Antártica, de Laura, Tamara e Marininha Klink. São Paulo: Grão, 2014.

O livro traz o relato das três irmãs Klink, filhas do navegador Amyr Klink, com lembranças de cinco expedições que fizeram com a família ao continente antártico.

ANOTE AÍ!

Os **artigos** auxiliam o leitor a reconhecer o caráter geral ou particular dos substantivos que eles acompanham, conferindo a esses substantivos a ideia de **determinação** ou **indeterminação**. Os **numerais** indicam quantidades definidas e ajudam a **especificar** as informações apresentadas nos relatos.

155

AGORA É COM VOCÊ!

ESCRITA DE RELATO DE VIAGEM

Proposta

Como visto anteriormente, é possível escrever um relato de viagem em um momento posterior ao ocorrido. Inspirado nisso, agora é sua vez de produzir o relato de uma viagem ou de um passeio que tenha sido marcante. Após elaborar os textos, você e a turma vão montar um livro de relatos de viagem. O professor vai organizar o empréstimo do livro para a comunidade escolar. Com isso, os leitores entrarão em contato com aventuras, lugares e pessoas que estão fora do universo cotidiano deles!

GÊNERO	PÚBLICO	OBJETIVO	CIRCULAÇÃO
Relato de viagem	Comunidade escolar	Relatar uma viagem ou um passeio que tenha sido marcante	Livro de relatos que circulará pela comunidade escolar

Planejamento e elaboração do texto

1. Para começar, é preciso definir sobre qual viagem ou passeio você escreverá. Anote as lembranças mais relevantes dos lugares que visitou.

2. Oriente-se pelas questões a seguir para fazer esse levantamento.
   - Qual(is) foi (foram) o(s) lugar(es) visitado(s)?
   - Quem estava com você nessa viagem ou nesse passeio?
   - Quais eram as principais características desse(s) lugar(es)?
   - Qual(is) foi (foram) o(s) principal(is) acontecimento(s)?
   - Em que data o(s) episódio(s) relatado(s) aconteceu (aconteceram)?
   - Qual foi a duração do(s) fato(s)?
   - Quais foram seus sentimentos e suas sensações?
   - Por que você escolheu relatar esse(s) episódio(s)? O que foi mais marcante para você nessa experiência de viagem?

3. Depois de planejar o relato de viagem, escreva a primeira versão de seu texto.

4. Utilize adjetivos para caracterizar lugares, situações e sensações que você vivenciou. Pesquise e descubra aqueles que mais se encaixam no seu relato.

LINGUAGEM DO SEU TEXTO

1. Releia o primeiro parágrafo do relato de viagem "Os piratas existem!", observando o uso dos artigos e dos substantivos. Foram utilizados mais artigos definidos ou artigos indefinidos? Por que você acha que isso aconteceu?

2. Seu texto será elaborado utilizando a primeira pessoa, que pode ser tanto a primeira pessoa do singular (*eu*) como a primeira pessoa do plural (*nós*). Sendo assim, como os verbos serão conjugados em seu relato?

Empregue adequadamente a concordância entre os artigos e os substantivos. Além disso, os verbos utilizados também devem concordar com a pessoa escolhida para relatar os acontecimentos. Atente-se, ainda, ao emprego apropriado da pontuação e da ortografia.

5 Observe se as indicações de tempo e espaço estão claras, para que o leitor compreenda a sequência das situações narradas.

6 Para ilustrar seu relato ou fornecer mais informações sobre o episódio, utilize fotos, se houver, ou um mapa que indique os lugares pelos quais você passou.

Avaliação e reescrita do texto

1 Leia o relato produzido e verifique cada um dos itens a seguir.

ELEMENTOS DO RELATO DE VIAGEM
O relato está em primeira pessoa (*eu* ou *nós*)?
Há indicações de lugar?
São apresentadas características e informações a respeito do lugar que possibilitam que o leitor imagine esse espaço?
Há marcações de tempo?
A sequência em que se deram os acontecimentos fica clara para o leitor?
Foram mencionados sentimentos e sensações relacionados às experiências vividas?
Há bom uso dos adjetivos na caracterização de lugares e situações e na expressão das sensações experimentadas?

2 Depois de avaliar seu relato, verifique se são necessárias modificações e, em caso positivo, reescreva o texto. Passe seu texto a limpo em uma folha nova.

3 Ilustre seu texto com fotografia(s) ou mapa(s) escolhido(s). Caso necessário, insira legenda(s) na(s) imagem(ns).

Circulação

1 Após finalizarem os textos, você e os colegas, com a ajuda do professor, vão se organizar em quatro grupos. Cada equipe ficará responsável por realizar uma tarefa.

- O **grupo 1** fará a organização dos textos. Adotem um critério, por exemplo: viagens para praia, campo ou interior; viagens para diferentes regiões do país; visitas a parques ou museus da cidade; etc. Em seguida, esse grupo também vai organizar um sumário com o título e o nome do autor, observando sempre a ordem em que os relatos aparecem no livro.

- O **grupo 2** será responsável por elaborar um texto coletivo que explique as características do gênero relato de viagem e dê algumas informações sobre os relatos. Esse texto será o prefácio, ou seja, a apresentação do conteúdo do livro. Na escrita do prefácio, considerem que os leitores serão colegas de outras turmas da escola ou familiares.

- O **grupo 3** providenciará um mapa-múndi ou um mapa do Brasil e marcará nele os locais mencionados nos relatos. O grupo poderá tirar uma cópia ou mesmo desenhar um mapa. Caso o tamanho do mapa exceda o formato do livro, vocês poderão dobrá-lo e inseri-lo no volume.

- O **grupo 4** ficará responsável pela criação de uma ilustração para a capa e de um título para o livro (com ou sem subtítulo). Ao confeccionarem a capa, utilizem um papel mais grosso ou um papel especial para que ela não se danifique facilmente ao circular pelos leitores.

2 Quando estiver finalizado, o professor vai organizar a maneira como o livro circulará entre a turma e entre as pessoas da comunidade escolar.

CAPÍTULO 2

EXPERIÊNCIAS QUE MARCAM

O QUE VEM A SEGUIR

Você vai assistir a um relato do navegador brasileiro Amyr Klink apresentado em um programa de televisão. Nele, Amyr conta algumas de suas experiências: a relação com o mar e quando fez a primeira travessia do Atlântico Sul, na qual ele percorreu 7 mil quilômetros, da Namíbia (África) à cidade de Salvador (Brasil), entre 10 de junho e 19 de setembro de 1984. Foi a primeira vez que uma pessoa cruzou sozinha o Atlântico Sul em um barco a remo. Converse com os colegas: Que ensinamentos Amyr Klink pode transmitir com as experiências vivenciadas por ele?

TRANSCRIÇÃO

Imagens TV Globo/Globo

▲ Amyr Klink no momento do relato.

Amyr Klink fez do prazer de viajar a sua profissão

A gente tem uma certa facilidade de olhar no... nos canais de televisão e de repente a gente sai comentando com os amigos um mundo que a gente não viu. Então, acho importante ir ver. E, para mim, a Antártica é o lugar que eu mais adoro, eu tenho ido com regularidade nos últimos vinte e cinco anos, mas é... o mais importante são os lugares que eu ainda não vi.

O que vi da vida

Minha mãe era sueca e meu pai de origem libanesa e a gente acha que tem influências *vikings* e <u>fenícias</u>... meu pai nadava tão bem quanto uma âncora... [risos]

Eu tomei um susto uma vez numa praia perto de São Paulo, é... <u>Guarujá</u>, eu fiquei muito impressionado com o tamanho das ondas, eu levei um tombo, bebi água, comi areia e... durante um bom tempo eu me afastei de qualquer intenção de andar perto do mar. Eu acho que a minha <u>redenção</u>, nesse aspecto, aconteceu em Paraty, onde a relação entre terra e mar é muito amigável, muito fácil.

Eu não gostava de futebol e nunca gostei de televisão e... eu descobri o mundo das canoas em <u>Paraty</u>. Então, a canoa para mim era emancipação, era um jeito de ir para praias onde não tinha ninguém, era um lugar... era um jeito de levar as primeiras namoradas para ir passear.

A primeira viagem

Comecei a ver os barquinhos franceses, quase imundos e altamente precários que apareciam em Paraty, fazendo viagens longas de maneira muito simples, mínimos recursos e todos tinham uma simpatia e um carisma, assim, que foi me atraindo para esse mundo dos... dos viajantes.

Até um momento que surgiu um dia a ideia de remar da África para cá. E eu percebi que não era uma brincadeira, tinha que levar a sério. Hoje em dia, as pessoas primeiro pensam no impacto, no preparador físico, é... no patrocínio... Eu me encantei pela ideia. Eu não tenho medo de ter medo, eu gosto de ter medo, né?... Senão os parques de diversão iriam à falência, né? A gente paga para ter medo. Não tenho medo de ter dúvidas também. Eu tinha muitas dúvidas... "Deus do céu,

---

fenício: relativo à civilização fenícia, que se localizava em uma parte do atual Líbano. Povo da Antiguidade que se destacou pelo comércio marítimo.

Guarujá: município localizado no litoral sul do estado de São Paulo.

Paraty: município localizado no litoral do estado do Rio de Janeiro.

redenção: recuperar-se de algo em relação ao passado.

eu não quero morrer no meio do Atlântico." Então, assim, eu analisei de modo... primeiro apaixonado pela ideia, mas depois de modo muito frio.

A dificuldade não era o tamanho do Atlântico, as ondas de vinte metros... As dificuldades eram os detalhes: "Quantos gramas de arroz vou poder levar?", "Mas não vou poder levar água doce para reidratar?", "Então vou ter que cozinhar com água salgada...".

Marquei com um construtor de barcos famoso na época, eu falei "Olha, eu quero fazer um barco para atravessar o Atlântico". Ele falou "Ó, vem aqui que nós vamos fazer para você". E eu mostrei os esboços do meu barquinho a remo, ele falou "Filho, isso daqui é um lugar de gente séria, pode ir embora".

Então [risos], foi um processo de... assim, de aprendizado grande, de me divertir com os planos das pessoas... depois na África, uma incredulidade "Mas um brasileiro...", "Mas o barco é muito pequeno, filho". [risos] Na época acho que a gente... a gente não tava muito acostumado com essas experiências, ninguém falava em navegação solitária...

Para os latinos, assim, essa... ficar no mar só é uma experiência, assim, né... quase um castigo. Para mim é um alívio, né, ficar longe de oficial de justiça, de gente chata, da bagunça de onde eu vivia, do ambiente do banco, onde eu trabalhava... Foram cem dias e seis horas maravilhosos, onde eu tive que... pude me dedicar ao que eu gosto de fazer: fazer força, comer e dormir. [risos]

▼ **Foto da primeira viagem de barco de Amyr Klink, em 1984.**

estaleiro: lugar onde se constroem barcos.

estrambólico: excêntrico, fora dos padrões.

horda: grupo numeroso de pessoas.

pecha: falha, característica considerada negativa.

O aventureiro solitário

Tenho horror de aventuras [risos]. É... tudo que eu não quero é ter aventura no mar, né? Eu nunca fui solitário. É um folclore, assim... detesto ficar sozinho, não consigo comer sozinho... Então foi, assim, uma casualidade que eu vim sozinho. Mas foi porque meu colega de remo, o Hermam, na época colega de escola, não quis vir por causa da namorada dele. Então, ficou essa, essa pecha de... mas, não, não gosto de fazer nada sozinho, não.

Olha, eu já sofri de depressão algumas vezes. Nenhuma no mar. No meio do mar é uma coisa engraçada, é... não dá espaço para você se sentir só. Eu diria que parece que as ondas são humoristas, que o tempo é uma entidade maluca que fica te provocando e... a verdade que você não se sente só... E pra falar a verdade mesmo, às vezes é um, como eu falei, é um bruta alívio, né, não tem ninguém para torrar a paciência... Você pode fazer tudo o que você quiser e não pode também... é...

A liberdade é uma coisa engraçada, quando não tem cerca... tua liberdade... é muito fácil você se perder e se tornar escravo de si mesmo, da tua limitação. E é um ambiente, assim, onde é comum as pessoas se revelarem. Então, eu sei que eu não tenho cara bem-humorada [risos], mas no mar é... eu sou muito bem-humorado e feliz.

A família

E as meninas desde o... num é nem berço... desde o cestinho, que a gente gostava de carregar elas numa sacolinha de feira, e elas já acompanhavam a vida do estaleiro... papai indo embora, voltando seis meses mais tarde e quinze quilos mais magro. Eu me preocupo um pouco se elas começarem a navegar por aí sozinhas, ou não. Mas o que eu sei é que elas amam a Antártica tanto quanto eu. É uma dádiva você poder passar o teu conhecimento... é... de uma maneira natural. E, para mim, sem querer eu fiz isso e não foi intencional.

A paixão

Um dos meu ídolos era o comandante Tilman, né, que era um velhinho louco e ele começou a navegar aos 78 anos de idade. E dos 78 aos 86 ele fez a série mais estrambólica e inimaginável de viagens para a Antártica! Botava um anúncio no jornal "Precisa-se de tripulação, pagamento nenhum, sofrimento muito, alegria zero" e apareciam hordas de loucos querendo.

Então, acho que hoje o ser humano precisa ter uma experiência autêntica na sua vida e está faltando isso. A gente pensa em só ter a maldita casa, o maldito carro, os bens, o *status*, a marca da roupa e a gente esquece que, no fundo, isso tudo não é propriedade, é muito provisório...

Minha casa não tem estrada e não tem luz lá em Paraty e, enquanto eu estiver vivo, não vai ter. Então meus vizinhos ficam... "Ô, imagina, precisamos do progresso"... eu falo "Não, progresso tenho eu que não preciso de nada disso"... um dia quero ser rico o suficiente para não precisar ter mais nada. Não quero ter mais nada; nem carro, nem casa, nem fazendas, nem móveis... e nesse dia eu serei rico. Dizem que o grande prazer na vida, no final das contas, é poder viajar e eu tenho... eu faço... eu fiz desse prazer a minha profissão, então, por isso, acho que sou muito, muito grato. É uma experiência muito bacana essa de poder partir, de poder chegar e de estar sempre tentando achar uma nova encrenca.

Amyr Klink. Amyr Klink fez do prazer de viajar a sua profissão. *Fantástico*, Rede Globo, 13 nov. 2011. Disponível em: https://globoplay.globo.com/v/1695257/. Acesso em: 26 fev. 2023.

▼ **Filhas de Amyr Klink, quando crianças.**

Marina Klink/Acervo Amyr Klink

160

TEXTO EM ESTUDO

PARA ENTENDER O TEXTO

1. O que você pensou a respeito dos ensinamentos de Amyr Klink se confirmou?

2. Em que pessoa verbal o relato foi construído? Transcreva, do relato, dois indicadores de tempo e dois indicadores de espaço.

3. O relato é dividido em seis partes.

   I. Texto introdutório
   II. "O que vi da vida"
   III. "A primeira viagem"
   IV. "O aventureiro solitário"
   V. "A família"
   VI. "A paixão"

   a) Relacione cada uma dessas partes às afirmações apresentadas a seguir.

      A. Experiências de infância e despertar para a navegação.
      B. Importância das vivências e gosto pela Antártica.
      C. Reflexão sobre a necessidade de ter experiências autênticas.
      D. Origem da ideia de remar da África até o Brasil e desenrolar do projeto.
      E. Presença das filhas nas viagens e satisfação em reconhecer seu legado.
      F. Reflexão sobre estar ou não sozinho no dia a dia e nas viagens.

   b) Qual é a importância de dividir o relato em partes?

4. Sobre a parte do relato correspondente ao título "O que vi da vida", responda:

   a) Por que Amyr Klink diz que acredita ter influências *vikings* e fenícias?
   b) Que comparação Amyr faz em relação ao pai nessa parte do texto? O que ele quer dizer com essa comparação?
   c) O que essas informações revelam sobre a história de vida de Amyr Kink?

5. Em "A primeira viagem", Amyr destaca a importância da preparação de sua travessia pelos grandes mares e oceanos.

   a) Que afirmação do navegador mostra a necessidade de planejamento?
   b) Ele indica a sequência dos eventos: o entusiasmo pela ideia e a objetividade para a realização da travessia. Transcreva no caderno o trecho que confirma essa afirmação.

6. Ainda nessa parte do relato, é possível deduzir que uma pessoa não considerou possível o projeto de embarcação de Amyr.

   a) Que pessoa foi essa?
   b) Que situação causou espanto nessa pessoa? Por quê?

7. Na parte intitulada "O aventureiro solitário", Amyr fala sobre solidão.

   a) Que afirmações do navegador se contradizem a esse respeito?
   b) Para ele, que fator contribui para não se sentir sozinho no mar?
   c) Ao falar desse fator, Amyr usa termos em sentido figurado para se referir ao mar e ao tempo. No caderno, transcreva do texto o trecho em que isso ocorre e, em seguida, explique o sentido dessas expressões.

8. Na parte do relato relacionada à família, Amyr faz referência às filhas.

   a) Que termo ele utiliza para se referir a elas?
   b) Amyr revela satisfação pelos ensinamentos passados às filhas. Esse sentimento de satisfação está relacionado a qual acontecimento específico da trajetória de vida dele?

PARA EXPLORAR

Irmãs Klink
Site com informações e diários de bordo das viagens pelo mundo das irmãs Klink, filhas do navegador brasileiro Amyr Klink.
Disponível em: http://www.irmasklink.com.br/. Acesso em: 26 fev. 2023.

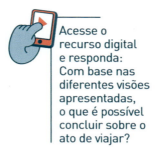

Acesse o recurso digital e responda: Com base nas diferentes visões apresentadas, o que é possível concluir sobre o ato de viajar?

PARA EXPLORAR

Amyr Klink
Site com informações e imagens relacionadas às expedições realizadas pelo navegador brasileiro.
Disponível em: https://www.amyrklink.com.br/. Acesso em: 26 fev. 2023.

9. No fim do texto, Amyr faz uma reflexão sobre valores e prioridades na vida.

   a) A que tipo de comportamento Amyr faz uma crítica?

   b) Ao fazer essa reflexão, ele se inclui nessa crítica? Justifique a resposta, explicitando uma expressão utilizada por ele no texto.

   c) Por meio dessa crítica, que mensagem Amyr transmite ao interlocutor?

ANOTE AÍ!

O **relato de experiência vivida** apresenta os fatos em determinada ordem e pode ser organizado de acordo com os temas abordados, o local dos acontecimentos, entre outros critérios. Nesse texto, é comum haver informações relacionadas ao **tempo** e aos **locais** em que os fatos ocorreram.

O CONTEXTO DE PRODUÇÃO

10. Releia a referência, ao final do texto, e responda às questões a seguir.

   a) Em que meio de comunicação esse relato foi exibido?

   b) Por que esse meio de comunicação produziu e exibiu esse relato?

11. Observe a foto de Amyr Klink na página 158 e relembre outras cenas do vídeo. Por que, nesse vídeo, há tantas cenas que enfocam o rosto do navegador?

ANOTE AÍ!

O relato pode ser **oral** ou **escrito**. No caso de relatos orais, ao transcrevê-los, pode-se manter as **marcas de oralidade**, para que o texto escrito fique mais próximo do original.

Os vídeos com os relatos orais de experiências de vida podem ser exibidos em programas de televisão ou publicados em páginas da internet, por exemplo.

A LINGUAGEM DO TEXTO

12. Observe, no trecho a seguir, o uso do termo *né*, uma contração de "não é".

> Eu não tenho medo de ter medo, eu gosto de ter medo, né?... Senão os parques de diversão iriam à falência, né?

   a) Qual é o sentido de *né* no trecho em destaque?

   b) A quem Amyr Klink se dirige ao utilizar esse termo? E que reação de seu interlocutor pode ser esperada?

   c) Se no lugar de *né* tivéssemos *entendeu*, haveria alguma mudança? Explique.

13. Observe as palavras destacadas no trecho a seguir.

> Comecei a ver os barquinhos franceses [...] fazendo viagens longas de maneira muito simples, mínimos recursos e todos tinham uma **simpatia** e um **carisma**, assim, que foi me atraindo para esse mundo dos... dos viajantes.

   a) Essas palavras revelam que impressões do autor sobre os barquinhos?

   b) Nesse contexto, essas palavras podem ser consideradas sinônimos. Explique as semelhanças e diferenças de sentido produzidas por elas.

   c) Que efeito é produzido com o uso do recurso de sinonímia nesse trecho?

14. O texto lido no início do capítulo foi transcrito de um relato oral.

a) Copie no caderno o quadro a seguir. Complete-o com trechos do texto que deixam evidente que ele foi transcrito de um relato oral.

Um exemplo de uso de termos repetidos	
Um exemplo de uso de sinal de pontuação que revele hesitação ou alongamento na fala	
Um exemplo de anotação que revele uma reação do autor durante o relato	

b) Qual é a importância desses elementos em uma transcrição?

15. O trecho a seguir apresenta uma expressão no sentido figurado.

> E pra falar a verdade mesmo, às vezes é um, como eu falei, é um bruta alívio, né, não tem ninguém para torrar a paciência... Você pode fazer tudo o que você quiser e não pode também... é...

a) Localize a expressão. Qual é o significado dela nesse contexto?
b) O uso dessa expressão confere informalidade ao texto. Como esse registro se relaciona ao fato de o texto ser um relato oral de experiência vivida?

ANOTE AÍ!

Em **relatos de experiência vivida**, em geral, busca-se estabelecer uma **interlocução** com o público. Reproduzir falas relacionadas aos eventos apresentados é uma forma de aproximar o interlocutor do que está sendo relatado. Além disso, nesses relatos, o registro costuma ser mais **informal**.

COMPARAÇÃO ENTRE OS TEXTOS

16. Os dois relatos que você leu nesta unidade possuem algumas semelhanças e diferenças. Compare-os com base nas questões a seguir.

a) Qual é o tema de cada relato?
b) Em que pessoa verbal está cada um dos textos?
c) Há indicação dos lugares apresentados?
d) As sensações dos autores estão registradas?
e) Onde cada um dos relatos foi veiculado originalmente?
f) Que registro foi empregado em cada texto?

17. Os relatos apresentam ao público experiências de seus autores. Dos que você leu nesta unidade, qual despertou mais seu interesse pela história? Por quê?

CIDADANIA GLOBAL

O SER HUMANO E A NATUREZA

Os textos lidos nesta unidade trazem histórias de pessoas que se relacionam com a natureza: no relato da viagem, vimos que a família Schürmann estabelece contato intenso com o mar; já no relato de Amyr Klink, fica claro seu amor à natureza e sua busca por uma vida simples.

1. Por que a divulgação dessas vivências contribui para conscientizar sobre a importância de preservar os oceanos?
2. Acesse o recurso digital e responda: Que atitudes podemos tomar para combater a poluição das águas?

LÍNGUA EM ESTUDO

INTERJEIÇÃO

1. Releia o seguinte trecho do relato de experiência de vida.

> Marquei com um construtor de barcos famoso na época, eu falei "Olha, eu quero fazer um barco para atravessar o Atlântico". Ele falou "Ó, vem aqui que nós vamos fazer para você".

a) Nas falas presentes, quais termos expressam chamamento?

b) Que efeito esses termos provocam? Copie a alternativa correta no caderno.

I. A utilização desses termos expressa a maneira como a frase foi dita originalmente, revelando a interação entre os interlocutores.

II. O uso desses termos revela a forma como se deu o contato entre os participantes do diálogo, indicando a falta de proximidade entre eles.

2. Releia este outro trecho do relato.

> Não tenho medo de ter dúvidas também. Eu tinha muitas dúvidas… "Deus do céu, eu não quero morrer no meio do Atlântico." Então, assim, eu analisei de modo… primeiro apaixonado pela ideia, mas depois de modo muito frio.

a) Nesse trecho, que expressão indica um apelo ou chamamento?

b) Ao utilizar essa expressão, que sensação o navegador revela?

ANOTE AÍ!

As palavras que expressam **sensações**, **emoções** e **sentimentos** são chamadas de **interjeições**. Na fala, elas são reconhecidas pela **entonação** que o falante emprega ao pronunciá-las e, na escrita, são identificadas, sobretudo, pelo **ponto de exclamação** (!). As interjeições se apresentam por meio de:

- **sons vocálicos**: ah!; oh!; hã; ui!; eia!
- **palavras únicas**: olá!; tchau!; puxa!; viva!; boa!
- **locuções interjetivas**: ora bolas!; puxa vida!

O contexto de uso evidencia o sentido das interjeições. Veja os exemplos a seguir e reflita se você costuma utilizá-las com os sentidos indicados.

RELACIONANDO

Nos relatos orais, é comum o uso de interjeições, uma vez que o autor expressa suas sensações, emoções e seus sentimentos, tais como dúvida, espanto, desejo, satisfação, alívio.

SENTIDO	INTERJEIÇÕES	SENTIDO	INTERJEIÇÕES
Admiração	ah!; oh!	Encorajamento	avante!; força!
Advertência	opa!; cuidado!	Irritação, indignação	nossa!; que coisa!
Alívio ou cansaço	ufa!; até que enfim!	Espanto ou surpresa	uau!; ora essa!; oh!
Chamamento	alô!; psiu!; ó!; ô!; ei!	Pedido de silêncio	psiu!; quieto!
Desejo	tomara!	Medo ou pavor	uh!; ui!; meu Deus!
Despedida	tchau!; até logo!	Pena	oh!; que pena…
Dor	ai!; ui!	Satisfação ou alegria	oba!; viva!; huhu!
Dúvida	sei lá…; hum…; hã?	Zombaria	uuhh!

164

ATIVIDADES

Acompanhamento da aprendizagem

Retomar e compreender

1. Nas frases a seguir, identifique interjeições e locuções interjetivas, indicando no caderno o que elas expressam.

    a) Oba! Amanhã vamos ao cinema.

    b) Meu Deus! Eu nunca vi uma chuva tão forte como essa!

    c) Ei! Cuidado! Não entre nessa sala! Você não tem equipamento apropriado.

    d) Vá em frente! Você sabe muito bem o que fazer.

2. Leia a tira a seguir.

Lincoln Peirce. *Big Nate*. Acervo do autor.

a) Ao longo da tira, percebe-se uma relação de amizade entre as personagens. No entanto, a personagem Nate apresenta um comportamento que desagrada os colegas. Qual atitude dessa personagem os incomoda?

b) O que os meninos propõem como tentativa de mudança dessa situação?

c) Essa tentativa promove mudança no comportamento da personagem Nate? Explique.

d) Qual é a interjeição utilizada no final da tira? Com que intenção ela é empregada?

e) Crie uma fala para os meninos que pudesse ser usada no lugar da interjeição.

Aplicar

3. Nos diálogos a seguir, substitua a fala do segundo interlocutor por uma interjeição adequada à situação.

    a) — Vamos à praia no próximo fim de semana?
        — Fico muito feliz com o convite!

    b) — Foi você que fez isso aqui?
        — Desculpe-me, eu não sei do que você está falando!

    c) — Ela não foi indicada para ser a treinadora do time.
        — Estou muito triste com a notícia!

4. Reescreva no caderno os enunciados usando interjeições de acordo com as situações indicadas entre parênteses.

    a) ★ Esse café está muito quente! (dor)

    b) ★ Esse lugar não me parece seguro! (suspeita)

    c) Amanhã conseguiremos terminar nossos trabalhos! ★ (alívio)

    d) ★ Você está correndo muito! (advertência)

    e) ★ Essa comida está deliciosa! (satisfação)

    f) Ele chegará a tempo? ★ (esperança)

165

A LÍNGUA NA REAL

A INTERJEIÇÃO NA CONSTRUÇÃO DE SENTIDOS

1. Leia este poema de Carlos Drummond de Andrade.

O que se diz

Que frio! Que vento! Que calor! Que caro! Que absurdo! Que bacana!
Que frieza! Que tristeza! Que tarde! Que amor! Que besteira! Que esperança!
Que modos! Que noite! Que graça! Que horror! Que doçura! Que novidade!
Que susto! Que pão! Que vexame! Que mentira! Que confusão! Que vida!
Que talento! Que alívio! Que nada...
Assim, em plena floresta de exclamações, vai-se tocando pra frente.

Carlos Drummond de Andrade. *O poder ultrajovem*. Rio de Janeiro: Record, 2011.
Carlos Drummond de Andrade © Graña Drummond www.carlosdrummond.com.br.

a) Qual é a relação entre o título e as expressões que compõem o poema?
b) No último verso, há duas expressões em sentido figurado. Quais são elas?
c) De acordo com o contexto, o que cada uma delas significa?
d) Com exceção do último verso, os demais são formados por locuções interjetivas. Qual é a importância disso na construção dos sentidos do poema?

2. Após a última locução interjetiva, no penúltimo verso, há reticências.
a) No contexto do poema, qual é o sentido da expressão "Que nada..."?
b) Considerando esse sentido, por que ela foi utilizada nessa posição?
c) O uso das reticências reforça qual sentido expresso por essa locução interjetiva? Justifique sua resposta, comentando sobre esse uso.

3. Leia o texto a seguir, publicado na Folhinha, suplemento dirigido ao público infantojuvenil do jornal *Folha de S.Paulo*.

Aventuras na biblioteca

Era só passar pela pequena biblioteca pública, no centro da cidade, que o garoto se alegrava.

Eram muitos livros!

Em uma semana, a casa estava repleta de super-heróis, vilões e das mais altas aventuras. Na outra, policiais e detetives caminhavam pelo quarto à procura de um criminoso que cometera uma série de assassinatos. Na semana seguinte, acontecia uma corrida em alta velocidade na sala de estar.

Era isso o que o garoto mais apreciava: a quantidade e a diversidade de mundos nos quais ele podia viver apenas entrando na biblioteca e pegando livros emprestados.

E quantos! Ler já virara um costume, e o garoto tinha muito apreço por tal hábito.
[...]
Isabella Cocchiola Silva, 12 anos.

Isabella Cocchiola. *Folha S.Paulo*, 6 dez. 2014.

a) Qual é o assunto tratado no texto?
b) No texto, há uma locução interjetiva. Copie-a e indique seu sentido.
c) A que situação se relaciona essa locução interjetiva?
d) Qual é a importância dessa interjeição na construção de sentido do texto?

4. Leia a tira.

Quino. *Toda Mafalda*. São Paulo: Martins Fontes, 2003. p. 74.

a) No segundo quadrinho, o que a interjeição *Aaaaaai!* expressa?
b) Para Mafalda, quem disse essa interjeição? Por que ela supõe isso?
c) A suposição de Mafalda estava correta? Explique.
d) Há, ainda, outra interjeição na tira. Qual? O que ela expressa?

5. Leia este trecho de notícia.

> **Mas que zica!**
>
> [...]
>
> O vírus zika, conhecido pelos cientistas desde 1947, foi identificado pela primeira vez na África, em macacos. Até muito recentemente, não havia causado grandes estragos. Mas, já nos anos 2000, começaram a surgir notícias de surtos da doença nas ilhas Yap, na Micronésia, e depois na Polinésia Francesa. Até que, no final de 2014, apareceram os primeiros casos no Brasil.
>
> [...]
>
> Catarina Chagas. Mas que zica! *Ciência Hoje das Crianças*, 17 fev. 2016.
> Disponível em: http://chc.org.br/mas-que-zica/. Acesso em: 26 fev. 2023.

- Identifique a interjeição presente no texto acima. Qual é o sentido indicado?

6. Em que situações você usaria as expressões a seguir?

| Que caro! | Que chato! | Que tarde! | Que alívio! |

7. Qual é o sentido indicado em cada grupo de locuções interjetivas a seguir?
   a) Que besteira! Ora bolas! Que vexame!
   b) Que bacana! Legal! Que doçura!
   c) Que horror! Que susto! Credo!

8. Indique o significado de cada interjeição nas situações sugeridas a seguir.
   a) "Puxa!" – dita por um estudante ao ser aprovado no vestibular.
   b) "Psiu!" – dita por um enfermeiro aos presentes na sala de espera.
   c) "Psiu!" – dita por um rapaz a um amigo que passa na rua.

ANOTE AÍ!

As **interjeições** auxiliam na construção de sentido dos textos, possibilitando maior **expressividade** e intensificando o que se pretende comunicar. De acordo com o **contexto de produção** e o modo como são proferidas, as interjeições podem assumir diferentes sentidos.

ESCRITA EM PAUTA

ACENTUAÇÃO DAS PAROXÍTONAS

1. Leia as tiras.

Texto I

Alexandre Beck. Disponível em: https://fotografia.folha.uol.com.br/galerias/27431-tiras-de-armandinho#foto-374479. Acesso em: 26 fev. 2023.

Texto II

Alexandre Beck. Disponível em: https://fotografia.folha.uol.com.br/galerias/nova/27431-tiras-de-armandinho#foto-374446. Acesso em: 26 fev. 2023.

a) Em ambas as tiras, há uma interação entre a criança, Armandinho, e o pai. Que situação é apresentada em cada uma delas?

b) Em uma das situações, Armandinho demonstra preocupação, e na outra, desapontamento. A que tira cada reação se relaciona? Explique.

c) Qual palavra presente em uma das tiras revela a complexidade da ação que será realizada pelo pai de Armandinho?

d) Há uma palavra, em uma das tiras, indicando um sentimento do menino que leva o pai a sugerir ao filho que faça certa atividade. Que palavra é essa?

e) Em relação à acentuação, o que as palavras das respostas dos itens *c* e *d* têm em comum?

Com relação à posição da sílaba tônica, as palavras podem ser oxítonas, paroxítonas ou proparoxítonas. **Paroxítonas** são aquelas em que a sílaba tônica é a penúltima sílaba da palavra.

Acesse o recurso digital e responda: De que modo a regra de acentuação das oxítonas ajuda nas regras de acentuação das paroxítonas?

168

2. Observe as palavras do quadro a seguir.

> íris – fêmur – cáqui – bônus – tórax – benefício – amável – colégio – quórum – Zelândia – quadríceps – necessário – fóssil – látex – órgãos – réptil – vírus

- No caderno, copie essas palavras, agrupando-as conforme as informações do esquema da página anterior.

3. Com base no que você observou nas atividades anteriores, copie as frases a seguir no caderno e complete-as com as palavras do quadro, acentuando-as, se necessário.

> rocha – lapis – saci – imovel – impar – relogio – jovens – joquei

a) A mula sem cabeça e o ★ são personagens do folclore brasileiro.
b) Pedro comprou uma caixa com 36 ★ de cor.
c) O ★ ficou desocupado por muitos anos.
d) O granito é uma ★ muito utilizada na construção de casas.
e) Muitos ★ fazem trabalho voluntário.
f) As crianças aprenderam rápido a diferenciar um número par de um ★.
g) O ★ estava dez minutos adiantado!
h) Em todas as competições, o ★ mostrava-se disposto.

4. Justifique o acento das palavras a seguir.
a) tênis
b) órfão
c) âmbar
d) fácil, afável, túnel
e) espécie, aquário, estratégia
f) tríceps

5. Nas alternativas a seguir, as palavras não foram acentuadas. Indique, no caderno, a alternativa em que todas elas devem receber acento.
 I. parede, onix, ion
 II. caderno, serie, orquidea
 III. magoa, especie, mandioca
 IV. fenix, medium, carie
 V. planicie, casa, benção

ETC. E TAL

Relatos de viagem e as navegações

Relatos de viagem são produzidos em situações bastante diversas. Historicamente, foram muitas vezes usados como registros oficiais sobre territórios descobertos, explorados ou conquistados por determinados povos.

Um desses relatos é conhecido como Carta de Caminha, na qual Pero Vaz de Caminha, escrivão da frota de Pedro Álvares Cabral, conta ao rei de Portugal sobre o descobrimento ou "achamento" da terra que mais tarde seria chamada de Brasil. Embora seja uma carta com características típicas desse gênero, o texto de Caminha também pode ser considerado um relato de viagem, no qual são apresentadas as primeiras impressões dos portugueses sobre o Brasil.

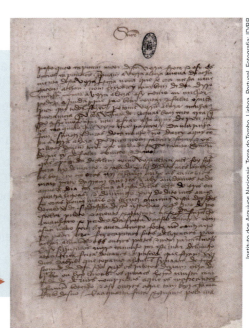

Fac-símile da primeira folha da Carta de Caminha de 1500. ▶

169

AGORA É COM VOCÊ!

RELATO ORAL DE EXPERIÊNCIA VIVIDA

Proposta

Você tem alguma lembrança de uma experiência significativa na sua vida? Pode ser o encontro com alguém, o primeiro dia na escola, algo que você viveu nas férias... Nesta seção, você vai compartilhar essa experiência com os colegas e conhecer a deles. O dia da apresentação será combinado com o professor; assim, todos poderão compartilhar seus relatos.

GÊNERO	PÚBLICO	OBJETIVO	CIRCULAÇÃO
Relato oral de experiência vivida	Colegas da turma	Relatar acontecimento marcante da vida	Apresentação em sala de aula

Planejamento e elaboração

1 Lembre-se de uma experiência marcante que você viveu. Reflita sobre ela e responda às seguintes perguntas:

- Por que essa experiência foi marcante?
- Que sentimentos ela despertou em você?
- O que você aprendeu com ela e quer transmitir a seus interlocutores?

2 Após essa reflexão, tente relembrar a experiência em detalhes. Anote, no caderno, as passagens mais importantes para não se esquecer de relatá-las aos colegas. Esse esquema servirá de apoio durante a apresentação para que você não deixe de fora um ponto importante ou se desvie do assunto.

3 Lembre-se de terminar seu relato com uma mensagem a seus interlocutores. Sua experiência pode servir de inspiração a outras pessoas que passam por situações semelhantes.

4 Planeje a duração de seu relato, de modo que ele não seja muito longo. O ideal é que não demore mais do que cinco minutos.

5 Comece gravando seu relato usando uma câmera de vídeo, uma máquina fotográfica, um celular ou um computador. Se quiser, você pode compartilhar seu depoimento com familiares ou com algum amigo que não seja de sua turma e pedir a eles que analisem seu relato e ofereçam sugestões para melhorá-lo.

6 Depois de ouvir as sugestões de colegas e familiares, refaça a gravação, ajustando o que for necessário. Escute a nova gravação e reavalie seu relato. Repita esse procedimento quantas vezes forem necessárias.

7 Reúna-se com os colegas em um grupo formado por quatro a cinco integrantes. Cada um apresentará seu relato à equipe. Os colegas que estiverem ouvindo o relato devem dar dicas de como melhorá-lo.

- Alguma informação deve ser descartada do relato ou acrescentada a ele?
- A maneira como você fala ou gesticula é adequada e atraente para os ouvintes?

8 Incorpore em seu relato as sugestões que julgar apropriadas. Se achar necessário, grave mais uma vez o relato e verifique se as observações dos colegas foram incorporadas.

170

MÚLTIPLAS LINGUAGENS

1. Assista a um relato oral de experiência vivida e tome notas, observando alguns aspectos desse texto. Depois, responda às questões a seguir. No *site* do Museu da Pessoa, existem inúmeros relatos a que você pode assistir para fazer a atividade. O professor também poderá dar algumas dicas de outras fontes que você pode acessar para fazer sua análise.

a) O tema do relato a que você assistiu despertou seu interesse?

b) O que o relato apresentou que o manteve interessado em vê-lo até o final?

c) A dicção (a articulação e a pronúncia das palavras) de quem relatou estava clara?

d) A entonação e o volume da voz variaram ao longo do relato?

e) A linguagem corporal auxiliou no entendimento do relato?

f) A pessoa transmitiu com clareza o aprendizado gerado pela experiência?

Agora, é sua vez de relatar uma experiência vivida. Nesse momento, é importante ser expressivo ao falar, variando a entonação, a velocidade e a voz (com exclamações, pequenas pausas que criam suspense, etc.), além de utilizar a linguagem corporal (expressão facial, gestos, movimentação das mãos e do corpo diante dos colegas, etc.). Essas atitudes podem conquistar a atenção do público e mantê-lo atento até o fim de seu relato. Assim, ao gravar o relato, imagine que você está diante do público (os colegas da turma) e treine a linguagem corporal que usará durante a apresentação.

> **PARA EXPLORAR**
>
> **Museu da Pessoa**
> No *site* do museu, é possível encontrar vídeos com relatos orais de experiências vividas. Além disso, o visitante tem a oportunidade de se tornar parte do acervo, enviando seu relato ao museu.
> Disponível em: https://museudapessoa.org/. Acesso em: 26 fev. 2023.

Circulação

1 No dia combinado, cada um apresentará à turma e ao professor seu relato de experiência vivida. Procure manter a calma quando for sua vez de falar. Seu esquema vai ser um apoio importante nesse momento.

2 Se estiver à vontade durante a apresentação, você pode se dirigir ao público e fazer perguntas sobre o relato.

3 Demonstrar bom humor ou emoção ao falar é outro recurso que pode ajudar a enriquecer a história e chamar a atenção do interlocutor.

Avaliação

1 Forme dupla com um colega: você vai avaliar a apresentação dele; e ele, a sua.

2 Ao avaliar o relato oral de experiência vivida, seja gentil e educado, pois o objetivo é ajudar o colega a melhorar a habilidade de expressão oral dele. Destaque as qualidades da apresentação e, se houver problemas, aponte-os com respeito, considerando os critérios listados no quadro a seguir.

ELEMENTOS DO RELATO ORAL DE EXPERIÊNCIA VIVIDA
O relato estava bem estruturado, em uma sequência compreensível para os ouvintes?
Há alguma informação desnecessária no relato? Faltou alguma informação essencial?
Ficou claro, na apresentação, por que a experiência relatada foi marcante? No relato, foram descritos sentimentos e reflexões em relação a essa experiência?
As pessoas ficaram interessadas no relato? O colega se expressou adequadamente?
Os recursos de voz e de expressão corporal foram empregados pelo colega de modo adequado e compreensível? Comente.

ATIVIDADES INTEGRADAS

O texto a seguir foi transcrito de um relato oral de viagem presente no documentário brasileiro *Transpatagônia*, de 2014, que narra os seis meses de ciclismo e caminhada de Guilherme Cavallari pela Patagônia e pela Terra do Fogo.

Transpatagônia

6'36"

O que eu fiz nesses seis meses, sozinho, pedalando, acampando, fazendo trekking, explorando etc., é... não merece medalha, troféu, bandinha de comemoração na chegada. Não tem nada de heroico, não tem nada de feito atlético, é... foi uma viagem unicamente de baixo impacto ambiental. Eu fiz tudo de bicicleta com a força do meu corpo. Mas, mais do que isso, o que eu acho, o que é transformador, o que é louvável, é a viagem interior, então, durante a Transpatagônia toda, esses seis meses, eu procurei é... me observar, observar a vida ao meu redor, observar padrões, vícios e questionar posicionamentos.

[...]

▲ Cartaz do documentário *Transpatagônia*, dirigido por Cauê Steinberg.

9'28"

O tempo todo na viagem, a minha maior luta não era contra o vento, a chuva, rio sem ponte, peso na bicicleta. De verdade, a minha maior luta era comigo mesmo. E também não era aquele lugar comum de superar limite e vencer obstáculos pessoais, não, não era esse... não era tão simples assim. O que eu enxergava claramente é que eu trazia dentro de mim uma... uma, uma preguiça em forma de DNA, que desde o berço eu recebi da minha família, da minha sociedade, é... uma indolência, uma necessidade de conforto, de aconchego, é... uma crença... eu merecia privilégios e prazeres. E a viagem, por conta de ser na Patagônia, me mostrava o tempo todo que era o inverso, que aquele ambiente é... favorecia o florescimento de pessoas e situações mais simples, mais rudes. O povo da Patagônia, por viver isolado, por ter um inverno rigoroso, é... por viver de parcos recursos, eles conseguem... eles conseguem florescer, prosperar em cima de muito pouco, e valorizam o pouco que têm. E eu admiro isso.

[...]

15'27"

O primeiro dia em Bariloche eu, claro, estava ansioso, o coração apertado, suando frio, mas eu tinha essa ideia de que seis meses depois eu voltaria para aquela cidade e terminaria o projeto. Seis meses sozinho, viajando por toda a extensão da Patagônia e da Terra do Fogo, de bicicleta, levando todo o meu equipamento, acampando etc. Mas é... eu não [sei] de onde eu tirei esse prazo de seis meses pra, pra percorrer a distância toda. Podia ter demorado seis anos, podia ter demorado três meses. Podia ter dado tudo errado. E aconteceu tanta coisa no meio do caminho que atrapalhou diretamente o cronograma que foi... pra mim hoje foi sorte eu ter conseguido fazer tudo em seis meses.

[...]

Bariloche: cidade argentina na fronteira com o Chile.

bike trailer: reboque acoplado à bicicleta usado para transportar diversos itens.

Coihaique: cidade chilena.

Patagônia: região localizada na Argentina e no Chile. É a área com mais geleiras fora das zonas polares.

Terra do Fogo: arquipélago na extremidade sul da América do Sul.

trekking: percurso realizado a pé; em geral, implica dormir em tendas ou barracas.

↪ Continua

Acompanhamento da aprendizagem

19'13"

Quando eu cheguei perto de Coihaique, eu tinha a opção de fazer uma volta um pouco é... mais longa, é... com menos subida, por asfalto, ou tinha a opção de encarar um trecho de terra que eu, que eu já conhecia, já tinha feito de carro anos antes, e que eu sabia que seria difícil. Só que o que eu achava que era difícil estava muito mais difícil, a situação da estrada tinha piorado muito e realmente foi um esforço físico... intenso, carregar aquele, aquele *bike trailer*, pedalar em areia fofa, em pedra solta... Nessas horas eu me questionava: "por que eu tô escolhendo o caminho mais difícil, sofrendo tanto, se os dois chegam no mesmo destino?". Mas eram questionamentos pontuais, no fundo, no fundo eu sabia que era indo pelo caminho menos trilhado, menos visitado e teoricamente mais difícil, era ali que a viagem ia mostrar realmente o melhor dela, era ali que eu ia realmente sentir mais. E o objetivo era sentir mais. [...]

Transpatagônia. Direção: Cauê Steinberg. Brasil, 2014 (63 min).

Analisar e verificar

1. Observe os números que aparecem no início de cada trecho. Qual é a função deles?

2. De acordo com a primeira parte do relato, responda:
   a) Que ações possibilitaram a transformação pessoal do autor do relato?
   b) Nessa parte, é utilizado um numeral. Qual é a importância dele nesse contexto?

3. O autor fala sobre um aspecto relevante em relação ao meio utilizado para realizar a viagem logo no início do relato. Qual é esse aspecto?

4. Ao longo do relato, o autor fala sobre as dificuldades vivenciadas.
   a) Qual foi o principal obstáculo enfrentado durante a viagem?
   b) Que fatores ajudaram o viajante a superar as dificuldades?

5. Releia o trecho a seguir.

   "por que eu tô escolhendo o caminho mais difícil, sofrendo tanto, se os dois chegam no mesmo destino?"

   a) A que escolha o autor do relato faz referência nesse trecho?
   b) Que artigo o autor utiliza para fazer referência ao caminho escolhido?
   c) Qual é a relação entre o uso desse artigo e a informação apresentada no trecho?

6. Repetições e o uso de reticências aparecem no decorrer do relato.
   a) O que essas características revelam sobre o texto?
   b) Qual é o efeito de sentido provocado por essas marcas no texto?

Criar

7. Cada trecho do relato apresenta um assunto. Elabore uma frase para cada trecho que sintetize o assunto principal.

8. Peça a um familiar ou a algum amigo de sua família que relate uma viagem que tenha sido marcante. Grave o relato e transcreva-o preservando algumas marcas de oralidade. Em um dia combinado com o professor, compartilhe o relato com os colegas.

173

CIDADANIA GLOBAL

UNIDADE 5

14 VIDA NA ÁGUA

Retomando o tema

Nesta unidade, você e seus colegas puderam refletir sobre a necessidade de preservar os ambientes marinhos, de divulgar informações sobre a poluição presente nos oceanos e de realizar ações de combate a esse problema. Agora, conversem e procurem responder às questões a seguir.

1. Vocês conhecem alguma instituição que desenvolve trabalho de preservação dos oceanos ou da vida marinha?
2. Conhecer instituições desse tipo é uma maneira de incentivar a preservação dos mares e oceanos? Por quê?

Geração da mudança

Agora, vocês vão se organizar em grupo para realizar uma pesquisa e depois divulgá-la para a comunidade escolar. Para tanto, veja as orientações a seguir:

- Pesquisem projetos de preservação dos mares e oceanos, buscando acessar os *sites* oficiais para encontrar informações confiáveis e atualizadas. Cada grupo deve escolher um projeto para analisar.
- Registrem o nome do projeto escolhido, o nome da instituição responsável, os objetivos, as ações realizadas e os resultados obtidos.
- Pensem em ações que a própria comunidade escolar pode praticar a fim de contribuir com a redução dos impactos ambientais nos mares e oceanos.
- Em seguida, produzam um folheto informativo divulgando os dados sobre o projeto e as ações que podem ser praticadas no dia a dia.
- Selecionem uma fotografia do projeto para ilustrar o folheto e pense em uma posição de destaque para ela ao realizarem a diagramação.
- Façam cópias do folheto e distribuam para os colegas de outras turmas, professores e funcionários da escola.

Autoavaliação

POEMA

UNIDADE 6

PRIMEIRAS IDEIAS

1. Para você, qual é a diferença entre poesia e poema?
2. O que você entende por verso e estrofe?
3. As palavras *eu*, *tu* e *ele* referem-se a pessoas do discurso. Em uma conversa, qual desses termos você empregaria para indicar sobre quem se fala? Por quê?
4. O uso dos pronomes demonstrativos *este* e *esse* varia de acordo com a posição, no tempo ou no espaço, daquilo a que eles se referem. Ao entregar seu livro preferido a um colega, qual desses dois pronomes você utilizaria para se referir ao livro? Justifique.

Conhecimentos prévios

Nesta unidade, eu vou...

CAPÍTULO 1 — Poesia e poema

- Ler e interpretar poema, identificando as principais características do gênero.
- Discutir sobre a importância do aprendizado passado de uma geração a outra e sobre trabalho digno.
- Analisar diferentes capas de uma obra literária, reconhecendo a relação da linguagem verbal com a visual.
- Identificar e classificar pronomes pessoais e pronomes de tratamento; reconhecer as três pessoas do discurso.
- Reescrever um poema sobre a infância usando recursos expressivos e declamá-lo.

CAPÍTULO 2 — Cotidiano poético

- Ler e interpretar poema, reconhecendo o efeito expressivo criado pelo uso de repetições e de recursos sonoros.
- Refletir sobre a rotina e o ritmo da própria vida, verificando a adequação deles.
- Identificar e classificar pronomes demonstrativos.
- Entender as regras de acentuação de hiatos e ditongos.
- Criar um poema usando recursos expressivos.

CIDADANIA GLOBAL

- Entrevistar pequenos ou microempreendedores que atuam na comunidade, como artesãos, costureiros, entre outros.
- Criar um mural com o resultado das entrevistas sobre práticas geradoras de renda na comunidade.

LEITURA DA IMAGEM

1. Na imagem apresentada, qual é o elemento mais importante? Como você chegou a essa conclusão?

2. O que a pessoa no centro da imagem parece estar fazendo? Pela forma como está vestida e pelo trabalho que executa, qual ocupação essa mulher representa?

3. Ao observar a imagem, os desenhos nas saias das outras mulheres chamam sua atenção? O que esses desenhos representam?

4. Qual é a intenção de mostrar uma cena como essa na cerimônia de encerramento dos jogos olímpicos sediados no Brasil?

CIDADANIA GLOBAL

O artesanato é uma técnica manual de transformação de matéria-prima em objetos úteis e com finalidade artística. Esse trabalho integra um dos setores da economia criativa, modelo de negócio baseado no conhecimento e na criatividade para a geração de renda. A produção de artesanato é uma fonte de renda para diversas famílias.

■ Para você, as produções manuais, como o artesanato, são valorizadas na sociedade?

 Acesse o recurso digital, que trata de economia criativa, e responda: Como projetos conectados à economia criativa impactam na vida dos participantes e da sociedade como um todo?

Imagem da cerimônia de encerramento dos jogos olímpicos realizados no Rio de Janeiro, em agosto de 2016.

177

CAPÍTULO 1
POESIA E POEMA

O QUE VEM A SEGUIR

O poema "Infância", que você vai ler, foi escrito por um importante poeta da língua portuguesa: Carlos Drummond de Andrade. O poema foi publicado originalmente em 1930, no livro *Alguma poesia*. Ele aborda as recordações da infância de um menino e, para construí-lo, Drummond utiliza elementos da época em que era criança. Antes de ler o texto, formule hipóteses sobre as recordações de infância desse menino. Será que a infância dele se parece com a das crianças de hoje?

TEXTO

Infância

A Abgar Renault

Meu pai montava a cavalo, ia para o campo.
Minha mãe ficava sentada cosendo.
Meu irmão pequeno dormia.
Eu sozinho menino entre mangueiras
lia a história de Robinson Crusoé,
comprida história que não acaba mais.

No meio-dia branco de luz uma voz que aprendeu
a ninar nos longes da senzala — e nunca se esqueceu
chamava para o café.
Café preto que nem a preta velha
café gostoso
café bom.

Minha mãe ficava sentada cosendo
olhando para mim:
— Psiu... Não acorde o menino.
Para o berço onde pousou um mosquito.
E dava um suspiro... que fundo!

Lá longe meu pai campeava
no mato sem fim da fazenda.

E eu não sabia que minha história
era mais bonita que a de Robinson Crusoé.

Carlos Drummond de Andrade. *Alguma poesia*.
Rio de Janeiro: Record, 2022.
Carlos Drummond de Andrade © Graña
Drummond www.carlosdrummond.com.br.

coser: costurar.

DRUMMOND: O POETA DE ITABIRA

Nascido em Itabira (MG), em 31 de outubro de 1902, Carlos Drummond de Andrade é escritor brasileiro conhecido por seus poemas, contos e crônicas. Sua poesia é muito diversificada: fala de sua infância em Itabira, de questões sociais, da existência humana e ainda do próprio fazer poético.

Drummond faleceu em 17 de agosto de 1987, no Rio de Janeiro (RJ).

▲ Carlos Drummond de Andrade, em Minas Gerais. s/d.

TEXTO EM ESTUDO

PARA ENTENDER O TEXTO

1. As hipóteses que você levantou antes da leitura foram confirmadas pelo texto?

2. Onde ocorrem as situações representadas no texto?

3. Ao longo do texto, várias pessoas da família são mencionadas, e cada uma delas realiza uma ação específica.
   a) Quem são essas pessoas?
   b) Que ações são realizadas por essas pessoas?

4. No poema, todas as situações são apresentadas por uma personagem.
   a) De quem é a voz que apresenta os fatos ao longo do poema?
   b) Essa voz apresenta os fatos no momento em que eles ocorrem? Explique.
   c) Pode-se afirmar que a voz no poema é de um adulto ou de uma criança?

> **ANOTE AÍ!**
>
> Assim como nos textos narrativos há um narrador, nos poemas também há um ser que fala. A **voz que se expressa** em um poema recebe o nome de **eu poético** ou **eu lírico**.
> O eu poético pode assumir **diferentes vozes**. Há poemas em que adultos escrevem como se fossem crianças e poemas que dão voz a animais, plantas, objetos ou lugares. A voz nos poemas nunca é a do poeta, mas sim a do eu poético.

5. No poema, uma das pessoas citadas, embora esteja presente no ambiente doméstico, provavelmente não pertence à família.
   a) Qual é a função dela na família representada no poema?
   b) Que ação atribuída a essa pessoa revela proximidade com criança?
   c) Como parece ser a relação do eu poético com essa pessoa?

6. O eu poético utiliza um termo que caracteriza o modo como ele se encontrava no momento em que realizava a ação apresentada no poema. Que termo é esse?

7. Considerando as situações presentes no poema e o modo como são apresentadas, como parece ser o ambiente onde o eu poético vive?

8. Com base no boxe *Uma vida de aventuras*, responda:
   a) A situação vivenciada por Crusoé se assemelha à rotina do eu poético? Explique.
   b) Ao longo do poema, a história de Robinson Crusoé é citada duas vezes. Que tipo de relação parece haver entre o eu poético e a leitura desse livro?
   c) No fim do poema, o eu poético afirma que sua história é mais bonita que a de Robinson Crusoé. O que pode ter motivado tal afirmação?

9. Em quantas partes o poema está dividido? Escreva no caderno uma frase que sintetize cada parte.

> **ANOTE AÍ!**
>
> **Poesia** é o nome dado à arte de **criar imagens** e **inventar outros sentidos** para os fatos do mundo. A poesia está presente em várias formas de expressão, como a pintura, o cinema, a música e o poema.
> **Poema** é um gênero textual que pode ser composto apenas de palavras (organizadas em versos e estrofes) ou de texto associado a imagens (poema visual). **Verso** é cada uma das linhas de um poema. **Estrofe** é um conjunto de versos.

UMA VIDA DE AVENTURAS

Robinson Crusoé é a personagem principal do romance de mesmo nome escrito pelo inglês Daniel Defoe (1660-1731). Crusoé decide deixar a Inglaterra, onde vive, e enfrentar os desafios das viagens marítimas. Após um naufrágio, vai parar em uma ilha deserta, que habita durante 28 anos, até ser resgatado. Na ilha, ele passa pelas mais diversas aventuras para garantir sua sobrevivência.

PARA EXPLORAR

Fundação Cultural Carlos Drummond de Andrade

A Fundação mantém o Memorial Carlos Drummond de Andrade, que foi projetado por Oscar Niemeyer. Esse espaço fica na cidade de Itabira (MG), abriga edições raras da obra do poeta, e conta com projetos e programas permanentes de formação e acesso à cultura, tais como os Drummonzinhos e o Museu de Território Caminhos Drummondianos.

A SONORIDADE E O RITMO DO POEMA

10. Releia a primeira estrofe do poema, observando as palavras em destaque.

> Meu pai **montava** a cavalo, **ia** para o campo.
> Minha mãe **ficava** sentada cosendo.
> Meu irmão pequeno **dormia**.
> Eu sozinho menino entre mangueiras
> **lia** a **história** de Robinson Crusoé,
> comprida **história** que não acaba mais.

a) O que há de semelhante em relação à sonoridade das palavras destacadas?

b) Em quais posições dos versos essas palavras estão localizadas?

11. Agora, volte ao poema e releia a segunda estrofe para responder às questões.

a) Quanto à sonoridade, qual é a semelhança entre as palavras *aprendeu* e *esqueceu*, citadas nessa estrofe?

b) Em que posição dos versos essas palavras aparecem?

ANOTE AÍ!

Ao apresentar **sons semelhantes ou iguais**, as palavras formam **rimas**. As rimas podem ocorrer no interior ou no final dos versos.

12. Na segunda estrofe do poema, o substantivo *café* é citado quatro vezes.

a) Em que posições dos versos essa palavra está presente?

b) A repetição desse termo reforça que ideia associada a ele?

13. Nos dois primeiros versos da segunda estrofe, há a repetição de três sons. Quais são as letras que representam esses sons?

14. Leia com atenção estas informações para responder aos itens *a* e *b*:

AS SÍLABAS POÉTICAS SÃO DIFERENTES DAS SÍLABAS GRAMATICAIS. A CONTAGEM EM UM VERSO OBEDECE AO MODO COMO SÃO PRONUNCIADOS OS SONS.

| Quando a sílaba de uma palavra é pronunciada junto de outra, elas formam uma única sílaba poética. | O número de sílabas poéticas indica a medida de um verso e corresponde a todas as sílabas pronunciadas até a última sílaba tônica. |

Observe os versos a seguir, separados conforme as sílabas gramaticais.

1	2	3	4	5	6	7	8	9
Lá	lon	ge	meu	pai	cam	pe	a	va
No	ma	to	sem	fim	da	fa	zen	da

a) No caderno, destaque as sílabas mais fortes. Que posições elas ocupam?

b) Quantas sílabas poéticas contêm esses versos? Justifique sua resposta.

Acesse o recurso digital e responda: Qual é a diferença entre contar sílabas gramaticais e contar sílabas poéticas?

ANOTE AÍ!

Um importante recurso para a construção de um poema é o **ritmo**. Ele é construído pelo modo como as **sílabas tônicas** (fortes) e as **sílabas átonas** (fracas) são dispostas nos versos. Com as rimas, o ritmo cria a **musicalidade**. A **repetição de palavras** e de determinadas **vogais** ou **consoantes** pode auxiliar na construção da musicalidade do texto.

O CONTEXTO DE PRODUÇÃO

15. No poema, é usado o verbo *coser*. Você conhecia esse verbo? O uso dele pode revelar algo sobre a época em que o menino do poema viveu? Explique.

16. No poema, há outro verbo que revela o contexto em que o menino viveu.

a) Que verbo é esse? Qual é o significado desse verbo no contexto do poema?

b) Busque o verbo no dicionário. O sentido atribuído a ele é o mesmo do poema?

17. A que período histórico o eu poético se refere quando usa a expressão "nos longes da senzala"? A infância do eu poético se passa nesse período? Explique.

A LINGUAGEM DO TEXTO

18. Releia os seguintes versos do poema:

> No meio-dia **branco de luz** uma voz que aprendeu
> a ninar nos longes da senzala — e nunca se esqueceu
> chamava para o café.

a) No contexto do poema, o que a expressão destacada pode significar?

b) Essa expressão apresenta uma característica objetiva ou algo relacionado à impressão do eu poético sobre aquele momento? Explique.

19. Releia a terceira estrofe do poema, observando o uso das reticências.

a) Na primeira vez em que aparece, o que o uso dessa pontuação indica?

b) E na segunda vez, o que o uso das reticências revela?

20. Na segunda e na terceira estrofes, há uso de travessão.

a) Releia a segunda estrofe e indique a função desse sinal de pontuação.

b) Na terceira estrofe, o travessão foi utilizado com qual objetivo?

c) Em que gêneros é comum o uso de travessão?

PARA EXPLORAR

O caderno do jardineiro, de **Angela-Lago. São Paulo: SM, 2016.** Nesse livro, a autora e ilustradora mineira Angela--Lago, ao falar das flores, trata de temas como a passagem do tempo e a fragilidade da vida humana.

ANOTE AÍ!

Nos poemas, é comum o uso de **linguagem figurada**, caracterizada por palavras ou expressões com sentido diferente do seu sentido mais comum ou literal. Por exemplo, em "No meio-dia **branco de luz**", a expressão destacada faz referência à claridade do dia, de acordo com a impressão do eu poético. Nesse caso, a expressão está no sentido figurado e o eu poético fez uso da **metáfora**, uma figura de linguagem em que uma palavra ou expressão é usada no lugar de outra, estabelecendo relação por semelhança ou por aproximação.

Nos poemas, os **sinais de pontuação** podem servir para expressar sensações e sentimentos.

CIDADANIA GLOBAL

SABERES ANCESTRAIS E TRABALHO

No poema lido, o eu poético faz referência a afazeres e trabalhos realizados pelas pessoas com as quais convivia e, ainda, é revelado que uma das pessoas faz uso de um aprendizado ancestral.

1. Qual é a importância de valorizar as aprendizagens que são passadas de geração a geração?

2. Você sabe qual é a diferença entre afazer, trabalho e emprego? Explique.

3. O que você acha que é preciso para que um trabalho seja considerado digno?

UMA COISA PUXA OUTRA

Robinson Crusoé

Como vimos no poema "Infância", o eu poético estabelece uma importante relação com a história de Robinson Crusoé, escrita pelo britânico Daniel Defoe. Ao fazer o estudo do texto, foi possível conhecer um pouco da história dessa personagem.

1. Observe a capa de uma versão adaptada do livro *Robinson Crusoé*.

    a) Que informações sobre a aventura vivida por Crusoé podem ser antecipadas pela ilustração da capa?

    b) Qual é a importância de haver uma ilustração que apresente informações sobre a obra já na sua capa?

    c) Quem faz capas de livros são *designers* chamados, no meio editorial, de capistas. Se você fosse um capista, utilizaria uma ilustração para compor a capa de um livro?

    d) Se você fosse um capista e pudesse optar, que elementos utilizaria para compor a capa desse livro?

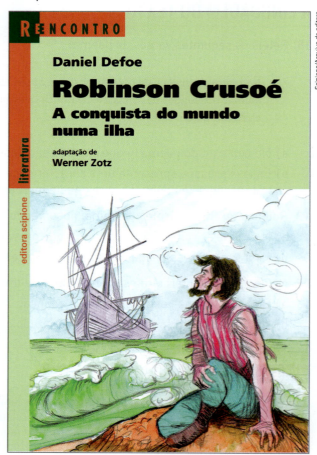

▶ Capa do livro *Robinson Crusoé*: a conquista do mundo numa ilha, de Daniel Defoe. São Paulo: Scipione, 1989 (Série Reencontro).

2. O texto desse livro é uma versão adaptada da obra original de Defoe.

    a) Observe a capa e identifique o nome do responsável pela adaptação do texto original.

    b) Você já leu obras em versões adaptadas? Em caso afirmativo, quais?

    c) Em sua opinião, por que são publicadas versões adaptadas de uma obra original?

3. Nessa adaptação, foi criado um subtítulo que não consta da obra original.

    a) Identifique o subtítulo na capa e transcreva-o no caderno.

    b) Que informação esse subtítulo acrescenta ao título?

    c) Qual é a importância dele nessa versão?

    d) Qual é a relação desse subtítulo com a ilustração da capa?

4. Agora, observe a capa de outra edição de *Robinson Crusoé* e o frontispício original que acompanha essa edição.

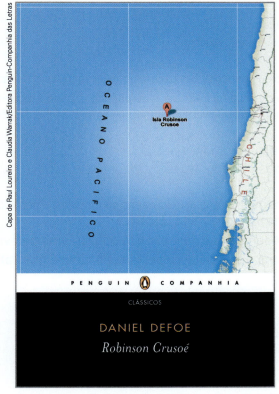

▲ Capa e frontispício do livro *Robinson Crusoé*, de Daniel Defoe. Tradução: Sergio Flaksman. São Paulo: Penguin-Companhia das Letras, 2011.

a) Que elementos gráficos presentes na capa mais chamaram sua atenção? Por quê?

b) Há algum elemento em comum entre a ilustração dessa capa e a que foi apresentada na atividade **1**? Se sim, qual?

c) Que informações presentes na capa dos livros publicados pelas duas editoras são diferentes? Há mais informações em uma capa do que em outra? Justifique suas respostas.

d) O livro da editora Scipione parece ser direcionado ao mesmo público leitor do livro acima? Justifique com elementos gráficos das capas.

e) O livro da editora Scipione tem 48 páginas e o livro acima, 408 páginas. Por que a extensão é diferente entre os dois, uma vez que ambos contam a mesma história?

5. O frontispício, também chamado de "página de rosto", é, em geral, a primeira página após a capa. O frontispício reproduzido contém um resumo da aventura de Robinson Crusoé e de como ele foi parar em uma ilha. Em sua opinião, qual é o objetivo de apresentar essas informações em uma "página de rosto"?

6. Após ler um trecho de *Robinson Crusoé* no capítulo 1 da unidade 1, ler o poema "Infância" e fazer uma análise das capas e do frontispício desse livro, você ficou curioso para ler essa obra? Se você já leu, divida suas impressões com os colegas.

LÍNGUA EM ESTUDO

PRONOMES PESSOAIS E PRONOMES DE TRATAMENTO

1. Releia a última estrofe do poema "Infância", de Carlos Drummond de Andrade.

   > E eu não sabia que minha história
   > era mais bonita que a de Robinson Crusoé.

   a) Nessa estrofe, que palavra o eu poético utiliza para fazer referência a si mesmo?
   b) Suponha que, ao falar de si mesmo na infância, o eu poético usasse a expressão "o menino daquele tempo". Veja os versos reescritos com essa expressão.

   > E o menino daquele tempo não sabia que sua história
   > era mais bonita que a de Robinson Crusoé.

   - Nesses versos reescritos, houve uma aproximação ou um afastamento do eu poético em relação às memórias dele? Explique.

   Na atividade acima, você observou que o eu poético utilizou uma palavra para fazer referência a si mesmo. Essa palavra pertence à classe gramatical dos **pronomes**.

   ANOTE AÍ!

   Pronomes são palavras que **substituem**, **fazem referência** ou **acompanham** substantivos e outras formas nominais (nomes).

PESSOAS DO DISCURSO

2. Leia a tira a seguir.

Alexandre Beck. *Armandinho*. Folha de S.Paulo, 2 ago. 2014. Suplemento infantil Folhinha.

   a) Nessa tira, há um diálogo entre Armandinho e o pai. Qual é a palavra utilizada pelo pai de Armandinho para se referir a si mesmo?
   b) O que o pai imagina que pode causar estranheza ao filho?
   c) Na pergunta de Armandinho, no último quadro, a que se refere a palavra *ele*?
   d) Explique o efeito de sentido causado pelo uso da palavra *ele* nessa pergunta.
   e) Comparando o assunto tratado no poema "Infância" e na tira lida, o que esses dois textos têm em comum?

   Ao analisar a tira, você pôde perceber que certas palavras foram utilizadas para fazer referência tanto à pessoa que fala (*eu*) quanto à pessoa de quem se fala (*ele*).

RELACIONANDO

Em textos dos mais diversos gêneros, é comum o uso de pronomes. Em poemas, a seleção e o uso de pronomes contribuem para a construção de sentido do texto.

O uso inusitado de um pronome também pode gerar humor, como na tira do Armandinho.

Em uma conversa como a da tira e em uma **situação de comunicação**, são três as **pessoas do discurso**. Os pronomes são termos que indicam essas pessoas:

- **Primeira pessoa**: a pessoa **que fala**.
- **Segunda pessoa**: a pessoa **com quem se fala**.
- **Terceira pessoa**: a pessoa **de quem se fala**.

Observe os exemplos a seguir.

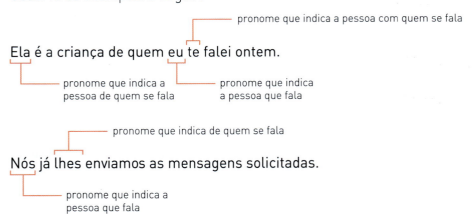

Agora veja, no esquema a seguir, alguns pronomes utilizados para se referir a cada pessoa do discurso (primeira, segunda e terceira). É importante lembrar que os verbos e os demais dados da frase devem sempre concordar com a pessoa do discurso.

PRONOMES PESSOAIS

3. Leia a tira a seguir.

Adão Iturrusgarai. *O cão mágico*. Disponível em: https://iturrusgarai.files.wordpress.com/2017/03/o-cao-magico1.jpg. Acesso em: 2 mar. 2023.

a) Na tira, o humor está relacionado a uma característica adquirida pelo cachorro em virtude de uma questão espacial. Que relação é essa?

b) O cão usa dois pronomes para fazer referência a si mesmo. Quais são eles? Classifique-os quanto à pessoa do discurso.

c) Reescreva no caderno as falas da tira usando pronomes da terceira pessoa. Faça as alterações necessárias para essa reescrita.

185

Os pronomes pessoais são classificados em dois tipos: **pronomes pessoais do caso reto** e **pronomes pessoais do caso oblíquo**. Veja no quadro abaixo os dois tipos de pronome, de acordo com as pessoas do discurso.

	PESSOAS DO DISCURSO	PRONOMES PESSOAIS DO CASO RETO	PRONOMES PESSOAIS DO CASO OBLÍQUO
Singular	1ª pessoa	eu	me, mim, comigo
	2ª pessoa	tu	te, ti, contigo
	3ª pessoa	ele, ela	o, a, lhe, se, si, consigo
Plural	1ª pessoa	nós	nos, conosco
	2ª pessoa	vós	vos, convosco
	3ª pessoa	eles, elas	os, as, lhes, se, si, consigo

4. Retome a atividade **3** para responder às questões a seguir.
   a) Classifique os pronomes que você identificou no item *b* da atividade **3** com relação à pessoa do discurso e ao tipo.
   b) Releia a tira e responda à questão: Qual é a relação entre o uso desses pronomes e o conteúdo da tira?

> **ANOTE AÍ!**
> Os **pronomes pessoais** indicam as pessoas envolvidas em uma situação comunicativa (1ª, 2ª e 3ª pessoa do singular e do plural) e são classificados em **pronomes pessoais do caso reto** e **pronomes pessoais do caso oblíquo**.

PRONOMES DE TRATAMENTO

5. Leia esta tira:

Jim Davis. Garfield. *Folha de S.Paulo*, 12 set. 2014. Caderno Ilustrada, p. E11.

a) Jon e Garfield têm uma relação distante ou de proximidade?
b) Qual é o termo que Garfield utiliza para se referir a Jon na tira?
c) Em um dos quadrinhos da tira, Jon utiliza a expressão *a gente* em lugar de um pronome pessoal do caso reto. Que pronome é esse?
d) Que tipo de registro predomina na tira: formal ou informal? Dê exemplos.
e) Qual é a relação entre esse tipo de registro e a situação de comunicação apresentada na tira?

Na tira de Garfield, o tratamento entre os interlocutores Garfield e Jon, revelado tanto pela linguagem verbal como pela não verbal, indica o grau de intimidade entre eles. Quando o gato utiliza o termo *você*, é reforçada a informalidade dessa situação comunicativa.

6. Leia o trecho de uma notícia sobre o aniversário de 90 anos da rainha Elizabeth II.

> **Rainha Elizabeth II completa 90 anos sem perder a popularidade**
>
> [...]
>
> Em uma mensagem de felicitação, o primeiro-ministro britânico, David Cameron, disse que a rainha viveu em épocas extraordinárias, como a Segunda Guerra Mundial, a chegada do homem à Lua, o fim da Guerra Fria e a paz na Irlanda do Norte. Ele também elogiou sua presença na vida dos britânicos e o seu senso de responsabilidade com o país.
>
> — Sua Majestade foi inquebrável e uma rocha de força para nossa nação e, em muitas ocasiões, para o mundo inteiro — disse o *premier*. [...]
>
> *O Globo*, 21 abr. 2016. Disponível em: http://oglobo.globo.com/mundo/rainha-elizabeth-ii-completa-90-anos-sem-perder-popularidade-19138450. Acesso em: 2 mar. 2023.

- Em sua fala, o primeiro-ministro britânico se refere à rainha como "Sua Majestade". Essa forma de tratamento é formal ou informal? Explique.

O termo *você*, usado na tira por Garfield para se dirigir a seu interlocutor, e a expressão *Sua Majestade*, empregada pelo primeiro-ministro britânico, na notícia, para se dirigir à rainha, são denominados **pronomes de tratamento**.

Observe, no quadro abaixo, alguns pronomes de tratamento.

PRONOMES DE TRATAMENTO	ABREVIATURA	USADOS PARA
Você	—	pessoas íntimas
Senhor, senhora	Sr., Sr.ª	pessoas mais velhas ou a quem queremos tratar com respeito e distanciamento
Sua / Vossa Alteza	S.A. / V.A.	príncipes e duques
Sua / Vossa Excelência	S.Ex.ª / V.Ex.ª	altas autoridades do governo e das Forças Armadas
Sua / Vossa Majestade	S.M. / V.M.	reis e imperadores
Sua / Vossa Santidade	S.S. / V.S.	o papa
Sua / Vossa Senhoria	S.S.ª / V.S.ª	autoridades em geral, tratamento cerimonioso

Uso de *você* e *tu*

De acordo com as regras gramaticais, as duas formas, *tu* e *você*, são válidas. No entanto, em situações de uso formal da língua, recomenda-se não misturar os dois pronomes: ou se opta pelo uso de *tu* ou pelo uso de *você* (que corresponde à segunda pessoa, mas o verbo é flexionado na terceira pessoa). Veja estes exemplos:

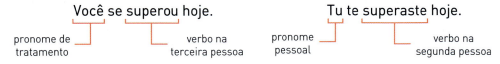

ORIGEM DO PRONOME *VOCÊ*

O pronome *você* originou-se da antiga forma *vossa mercê*. Com o passar dos anos, o uso dessa expressão foi se tornando mais popular e se transformou em *vossemecê*, depois em *vosmecê*, até chegar à forma atual: *você*.

ANOTE AÍ!

As palavras utilizadas para nos referirmos a uma terceira pessoa ou nos dirigirmos ao(s) nosso(s) interlocutor(es) e com valor de pronome pessoal são conhecidas como **pronomes de tratamento**. Eles podem revelar o **grau de intimidade** entre os participantes, dependendo da **situação de comunicação** mais formal ou informal.

ATIVIDADES

Acompanhamento da aprendizagem

Retomar e compreender

1. Leia o poema a seguir, de Fernando Pessoa, e responda às questões.

[Havia um menino]

Havia um menino
que tinha um chapéu
para pôr na cabeça
por causa do sol.

Em vez de um gatinho
tinha um caracol.
Tinha o caracol
dentro de um chapéu;
fazia-lhe cócegas
no alto da cabeça.

Por isso ele andava
depressa, depressa
p'ra ver se chegava
a casa e tirava
o tal caracol
do chapéu, saindo
de lá e caindo
o tal caracol.

Mas era, afinal,
impossível tal,
nem fazia mal
nem vê-lo, nem tê-lo:
porque o caracol
era do cabelo.

Fernando Pessoa. *Comboio, saudades, caracóis*. Organização de João Alves das Neves. São Paulo: FTD, 2007. p. 10-11.

a) No poema, pode-se notar que o eu poético apresenta uma situação vivida por um menino. De acordo com as três primeiras estrofes, o que ocorre com esse menino?

b) Ao final do poema, o eu poético quebra a expectativa do leitor revelando um fato novo. Que fato é esse?

c) Na segunda estrofe do poema, foi utilizado o pronome oblíquo *lhe*. A quem esse pronome faz referência?

d) Na última estrofe do poema, há também o uso do pronome oblíquo *-lo*. Esse pronome faz referência a quem?

2. Identifique e transcreva um pronome pessoal do caso reto presente no texto. Indique o substantivo que esse pronome substitui.

Aplicar

3. Substitua, na terceira e na quarta estrofes do poema, os pronomes oblíquos e o pronome pessoal do caso reto pelos termos a que eles fazem referência. Depois, responda: Por que o poeta usou os pronomes no lugar dos substantivos?

4. Leia a sinopse do livro *Parque encantado*, publicada em um suplemento destinado ao público infantojuvenil de um jornal de ampla circulação.

> Prepare-se para entrar em um parque de diversões com jogos e brinquedos incríveis. O texto de João Anzanello Carrascoza coloca o leitor dentro da brincadeira. Você vai girar dentro de uma xícara, entrar no beco das fantasias e virar uma borboleta no borboletário, onde voará de flor em flor. As ilustrações de Andrés Sandoval captam o movimento e a cor que há nos parques.

O Estado de S. Paulo, 16 out. 2016. Suplemento Estante de Letrinhas.

a) Qual é a finalidade dessa sinopse?

b) No texto, há o uso do pronome de tratamento *você*. A quem esse pronome se refere?

c) Considerando a finalidade da sinopse, por que foi escolhido esse pronome de tratamento?

A LÍNGUA NA REAL

OS PRONOMES DE TRATAMENTO E SEUS USOS

1. Leia um trecho do poema *Morte e vida severina*, escrito pelo pernambucano João Cabral de Melo Neto (1920-1999), um importante poeta brasileiro. Severino, o eu poético, é um retirante. Ele saiu do sertão rumo ao litoral pernambucano em busca de uma vida melhor. O trecho abaixo é uma das falas de Severino durante a viagem até o litoral.

— Nunca esperei muita coisa,
digo a Vossas Senhorias.
O que me fez retirar
não foi a grande cobiça;
o que apenas busquei
foi defender minha vida
da tal velhice que chega
antes de se inteirar trinta;
se na serra vivi vinte,
se alcancei lá tal medida,
o que pensei, retirando,
foi estendê-la um pouco ainda.

João Cabral de Melo Neto. *Morte e vida severina e outros poemas para vozes*. Rio de Janeiro: Nova Fronteira, 1994. p. 44-45.

a) Qual é o significado das formas verbais *retirar* e *retirando* no poema?
b) De que maneira seria possível a velhice chegar antes dos 30 anos de idade?
c) Que pronome de tratamento é utilizado no poema?
d) Em que situações se costuma utilizar esse pronome de tratamento?
e) A quem o eu poético está se dirigindo ao utilizar esse pronome de tratamento?
f) Por que o eu poético utiliza esse pronome de tratamento para falar a quem ele está se dirigindo?
g) Que outro pronome de tratamento poderia ser utilizado mantendo o mesmo sentido que o do poema?

2. O uso do pronome de tratamento *senhor(a)* geralmente revela respeito do falante por seu interlocutor em razão de uma diferença de idade, de posição hierárquica, etc. Em alguns casos, entretanto, pode revelar diferenças sociais e de situação econômica ou, ainda, ironia. Explique o que o uso de *senhor(a)* expressa sobre a relação entre os interlocutores nas frases abaixo.

a) Não quer comprar um chocolate, *senhora*? (pessoa vendendo doces a uma motorista no trânsito de uma grande cidade)
b) Chefe, a *senhora* vai me dispensar mais cedo hoje? (funcionário à superiora)
c) O *senhor* já fez a lição? (pai se dirigindo ao filho)

ANOTE AÍ!

O uso de **pronomes de tratamento** pode revelar o **tipo de relacionamento entre interlocutores**: uma relação de respeito, pelo fato de haver entre eles diferença de idade ou hierárquica; uma relação de desigualdade social e econômica, pelo fato de os interlocutores pertencerem a classes distintas; etc.

Os pronomes de tratamento cerimoniosos podem, às vezes, ser usados com intenção de produzir um efeito de **ironia**.

AGORA É COM VOCÊ!

REESCRITA DE POEMA

Proposta

A infância é um tema presente na obra de vários escritores. Que tal exercitar sua criatividade e reescrever um poema sobre situações relacionadas a essa fase da vida? Ao final, você e os colegas vão organizar uma apresentação para recitar os poemas em um espaço coletivo da escola ou do bairro.

GÊNERO	PÚBLICO	OBJETIVO	CIRCULAÇÃO
Poema	Amigos, familiares e pessoas da comunidade	Reescrever um poema sobre experiências da infância para ser declamado	Recital de poesia na escola ou no bairro

Planejamento e elaboração do texto

1 Leia com muita atenção os dois poemas a seguir, pois um deles será a base de sua produção. Se achar interessante, você pode ler os textos em voz alta para explorar o ritmo de cada um deles.

A boneca

Deixando a bola e a peteca,
Com que inda há pouco brincavam,
Por causa de uma boneca,
Duas meninas brigavam.

Dizia a primeira: "É minha!"
— "É minha!", a outra gritava;
E nenhuma se continha,
Nem a boneca largava.

Quem mais sofria (coitada!)
Era a boneca. Já tinha
Toda a roupa estraçalhada,
E amarrotada a carinha.

Tanto puxaram por ela,
Que a pobre rasgou-se ao meio,
Perdendo a estopa amarela
Que lhe formava o recheio.

E, ao fim de tanta fadiga,
Voltando à bola e à peteca,
Ambas, por causa da briga,
Ficaram sem a boneca...

> Olavo Bilac. A boneca. Em: Adriana Calcanhotto (org.). *Antologia ilustrada da poesia brasileira*: para crianças de qualquer idade. 2. ed. ampl. Rio de Janeiro: Edições de Janeiro, 2014. p. 22-23.

Meus oito anos

Oh! que saudades que tenho
Da aurora da minha vida,
Da minha infância querida
Que os anos não trazem mais!
Que amor, que sonhos, que flores,
Naquelas tardes <u>fagueiras</u>
À sombra das bananeiras,
Debaixo dos laranjais!

Como são belos os dias
Do despontar da existência!
— Respira a alma inocência
Como perfumes a flor;
O mar — é lago sereno,
O céu — um manto azulado,
O mundo — um sonho dourado,
A vida — um hino d'amor!

Que auroras, que sol, que vida,
Que noites de melodia
Naquela doce alegria,
Naquele ingênuo folgar!
[...]

> Casimiro de Abreu. Meus oito anos. Em: Adriana Calcanhotto (org.). *Antologia ilustrada da poesia brasileira*: para crianças de qualquer idade. 2. ed. ampl. Rio de Janeiro: Edições de Janeiro, 2014. p. 14-15.

<u>fagueiro</u>: agradável, amável.

2. Um dos dois poemas será a base da sua produção. Reflita sobre a voz que se expressa em cada um deles e avalie com qual você mais se identifica.

3. Após a seleção de um dos textos, escolha o que será expresso em seu poema.
   - Caso tenha selecionado o primeiro, utilize uma estrutura semelhante à dele para falar de uma situação de disputa na infância – pode ser por um brinquedo, um jogo, entre outros – e do desfecho que essa situação teve.
   - Caso tenha escolhido o segundo, selecione lembranças e sensações associadas à infância. Você pode incluir lugares, pessoas, brincadeiras, músicas relacionadas à sua infância e citá-los no poema.

4. Reescreva o poema escolhido, fazendo as adaptações necessárias. Para maior expressividade, é importante que o poema:
   - apresente musicalidade e ritmo. Para isso, utilize versos rimados e de tamanho regular, repetindo sons ou termos;
   - faça associações diferentes e incomuns, empregando expressões com sentido figurado;
   - apresente pontuação que intensifique a expressividade.

5. Dê um título a seu poema.

Avaliação e reescrita do texto

1. Avalie o poema reescrito por você de acordo com os critérios listados no quadro abaixo.

ELEMENTOS DO POEMA
O texto tem como base um dos poemas apresentados?
O tema é relacionado à infância?
O poema apresenta musicalidade e ritmo? Tem rimas?
Há o uso de expressões com sentido figurado?
Os sinais de pontuação utilizados auxiliam na expressividade do poema?

2. Considere o que você observou no quadro acima para aperfeiçoar seu poema e escreva a versão final dele.

Circulação

1. A turma deve organizar um recital de poesia para compartilhar os textos.

2. Antes do dia combinado para o recital, ouça e analise com seus colegas algumas declamações de poemas para planejar e ensaiar as apresentações.

3. Para melhorar sua apresentação, leia as orientações a seguir.
   - Estude bem o poema, observando os recursos utilizados para marcar o ritmo do texto.
   - De acordo com o sentido expresso pelo poema, selecione as palavras que devem ser pronunciadas com ênfase especial.
   - Verifique os sinais de pontuação e os momentos do texto em que deve haver pausas, ênfases, interrogações, etc.
   - Lembre-se de dizer o título do poema no início de sua apresentação.
   - Evite fazer muitos gestos durante a declamação. A gesticulação deve apoiar o conteúdo expresso no poema, e não chamar mais atenção do que o texto.

Acesse o recurso digital para ouvir declamações de poemas e se preparar para sua apresentação. Depois, responda: O que mais chamou sua atenção nessas declamações?

191

CAPÍTULO 2
COTIDIANO POÉTICO

O QUE VEM A SEGUIR

Você vai ler um poema de Mario Quintana, escritor conhecido por lançar um olhar poético sobre fatos do cotidiano. Leia o título e responda: De que ritmo você imagina que o poema vai tratar? Comente sua resposta com os colegas.

TEXTO

Ritmo

Na porta
a varredeira varre o cisco
varre o cisco
varre o cisco

Na pia
a menininha escova os dentes
escova os dentes
escova os dentes

No arroio
a lavadeira bate roupa
bate roupa
bate roupa

até que enfim
se desenrola
toda a corda

e o mundo gira imóvel como um pião!

Mario Quintana. *Anotações poéticas*.
São Paulo: Globo, 1996. p. 65.

arroio: córrego, riacho.
cisco: lixo, pó.

TEXTO EM ESTUDO

PARA ENTENDER O TEXTO

1. Após a leitura, suas hipóteses iniciais sobre o poema se confirmaram?

2. Copie o quadro abaixo no caderno e complete-o com informações do poema.

Quem realiza a ação	Ação	Objeto da ação	Lugar onde ocorre a ação
	varre		na porta
a menininha			
	bate		
		a corda	(não aparece o lugar)
o mundo		(não há objeto da ação)	

3. O que há em comum entre as pessoas citadas no poema?

4. As ações realizadas por elas são semelhantes? Explique.

5. Observe que as três primeiras estrofes do poema têm formatos semelhantes (um verso curto, um mais longo e dois curtos).

   a) Que relação há entre a repetição da estrutura e o sentido dessas estrofes?

   b) A repetição do último verso dessas estrofes reforça qual aspecto das ações?

6. Nos versos das duas últimas estrofes, as palavras estão distribuídas na página de modo diferente do que ocorre nas estrofes anteriores. Como essa organização de palavras se relaciona com o conteúdo das estrofes?

7. O modo de organização do poema "Ritmo" auxilia na construção de qual sentido geral do texto?

8. No último verso do poema, é estabelecida uma relação entre o movimento do mundo e o de um pião.

   a) Nesse verso, há uma contradição. Identifique-a.

   b) Agora, pense no movimento de um pião após ser lançado. Quando o pião gira velozmente, que impressão temos dele? Por quê?

   c) Considerando a imagem evocada pelo giro do pião, explique o sentido do último verso.

   d) Que semelhança há entre o sentido expresso nesse verso e o movimento realizado pelas mulheres e pela menina?

9. Em geral, os títulos se relacionam com o conteúdo dos textos. Que relação pode ser estabelecida entre o título do poema e o conteúdo expresso em seus versos?

10. **SABER SER** No poema "Ritmo", o eu poético faz referência a atividades desenvolvidas por diferentes pessoas no dia a dia, destacando a repetição de rotinas e estabelecendo relações entre elas e o movimento do mundo e da própria vida. Ao estabelecer essas conexões, é possível refletir sobre o próprio cotidiano e o ritmo em que se vive, analisando a intensidade e a velocidade dos acontecimentos e como esses fatores impactam no bem-estar.

    a) Considerando suas atividades cotidianas, como é o ritmo da sua vida? E o ritmo da vida de seus responsáveis? Como você se sente nesse contexto?

    b) Ao observar o ritmo de sua vida, você o considera adequado? Por quê?

193

O CONTEXTO DE PRODUÇÃO

11. No poema, o eu poético observa as ações da lavadeira e as da varredeira. Essas profissões são comuns atualmente? Em sua opinião, isso revela algo sobre a rotina doméstica da época em que o poema foi escrito? Explique.

12. Por que a imagem de uma lavadeira lavando roupa no riacho não é comum nos dias atuais? Formule hipóteses sobre isso.

A LINGUAGEM DO TEXTO

13. Leia em voz alta as três primeiras estrofes do poema e observe a sonoridade.

a) Quais sons de consoante se repetem nessas estrofes?

b) Qual é a relação entre a repetição do som dessas consoantes e as ideias expressas em cada estrofe?

ANOTE AÍ!

A **repetição de consoantes** é um recurso usado para intensificar o ritmo ou para criar um **efeito sonoro** significativo no texto. Esse recurso recebe o nome de **aliteração**.

14. Agora observe a repetição de vogais nas duas últimas estrofes do poema.

a) Quais vogais se repetem de forma mais significativa?

b) Que efeito esse tipo de repetição provoca no poema?

ANOTE AÍ!

A **repetição de vogais** recebe o nome de **assonância**. Ao usar esse recurso de forma intencional, o poeta amplia a **expressividade** e o **ritmo** do poema.

15. As repetições de sons – aliterações e assonâncias – reforçam qual ideia relacionada ao conteúdo do poema?

16. Leia, em voz alta, este poema de César Obeid:

> Letra **Q** tem o sabor
> de quitutes tão quentinhos.
> de quintais tão quilométricos
> e quiabos quebradinhos.
>
> O queixada reclamou
> da conversa com o quati.
> – Não te entendo, meu amigo,
> Só escuto quiquiqui.

César Obeid. *Abc das rimas*. São Paulo: Salesiana, 2010. p. 20.

a) Nesse poema são apresentadas várias palavras com a letra *q*, sendo que duas delas nomeiam animais: *queixada* e *quati*. Busque no dicionário definições desses animais e escreva-as no caderno.

b) O poema apresenta uma fala do queixada ao quati. Explique o sentido dessa fala no contexto.

c) Nessa fala, qual palavra reproduz o som que o queixada escuta?

d) Considerando o contexto, o que essa palavra reforça?

ANOTE AÍ!

Outro recurso sonoro comum em poemas é o uso de **onomatopeias**, que procuram reproduzir **diversos sons**, como um som da natureza ou de um objeto ou de um ruído de animal, por exemplo.

PARA EXPLORAR

As aventuras de Max e seu olho submarino, **de Luigi Amara. São Paulo: SM, 2010.**

Com dezesseis poemas de formato variado (quadras, sonetos, haicais), o livro relata a história do jovem Max. De tanto ser esfregado, o olho de Max se desprende da órbita e embarca em aventuras incríveis.

194

17. Agora leia, também em voz alta, um poema do escritor alagoano Jorge de Lima. Preste atenção na sonoridade do poema.

Noite de São João

Vamos ver quem é que sabe
soltar fogos de S. João?
Foguetes, bombas, chuvinhas,
chios, chuveiros, chiando, chiando,
chovendo chuvas de fogo!
Chá – Bum!

Jorge de Lima. *Obra completa*. Rio de Janeiro: Aguilar, 1958. p. 58.

a) Nesse poema, qual é o som que se repete e se destaca? Ele é representado por quais letras?
b) Que nome se dá à repetição desse som?
c) Que efeito o uso desse recurso provoca no texto?
d) Que onomatopeia é utilizada no poema?
e) No contexto do poema, que som a onomatopeia procura reproduzir?

COMPARAÇÃO ENTRE OS TEXTOS

18. Copie o quadro abaixo no caderno e preencha-o comparando os dois poemas estudados nos capítulos 1 e 2 desta unidade.

	"INFÂNCIA"	"RITMO"
Tema		
Presença de rima		
Recursos utilizados para dar sonoridade e ritmo ao poema		
Relação entre os efeitos sonoros e o sentido		

19. Como vimos nesta unidade, os poemas podem envolver o leitor de diferentes maneiras: por meio da expressão de emoções, da sonoridade, do ritmo e dos jogos de palavras.

a) Em sua opinião, qual dos poemas estudados envolve mais o leitor? Por quê?
b) Qual característica desse poema foi mais marcante para você?

MARIO QUINTANA: UM POETA DO SUL

Mario Quintana nasceu na cidade de Alegrete (RS), em 30 de julho de 1906. Publicou mais de vinte livros, voltados tanto ao público em geral, como *Espelho mágico* e *O aprendiz de feiticeiro*, como ao público infantojuvenil, como *Pé de pilão* e *Sapato furado*. Quintana foi também um importante tradutor de obras da literatura universal. Faleceu em 5 de maio de 1994, perto de completar 87 anos, em Porto Alegre (RS), onde viveu grande parte da vida.

◀ O poeta Mario Quintana, em foto de 1986.

LÍNGUA EM ESTUDO

PRONOMES DEMONSTRATIVOS

1. Leia o poema a seguir, de Claudio Fragata.

> **Esse**
>
> O S pode ser duas curvas fechadas
> Cuidado! Perigo na estrada!
> O S pode ser uma serpente sinuosa.
> Cuidado! Essa também é perigosa!
> O S pode ser um pato nadando na lagoa.
> Isso sim é coisa boa!
>
> Claudio Fragata. *Alfabeto escalafobético*. São Paulo: Jujuba, 2013. p. 27.

RELACIONANDO

No poema "Esse", ao utilizar os pronomes demonstrativos *essa* e *isso*, o eu poético faz referência ao que acabou de mencionar. Nesse caso, o uso desses pronomes auxilia na construção de sentido, evita a repetição de palavras e contribui para a manutenção do ritmo e da musicalidade do poema.

a) Considerando o assunto do poema, explique a brincadeira em relação ao sentido da palavra *esse* no título.
b) Quando o eu poético diz "Essa também é perigosa!", a que palavra o pronome *essa* faz referência?
c) No último verso do poema, a que o termo *isso* faz referência?

Os termos *essa* e *isso* são classificados como pronomes demonstrativos.

ANOTE AÍ!

Os **pronomes demonstrativos** são palavras que servem para **situar no espaço** ou **no tempo os seres e objetos** de quem ou de que falamos. Eles também são utilizados para **fazer referência** a elementos já expressos ou que serão apresentados em um texto.

Observe, no quadro abaixo, os pronomes demonstrativos correspondentes a cada pessoa do discurso. Em seguida, conheça os usos desses pronomes.

PESSOAS DO DISCURSO	VARIÁVEIS	INVARIÁVEIS
1ª pessoa	este, estes, esta, estas	isto
2ª pessoa	esse, esses, essa, essas	isso
3ª pessoa	aquele, aqueles, aquela, aquelas	aquilo

PRONOMES DEMONSTRATIVOS EM RELAÇÃO AO ESPAÇO

2. Leia a tira e responda: Na fala de Jon, no primeiro quadrinho, que pronome faz referência à folha de papel que ele segura?

Jim Davis. Garfield. *Folha de S.Paulo*, 2 dez. 2014.

Os pronomes demonstrativos possuem uma relação espacial com as pessoas do discurso. Observe o quadro a seguir.

PRONOMES DEMONSTRATIVOS	POSIÇÃO DO SER OU DO OBJETO NO ESPAÇO
este, estes, esta, estas, isto	próximo da pessoa que fala
esse, esses, essa, essas, isso	próximo da pessoa com quem se fala
aquele, aqueles, aquela, aquelas, aquilo	distante de quem fala e de seu interlocutor

3. Releia a tira da atividade **2** e justifique o uso do pronome demonstrativo *esta*.

PRONOMES DEMONSTRATIVOS EM RELAÇÃO AO TEMPO

4. Leia as frases a seguir e observe o uso dos pronomes demonstrativos.

> I. No século XVIII, longas viagens eram feitas de navio. Aquela foi uma época de muitas aventuras marítimas!
> II. Mês passado, todos nós fomos viajar. Esse tempo foi muito bom!

a) Nas frases acima, os pronomes demonstrativos fazem referência ao passado. Que pronome é utilizado em cada uma delas?

b) Observe a situação em que cada um dos pronomes foi usado. Em relação ao sentido expresso, qual é a diferença entre esses dois pronomes?

Os pronomes demonstrativos também são utilizados para fazer referência aos tempos presente, passado ou futuro. Observe o quadro a seguir.

PRONOMES DEMONSTRATIVOS	POSIÇÃO DO SER OU DO OBJETO NO TEMPO
este, estes, esta, estas, isto	presente
esse, esses, essa, essas, isso	passado ou futuro próximos
aquele, aqueles, aquela, aquelas, aquilo	passado ou futuro distantes

PRONOMES DEMONSTRATIVOS: ANTECIPAR OU RETOMAR INFORMAÇÕES

Um dos usos dos pronomes demonstrativos é estabelecer relações entre partes do texto para retomar o que já foi dito ou escrito ou antecipar o que será dito ou escrito.

PRONOMES DEMONSTRATIVOS	UTILIZA-SE	EXEMPLO
este, estes, esta, estas, isto	quando se faz referência a alguém ou a algo de quem/que se vai falar.	Minha ideia é *esta*: ir à praia nas férias.
esse, esses, essa, essas, isso	quando se quer retomar algo que já foi citado.	João foi à praia no feriado. *Isso* o deixou muito feliz!
este, estes, esta, estas, aquele, aqueles, aquela, aquelas	quando se quer retomar algo que já foi mencionado: *este*, *estes*, *esta* e *estas* se referem ao que foi mencionado por último; *aquele*, *aqueles*, *aquela* e *aquelas* se referem ao que foi citado primeiro.	André e Felipe vieram estudar em casa: *este* me ajudou em Matemática; *aquele*, em Ciências. (O pronome *este* se refere a Felipe, e o pronome *aquele*, a André.)

OS PRONOMES E AS PREPOSIÇÕES

Os pronomes demonstrativos podem aparecer combinados com as preposições *em* e *de*. Exemplos: *neste*, *naquele*, *nisso* (combinação com *em*); *deste*, *daquilo*, *disso* (combinação com *de*).

Acompanhamento da aprendizagem

Retomar e compreender

1. Leia o título e a linha fina de uma notícia.

   Minhocas também passam por uma fase rebelde na adolescência
   Para os cientistas, esse momento é útil para a espécie explorar e se adaptar ao ambiente

   Disponível em: http://revistagalileu.globo.com/Ciencia/noticia/2017/01/minhocas-tambem-passam-por-uma-fase-rebelde-na-adolescencia.html. Acesso em: 2 mar. 2023.

   a) Identifique e classifique o pronome utilizado no texto acima.
   b) A que esse pronome faz referência?

2. Qual é a ideia expressa pelos pronomes demonstrativos destacados nas frases a seguir?
   a) **Naquele** tempo, as crianças brincavam nas ruas.
   b) Ele comprou o carro **naquela** loja.
   c) Júlia e Paulo estudam na mesma escola. **Este** está no 4º ano; **aquela**, no 6º ano.
   d) **Este** livro eu já li. Queria ler **aquele** outro.

3. Leia esta tira de Calvin.

    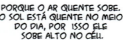   

   Bill Watterson. *Criaturas bizarras de outro planeta:* as aventuras de Calvin e Haroldo. São Paulo: Conrad Editora do Brasil, 2011. p. 25.

   a) Calvin quer saber por que o Sol se põe. A resposta que seu pai lhe dá na tira é correta? Procure explicar.
   b) De quem é a fala "Querido!" no último quadrinho? Por que essa pessoa chama a atenção do pai de Calvin?
   c) Releia esta frase:

   O sol está quente no meio do dia, por isso ele sobe alto no céu.

   - A que o pronome *isso* se refere?

Aplicar

4. Reescreva as frases abaixo no caderno, usando adequadamente os pronomes demonstrativos. Eles podem estar sozinhos ou combinados com preposições.
   a) Você viu ★ menina lá fora? É sobre ela que estávamos conversando.
   b) Por favor, pegue para mim ★ toalha que está ao seu lado!
   c) Preste atenção! Coloquei os ovos ★ sacola que está perto de você.
   d) Cuidado! ★ pacote na minha mão é frágil.
   e) Você está vendo ★ casebre, lá na encosta da montanha?
   f) Todo mês, ele me escrevia cartas. ★ época, não havia internet.

A LÍNGUA NA REAL

O PRONOME NA COESÃO DO TEXTO

1. Leia o poema a seguir.

Minha sombra

Minha sombra
Me assombra.

Eu dou um pulo
E ela para no ar.

Eu subo em árvore,
Ela desce escada.

Eu ando a cavalo,
Ela segue a pé.

Eu vou à festa!
Oba, vou nessa!

Sérgio Capparelli. *111 poemas para crianças*. Porto Alegre: L&PM, 2006. p. 20.

a) Que situação inusitada é apresentada no poema?

b) O pronome *ela* refere-se a que substantivo presente no poema?

c) Explique o uso desse pronome no poema.

d) Se o pronome *ela* não fosse usado no poema, como ficariam os versos? Seu sentido mudaria?

2. Agora leia o texto abaixo, retirado de um artigo que explica como é feita a maioria das numerações das casas brasileiras.

Alguns casos são mais complicados. Quando a rua é paralela ao marco zero, o início da rua é a ponta que fica mais próxima em linha reta a essa referência. Outro lembrete importante é que nem sempre duas ruas que correm lado a lado têm numeração parecida. [...]

Mundo Estranho. Como são escolhidos os números das casas de uma rua?, 14 fev. 2020. Disponível em: https://super.abril.com.br/mundo-estranho/como-sao-escolhidos-os-numeros-das-casas-de-uma-rua. Acesso em: 8 mar. 2023.

a) A expressão "essa referência" está se referindo a quê?

b) Por que foi utilizado o pronome *essa* na expressão?

3. Leia a frase a seguir.

Meu irmão não suporta quando nosso quarto fica bagunçado e, quando isso acontece, o resultado é um irmão estressado!

a) Copie a frase no caderno e substitua o pronome *isso* pelo termo correspondente.

b) Que palavras ficaram repetidas com a substituição do pronome *isso*?

c) Como você pôde observar, existe a possibilidade de escrever essa frase sem o pronome demonstrativo. Qual é a função do pronome nessa frase?

d) A repetição intencional de palavras geraria que efeito de sentido?

ANOTE AÍ!

Os **pronomes** são elementos de **coesão textual**, pois ajudam a **estabelecer relações** no texto, interligando ideias, tornando-o mais preciso e **evitando as repetições desnecessárias**, que não foram planejadas pelo produtor do texto.

PARA EXPLORAR

111 poemas para crianças, de Sérgio Capparelli. Porto Alegre: L&PM, 2006.
Esse livro reúne os melhores poemas de Sérgio Capparelli. Dividido em dez capítulos, o livro apresenta desde poemas que cativam pela emoção até os que brincam com o jogo de palavras e sons.

199

ESCRITA EM PAUTA

ACENTUAÇÃO DE HIATOS E DITONGOS

1. Observe que, em todas as palavras do quadro abaixo, aparecem duas vogais juntas (vizinhas).

   | guarda | zoo | cair | raiz | quase | louco | afiado | série | saída |

   - Copie essas palavras, dividindo-as em dois grupos:
     I. Palavras nas quais essas vogais são pronunciadas na mesma sílaba.
     II. Palavras nas quais essas vogais não são pronunciadas na mesma sílaba.

   ### ANOTE AÍ!
   Quando as vogais vizinhas estão na mesma sílaba, uma delas (a de som mais fraco) passa a ser chamada de **semivogal**. O som da vogal e da semivogal juntas na mesma sílaba chama-se **ditongo**.
   Exemplo: *igual* (i-g**ua**l)
   Quando as vogais vizinhas são pronunciadas em sílabas diferentes, ocorre **hiato**.
   Exemplo: *saúde* (s**a-ú**-de)

2. Leia a tira a seguir.

Laerte. Overman. *Folha de S.Paulo*, 1997. Caderno Ilustrada.

a) Na tira, o humor se baseia no anonimato de quem passa trotes na personagem Overman. Considerando isso, por que a pessoa que iria se encontrar com ele não apareceu?

b) No segundo quadrinho, há duas palavras em que ocorre hiato. Que palavras são essas?

c) Qual delas é acentuada? Como você concluiu que nessa palavra ocorre hiato, e não ditongo?

d) Há algum hiato ou ditongo no terceiro quadrinho? Qual?

ANOTE AÍ!
Quando a segunda **vogal do hiato** for *i* ou *u* tônicos, acompanhados ou não de *s*, ela será **acentuada**. Exemplos: a**í**, fa**í**sca, pa**í**s, sa**ú**de, mi**ú**do, ca**í**do, sa**í**.
Há exceções a essa regra:
- **Não são acentuados** os hiatos terminados em *i* seguidos de *nh*. Exemplos: r**ai**nha, t**ai**nha.
- **Não são acentuados** os hiatos em que o *i* ou o *u* finais formam sílaba com outra letra que não o *s*. Exemplos: r**ui**m, c**ai**r, r**ai**z.

3. Leia o poema a seguir, de Roseana Murray.

A lua

A lua pinta a rua de prata
E na mata a lua parece
Um biscoito de nata.

Quem será que esqueceu
a lua acesa no céu?

Roseana Murray. *No mundo da lua*. São Paulo: Paulus, 2011.

a) No poema, há duas palavras terminadas em ditongo *eu*. Quais são elas?
b) Observando a sonoridade das palavras, o que diferencia a pronúncia da letra *e* presente nos ditongos?

4. Copie as frases no caderno, completando-as com as palavras a seguir. Acentue-as quando necessário.

| trofeu | bau | joia | juiz | saida | heroico | ideia |

a) O ★ foi colocado no quarto da criança.
b) Não havia nenhuma indicação de ★ de emergência.
c) O ★ foi recebido pelo campeão da corrida.
d) A namorada recebeu uma ★ como presente.
e) O ★ declarou o final do jogo.
f) João teve uma ★ que salvaria seu time.
g) O ato ★ daquela bombeira foi o que salvou a criança.

ANOTE AÍ!

Os **ditongos abertos** *ei*, *eu* e *oi* são acentuados quando aparecem na **última sílaba de palavras oxítonas**, seguidos ou não de *s*. Exemplos: pap**éi**s, chap**éu**, her**ói**.

ETC. E TAL

Poema e letra de canção

Os poemas mantêm uma relação próxima com as canções desde muito tempo. Na Antiguidade, por exemplo, os poemas eram chamados de *lírica* e feitos para serem cantados com o acompanhamento de um instrumento musical, a lira. Segundo Luciano Cavalcanti, no artigo "Música e poesia em Manuel Bandeira" (2009), foi a partir do século XVI que "a lírica foi abandonando o canto para se destinar, cada vez mais, à leitura silenciosa".

Até os dias atuais, poemas e letras de canção dialogam e mantêm proximidade. Um exemplo é a sonoridade: assim como em muitos poemas, em letras de música é comum a repetição de fonemas para obter determinado ritmo. Esses dois gêneros se diferenciam, principalmente, pela presença ou não da linguagem musical: enquanto o poema é lido, a letra de canção se integra a uma melodia. No entanto, há muitas letras de canção originadas de poemas que foram musicados; por exemplo, a canção "Rosa de Hiroxima", do poema homônimo de Vinicius de Moraes.

AGORA É COM VOCÊ!

ESCRITA DE POEMA

Proposta

Ao falar da repetição das ações que fazem parte do cotidiano, ressaltando sua sonoridade, o poema "Ritmo" revela que a poesia pode estar presente em situações comuns de nossa rotina. Tomando esse texto como inspiração, que tal você exercitar sua criatividade e capacidade de observação e escrever um poema sobre situações relacionadas a seu dia a dia?

Ao final, para levar um pouco de poesia às pessoas, você e sua turma vão criar uma caixa de poemas e distribuir textos poéticos à comunidade escolar e, com a supervisão do professor, também àqueles que circulam pelos espaços públicos próximos da escola, como pontos de ônibus, praças, etc.

GÊNERO	PÚBLICO	OBJETIVO	CIRCULAÇÃO
Poema	Pessoas da comunidade escolar e do bairro onde se situa a escola	Escrever um poema e distribuí-lo a pessoas da comunidade	Caixa de poemas na escola e na comunidade do entorno

Planejamento e elaboração do texto

1. No poema, você pode tratar de uma situação do dia a dia ou de um objeto do seu cotidiano. Procure escolher algo com o que você se identifique ou tenha uma relação, ou seja, que desperte sua imaginação e sua criatividade.

2. Defina o eu poético. Ele pode assumir a voz de alguém que vive ou viveu uma situação ou, se você resolveu falar de um objeto, a voz desse objeto.

3. Feita as escolhas, escreva as palavras que lhe vêm à mente quando pensa na situação ou no objeto escolhido.

4. Liste palavras que rimam e se relacionam com o tema escolhido.

5. Imagine comparações e/ou definições com sentido figurado que possam ser utilizadas para tratar desse tema.

6. Lembre-se: Um poema é um texto em que o eu poético expõe sensações e ideias bem particulares, apresentando seu jeito de ver o mundo. Ele pode fazer o leitor se divertir, se emocionar, refletir. Portanto, sinta-se à vontade para criar imagens e não tenha medo de fazer associações diferentes ou incomuns.

LINGUAGEM DO SEU TEXTO

1. No poema "Ritmo", você observou a repetição de sons parecidos. Qual é o objetivo do poeta ao utilizar esse recurso?

2. Em "Letra **Q** tem o sabor", que palavra foi utilizada para reproduzir o som do quati?

3. No poema "Minha sombra", que pronomes foram usados para garantir a coesão textual?

Ao escrever seu poema, utilize recursos como assonância, aliteração e onomatopeia para expressar sons que se relacionam ao tema do seu texto. Além disso, utilize pronomes para retomar ou antecipar ideias.

7 Procure trabalhar o ritmo dos versos. Nos capítulos 1 e 2, você viu que ele pode ser construído pela organização de sílabas tônicas (fortes) e átonas (fracas), pelas rimas e repetições de sons e palavras. Para perceber o ritmo e outros recursos sonoros de seu poema, leia-o em voz alta.

8 Cuide da disposição gráfica dos versos na página. Procure organizar versos e estrofes de modo que isso contribua com os efeitos de sentido pretendidos.

9 Lembre-se de dar um título expressivo para o poema.

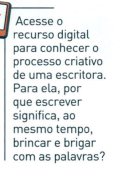
Acesse o recurso digital para conhecer o processo criativo de uma escritora. Para ela, por que escrever significa, ao mesmo tempo, brincar e brigar com as palavras?

Avaliação e reescrita do texto

1 Leia seu poema e avalie-o de acordo com os itens a seguir.

ELEMENTOS DO POEMA
O tema abordado é uma situação ou um objeto do cotidiano?
É possível reconhecer a voz que fala no poema, ou seja, o eu poético?
Há uso de linguagem figurada ao longo do poema?
Foram usados recursos como repetições, rimas, aliterações ou assonâncias para reforçar os sentidos expressos no poema?
Os pronomes foram usados para manter a coesão do texto?
A organização em versos e estrofes cria um efeito expressivo?
O título do poema é expressivo?

2 Você também pode ler o poema de um colega enquanto ele lê o seu e avaliá-lo com base nos critérios acima.

3 Após essa avaliação, se for preciso, reescreva seu poema, fazendo as modificações que julgar necessárias.

Circulação

1 Agora chegou o momento de criar a caixa de poemas e espalhar um pouco de poesia pela escola e seus arredores. Para isso, o professor organizará a turma em grupos de cinco estudantes. Cada grupo ficará responsável por preparar uma caixa para guardar os poemas. Vocês podem utilizar uma caixa de papelão e revesti-la ou pintá-la. Uma sugestão é ilustrá-la com imagens que remetam aos poemas que vocês criaram. Vocês também podem fazer colagens com recortes coloridos.

2 Copiem a versão final do poema em uma folha de papel colorido. Lembrem-se de utilizar uma cor de caneta ou de lápis que realce o texto no papel.

3 Dobrem as folhas e guardem-nas nas caixas.

4 No dia e horário combinados com o professor, cada grupo pegará sua caixa de poemas e se deslocará até o local definido para a atividade. Convidem as pessoas para escolher um poema para ler ou ouvir.

5 O grupo pode ler o poema sorteado pela pessoa ou pedir a ela que o leia em voz alta. Se for possível, perguntem o que ela achou do poema.

6 De volta à sala, conversem sobre a realização da atividade.
- Como foi a recepção dos poemas pelo público?
- Qual parte da atividade vocês mais gostaram de realizar?

ATIVIDADES INTEGRADAS

Leia o poema a seguir, do poeta Eucanaã Ferraz, em que o eu poético fala de sua infância. Depois, responda às questões.

Fotografia

Não sei quem eu era
quando era menino.

Procuro no tempo,
procuro no espelho.

Retratos me dizem
que eu era franzino.

Eu era de vidro
mas não me quebrei.

Os astros disseram
que eu era taurino.

Estrelas, planetas,
que sabem de mim?

Daquele garoto
eu sou seu destino.

Foi tudo tão rápido!
Foi tão repentino!

Não sei quem eu era.
Talvez fosse eu.

Eucanaã Ferraz. *Cada coisa*. São Paulo: Companhia das Letrinhas, 2016. p. 56.

EUCANAÃ FERRAZ: UM POETA CONTEMPORÂNEO

Nascido no Rio de Janeiro em 1961, Eucanaã Ferraz é um importante nome da poesia contemporânea brasileira. Além disso, é professor e pesquisador de Literatura Brasileira na Universidade Federal do Rio de Janeiro (UFRJ).

◄ Eucanaã Ferraz, em foto de 2016.

Analisar e verificar

1. O eu poético demonstra estar em busca de algo. Essa busca é relacionada a quê?

2. Em sua opinião, por que foi dado esse título ao poema?

3. Em cada uma das estrofes, há dois versos.
   a) Que estrofe indica ações realizadas pelo eu poético?
   b) Que estrofes apresentam características do eu poético?
   c) Identifique essas características e transcreva-as no caderno.

4. Uma das características do eu poético está em sentido figurado.
   a) Identifique-a e explique, no contexto do poema, o que ela significa.
   b) O que a estrofe em que essa característica é apresentada revela sobre o eu poético?

5. Leia a seguir a definição de *taurino*.

   taurino. *adj*. 1. Relativo ou pertencente a touro; táureo; tauro. [...] *adj. s.m.* ASTRL 3. que ou aquele que nasceu sob o signo de Touro; taurino.

   Houaiss eletrônico: dicionário da língua portuguesa. Rio de Janeiro: Objetiva, 2009. 1 CD-ROM.

   a) A qual desses significados a característica apresentada pelo eu poético faz referência?
   b) O que indicam as abreviações anteriores à definição selecionada?
   c) Considerando o verso em que o termo *taurino* aparece, quais das abreviações presentes na definição são relacionadas a ele? Justifique.

204

Acompanhamento da aprendizagem

6. Sobre a estrofe em que o eu poético diz ser taurino, responda:

a) Que relação pode ser observada entre os versos da quinta e da sexta estrofes?

b) O que a pergunta presente na sexta estrofe revela sobre o eu poético?

7. A apresentação das características é feita com uma mesma estrutura de frase.

a) Que estrutura é essa?

b) A repetição dessa estrutura promove qual efeito no poema?

8. Em uma das estrofes, o eu poético faz referência à passagem do tempo e às transformações ocorridas.

a) Qual estrofe apresenta essa constatação?

b) Nessa estrofe, que recursos foram utilizados para indicar a intensidade da sensação do eu poético em relação a essas mudanças?

9. Ao longo do poema, é possível notar a presença de rimas.

a) Essas rimas são localizadas, prioritariamente, em qual posição nos versos?

b) Ao longo do poema, é possível notar uma regularidade em relação ao uso das rimas. Considerando as cinco primeiras estrofes, que regularidade é essa?

10. Na sétima e na oitava estrofes foi utilizado um recurso que causa um efeito sonoro.

a) Releia os versos e indique que recurso é esse.

b) Explique a utilização desse recurso.

11. Releia o poema em voz alta e preste atenção aos efeitos sonoros promovidos pelas rimas e pelas repetições. O que você conseguiu observar? Qual é a importância desses recursos para o sentido do poema?

12. Ao longo do poema, há o uso recorrente de um pronome pessoal.

a) Que pronome é esse? A qual pessoa do discurso ele se refere?

b) Outros pronomes que fazem referência a essa mesma pessoa do discurso estão presentes no poema. Identifique-os.

c) Qual é a relação entre o uso de pronomes que se referem a essa pessoa do discurso e o assunto tratado no poema? Copie no caderno a afirmação correta.

I. Os pronomes pessoais intensificam a ideia de que o eu poético não compreende as mudanças pelas quais passou ao longo da vida.

II. O assunto tratado no poema é a busca do eu poético em relação a si mesmo, sendo o uso de pronomes em primeira pessoa coerente com esse assunto.

Criar

13. Muitos livros de poemas dirigidos ao público infantojuvenil são ilustrados. A relação entre a linguagem verbal e a não verbal tem um papel na construção dos sentidos do texto: as ilustrações podem complementar o que está sendo dito, revelar novos sentidos, enfatizar um aspecto do texto, entre outras funções.

- Considerando isso, crie uma ilustração para o poema "Fotografia". Reflita sobre os sentimentos que o poema despertou em você, sua compreensão do texto e o que deseja revelar ou enfatizar.

CIDADANIA GLOBAL

UNIDADE 6

Retomando o tema

Ao longo desta unidade, você e seus colegas puderam refletir sobre o universo do trabalho e sobre a relevância de atividades produtivas manuais e artísticas para o desenvolvimento de uma economia criativa.

Agora vocês vão pesquisar e identificar a diversidade de práticas dessa natureza em sua comunidade. Mas, antes, conversem com os colegas.

1. Vocês conhecem pessoas ou empresas que produzem ou desenvolvem produtos artesanais? Essas pessoas mobilizam conhecimentos passados de geração a geração em suas atividades? Em casos afirmativos, citem exemplos.

2. Atividades desse tipo contribuem para o desenvolvimento da comunidade onde são realizadas? De que forma?

Geração da mudança

Vocês vão coletar informações sobre pequenos e microempreendedores da comunidade que desenvolvem produtos artesanais, como aqueles que atuam no preparo e venda de comida, artesãos, costureiras, entre outros.

■ Organizem-se em grupos e verifiquem quais empreendedores da comunidade apresentam essas características. Escolham um deles e marquem uma entrevista para conhecer melhor esse modelo de trabalho.

■ Elaborem coletivamente um questionário para obter informações como: tipo de produto(s) desenvolvido(s), desafios para produzir, divulgar e comercializar esse(s) produto(s), oportunidades geradas a partir desse tipo de atuação, entre outras. A entrevista pode ser feita de forma presencial, por telefonema ou por *e-mail*. Não se esqueçam de pedir fotos do produto e autorização para utilizá-las.

■ Compartilhem com a turma as informações obtidas e reflitam sobre como as atividades produtivas apresentadas impactam na geração de renda e na construção de uma economia mais inclusiva e sustentável.

■ Organizem, de forma coletiva, um mural intitulado "Economia criativa e práticas de produção inclusivas" para divulgar as informações recolhidas.

Autoavaliação

206

BIOGRAFIA E ANÚNCIO DE PROPAGANDA

UNIDADE 7

PRIMEIRAS IDEIAS

1. Você já leu uma biografia? Se sim, o que motivou sua leitura?
2. Você se lembra de algum anúncio que convida as pessoas a participar de uma campanha? Se sim, qual anúncio?
3. As palavras *estar*, *estudar* e *chover* são verbos. Qual deles expressa uma ação?
4. Os modos verbais indicam a atitude de quem fala em relação ao que diz. Sabendo disso, reflita sobre como você usa o modo indicativo: para indicar certeza, dúvida ou ordem?

Conhecimentos prévios

Nesta unidade, eu vou...

CAPÍTULO 1 — A vida em destaque

- Ler e interpretar biografia, identificando as características do gênero.
- Discutir aspectos relacionados aos direitos humanos, em especial à valorização da luta da população negra e das mulheres.
- Analisar letra de música e fotografia histórica com temática sobre o Carnaval.
- Compreender a noção de verbo e de flexão verbal; identificar oração, sintagma e período.
- Produzir biografia e montar uma coletânea.

CAPÍTULO 2 — A arte de engajar-se

- Ler e interpretar anúncio de propaganda, identificando as características do gênero.
- Discutir sobre a discriminação de gênero na sociedade.
- Reconhecer verbos no modo indicativo.
- Compreender algumas regras de acentuação.
- Produzir anúncio de propaganda para uma campanha pró-voluntariado.

INVESTIGAR

- Pesquisar a história da televisão brasileira.
- Produzir uma linha do tempo para apresentar essa história.

CIDADANIA GLOBAL

- Discutir sobre a disparidade em relação à representatividade por gênero na composição das Câmaras Municipais no Brasil.
- Produzir mapa com dados estatísticos sobre a participação feminina nas últimas eleições municipais.

207

LEITURA DA IMAGEM

1. A foto registra uma manifestação ocorrida no Dia Internacional da Mulher (8 de março). Para você, é importante participar de manifestações como essa? Por quê?

2. A garota que está em evidência, observando o acontecimento de uma sacada, possui um símbolo no rosto. Você conhece o significado desse símbolo?

3. Na foto, há diversos elementos na cor lilás. Por qual motivo?

4. Para você, atualmente, as mulheres ainda precisam reivindicar direitos? Justifique.

CIDADANIA GLOBAL

A imagem retrata uma manifestação que reivindica direitos para as mulheres. A luta pela igualdade de gênero busca pôr fim a todas as formas de discriminação contra as mulheres no mundo, garantindo a participação delas em todos os espaços, nos âmbitos pessoal e público, como na vida política.

■ Em sua opinião, por que é importante que as mulheres tenham mais representatividade na vida política? Justifique.

 Acesse o recurso digital e reflita sobre a relação entre a prática esportiva e o desenvolvimento de uma sociedade mais igualitária. De que modo o esporte contribui para o empoderamento feminino?

Foto da Manifestação do Dia Internacional da Mulher em Bilbao, Espanha, 2018.

CAPÍTULO 1
A VIDA EM DESTAQUE

O QUE VEM A SEGUIR

Você vai ler um trecho da biografia da compositora e maestrina carioca Chiquinha Gonzaga, primeira mulher a reger uma orquestra no Brasil. Além de ser pioneira na música, também envolveu-se na luta pelo fim da escravidão e pela Proclamação da República do Brasil. Como será que foi a infância dela? Converse com a turma sobre essa questão e, depois, leia o texto.

TEXTO

Chiquinha Gonzaga

▲ Chiquinha Gonzaga, em 1865.

> *Ó abre alas que eu quero passar*
> *Ó abre alas que eu quero passar*
> *Eu sou da lira, não posso negar*
> *Rosa de Ouro é que vai ganhar*

Quem não conhece essa canção?

Foi em 1899 que Chiquinha Gonzaga compôs essa marchinha para o cordão Rosa de Ouro sair no carnaval. Naquele momento, ela nem suspeitava que *Ó abre alas* iria atravessar o tempo e permanecer na memória dos brasileiros até os dias de hoje.

Essa palavra de ordem pedindo passagem para a vitória expressa, de forma clara, o espírito determinado da rebelde sinhazinha do Segundo Reinado, que trocou os salões pelas ruas abrindo alas para as mulheres e para a música brasileira.

Francisca Edwiges Neves Gonzaga nasceu no Rio de Janeiro em 1847. Era a mais velha de sete irmãos, filha do tenente José Basileu, de ilustre família de militares, e da mestiça Rosa, só mais tarde aceita pelos Neves Gonzaga.

Em um sobrado da Rua do Príncipe, no centro do Rio de Janeiro, Chiquinha passou a infância com os irmãos Juca e José Carlos, entre as aulas e o quintal. Adorava brincar de roda; sabia de cor todas as canções de roda e as cantigas de rua. Aos domingos, depois da missa, ia assistir à banda no jardim do Passeio Público.

Estudou escrita, leitura, cálculo, francês, história, geografia, catecismo e latim, em casa, com um cônego que era professor. Para dar-lhe aulas de piano, o Major Basileu contratou um maestro.

O tio e padrinho de Chiquinha, Antônio Eliseu, flautista amador, trazia-lhe as novidades musicais nas visitas diárias ao sobrado. Foi ele quem organizou a festa de Natal em que a jovem pianista apresentou sua primeira composição. Tinha, então, onze anos de idade quando compôs a *Canção dos pastores*, com versos do irmão Juca.

Era ao piano que Chiquinha passava a maior parte do tempo livre, esquecida do mundo. Não adiantava chamá-la. Só alguns escravos da casa conheciam o truque: assobiavam a melodia que ela estava tocando e a menina logo respondia. Com música, é claro.

O progresso nos estudos, a inteligência, a curiosidade e o talento de Chiquinha convenceram o militar de que um grande futuro como dama da corte de d. Pedro II esperava por sua filha.

Quando completou treze anos, o Major começou a pensar em casá-la. Adeus, infância alegre e despreocupada! A inquietação tomou conta da menina, sempre tão firme e decidida.

Naquela época, multiplicavam-se os bailes e saraus no Rio de Janeiro, iluminado por lampiões a gás. Nos salões imperava o piano e, pouco a pouco, a valsa e a quadrilha foram cedendo lugar à saltitante polca. [...]

Aos dezesseis anos, Chiquinha estava casada com um noivo escolhido por seu pai. Assim costumava encerrar-se a vida das sinhazinhas do Império. Nada mais viveriam que valesse a pena contar. Porém, no caso de Chiquinha Gonzaga, foi aí que sua história começou.

O marido não gostava de música. Irritava-se com a dedicação da esposa ao piano. Ela passou a enfrentá-lo e a defender sua vontade. Comandante da marinha mercante, ele fretou um navio de sua propriedade para servir como transporte na Guerra do Paraguai, e teve a ideia de obrigar Chiquinha a acompanhá-lo na viagem para, com isso, afastá-la do piano.

O navio carregava soldados, armas e escravos recrutados como "voluntários" da pátria. Horrorizada, Chiquinha presenciou a discriminação com que eram tratados os escravos. A rebeldia transformou-se em revolta. Quando foi proibida pelo marido de utilizar um violão a bordo e intimada a escolher entre ele e a música, não teve dúvida:

— Pois, senhor meu marido, eu não entendo a vida sem harmonia.

A decisão de abandonar o casamento custou a Chiquinha a expulsão da família e a maldição paterna: seu pai nunca a perdoou. Naquela época, já era mãe de três filhos. Apaixonou-se, em seguida, por um jovem engenheiro, com quem foi viver longe do Rio, onde ele construía estradas de ferro. Gostava de música esse marido. Dessa união nasceu mais uma filha.

De novo, o temperamento forte de Chiquinha manifestou-se. Não tolerou uma cena de ciúmes e abandonou o marido. Voltou ao Rio de Janeiro acompanhada apenas do filho mais velho, o único que criou — os outros foram educados pelos pais e familiares. Convencida de sua falta de vocação para o casamento, com ou sem amor, ela decidiu viver de música, pois essa era uma paixão correspondida. [...]

Edinha Diniz. *Chiquinha Gonzaga*. São Paulo: Moderna, 2001. p. 3-11. (Coleção Mestres da Música no Brasil).

---

cônego: na Igreja católica, sacerdote que faz parte da comunidade de uma catedral.

cordão: pessoas que se apresentam de forma alinhada; desfile ou bloco carnavalesco.

Guerra do Paraguai: conflito militar ocorrido entre os anos de 1864 e 1870. Nessa guerra, o Paraguai lutou contra a Tríplice Aliança, formada por Brasil, Argentina e Uruguai.

polca: composição musical popular caracterizada por movimentos alegres.

quadrilha: dança de pares de origem francesa, comum no século XIX, com cinco seções caracterizadas por tempos diferentes.

Segundo Reinado: período que corresponde ao governo de d. Pedro II. Iniciou-se em 1840, e terminou em 1889, com a Proclamação da República.

sinhazinha: diminutivo de *sinhá*, forma de tratamento que era dada às patroas.

▼ Café-concerto do Passeio Público na cidade do Rio de Janeiro. Foto de c. 1860.

TEXTO EM ESTUDO

PARA ENTENDER O TEXTO

1. Compare o que você imaginou sobre o texto com o que ele realmente apresenta sobre a infância de Chiquinha Gonzaga.
   a) Suas hipóteses se confirmaram?
   b) Você gostou do texto? Justifique.

2. O trecho que você leu é a parte inicial da biografia de Chiquinha Gonzaga, na qual são apresentadas informações sobre a obra e a personalidade da pianista.
   a) Como o texto foi iniciado?
   b) Algumas características relacionadas à personalidade de Chiquinha são reveladas ao leitor nessa parte do texto. Quais são elas?

3. Antes de apresentar a infância de Chiquinha, a biógrafa justifica por que a compositora foi importante para a história da música brasileira.
   a) Qual é essa justificativa?
   b) De acordo com a biógrafa, o que Chiquinha conquistou: popularidade, dinheiro ou reconhecimento acadêmico?

4. No texto, há dados relacionados à família de Chiquinha Gonzaga.
   a) Quais são as informações a respeito dos pais da compositora?
   b) Por que essas informações são relevantes para a biografia?

5. No trecho lido, destaca-se a infância da compositora.
   a) Que informações indicam o gosto e a habilidade musical de Chiquinha?
   b) Além das informações relacionadas à música, são relatados fatos associados à formação e ao desenvolvimento da menina. Quais são eles?
   c) Por que essas informações são relevantes na biografia?

PARA EXPLORAR

Instituto Moreira Salles (IMS)
Além de informações e de um acervo de imagens sobre Chiquinha Gonzaga, no *site* do IMS, há a única gravação em vinil da pianista, além de áudios de significativos artistas da música brasileira. Acesse o *link* indicado, leia as informações e escute essa raridade da música brasileira.
Disponível em: https://ims.com.br/por-dentro-acervos/a-voz-e-o-piano-de-chiquinha/. Acesso em: 21 mar. 2023.

ANOTE AÍ!

Biografia é um relato não ficcional em que o biógrafo conta uma **história de vida**, geralmente de uma **personalidade pública**. Em geral, o biografado é **alguém que se destaca na sociedade** por algum motivo: seu exemplo de vida, suas realizações profissionais ou artísticas. Assim, a biografia é publicada considerando que várias pessoas podem ter interesse em sua leitura.

6. Ao longo do texto, descobrimos que o pai de Chiquinha tem uma expectativa: deseja que a filha se torne uma dama da corte de d. Pedro II.
   a) O que ele fez para que isso se tornasse realidade? Que acontecimentos parecem ter motivado Chiquinha a se desviar desse rumo?
   b) Que atitude a compositora tomou que mudou sua vida nesse momento? Quais foram as consequências?

7. Após esses eventos, houve uma série de mudanças na vida da compositora.
   a) Por que Chiquinha se mudou da cidade do Rio de Janeiro?
   b) Por que ela retornou tempos depois à cidade natal?

8. Ao longo do texto são apresentadas algumas datas.
   a) Quando Chiquinha Gonzaga nasceu? Quando ela compôs seu grande sucesso "Ó abre alas"?
   b) Qual é a importância dessas datas?

9. Sobre a viagem de Chiquinha Gonzaga durante o primeiro casamento, que informação possibilita ao leitor saber em que época esse fato ocorreu?

ANOTE AÍ!

Uma das características de textos biográficos é a **indicação do tempo** dos fatos relatados. Essa indicação pode ser feita de forma direta, explicitando a **data**, ou de forma indireta, por exemplo, relatando **fatos históricos** ocorridos na **época dos acontecimentos da biografia**. Indicações da **idade** do biografado, em certos momentos do relato, sinalizam em que **fase da vida** a pessoa enfrentou algumas situações.

O CONTEXTO DE PRODUÇÃO

10. O texto dá ao leitor uma ideia de como era a cidade do Rio de Janeiro durante a adolescência de Chiquinha Gonzaga, no fim do século XIX.
    a) O que é possível saber sobre a cidade nessa época?
    b) Considerando suas respostas anteriores, a biografia é um texto inventado ou baseado em fatos reais? Por quê?

11. Chiquinha Gonzaga faleceu em 1935 e sua biografia foi publicada em 2001. De que modo a biógrafa pode ter obtido as informações relatadas?

12. **SABER SER** A história de Chiquinha Gonzaga retrata um pouco da situação das mulheres no Brasil do século XIX, mostrando também as dificuldades dos negros escravizados. Diante da realidade que presenciou, a compositora atuou na defesa dos direitos das mulheres e a favor da abolição da escravidão.
    a) No seu dia a dia, você já observou situações de discriminação em relação às mulheres?
    b) Em alguma situação que você presenciou, a mulher discriminada era negra? Em sua opinião, o problema se agrava quando esse é o caso? Justifique.
    c) Você conhece ações – de ONGs, da mídia ou de outros setores da sociedade – que promovem a busca pela igualdade entre as pessoas? Comente.

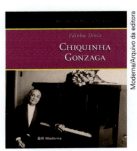

▲ Capa da biografia *Chiquinha Gonzaga*, de Edinha Diniz, São Paulo: Moderna, 2001.

Acesse o recurso digital e responda: Por que devemos combater o racismo?

A LINGUAGEM DO TEXTO

13. Em que pessoa do discurso a biografia foi escrita? Justifique, comprovando com um trecho retirado do texto.

14. A biógrafa afirma que Chiquinha Gonzaga "trocou os salões pelas ruas abrindo alas para as mulheres e para a música brasileira". Qual é o sentido da expressão "abrindo alas" nesse contexto? Por que foi utilizada essa expressão?

15. Leia novamente esta fala da compositora: "— Pois, senhor meu marido, eu não entendo a vida sem harmonia".
    a) Que expressão indica que Chiquinha participa de um diálogo?
    b) No caderno, reescreva a fala de Chiquinha como se tivesse sido contada pela biógrafa. O efeito expressivo da reescrita é igual ao da fala original?

ANOTE AÍ!

Escritas na **terceira pessoa** do discurso, as biografias costumam apresentar as falas das personagens com **uso de travessões** para dar **vivacidade** ao texto e aproximar o leitor. O uso de **recursos expressivos** próprios da **oralidade** também intensifica essa **aproximação** com o leitor.

213

UMA COISA PUXA OUTRA

O Carnaval de antigamente

"Ó abre alas", de Chiquinha Gonzaga, permanece na memória dos brasileiros até hoje. Você já ouviu ou cantou essa marchinha?

1. Leia a letra da canção "Ó abre alas".

Ó abre alas

Ó abre alas
Que eu quero passar
Ó abre alas
Que eu quero passar
Eu sou da lira
Não posso negar
Eu sou da lira
Não posso negar
Ó abre alas
Que eu quero passar
Ó abre alas
Que eu quero passar
Rosa de Ouro

É que vai ganhar
Rosa de Ouro
É que vai ganhar
**

Ó abre alas
Eu quero passar
Ó abre alas
Eu quero passar
Rosa de Ouro
Não pode negar
Rosa de Ouro
Não pode negar

> Disponível em: http://www.chiquinhagonzaga.com/acervo/?musica=o-abre-alas.
> Acesso em: 21 mar. 2023.

- Qual é o sentido dos versos "Ó abre alas / Que eu quero passar"?

2. Leia a explicação a seguir.

> Um cordão carnavalesco é um grupo de pessoas ligadas aos festejos de Carnaval. É provável que o termo *cordão* faça referência a um conjunto de foliões que desfilam na rua, em geral mascarados e/ou fantasiados, brincando ao ritmo de percussão.

a) Rosa de Ouro é o nome do cordão carnavalesco ao qual Chiquinha faz referência na canção. Qual é a relação existente entre a expressão "Ó abre alas" e o cordão Rosa de Ouro?

b) De acordo com as informações apresentadas na marchinha, é possível supor o tipo de local onde o cordão desfilava. Que local é esse?

3. A marchinha "Ó abre alas" foi criada de forma despretensiosa durante um ensaio do Rosa de Ouro e inspirada no andamento do cordão. Naquela época, o Carnaval brasileiro era festejado ao som de polcas nos salões.

a) Suponha e descreva o modo como a marchinha de Chiquinha Gonzaga foi criada naquele momento.

b) Qual é a relação existente entre a possível forma de criação da canção e a festa de Carnaval? Comente.

PARA EXPLORAR

"Ó abre alas"
No *site* do Instituto Memória Musical Brasileira, você poderá ouvir uma interpretação da famosa marchinha, que compõe o álbum *Chiquinha Gonzaga*, vol. 1, de Maria Teresa Madeira (piano). 1999. (Série Mestres Brasileiros).
Disponível em: https://immub.org/album/chiquinha-gonzaga-serie-mestres-brasileiros-vol-1-maria-tereza-madeira-piano. Acesso em: 21 mar. 2023.

214

4. Observe a fotografia a seguir e responda às questões.

Foto de Augusto Malta. Desfile de corso durante o Carnaval, em 1919. Rio de Janeiro (RJ).

a) Onde e quando essa fotografia foi tirada? Como você descobriu isso?
b) Além da data, o que revela que essa fotografia é antiga?
c) Que elementos carnavalescos são observados nessa fotografia?
d) De acordo com o contexto da imagem, qual pode ser o significado da palavra *corso*, na legenda?
e) "Ó abre alas" poderia ser cantada pelas pessoas retratadas? Por quê?

5. Pierrô e Colombina são personagens do teatro italiano do século XVI e suas vestimentas sempre foram muito reproduzidas como fantasia nas festas de Carnaval. Observe a foto e responda: Por que podemos dizer que as pessoas em cima do carro, na questão anterior, podem estar fantasiadas de Pierrô ou Colombina?

Colombina e Pierrô. Carnaval em Veneza, Itália, 2012.

6. Leia este trecho sobre o fotógrafo Augusto Malta (1864-1957):

> Além de ter documentado as transformações urbanas e os grandes eventos da cidade, como a Exposição Nacional de 1908, a construção do Teatro Municipal, em 1909; a Revolta da Chibata, em 1910; e a inauguração do Cristo Redentor, em 1931; fotografou personalidades políticas, intelectuais e artísticas; paisagens, monumentos, lojas, o casario decadente e as ressacas. Registrou também aspectos da vida carioca como, por exemplo, o carnaval de rua, o movimento dos quiosques, os eventos sociais, os moradores de cortiços, os vendedores ambulantes, [...] os marinheiros e cenas de praia.

Disponível em: http://brasilianafotografica.bn.br/?p=1322. Acesso em: 21 mar. 2023.

- Segundo o texto lido, qual é a importância do fotógrafo Augusto Malta para a história do Rio de Janeiro?

7. Atualmente, os cordões carnavalescos são chamados de blocos de Carnaval. Sobre isso, responda às questões a seguir.
   a) Na sua cidade, como se festeja o Carnaval: na rua ou em lugares fechados?
   b) Que tipo de música toca nessa festa da sua cidade? Você já brincou o Carnaval? Conte suas experiências aos colegas.
   c) Onde você mora há festas que são tão populares quanto o Carnaval?

215

LÍNGUA EM ESTUDO

VERBO

1. Releia o trecho a seguir, retirado da biografia de Chiquinha Gonzaga.

   > Estudou escrita, leitura, cálculo, francês, história, geografia, catecismo e latim, em casa, com um cônego que era professor. Para dar-lhe aulas de piano, o Major Basileu contratou um maestro.

   a) Na primeira frase, que palavra indica a ação realizada por Chiquinha Gonzaga?
   b) No trecho, é indicada uma ação realizada por Major Basileu. Que ação é essa?

2. Ao ler "Aos dezesseis anos, Chiquinha estava casada com um noivo escolhido por seu pai", que palavra indica a situação que ela vivia naquele momento?

3. Leia a frase: "Se chover, não poderemos sair no bloco de Carnaval". Qual é o termo que indica um fenômeno da natureza?

4. Releia os versos: "Ó abre alas / Que eu quero passar".
   - Qual expressão desses versos indica vontade? Seria possível obter o mesmo sentido se houvesse somente um verbo? Explique.

ANOTE AÍ!

Os **verbos** são palavras que indicam **ação**, **estado**, **modo** e **fenômenos da natureza**.
A expressão formada por dois ou mais verbos é chamada de **locução verbal** (*quero passar*). As locuções verbais são compostas de um ou mais **verbos auxiliares** (*quero*) e um **verbo principal** (*passar*), que sempre será o último da locução.

Na locução verbal, só os verbos auxiliares são conjugados; os principais vêm em uma das formas nominais. Conheça as **formas nominais** do verbo.

FORMAS NOMINAIS DO VERBO

- **Infinitivo**: estudar, ter, dormir.
  Exemplo: "A história **vai deixar** todos curiosos."
- **Gerúndio**: estudando, tendo, dormindo.
  Exemplo: "O músico **estava compondo** marchinhas."
- **Particípio**: estudado, tido, dormido.
  Exemplo: "O compositor **havia musicado** as marchinhas."

CONJUGAÇÃO

5. Releia este trecho da biografia de Chiquinha Gonzaga:

   > Quando foi proibida pelo marido de utilizar um violão a bordo e intimada a escolher entre ele e a música, não teve dúvida.

   a) Que verbo faz referência a uma ação que Chiquinha gostaria de realizar?
   b) Que verbo revela uma ação que Chiquinha se viu obrigada a realizar?

Na língua portuguesa, os verbos dividem-se em **três conjugações**, conforme sua terminação: os verbos da **primeira** são terminados em **-ar** (*amar*, *estudar*); os verbos da **segunda** são terminados em **-er** e **-or** (*escrever* e *pôr*); os verbos da **terceira** são terminados em **-ir** (*partir*, *dormir*).

FLEXÃO DE TEMPO, PESSOA E NÚMERO

6. Releia mais este trecho:

> O tio e padrinho de Chiquinha, Antônio Eliseu, flautista amador, trazia-lhe as novidades musicais nas visitas diárias ao sobrado.

a) Qual é a forma verbal que faz referência a Antônio Eliseu nesse trecho?

b) Essa forma verbal indica ação no presente, no passado ou no futuro?

Os verbos sofrem flexões de acordo com o **tempo** que se quer expressar, podendo indicar ações no **presente**, no **passado** ou no **futuro**.

TEMPOS VERBAIS

Presente	Passado	Futuro
Presente: momento em que se fala ou indica ação permanente.	**Passado** ou **pretérito**: anterior ao momento em que se fala.	**Futuro**: posterior ao momento em que se fala.
Exemplo: "Ela **escreve** marchinhas."	Exemplo: "Ela **escreveu** marchinhas."	Exemplo: "Ela **escreverá** marchinhas."

Os verbos são flexionados segundo as **pessoas do discurso** às quais se referem e o **número**: "**ele organizou** a apresentação" (terceira pessoa do singular); "**eles organizaram** as apresentações" (terceira pessoa do plural).

> **ANOTE AÍ!**
>
> Os verbos flexionam-se conforme as **pessoas do discurso** (**primeira**, **segunda** ou **terceira**) e o **número** de pessoas a que se referem (**singular** ou **plural**). Exemplos: eu organizo, tu organizas, ele organiza, nós organizamos, vós organizais, eles organizam.

FLEXÃO DE MODO

7. Releia mais um trecho da biografia.

> Em um sobrado da Rua do Príncipe, no centro do Rio de Janeiro, Chiquinha passou a infância com os irmãos Juca e José Carlos, entre as aulas e o quintal. Adorava brincar de roda; sabia de cor todas as canções de roda e as cantigas de rua.

- Quais são as formas verbais e a locução verbal nesse trecho? Essas formas e a locução verbal expressam certeza, hipótese ou ordem?

> **ANOTE AÍ!**
>
> Os verbos podem expressar **atitudes** ou **percepções** do falante em relação ao que diz. Os **modos verbais** são as diferentes formas que o verbo assume para indicar a atitude da pessoa que fala em relação ao que se enuncia.

MODOS VERBAIS

Indicativo	Subjuntivo	Imperativo
Indicativo: de modo geral, expressa certeza, convicção.	**Subjuntivo**: de modo geral, expressa dúvida, possibilidade ou hipótese.	**Imperativo**: expressa ordem, pedido, conselho, instrução ou convite.
Exemplo: "O biógrafo **estudou** a vida do cientista."	Exemplo: "Será ótimo se **publicarem** a biografia."	Exemplo: "**Mude** a data de lançamento da biografia."

> **RELACIONANDO**
>
> Nos textos do gênero biografia, o uso predominante do modo verbal indicativo revela certeza sobre os acontecimentos da vida do biografado. Exemplo: "Francisca Edwiges Neves Gonzaga *nasceu* no Rio de Janeiro em 1847. Era a mais velha de sete irmãos, filha do tenente José Basileu, de ilustre família de militares, e da mestiça Rosa, só mais tarde *aceita* pelos Neves Gonzaga".

ORAÇÃO, SINTAGMA E PERÍODO

8. Releia estes trechos da biografia de Chiquinha Gonzaga:

> I. [...] o major Basileu contratou um maestro.
> II. Não tolerou uma cena de ciúmes e abandonou o marido.

a) **Oração** é um enunciado com sentido organizado em torno de um verbo ou de uma locução verbal. Quantas orações há em cada um dos trechos?

b) Há dois artigos no trecho I. A que substantivo cada um deles se refere?

c) Uma oração pode ser organizada por blocos denominados **sintagmas**. Um deles tem como núcleo o verbo (sintagma verbal) e o outro costuma reunir um substantivo e os termos que concordam com ele (sintagmas nominais). No caderno, faça um quadro como o indicado a seguir e complete-o com os sintagmas nominais da oração do trecho I.

SINTAGMA VERBAL	SINTAGMAS NOMINAIS
contratou	

> **ANOTE AÍ!**
>
> **Oração** é um enunciado que possui significado e tem como núcleo um **verbo** ou uma **locução verbal**. As palavras de uma oração organizam-se em blocos chamados **sintagmas**. Quando a oração tem apenas um sintagma, geralmente, é um **sintagma verbal**, já que uma oração necessariamente tem um verbo ou uma locução verbal. Outro bloco muito presente nas orações é o do **sintagma nominal**, que se constrói em torno de um **substantivo**.

9. Releia este parágrafo da biografia:

> Aos dezesseis anos, Chiquinha estava casada com um noivo escolhido por seu pai. Assim costumava encerrar-se a vida das sinhazinhas do Império. Nada mais viveriam que valesse a pena contar. Porém, no caso de Chiquinha Gonzaga, foi aí que sua história começou.

- O período é uma frase organizada com uma ou mais orações. Quantos períodos há nesse parágrafo? Quantas orações há em cada período?

> **ANOTE AÍ!**
>
> **Período** é a frase organizada em **uma ou mais orações**. Na escrita, ele é iniciado com letra maiúscula e termina sempre com uma pausa bem definida, indicada por pontuação.

O **período** pode ser **simples ou composto**. Observe:

PERÍODO	
Simples	**Composto**
Apresenta somente um verbo ou locução verbal. É formado por uma oração. Por exemplo: "Chiquinha *passou* a infância com os irmãos."	Apresenta dois ou mais verbos ou locuções verbais. É formado por duas ou mais orações. Por exemplo: "Não *tolerava* ciúmes, por isso *abandonou* o marido."

10. Agora, retome o parágrafo transcrito na atividade **9** e classifique os períodos presentes nele.

ATIVIDADES — Acompanhamento da aprendizagem

Retomar e compreender

1. A seguir, leia um trecho de uma biografia que relata a vida de Leonardo da Vinci.

> Milhões de pessoas conhecem Leonardo da Vinci como o artista italiano que **pintou** a *Mona Lisa*, o quadro mais famoso do mundo.
>
> Milhões de outras pessoas o veem como um gênio, muitos anos-luz à frente de seu tempo em matéria de ciência, matemática e engenharia. Leo **imaginou** helicópteros, tanques de guerra e submarinos (sem falar num banheiro incrivelmente organizado que desenhou) alguns séculos antes de esses inventos se tornarem realidade.
> [...]
> Há também aqueles que se lembram dele como músico. Leonardo construía os próprios instrumentos e escrevia as composições que ele mesmo executava para um público admirado.
>
> E, acredite ou não, ainda há outros que se recordam de Leo como arquiteto, cartógrafo e urbanista! [...]
>
> O mais incrível mesmo é que *toda* essa gente tem razão! Leonardo foi *isso tudo* e muito mais! [...]
>
> Michel Cox. *Leonardo da Vinci e seu supercérebro*. Tradução: Eduardo Brandão. São Paulo: Seguinte, 2016. p. 5-7.

a) Qual é a finalidade do texto?

b) As formas verbais destacadas estão flexionadas em que tempo? Por quê?

2. Leia agora um trecho que faz parte da introdução do mesmo livro citado anteriormente sobre Leonardo da Vinci.

> Você vai encontrar neste livro um monte de fatos extraordinários e histórias incríveis sobre um dos homens mais geniais e criativos de todos os tempos.
>
> Michel Cox. *Leonardo da Vinci e seu supercérebro*. Tradução: Eduardo Brandão. São Paulo: Seguinte, 2016. p. 7.

a) No caderno, reescreva esse trecho trocando a locução verbal por um verbo com o mesmo sentido e nos mesmos tempo e modo.

b) Ao trocar a locução verbal por um verbo, que alteração pode ser observada?

c) Essa biografia foi escrita para um público infantojuvenil. Que relação esse fato pode ter com as escolhas linguísticas presentes no texto da atividade **1**?

Aplicar

3. Duas frases do texto da atividade **1** revelam que, assim como milhões de pessoas, o biógrafo vê Leonardo da Vinci como um gênio.

a) Transcreva essas frases no caderno.

b) Cada uma dessas frases é um período. Quantas orações há em cada um desses períodos? Justifique.

c) Como é classificado cada um desses períodos?

d) De que modo as formas verbais de cada período estão flexionadas? Essa flexão verbal indica que o biógrafo percebe o que diz como certeza, hipótese ou ordem?

A LÍNGUA NA REAL

OS USOS DE VERBOS NO PRESENTE

1. O texto a seguir faz parte de uma biografia de Candido Portinari, um dos mais importantes pintores brasileiros. Leia o trecho e responda às questões.

▲ Candido Portinari. Foto de 1956.

> Candido Portinari nasce em 30 de dezembro de 1903, numa fazenda de café perto do pequeno povoado de Brodowski, no estado de São Paulo. Filho de imigrantes italianos, de origem humilde, tem uma infância pobre. Recebe apenas a instrução primária. Desde criança manifesta sua vocação artística. Começa a pintar aos 9 anos. E – do cafezal às Nações Unidas – ele se torna um dos maiores pintores do seu tempo. [...]
>
> Põe em prática a decisão de retratar nas suas telas o Brasil – a história, o povo, a cultura, a flora, a fauna... Seus quadros, gravuras, murais revelam a alma brasileira. Preocupado, também, com aqueles que sofrem, Portinari mostra em cores fortes a pobreza, as dificuldades, a dor. [...]
>
> O tema essencial da obra de Candido Portinari é o Homem. Seu aspecto mais conhecido do grande público é a força de sua temática social. Embora menos conhecido, há também o Portinari lírico. Essa outra vertente é povoada por elementos das reminiscências de infância na sua terra natal: os meninos de Brodowski com suas brincadeiras, suas danças, seus cantos; o circo; os namorados; os camponeses... o ser humano em situação de ternura, solidariedade, paz.
>
> Na última década de sua existência cria, para a sede da Organização das Nações Unidas, os painéis *Guerra* e *Paz*. [...]
>
> Disponível em: http://www.portinari.org.br/#/pagina/candido-portinari/apresentacao.
> Acesso em: 21 mar. 2023.

a) Você já conhecia a história de Candido Portinari? Que fato achou mais interessante na biografia dele?

b) Com que idade Portinari começou a pintar? Por que é relevante apresentar esse dado em uma biografia?

c) De acordo com o texto sobre Portinari, qual é o tema essencial da obra desse artista?

d) Nesse texto, afirmou-se que Portinari foi "do cafezal às Nações Unidas"? Por quê?

2. Releia o trecho a seguir e observe os verbos destacados.

> Candido Portinari **nasce** em 30 de dezembro de 1903, numa fazenda de café perto do pequeno povoado de Brodowski, no estado de São Paulo. Filho de imigrantes italianos, de origem humilde, **tem** uma infância pobre. **Recebe** apenas a instrução primária. Desde criança **manifesta** sua vocação artística. **Começa** a pintar aos 9 anos. E – do cafezal às Nações Unidas – ele **se torna** um dos maiores pintores do seu tempo. [...]

a) Em que tempo estão as formas verbais destacadas nesse trecho da biografia de Portinari?

b) Reescreva esse trecho da biografia utilizando outro tempo verbal, sem mudar o sentido do texto.

c) Compare a versão original com a reescrita: podemos dizer que o tempo verbal utilizado na versão original dá mais vivacidade ao texto? Por quê?

220

3. Leia a seguir a biografia de uma artista brasileira.

Alice Ruiz
Por Editores da Enciclopédia Itaú Cultural
Última atualização: 01.11.2018
Biografia

Alice Ruiz Scherone (Curitiba, Paraná, 1946). Poeta, compositora, tradutora e publicitária. Publica, em 1962, seus primeiros poemas em jornais e revistas culturais. Em 1968, conhece o poeta Paulo Leminski (1944-1989), com quem mais tarde se casa. Junto de outros jovens escritores, participa do grupo de vanguarda Áporo (1969), opondo-se ao provincianismo do meio cultural paranaense. Na mesma época, inicia estudos sobre o haicai, forma breve da poesia japonesa, determinante para sua obra. Em 1971, integra o grupo musical A Chave, iniciando a carreira de letrista de música popular. Publica seu primeiro livro, *Navalhanaliga*, em 1980. Seu primeiro trabalho de tradução de haicais é lançado em 1981, o livro *Dz Haiku: Chine-Jo, Chiyo-Ni, Shisei-Jo, Shokyi-Ni e Shofu-Ni*. Em parceria com Leminski, lança, em 1985, *Hai Tropikai*. Nesse mesmo ano, participa das mostras Arte Pau-Brasil e Transcriar - Poemas em Vídeo Texto, na cidade de São Paulo. Em 1987, assume o posto de diretora de criação na Agência Umuarama, e separa-se de Leminski. Muda-se para São Paulo em 1989, quando também recebe o Prêmio Jabuti pelo livro *Vice Versos*. Em 1990, participa do projeto Poesia em Out-Door, 100 Anos da Av. Paulista. Organiza com a filha Áurea Leminski, em 1994, *O Ex-Estranho*, obra póstuma de Paulo Leminski. Mantém a produção de letrista, em parceria com diversos músicos, com destaque para as composições realizadas ao lado de Itamar Assumpção (1949-2003). Em 2005, lança o CD *Paralelas*, com a cantora Alzira Espíndola (1957). Reúne, em 2008, seus primeiros livros, de *Navalhanaliga* até *Vice Versos*, no volume 2 em 1.

[...]

Alice Ruiz. *In:* Enciclopédia Itaú Cultural de Arte e Cultura Brasileira. São Paulo: Itaú Cultural, 2022. Disponível em: http://enciclopedia.itaucultural.org.br/pessoa21586/alice-ruiz. Acesso em: 21 mar. 2023. Verbete da Enciclopédia. ISBN: 978-85-7979-060-7.

PARA EXPLORAR

Estação dos bichos, de Alice Ruiz e Camila Jabur. São Paulo: Iluminuras, 2011.
Com a temática animais, esse livro reúne haicais (poemas de forma fixa). As ilustrações são de Fê.

a) Escreva no caderno as formas verbais utilizadas nessa biografia.
b) Em que tempo a maioria das formas verbais foi empregada?
c) Por que essas formas verbais foram flexionadas nesse tempo na biografia?

4. Leia os títulos das notícias a seguir.

Sesc expõe acervo da sua Coleção de Artes

Disponível em: https://www.sesc.com.br/noticias/cultura/polo-sociocultural-sesc-paraty/sesc-expoe-acervo-da-sua-colecao-de-artes/. Acesso em: 21 mar. 2023.

Exposições comemoram os 100 anos da Semana de Arte Moderna

Disponível em: https://viagemeturismo.abril.com.br/brasil/exposicoes-comemoram-os-100-anos-da-semana-de-arte-moderna/. Acesso em: 21 mar. 2023.

- Em que tempo estão as formas verbais nesses títulos? Por quê?

ANOTE AÍ!

Textos que abordam fatos que se referem ao **passado** são, às vezes, descritos com os **verbos no presente**, como se eles ocorressem no mesmo tempo do que está sendo dito, dando **vivacidade** às ações. O presente em títulos de notícia dá **valor de novidade**.

Acesse o recurso digital e responda: Qual é o nome dado ao uso de verbos no tempo presente para se referir a fatos do passado?

AGORA É COM VOCÊ!

ESCRITA DE BIOGRAFIA

Proposta

Sua tarefa vai ser elaborar um texto do gênero biografia que fará parte de um livro com diversas histórias de vida. Após a conclusão do livro, será organizado um rodízio entre os estudantes e cada um poderá levá-lo para casa, para que familiares e amigos possam ler as biografias.

GÊNERO	PÚBLICO	OBJETIVO	CIRCULAÇÃO
Biografia	Estudantes, familiares e pessoas em geral interessadas em histórias de vida	Relatar histórias de vida, destacando as principais situações vivenciadas pelo biografado	Coletânea de biografias

Planejamento e elaboração do texto

1 Pense em uma pessoa que você conhece e que tem uma história de vida que merece ser biografada, seja pelo destaque na profissão, pela representatividade social, pelo exemplo de superação, etc.

2 Antes de começar o planejamento do texto, é essencial obter a autorização da pessoa que será biografada. Pergunte também se ela poderá lhe dar acesso a documentos, como fotografias, que sejam importantes para mostrar seu percurso. Explique o que motivou sua escolha.

3 Comente ainda que essa biografia fará parte de uma coletânea a ser lida pela comunidade escolar. Caso não seja autorizada a produção do texto, selecione outra pessoa. Marque com o biografado uma data para a entrevista.

4 Você pode utilizar as perguntas a seguir como sugestão de roteiro.
- Qual é seu nome completo?
- Você sabe por que recebeu esse nome?
- Em que data e cidade você nasceu?
- Conte sua trajetória de vida, destacando os pontos inspiradores para os jovens.
- Você tem fotografias, cartas ou outros documentos que podem ajudar a destacar os fatos inspiradores? Em caso positivo, pode conceder cópias dessas imagens ou trechos desses documentos para compor a biografia?
- Caso o biografado viva em local diferente daquele onde nasceu, pergunte: Como era a cidade onde você nasceu e cresceu? Quais fatores motivaram sua(s) mudança(s)? Por quê?
- Caso o biografado viva no mesmo local onde nasceu, pergunte: Quais diferenças e permanências você nota na cidade em que nasceu e cresceu?

5 Para deixar o texto incrementado, busque em enciclopédias, jornais, *sites*, etc. sobre o local e a época em que nasceu e viveu o biografado (na infância, na juventude, etc.). Procure descobrir os costumes locais que têm relação com os fatos fundamentais da história dessa pessoa.

6 Anote se algum evento histórico relevante afetou a vida do biografado. Se isso ocorreu de fato, busque informações a respeito para que você consiga esclarecê-lo aos futuros leitores.

LINGUAGEM DO SEU TEXTO

1. Releia este trecho da biografia de Chiquinha Gonzaga:

> Em um sobrado da Rua do Príncipe [...], Chiquinha passou a infância com os irmãos Juca e José Carlos, entre as aulas e o quintal.

- No trecho lido, em que pessoa, tempo e modo está flexionada a forma verbal que é o núcleo da oração? A quem ela se refere?

Ao produzir a biografia, dê atenção às formas verbais flexionadas e observe se elas concordam adequadamente com aquilo a que se referem. Procure escrever o texto empregando a terceira pessoa do discurso, utilizando recursos expressivos que atraiam o leitor e que imprimam vivacidade à biografia. Não deixe de atentar também ao emprego dos tempos verbais, das regras ortográficas e da pontuação.

7 Você pode organizar a biografia de acordo com a seguinte estrutura: apresente o biografado; indique o local de seu nascimento (se mora ou não no lugar onde nasceu); apresente informações adicionais sobre o lugar de origem ou sobre sua infância; relate algum acontecimento da vida do biografado.

8 Dê à biografia um título que esclareça o enfoque presente em seu texto.

9 Use imagens para ilustrar a biografia. Elabore uma legenda para as imagens.

10 Observe a coesão do texto que ajuda a organizar a história, marcar a sequência dos fatos, retomar e antecipar ideias, usando, por exemplo, pronomes e verbos.

Avaliação e reescrita do texto

1 Troque o texto com um colega e revise o texto dele com base neste quadro:

ELEMENTOS DA BIOGRAFIA
Foi utilizada a terceira pessoa do discurso na biografia?
Há indicação de onde e quando o biografado nasceu?
Há caracterização da época e do local em que o biografado nasceu e cresceu?
Os fatos relatados na biografia estão de acordo com o enfoque da proposta?

2 Devolva o texto do colega e pegue o seu de volta. Faça ajustes em seu texto, se necessário.

Circulação

1 Veja instruções para você e os colegas montarem a coletânea de biografias:

- Com o professor, combinem de fazer a última versão das biografias em folhas do mesmo tamanho. Os textos podem ser digitados e impressos.
- Escolham a ordem de apresentação dos textos, façam um sumário e encadernem as biografias, produzindo um livro.
- Elaborem um título para a coletânea que seja representativo do conjunto das biografias e façam uma capa ilustrada.
- Organizem um rodízio de leitura, em que cada estudante possa levar o livro para casa e ficar com ele durante o tempo estipulado pela turma. Se preferirem, façam cópias do livro para que circulem entre os colegas e seus familiares.

CAPÍTULO 2
A ARTE DE ENGAJAR-SE

O QUE VEM A SEGUIR

O texto a seguir é um anúncio de propaganda. Além de divulgar ideias, seu objetivo é influenciar o modo de agir e de pensar das pessoas. Observe a imagem e as frases em destaque no anúncio de propaganda reproduzido nesta página. Em sua opinião, de que voz feminina o anúncio trata?

TEXTO

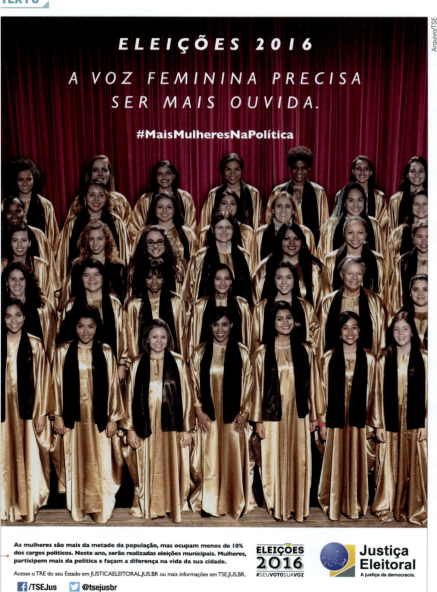

As mulheres são mais da metade da população, mas ocupam menos de 10% dos cargos políticos. Neste ano, serão realizadas eleições municipais. Mulheres, participem mais da política e façam a diferença na vida da sua cidade. Acesse o TRE do seu Estado em JUSTICAELEITORAL.JUS.BR ou mais informações em TSE.JUS.BR.

Anúncio de propaganda de campanha promovida pelo Tribunal Superior Eleitoral em 2016.

TEXTO EM ESTUDO

PARA ENTENDER O TEXTO

1. Ao ler o anúncio, sua hipótese sobre a voz feminina se confirmou? Explique.

2. O anúncio de propaganda lido é formado pela linguagem verbal e pela linguagem não verbal. Considerando o texto como um todo, responda no caderno:
   a) Em que local as pessoas parecem estar? Observando a roupa das pessoas do anúncio, de que tipo de atividade elas parecem participar?
   b) Quais elementos presentes na imagem justificam as respostas do item *a*?

3. Além da vestimenta, o que as pessoas do anúncio têm em comum?

4. Na parte superior do anúncio, releia os textos em destaque.
   a) Qual das frases apresenta verbos?
   b) Que relação pode ser estabelecida entre essa frase e a imagem no anúncio?
   c) A expressão *a voz feminina precisa ser mais ouvida* é usada com duplo sentido. Que sentidos são esses? Qual é, portanto, a ideia divulgada no anúncio?

ANOTE AÍ!

Dependendo do contexto, uma palavra, ou expressão, pode ter outros significados além do literal. Assim, podemos fazer mais de uma leitura de um mesmo termo, ou ele pode expressar **duplo sentido**. O duplo sentido é um recurso de linguagem muito usado em propagandas, porque faz o interlocutor estabelecer diversas relações no texto.

5. Releia o texto da parte inferior do anúncio.

   > As mulheres são mais da metade da população, mas ocupam menos de 10% dos cargos políticos. [...]

   a) Nessa parte do anúncio, é apresentado um dado de pesquisa. Qual?
   b) Qual a intenção ao apresentar dados objetivos nesse anúncio?

6. Observe as imagens a seguir.

   Arquivo/TSE

   a) O logotipo é um símbolo que, por meio da imagem e de palavras, identifica uma empresa, uma instituição ou uma campanha. Entre os logotipos apresentados, qual se refere à instituição e qual se refere à campanha?
   b) Os *slogans* são frases curtas fáceis de lembrar. Identifique-os nos logotipos.

ANOTE AÍ!

Além dos anúncios, os publicitários criam **logotipos** e ***slogans***. Elaborado por meio das linguagens verbal e não verbal, o **logotipo** é a identidade visual de uma empresa, instituição ou campanha. Os ***slogans*** são formados por frases curtas e de fácil memorização, pois o objetivo é que a ideia por eles transmitida permaneça na mente do público.

225

O CONTEXTO DE PRODUÇÃO

PARA EXPLORAR

A conquista do voto feminino

A história do voto feminino brasileiro começa quando as mulheres passam a reivindicar maiores atuação e participação política. No Brasil, a primeira mulher que teve direito ao voto foi Celina Guimarães Viana, em 1928.

Disponível em: https://jornalggn.com.br/historia/a-conquista-do-voto-feminino-em-1932/. Acesso em: 21 mar. 2023.

7. O anúncio lido não é comercial, ou seja, não pretende vender um produto.
   a) Qual é seu objetivo?
   b) Os dados apresentados no anúncio indicam que esse objetivo é coerente com a situação das mulheres no Brasil. Você concorda com isso? Por quê?

8. O anúncio de propaganda em estudo foi veiculado em diferentes mídias impressas.
   a) Considerando as informações do anúncio, qual é o público-alvo? Quais elementos do anúncio justificam sua resposta?
   b) Provavelmente, em quais meios de comunicação esse anúncio foi divulgado?

9. Na parte superior do anúncio, há a frase "Eleições 2016".
   a) Que tipo de eleição ocorreu no ano indicado? Em que parte do anúncio você encontrou essa informação?
   b) Nessas eleições, os candidatos concorrem a quais cargos? Se necessário, busque informações em livros ou em fontes confiáveis na internet.

10. A Justiça Eleitoral é um ramo do Poder Judiciário que julga questões eleitorais, promove eleições e plebiscitos e regulamenta processos eleitorais.
    a) Por que existe interesse da Justiça Eleitoral em promover campanhas como essa no período eleitoral?
    b) Observe as características físicas das mulheres representadas no anúncio. Por que essa diversidade está representada?

ANOTE AÍ!

O grupo de pessoas que um anúncio de propaganda pretende atingir constitui seu **público-alvo**. Essas pessoas são identificadas por certas características em comum, como região em que moram, idade, gênero, nível socioeconômico, atividade profissional, interesses, entre outras.

A LINGUAGEM DO TEXTO

11. No anúncio, o símbolo # é empregado duas vezes. Observe a seguir.

   a) Como esse símbolo costuma ser utilizado na internet? Comente sua resposta e registre essa informação no caderno.
   b) Esse símbolo é chamado de cerquilha ou "jogo da velha" (em situações mais informais). Quando utilizado na internet, qual termo da língua inglesa é utilizado para referenciá-lo?
   c) O que o uso desse símbolo revela sobre o anúncio de propaganda?

12. Releia a mensagem principal do anúncio: "A voz feminina precisa ser mais ouvida", e responda às questões.
    a) Qual é a locução verbal presente nessa mensagem?
    b) Essa locução verbal apresenta sentido de certeza, dúvida ou pedido? Justifique sua resposta de acordo com o modo verbal empregado.

13. Releia o texto que está em letras menores, na parte inferior do anúncio.

> As mulheres são mais da metade da população, mas ocupam menos de 10% dos cargos políticos. Neste ano, serão realizadas eleições municipais. Mulheres, participem mais da política e façam a diferença na vida da sua cidade.

a) Que formas verbais foram usadas para se dirigir diretamente ao público-alvo da propaganda? Copie-as no caderno.

b) Em que pessoa e modo estão flexionadas essas formas verbais?

c) Em sua opinião, por que esse modo verbal foi utilizado no anúncio?

COMPARAÇÃO ENTRE OS TEXTOS

14. Nesta unidade, você leu uma biografia (no capítulo 1) e um anúncio de propaganda (no capítulo 2). Compare-os e responda às questões.

a) Qual é o objetivo do gênero biografia?

b) Qual é o objetivo do gênero anúncio de propaganda?

c) A biografia e o anúncio de propaganda estudados têm temas em comum. Quais são esses temas?

15. Com base nos tempos verbais empregados nos dois textos, responda às questões.

a) Na biografia, qual é o tempo verbal utilizado para relatar os fatos sobre a vida de Chiquinha Gonzaga? Explique.

b) No anúncio de propaganda, qual é o tempo verbal mais utilizado? Qual é a razão da utilização desse tempo?

16. O texto do capítulo 1 conta alguns fatos da história de Chiquinha Gonzaga, que separou-se do marido no século XIX para continuar a compor suas canções. Já o texto do capítulo 2 procura convencer as mulheres a participar ativamente da política brasileira.

a) Qual é o público-alvo do texto do capítulo 1?

b) Qual é o público-alvo do texto do capítulo 2?

17. Você acredita que a leitura da biografia de Chiquinha Gonzaga, no capítulo 1, e do anúncio, no capítulo 2, mudou sua opinião sobre a atuação das mulheres na arte ou na política?

CIDADANIA GLOBAL

IGUALDADE ENTRE HOMENS E MULHERES

Ao longo dos anos, as mulheres obtiveram conquistas fundamentais para o exercício da cidadania, como o direito ao voto feminino, garantido, no Brasil, sem restrições, em 1934. Converse com os colegas e o professor sobre as questões a seguir:

1. Acesse o recurso digital e responda: Essa vitória foi suficiente para garantir a igualdade entre homens e mulheres no país?

2. Você sabe de alguma situação em que as mulheres foram tratadas de forma desigual em relação aos homens? Conte esse fato aos colegas e ao professor.

3. Busque, em *sites* de jornais e revistas, matérias jornalísticas atuais que apresentem dados comparando a situação de homens e mulheres no campo profissional. O que esses textos revelam? Você concorda com isso? Por quê?

LÍNGUA EM ESTUDO

VERBO: MODO INDICATIVO

1. Releia o seguinte trecho do anúncio de propaganda em que são apresentadas informações sobre as mulheres no Brasil.

> As mulheres são mais da metade da população, mas ocupam menos de 10% dos cargos políticos. Neste ano, serão realizadas eleições municipais.

a) No trecho, uma forma verbal foi utilizada para expressar algo que ocorreria depois do tempo em que o anúncio foi produzido. Que forma verbal é essa? Em que tempo está flexionada?

b) As formas verbais presentes nesse trecho expressam hipótese, certeza, pedido ou ordem?

c) Reescreva no caderno a frase a seguir, utilizando o termo *mulheres* no singular: "As mulheres ocupam menos de 10% dos cargos políticos". O que ocorreu com a forma verbal? Comente sua resposta.

Na parte do anúncio, a flexão verbal revela detalhes sobre a informação transmitida no texto. Ela nos ajuda a compreender se os fatos verbais ocorrem no presente, no passado ou no futuro. Podemos observar essa variação quando identificamos o tempo em que o verbo é empregado. Além disso, a flexão nos indica se os fatos são percebidos pelo falante como certeza, hipótese ou ordem. Captamos essa informação ao identificarmos o modo verbal utilizado: indicativo, subjuntivo ou imperativo. A flexão indica também a pessoa do discurso a que se refere o processo: primeira (eu / nós), segunda (tu / vós) ou terceira pessoa (ele / eles).

> **ANOTE AÍ!**
>
> Os verbos no **modo indicativo** podem ser flexionados em diferentes tempos: **presente**, **passado** (ou pretérito) e **futuro**. No modo indicativo, o passado e o futuro se subdividem e cada tempo expressa um sentido diferente.

As terminações dos verbos são chamadas de **desinências**. Elas indicam a **pessoa do discurso** (primeira, segunda ou terceira), o **número** (singular ou plural), o **modo** (indicativo, subjuntivo ou imperativo) e o **tempo** (presente, passado ou futuro) do verbo. Observe os exemplos.

Convers**ei** sobre a participação das mulheres na política brasileira.

a desinência indica primeira pessoa, singular, modo indicativo, tempo pretérito perfeito

Convers**am** sobre política e arte todos os dias.

a desinência indica terceira pessoa, plural, modo indicativo, tempo presente

---

RELACIONANDO

Em textos do gênero anúncio de propaganda, é comum o uso de verbos no presente do modo indicativo para expressar fatos e características relacionados ao momento da fala e vistos como uma certeza ou algo mais duradouro. A seguir, veja o exemplo retomado do anúncio de propaganda, veiculado próximo das eleições de 2016: "A voz feminina **precisa** ser mais ouvida".

228

Observe, no quadro a seguir, os tempos verbais do modo indicativo.

MODO INDICATIVO			
Tempos verbais	1ª conjugação: verbos terminados em -ar **Cantar**	2ª conjugação: verbos terminados em -er e -or **Correr**	3ª conjugação: verbos terminados em -ir **Partir**
Presente 1. **Expressa um fato que ocorre no mesmo momento em que se fala.** Exemplo: O dia **está** chuvoso. 2. **Expressa um fato que sempre acontece ou uma ação habitual.** Exemplo: Eu **corro** todos os dias no parque ao lado de casa. 3. **Indica ações permanentes ou dadas como verdades universais.** Exemplo: A Terra **gira** em torno do Sol.	Eu cant**o** Tu cant**as** Ele cant**a** Nós cant**amos** Vós cant**ais** Eles cant**am**	Eu corr**o** Tu corr**es** Ele corr**e** Nós corr**emos** Vós corr**eis** Eles corr**em**	Eu part**o** Tu part**es** Ele part**e** Nós part**imos** Vós part**is** Eles part**em**
Pretérito perfeito **Expressa um fato que já ocorreu e está perfeitamente acabado.** Exemplo: Eu **corri** ontem no parque.	Eu cant**ei** Tu cant**aste** Ele cant**ou** Nós cant**amos** Vós cant**astes** Eles cant**aram**	Eu corr**i** Tu corr**este** Ele corr**eu** Nós corr**emos** Vós corr**estes** Eles corr**eram**	Eu part**i** Tu part**iste** Ele part**iu** Nós part**imos** Vós part**istes** Eles part**iram**
Pretérito imperfeito **Expressa um fato que acontecia no passado com frequência, de forma contínua.** Exemplo: Eu **corria** todos os dias de manhã, mas agora não posso mais ir ao parque nesse horário.	Eu cant**ava** Tu cant**avas** Ele cant**ava** Nós cant**ávamos** Vós cant**áveis** Eles cant**avam**	Eu corr**ia** Tu corr**ias** Ele corr**ia** Nós corr**íamos** Vós corr**íeis** Eles corr**iam**	Eu part**ia** Tu part**ias** Ele part**ia** Nós part**íamos** Vós part**íeis** Eles part**iam**
Pretérito mais-que-perfeito **Expressa um fato passado, anterior a outro fato também passado.** Exemplo: O pai **correra** no parque antes de buscar o filho na escola.	Eu cant**ara** Tu cant**aras** Ele cant**ara** Nós cant**áramos** Vós cant**áreis** Eles cant**aram**	Eu corr**era** Tu corr**eras** Ele corr**era** Nós corr**êramos** Vós corr**êreis** Eles corr**eram**	Eu part**ira** Tu part**iras** Ele part**ira** Nós part**íramos** Vós part**íreis** Eles part**iram**
Futuro do presente **Expressa um fato que ocorrerá em um momento posterior à fala.** Exemplo: A partir da próxima semana, nós **correremos** juntas todos os dias.	Eu cant**arei** Tu cant**arás** Ele cant**ará** Nós cant**aremos** Vós cant**areis** Eles cant**arão**	Eu corr**erei** Tu corr**erás** Ele corr**erá** Nós corr**eremos** Vós corr**ereis** Eles corr**erão**	Eu part**irei** Tu part**irás** Ele part**irá** Nós part**iremos** Vós part**ireis** Eles part**irão**
Futuro do pretérito **Expressa a ideia de uma ação futura que ocorreria desde que certa condição fosse cumprida.** Exemplo: Eu **correria** todos os dias, se tivesse companhia.	Eu cant**aria** Tu cant**arias** Ele cant**aria** Nós cant**aríamos** Vós cant**aríeis** Eles cant**ariam**	Eu corr**eria** Tu corr**erias** Ele corr**eria** Nós corr**eríamos** Vós corr**eríeis** Eles corr**eriam**	Eu part**iria** Tu part**irias** Ele part**iria** Nós part**iríamos** Vós part**iríeis** Eles part**iriam**

Retomar e compreender

1. Leia a história em quadrinhos e responda às questões.

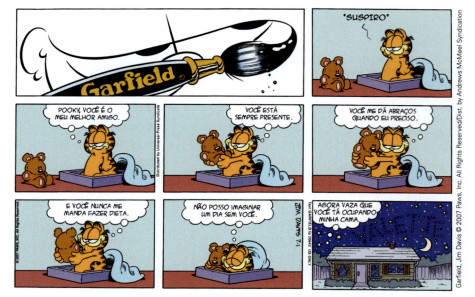

Jim Davis. *Garfield*. Acervo do autor.

a) Surpreender o leitor é um modo de provocar humor nas histórias em quadrinhos. Até o penúltimo quadrinho o leitor percebe que o gato Garfield adora o ursinho de pelúcia Pooky. O que o surpreende no último quadrinho?

b) Nas histórias em quadrinhos, usa-se um registro mais informal. No último quadrinho, que termo comprova isso? O que ele significa?

c) Nas falas de Garfield, qual é o tempo empregado nas locuções verbais?

d) Qual é o modo verbal mais usado por Garfield na história? Com esse uso, ele expressa certeza, dúvida ou ordem?

Aplicar

2. Leia este início de reportagem e responda às questões:

> **Joe Sacco, criador do jornalismo em quadrinhos, fala sobre como escolheu sua carreira**
>
> Joe Sacco não é um jornalista tradicional. Enquanto os seus colegas da faculdade de Jornalismo **escolheram** texto, fotografia ou vídeo para contar suas histórias, ele **uniu** a paixão pela profissão e pelo desenho e **criou** a sua própria maneira de informar: o jornalismo em quadrinhos. [...]
>
> *Guia do Estudante*. Disponível em: http://guiadoestudante.abril.com.br/estudo/joe-sacco-criador-do-jornalismo-em-quadrinhos-fala-sobre-como-escolheu-sua-carreira/. Acesso em: 21 mar. 2023.

a) Pelas formas verbais destacadas, o produtor da reportagem indica que as ações expressas pelos verbos acontecem antes, durante ou depois de ele escrever a matéria? Justifique, indicando o efeito de sentido do tempo e do modo verbal dessas formas.

b) Observe que os verbos do título estão no modo indicativo. O que isso indica? Em que tempos verbais estão flexionados?

c) Que efeito de sentido é obtido com o uso desses tempos no título?

A LÍNGUA NA REAL

O MODO INDICATIVO NO ANÚNCIO DE PROPAGANDA

1. Leia o anúncio a seguir para fazer as atividades propostas.

Disponível em: http://www.novasb.com.br/wp-content/uploads/2015/03/dms_big.jpg.
Acesso em: 21 mar. 2023.

Hoje, as mulheres brasileiras se destacam como agentes do desenvolvimento econômico e social e na construção de um país melhor. E todas podem contar com as políticas públicas que garantem seus direitos à saúde, educação, renda, acesso à moradia, distribuição de terra, autonomia econômica, igualdade de trabalho e proteção contra a violência.

a) Quem são os anunciantes dessa propaganda? Como você os identificou?
b) Para qual data comemorativa o anúncio foi produzido?
c) Qual é a intenção desse anúncio de propaganda? Justifique sua resposta.
d) Qual é a forma verbal da mensagem principal do anúncio? Em que tempo e modo é flexionada? O que isso indica sobre o que é dito?
e) Ao lado da mensagem principal, há outra com menos destaque. O que essa mensagem acrescenta em relação à principal?

2. Releia a seguir o trecho do texto que está na parte inferior direita do anúncio.

> Hoje, as mulheres brasileiras se **destacam** como agentes do desenvolvimento econômico e social e na construção de um país melhor. E todas podem contar com as políticas públicas que **garantem** seus direitos [...].

a) As formas verbais em destaque indicam que o que é dito é uma verdade atual ou é uma verdade que pertence a um passado distante?
b) Na locução verbal *podem contar*, o verbo auxiliar mantém a certeza sobre o que se diz. Se o verbo *poder* fosse utilizado como auxiliar de *se destacar*, no início desse trecho, ele aumentaria ou reduziria a certeza do que foi dito?

ANOTE AÍ!

Em anúncios de propagandas, os verbos no **modo indicativo** costumam ser empregados para expressar **certeza**. No entanto, alguns verbos auxiliares podem reduzir a ideia de certeza expressa pelo modo indicativo, por exemplo, a forma verbal *se destacam* ao ser substituída por *podem se destacar*.

PARA EXPLORAR

Política para mulheres
O governo federal brasileiro procura desenvolver programas e ações especialmente voltados para melhorar as condições das mulheres. Para implementar esse trabalho, foi criada a Secretaria Nacional de Políticas para as Mulheres, indicada no anúncio em estudo. Você pode conhecer essas ações por meio do *site*.
Disponível em: https://www.gov.br/mdh/pt-br/navegue-por-temas/politicas-para-mulheres. Acesso em: 21 mar. 2023.

231

ESCRITA EM PAUTA

ALGUNS CASOS DE ACENTUAÇÃO

ACENTUAÇÃO DE MONOSSÍLABOS TÔNICOS

1. Leia esta tira.

Ziraldo. Menino Maluquinho. *Jornal do Brasil*, 1992. Caderno B.

a) Qual é a contradição presente na tira? Explique.
b) Copie no caderno as palavras da tira formadas por uma única sílaba.

As palavras formadas por uma única sílaba são chamadas de **monossílabos**. Se você ler em voz alta as falas dessa tira, vai observar que alguns desses monossílabos são pronunciados com mais força dentro da sequência de palavras em que aparecem. Alguns exemplos: *já, seu, eu, são*.

Outros são pronunciados com menos força e, sonoramente, parecem se juntar às palavras vizinhas. Exemplos: *o, pra, em, da, na*.

> **ANOTE AÍ!**
>
> Os **monossílabos** pronunciados com maior intensidade são chamados de **tônicos**.
> Exemplos: *eu, lê, mão, tem*.
>
> Os **monossílabos** pronunciados com menor intensidade são chamados de **átonos**.
> Exemplos: *com, de, se, um*.

2. Observe os conjuntos de monossílabos tônicos. O que cada conjunto tem em comum? Comente sua resposta.

   a) pá, cá, há, lá, chás
   b) vê, três, crê, ré, pés
   c) pó, nó, nós, dó, só
   d) rói, véu, céus, dói, réis

Acompanhando o esquema a seguir, veja em que casos se usa acento agudo ou acento circunflexo em monossílabos tônicos.

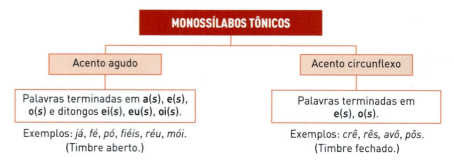

> **SOBRE OS MONOSSÍLABOS**
>
> Você sabia que há monossílabos que são tônicos em uma frase e átonos em outras? Exemplos: (a) Essa oportunidade foi dada a todos *nós* (monossílabo tônico). (b) Essa oportunidade *nos* foi dada apenas uma vez (monossílabo átono).

ACENTO DIFERENCIAL

3. Leia esta tira.

Greg e Mort Walker. *Recruta Zero*. Acervo dos autores.

a) O que provoca o humor da tira? É por meio da linguagem verbal ou da linguagem visual que percebemos isso? Explique.

b) Compare o uso do verbo *ter* nessa tira e na tira de Ziraldo da atividade **1**. Graficamente, uma dessas formas é diferente. Explique.

c) Na tira com o Menino Maluquinho, a forma verbal *tem* concorda com um pronome de tratamento: *você*. A quem esse pronome se refere? Na tira com o Recruta Zero, a quem a forma verbal *têm* está se referindo?

ANOTE AÍ!

Na língua portuguesa, existe um tipo de acento que serve apenas para **diferenciar palavras iguais ou parecidas**. Ele é chamado **acento diferencial**.

Veja alguns usos do acento diferencial.

ACENTO DIFERENCIAL

- **Verbos *ter* e *vir***: emprega-se o acento circunflexo para diferenciar a terceira pessoa do singular e a terceira pessoa do plural.
  Exemplos:
  ele *tem* – eles *têm*
  ela *vem* – elas *vêm*

- **Verbos derivados de *ter* e *vir*** (*conter*, *deter*, *convir*, *intervir*, etc.): emprega-se o acento agudo na terceira pessoa do singular e o acento circunflexo na terceira pessoa do plural.
  Exemplos:
  ele *contém* – eles *contêm*
  ela *intervém* – elas *intervêm*

- **Verbo *poder***: emprega-se o acento circunflexo para diferenciar o presente do indicativo (*pode*) do pretérito perfeito do indicativo (*pôde*).
  Exemplos:
  Ela *pode* sair. (presente)
  Ela não *pôde* sair. (pretérito)

- **Verbo *pôr***: emprega-se o acento circunflexo para diferenciá-lo da preposição *por*.
  Exemplos:
  Você pode *pôr* aqui. (verbo)
  Você passou *por* aqui. (preposição)

TREMA

Usa-se trema (¨) apenas em nomes próprios estrangeiros e em palavras da língua portuguesa derivadas deles. Exemplos: *Müller*, *mülleriano*.

ETC. E TAL

Origem da palavra *propaganda*

A **etimologia** é a área dos estudos linguísticos que pesquisa a origem, a formação e a evolução das palavras. Por meio desses estudos sabemos que a palavra *propaganda* vem do latim *propagare*, que designava o processo de reprodução de mudas de plantas. No século XVII, o Vaticano fundou a Sagrada Congregação para a Propagação da Fé e, desde então, o sentido desse termo se ampliou, sendo usado por diferentes instituições como o ato de divulgar, espalhar uma ideia.

PARA EXPLORAR

VOLP: Vocabulário Ortográfico da Língua Portuguesa

Ficou em dúvida sobre a ortografia correta de uma palavra? O sistema de busca do *Vocabulário Ortográfico da Língua Portuguesa*, produzido pela Academia Brasileira de Letras, já está em sua sexta edição e conta com 382 mil verbetes, suas classificações gramaticais e ainda outras informações referentes ao Acordo Ortográfico. Esse banco de dados pode ser acessado pelo *site* da Academia, onde você também encontrará o *link* para o aplicativo em sistema IOS e Android.

Disponível em: https://www.academia.org.br/nossa-lingua/busca-no-vocabulario. Acesso em: 21 mar. 2023.

AGORA É COM VOCÊ!

ELABORAÇÃO DE ANÚNCIO DE PROPAGANDA

Proposta

Nesta seção, propõe-se a criação de um anúncio de propaganda, em forma de cartaz, com o intuito de promover o engajamento das pessoas em fazer trabalho voluntário. Esse cartaz fará parte de uma campanha pró--voluntariado que será organizada pela turma na localidade onde a escola está situada. A campanha pode ser divulgada nos postos de saúde, nos estabelecimentos comerciais, nos centros de convivência, entre outros espaços públicos do bairro, para convidar a população local a engajar-se nessa ideia.

GÊNERO	PÚBLICO	OBJETIVO	CIRCULAÇÃO
Anúncio de propaganda	Jovens, adultos e idosos residentes em localidades próximas à escola	Incentivar as pessoas a desenvolver trabalhos voluntários	Cartaz de campanha pró-voluntariado nos arredores da escola

Planejamento e elaboração

1 Com a supervisão do professor, reúna-se com mais dois colegas para buscar informações sobre trabalhos voluntários. A proposta é que cada trio produza um dos anúncios da campanha, com o objetivo de convidar a comunidade da região onde fica a escola a fazer trabalho voluntário.

2 Antes de iniciar a produção do anúncio, é preciso saber que instituições locais precisam de voluntários e que tipos de serviço são solicitados a quem se engaja nessa causa. Portanto, para organizar a campanha, busquem informar-se sobre as possibilidades de trabalho voluntário na região: Que instituições costumam precisar de voluntários? Como é possível obter informações sobre o trabalho ou se inscrever? Quais são os trabalhos propostos aos voluntários? Há alguma restrição para adolescentes ou para idosos? Façam a busca e registrem as informações no caderno. Depois, compartilhem com a turma os resultados obtidos, comentando o que vocês descobriram.

3 Escolha, entre os tipos de trabalho voluntário necessários em sua região, qual deles será divulgado no anúncio de vocês.

4 Com os colegas de grupo, pensem em como convencer o público-alvo do anúncio. Além de utilizar os dados da busca feita anteriormente, levantem questões como: O que o público-alvo tem em comum? O que poderia convencê-lo a se engajar em um trabalho voluntário? Que linguagens verbal e não verbal podem atrair esse público?

5 Um anúncio de propaganda deve convencer os leitores a respeito de uma ideia. Vejam alguns tipos de argumento que podem ajudá-los nisso:
- Exemplos de benefícios do trabalho voluntário para a sociedade.
- Dados sobre trabalho voluntário desenvolvido no Brasil e no mundo.
- Exemplos de benefícios que o trabalho voluntário promove para quem o faz.
- Exemplos de personalidades que se engajam em trabalho voluntário.
- Depoimento de voluntários e de pessoas atendidas por voluntários.

234

6 Escolham a informação principal, que deverá convencer o público-alvo e será inserida na parte inferior do cartaz. O texto precisa ser curto e direto.

7 Criem um logotipo e um *slogan* para a campanha.

8 Escolham a imagem que melhor se comunique com o público-alvo e, por fim, criem a mensagem principal do anúncio, que deverá ficar em letras grandes e em destaque no cartaz.

9 Organizem, em um rascunho, como os elementos deverão ficar na primeira versão do anúncio de propaganda.

10 Elaborem a primeira versão do cartaz, lembrando que ela vai ser avaliada por outro grupo e só então será transformada na versão final.

LINGUAGEM DO SEU TEXTO

1. No anúncio de propaganda lido no início deste capítulo, vocês observaram o uso do modo indicativo e do modo imperativo. No caderno, copiem as formas verbais desse anúncio que estão no indicativo. Que efeito de sentido essas formas verbais produzem no texto?

2. De acordo com os estudos dos verbos realizados nesta unidade, qual é o efeito do uso do modo imperativo? Comentem as respostas.

Agora, releiam o anúncio produzido e observem se escolheram os tempos e os modos verbais apropriados ao que desejam expressar. Atentem também a se as formas verbais concordam adequadamente em número e pessoa com aquilo a que se referem. Não deixem de checar, ainda, as regras ortográficas, a pontuação e a acentuação gráfica dos monossílabos, verificando se estão de acordo com as regras estudadas na seção *Escrita em pauta*.

Avaliação

1 Troquem de cartaz com outro grupo e avaliem-no conforme estes critérios:

ELEMENTOS DO ANÚNCIO DE PROPAGANDA
O anúncio apresenta logotipo e *slogan* da campanha?
Na parte inferior do anúncio, há um texto curto e direto com uma informação principal, com o objetivo de chamar a atenção do público-alvo?
A imagem reforça os sentidos expressos nos textos verbais?
A mensagem principal do anúncio está escrita em letras grandes e em um lugar de destaque no cartaz?

2 Devolvam o cartaz dos colegas com suas observações e peguem o de vocês de volta. Caso necessário, reescrevam o(s) texto(s) ou reorganizem os elementos para produzir a versão final.

3 Elaborem o cartaz em uma folha de papel de tamanho A3, ou seja, que meça 30 cm × 42 cm. O papel a ser utilizado pode ser cartolina ou papel-cartão. É fundamental que todo o conteúdo do anúncio esteja legível.

Circulação

1 Sob a orientação do professor, afixem os cartazes com os anúncios de propaganda nos espaços públicos e comerciais próximos à escola, com a devida autorização do proprietário ou do responsável pelo local.

INVESTIGAR

História da televisão no Brasil

Para começar

A propaganda e a publicidade estão intrinsecamente ligadas às mídias, que, por sua vez, dependem, em parte, da verba que arrecadam com os anúncios que veiculam. A televisão é um dos grandes meios de divulgação de ideias em nossa sociedade e influencia os hábitos e a opinião dos espectadores em geral, desde sua popularização global. Você sabe quando ela chegou ao Brasil? E como ela tem impactado nossa vida ao longo dos anos?

Nesta seção, você e os colegas vão se organizar em grupos para produzir uma pesquisa bibliográfica sobre a história da TV no Brasil. Cada grupo vai elaborar um resumo sobre os fatos ocorridos durante a década pela qual ficou responsável. Ao final, os resumos da turma serão a base para a elaboração de uma linha do tempo sobre a história da TV brasileira, que será exposta na escola.

O PROBLEMA	A INVESTIGAÇÃO	MATERIAL
Qual é a história da televisão no Brasil desde sua chegada ao país até os dias de hoje?	**Procedimento:** pesquisa bibliográfica **Instrumentos de coleta:** revisão bibliográfica e estudo de recepção	• dispositivo com acesso à internet • livros e revistas • caderno para anotações • caneta • cartolina

Procedimentos

Parte I – Planejamento

1 Sob a orientação do professor, a turma deve se organizar em oito grupos. Cada grupo ficará responsável por uma década de história, iniciando em 1950 e indo até os dias atuais.

Parte II – Coleta de dados

1 Consultem diversas fontes: livros, revistas e *sites*. As fontes que vocês consultarem, principalmente na internet, devem ser confiáveis. Os autores dos textos devem ser pessoas aptas a escrever sobre o tema, ou seja, especialistas ou pesquisadores sobre o assunto.

2 O foco da pesquisa deve estar nas seguintes questões:
- Que fatos foram significativos na história da TV no Brasil na década sobre a qual meu grupo está pesquisando?
- Quantas e quais redes de TV existiam nesse período?
- A quais tipos de programa as pessoas assistiam?
- Quais eram as principais personalidades da TV na época?
- Como eram os anúncios de propaganda e/ou publicitários veiculados na TV? Eles influenciavam as pessoas? Como?

3 Anotem as informações encontradas sobre as questões pesquisadas.

4 Registrem, em uma folha, estes dados sobre as referências bibliográficas: autor, título da obra, nome da editora, ano de publicação, páginas ou *links* e data de acesso.

Parte III – Análise, seleção e comparação dos dados

1. Na data combinada com o professor, organizem as anotações e os demais registros para trabalhar em sala de aula.
2. Leiam, no grupo, as anotações e os textos trazidos pelos colegas e separem os que respondem às questões propostas para a pesquisa. Para isso, com a ajuda do professor, comparem as informações dos textos. Após a leitura e a análise dos resultados das pesquisas, formulem as respostas do grupo às questões.

Parte IV – Elaboração e compartilhamento do resumo

1. Com base nas respostas dos grupos, chegou o momento de a turma toda produzir o relato da história da TV brasileira, resumindo as respostas sobre cada década.
   - Como o resumo é a exposição reduzida das informações, apenas os fatos principais de cada década devem constar do texto. É importante considerar tanto os acontecimentos históricos sobre a televisão quanto a influência dela na vida das pessoas. Assim, releiam as respostas para as questões, resumindo os textos ao que é essencial para cada década.
   - Escrevam o resumo de sua década, organizando-o de forma clara e objetiva.
   - No fim do resumo, indiquem as fontes de onde as informações foram retiradas, isto é, as referências bibliográficas. As fontes devem ser listadas em ordem alfabética a partir do último sobrenome do autor. Exemplo: Mattos, Sérgio. *História da televisão brasileira*: uma visão econômica, social e política. Petrópolis: Vozes, 2010.
2. Compartilhem com os demais colegas o resumo do grupo: leiam seu resumo para a turma e ouçam atentamente a leitura dos demais grupos. Releiam o resumo de vocês, procurando identificar e corrigir aspectos que possam ser melhorados, como clareza, concisão, registro formal, correção gramatical, etc.
3. Conversem a respeito do trabalho feito, compartilhando as informações e os momentos mais proveitosos do processo. Para isso, ouçam com atenção os colegas. Quando não concordarem com a opinião de alguém, expressem seu ponto de vista de modo respeitoso. Usem as questões a seguir como base para a conversa.

Questões para discussão

1. Qual é o fato mais interessante da história da TV no Brasil? Como ele influenciou a vida em sociedade?
2. Quais foram as referências mais importantes consultadas?
3. Todas as referências que vocês utilizaram são confiáveis? Qual foi a informação mais relevante pesquisada pelos demais grupos?

Comunicação dos resultados

Elaboração e exposição de uma linha do tempo

Reúnam os resumos dos grupos, que já estarão organizados por décadas (1950, 1960, etc.). Para elaborar a linha do tempo, tracem uma linha no papel, marquem essas datas e coloquem os resumos referentes àquele momento histórico. Se possível, colem imagens que representem os principais acontecimentos de cada década da TV brasileira. Exponham essa linha do tempo em um local de destaque na escola para toda a comunidade escolar poder conhecê-la.

ATIVIDADES INTEGRADAS

O trecho a seguir faz parte do livro *Heitor Villa-Lobos*, uma biografia do maestro e compositor brasileiro. Leia-o e responda às questões propostas.

Heitor Villa-Lobos

Heitor foi o primeiro filho homem de Raul e Noêmia Villa-Lobos. Nasceu na bela cidade do Rio de Janeiro, em 1887, e teve mais sete irmãos.

Era uma criança muito travessa. Não gostava de fazer as tarefas da escola. Precisava estar sempre em movimento, descobrindo coisas novas.

O pai, preocupado com seu comportamento, chegou a amarrá-lo ao pé da mesa para que ele fizesse os trabalhos escolares!

Com apenas 4 anos, Tuhu − apelido de Heitor − mudou-se com a família para Minas Gerais, primeiro para a cidade de Bicas e depois para Cataguazes.

Ali conheceu as modas caipiras e o tocador de viola. Essas impressões musicais vão se refletir, mais tarde, em composições maravilhosas, como as canções *Viola quebrada*, *Solidão* e *Cascavel*.

Pessoas que estudaram a vida desse grande músico acham que foi com o pai que ele, desde criança, aprendeu a se interessar pelas coisas do Brasil.

Todas as composições imaginadas por Heitor tinham alguma ligação com o povo, as cidades, as montanhas, os rios e as florestas brasileiras. [...]

A música faz parte da vida de Heitor desde que ele era bem pequeno. Seu pai tocava violoncelo e, junto com os amigos que também tocavam algum instrumento, realizavam verdadeiros concertos domésticos.

▲ Heitor Villa-Lobos. Foto de 1952.

Os vizinhos já estavam acostumados com a música que se ouvia na casa dos Villa-Lobos até bem tarde da noite...

Foi assim que as obras de grandes mestres, como Puccini e Wagner, tornaram-se familiares para o menino Heitor.

Naqueles concertos em casa, a tia Zizinha era sempre convidada para tocar piano. Excelente pianista, apreciava, em especial, uma obra do compositor alemão Johann Sebastian Bach, *O cravo bem temperado*.

Embora ainda fosse criança e não pudesse entender completamente a profundidade do que Bach havia escrito, o pequeno Tuhu ficava encantado com aquela música, e essa paixão continuou por toda a vida.

Bem mais tarde, Villa-Lobos escreveu uma grande obra musical chamada *Bachianas*, em homenagem ao grande compositor alemão.

Aos 6 anos, aprendeu com o pai a tocar violoncelo. Como o instrumento era muito grande para Tuhu, Raul adaptou um pedaço de madeira e uma viola para que o menino pudesse ter um instrumento mais adequado ao seu tamanho.

Com 11 anos, Heitor também aprendeu a tocar clarinete com o pai. Além disso, os dois costumavam sair juntos para ouvir concertos e óperas. [...]

Loly Amaro de Souza. *Heitor Villa-Lobos*. São Paulo: Moderna, 2001. p. 5-10 (Coleção Mestres da Música no Brasil).

Bach: Johann Sebastian Bach (1685-1750), compositor alemão do século XVIII, foi um dos maiores nomes da música barroca.

Puccini: Giacomo Puccini (1858-1924) foi um famoso compositor italiano de óperas.

Wagner: Wilhelm Richard Wagner (1813-1883), compositor alemão conhecido por suas óperas.

Acompanhamento da aprendizagem

Analisar e verificar

1. O trecho lido da biografia de Villa-Lobos apresenta que fase da vida do compositor? Qual é a importância dessas informações em uma biografia?

2. Na biografia de Heitor Villa-Lobos, é apresentada a relação do menino com o pai.

   a) Você acredita que as relações familiares entre adultos e crianças são decisivas para o desenvolvimento de habilidades? Por quê?

   b) De que maneira o pai do compositor influenciou o desenvolvimento musical do filho?

   c) Que experiências musicais vivenciadas na infância repercutiram nas obras dele?

3. No caderno, reorganize cronologicamente as informações a seguir, de acordo com a ordem em que são relatadas na biografia. É possível afirmar que a biógrafa optou pela ordem cronológica dos acontecimentos ou por outra ordem?

   - Com 4 anos de idade, Heitor mudou-se com a família para Minas Gerais.
   - Heitor aprendeu a tocar clarinete aos 11 anos.
   - Heitor nasceu na cidade do Rio de Janeiro em 1887.
   - Aos 6 anos, Heitor aprendeu a tocar violoncelo.

4. Releia o trecho a seguir, da biografia de Villa-Lobos, e responda às questões no caderno.

   > Aos 6 anos, **aprendeu** com o pai a tocar violoncelo. Como o instrumento **era** muito grande para Tuhu, Raul **adaptou** um pedaço de madeira e uma viola para que o menino pudesse ter um instrumento mais adequado ao seu tamanho.

   - Observe as formas verbais em destaque. Em que tempo essas formas estão? Elas expressam certeza ou possibilidade? Por quê?

5. Releia os períodos a seguir.

   > I. Nasceu na bela cidade do Rio de Janeiro, em 1887, e teve mais sete irmãos.
   > II. Bem mais tarde, Villa-Lobos escreveu uma grande obra musical chamada *Bachianas*, em homenagem ao grande compositor alemão.

   a) Qual desses períodos é constituído por uma única oração? Explique.

   b) Copie no caderno o sintagma verbal do período identificado no item *a*. Com qual sintagma nominal ele concorda?

   c) Em relação ao outro período, quantas orações ele tem? Quais são elas?

   d) Classifique os períodos I e II em período simples ou período composto. Justifique.

Criar

6. Essa biografia foi escrita para o público infantojuvenil. Se você precisasse adaptá-la para o público adulto, que tipos de mudança seriam realizadas? Reúna-se com um colega para reescrever os quatro primeiros parágrafos de modo mais formal para adequar a biografia ao público adulto.

239

CIDADANIA GLOBAL
UNIDADE 7

5 IGUALDADE DE GÊNERO

Retomando o tema

Nesta unidade, você e seus colegas tiveram a oportunidade de refletir sobre a relevância da igualdade de gênero para o avanço no estabelecimento de uma sociedade mais justa. A fim de aprofundar essa reflexão, busquem informações sobre as ações adotadas nos últimos anos para aumentar a representatividade feminina na política no Brasil. Depois, debata sobre a questão a seguir com os colegas.

1. As ações que objetivam aumentar a representatividade feminina na política podem promover a igualdade de gênero na política? Por quê?

Geração da mudança

Com base na discussão anterior, reúnam-se em quatro grupos para elaborar um mapa que demonstre estatisticamente a participação feminina nas Câmaras dos Vereadores. Cada grupo deve fazer um mapa: do Brasil, da região, do estado e do município em que vivem. Ao final, os mapas devem ser expostos em um mural para a comunidade escolar. Para isso, sigam as orientações abaixo:

- Para criar os mapas, utilizem técnicas diversas, como pintura, desenho, colagem.
- Busquem informações sobre as últimas eleições municipais a fim de verificar a porcentagem de homens e mulheres eleitos como vereadores e vereadoras no Brasil, na região, no estado e no município em que vivem.
- Produzam ícones para representar homens e mulheres e coloquem ao lado deles a respectiva porcentagem, de acordo com o tipo de mapa.
- Lembrem-se de incluir um título objetivo, como: Mulheres nas Câmaras dos Vereadores – Brasil, Mulheres nas Câmaras dos Vereadores – Norte, Mulheres nas Câmaras dos Vereadores – Tocantins, Mulheres nas Câmaras dos Vereadores – Palmas. Abaixo dos mapas, insiram as fontes de consulta.
- Debatam os resultados, verificando se há disparidade em relação à representatividade política por gênero. Depois, exponham os mapas fixando-os em cartaz.

Autoavaliação

ENTREVISTA

UNIDADE 8

PRIMEIRAS IDEIAS

1. Em que meios de comunicação encontramos entrevistas orais? E escritas?
2. Se você tivesse um canal de vídeos na internet, quem chamaria para entrevistar? Por quê?
3. Em que situações as pessoas dizem: "Se você tivesse..."? Essa construção aponta um fato incerto no presente ou uma possibilidade no passado?
4. Para você, qual é o sentido da palavra *coordenação*?

Conhecimentos prévios

Nesta unidade, eu vou...

CAPÍTULO 1 — Bate-papo com poesia

- Assistir a uma entrevista e ler sua transcrição, compreendendo as características do gênero.
- Valorizar a parceria e a cooperação entre as pessoas a fim de promover ações fundamentadas no compromisso social.
- Analisar e compreender textos multissemióticos.
- Identificar os sentidos e os tempos do modo subjuntivo; reconhecer as formas do modo imperativo e perceber os sentidos expressos por ele.
- Planejar e produzir uma entrevista oral.

CAPÍTULO 2 — Conversa com escritor

- Ler e interpretar uma entrevista, reconhecendo a intencionalidade do entrevistador.
- Refletir e debater sobre a necessidade da redução da desigualdade social.
- Analisar orações coordenadas.
- Identificar o emprego das letras *g* e *j* nas palavras.
- Planejar e produzir uma entrevista escrita; retextualizar um texto da modalidade oral para a escrita.

CIDADANIA GLOBAL

- Pesquisar informações sobre autores negros brasileiros.
- Produzir e divulgar minibiografias de pessoas negras na literatura, ampliando o repertório cultural do estudante.

241

LEITURA DA IMAGEM

1. Ao observar o grafite, em destaque aparece o ativista Martin Luther King Jr. Que ação ele parece estar realizando?
2. Há outras pessoas retratadas no mural. O que possivelmente elas estão fazendo? Como você chegou a essa conclusão?
3. Atrás da imagem de Luther King há a representação de uma pomba. Essa ave é um símbolo associado a determinada ideia. Que ideia é essa?
4. Que relação pode ser estabelecida entre esse símbolo e Martin Luther King Jr.? Discuta com os colegas.

CIDADANIA GLOBAL

No mural lê-se a frase "Vidas Negras Importam", tradução do nome do movimento ativista de origem estadunidense *Black Lives Matter*. O movimento reivindica a realização de ações concretas, por parte de toda sociedade, contra a violência a pessoas negras.

1. Na sua opinião, de que forma movimentos como esse contribuem para a diminuição da desigualdade racial?
2. Para você, o registro do nome do movimento em língua portuguesa e em língua inglesa reforça qual ideia relacionada à busca por respeito e inclusão social?

 Acesse o recurso digital e responda: Em quais situações do dia a dia podem ser percebidas manifestações do racismo? Qual direito está sendo negado nessas situações?

Mural "Visões de Resistências, Sonhos de Liberdade", do artista plástico brasileiro Acme, no Rio de Janeiro. Foto de 2022.

CAPÍTULO 1

BATE-PAPO COM POESIA

O QUE VEM A SEGUIR

Você vai ver uma entrevista da poeta Bruna Beber concedida ao programa *Cidade de Leitores*, veiculado no canal oficial da MultiRio e em outros canais de mídia. Na entrevista, a poeta fala sobre seu livro de estreia. Antes de assistir ao vídeo, converse com os colegas: Como você acha que Bruna Beber conseguiu publicar seu primeiro livro?

TRANSCRIÇÃO

Cidade de Leitores

Leila Richers: Este é o programa *Cidade de Leitores* entrevistando hoje a poeta Bruna Beber. A *fila sem fim dos demônios descontentes* foi seu primeiro livro de poemas publicado. Ele surpreendeu a crítica pelo rigor e profundidade da escrita aliados às referências da cultura *pop*. Bruna, como é que esse livro aconteceu?

Bruna Beber: Eu já escrevia poesia desde a adolescência, há muitos anos, e aí teve uma hora que eu comecei a olhar os poemas e ver que eles tinham uma... tinha uma sintonia, digamos assim, aí eu pensei "Ah! Eu vou publicar um livro". Só que eu já escrevia na internet, em revistas e *sites*, já colaborava com várias coisas na internet... Só que lançar um livro era uma coisa muito distante, sabe? E aí eu comentei com um amigo que escrevia comigo na revista que eu estava pensando em fazer um livro, mas eu não fazia a menor ideia de como se fazia um livro, nem... E ele comentou comigo "Ah, tem a editora 7Letras que costuma publicar autores muito jovens, autores iniciantes..." e "Ah, manda seu livro para eles". E aí eu fechei o livro, mandei, só que eu não esperava que ia ter resposta, sabe? Porque era um *e-mail* genérico, assim: editora@... Eu falei "Bom, se me responderem, eu estou no lucro". E aí eles me responderam, e o Jorge, editor da 7Letras, me ligou falando que tinha gostado muito do livro e que queria publicar. Eu fiquei muito feliz e fui contar para os meus pais e eles ficaram um pouco assustados, né? "Uau, um livro, como assim?". Mas tudo bem... Aí, publiquei e não esperava nada assim... esperei até... esperava até que o livro fosse encalhar, sabe? Meu pai até brincava, ele falava "A gente vai montar uma barraquinha aqui, vai vender esses livros, eu vou obrigar os meus amigos a comprarem o livro...". E aí de repente eu lancei o livro, saiu uma crítica no jornal, quando eu vi o livro acabou em meses, sabe? E aí foi isso.

Leila Richers: Que coisa boa, Bruna. A *fila sem fim dos demônios descontentes*: conta pra gente como que você achou esse título, de onde ele saiu.

Bruna Beber: Então, eu morava em São João, estudava em Botafogo e trabalhava no Leblon [bairros da cidade do Rio de Janeiro]. E aí todo dia eu pegava o ônibus e passava pelo viaduto da Perimetral, ali perto da rodoviária Novo Rio. E quando eu estava fechando o livro, eu estava procurando um título. Já tinha alguns títulos, mas nenhum... eu não gostava de nenhum. E aí eu sempre reparava nas pichações que tinham ali no viaduto da Perimetral e tem coisas muito antigas, sabe? Tipo "Quércia vem aí", tem as coisas do Gentileza, tem algumas coisas do Exu Caveira... E aí tinha essa frase. E eu li... a frase completa era "Fila sem fim dos demônios descontentes no amor". E eu li essa frase e pensei "Nossa! É o título do meu livro. Eu vou tirar o 'no amor' e é o título do meu livro". Só que não tinha nada, assim, não tinha autoria, não tinha nada como a maioria dos grafites, né? Aí, eu coloquei o título no livro e aí quando saiu a primeira resenha do livro o professor do menino que era o autor da frase falou para ele "Ó, lembra aquele trabalho que você fez no viaduto da Perimetral? Uma menina lançou um livro, ela pegou a sua frase e usou como título do livro dela e, aqui na matéria do jornal, diz que é autor anônimo, porque ela não sabe quem é". E ele me procurou e falou "Bruna, eu sou o Gustavo...". Gustavo Speridião o nome dele, é artista plástico aqui do Rio, do centro do Rio... "Eu sou o Gustavo, eu sou autor daquela frase e eu queria te conhecer, vamos nos encontrar." E a gente se encontrou e ficou amigo... E aí quando ele ia lançar o primeiro curta-metragem dele, ele usou um poema meu como título. Ele falou "Ah, esse aqui é o meu pagamento, vamos fazer essa troca".

Leila Richers: Qual é o título?

Bruna Beber: Era um poema muito pequeno que é "A van guarda e leva o passageiro", que aí juntando fica: "vanguarda eleva". E ele falou "Isso eu vou usar!". Era um poema... Era um curta sobre um passeio de van.

Leila Richers: Tem muito humor nesse seu livro, não é?

Bruna Beber: Tem.

Leila Richers: De onde vem esse humor da sua poesia?

Bruna Beber: Ah... acho que dos meus pais.

Leila Richers: De casa?

Bruna Beber: Sim.

Leila Richers: É, pelo que você falou, seu pai é cheio de humor, né? Vai botar barraquinha pra vender... Ele tá sempre segurando as pontas com isso, né? Que é meio segurar as pontas, né? Pensar o que que pode frustrar um e outro, né? Acho que o pai tem muito essa função numa família, não é?

▲ Bruna Beber na Festa Literária de Paraty, em 2013, mesmo ano da entrevista.

Bruna Beber: É, e o meu pai é muito mestre do humor. E a minha mãe também é muito engraçada, então eles se complementam, assim, parece uma dupla de humor, sabe? É muito bom.

Leila Richers: O que você gosta mais nesse livro *A fila sem fim dos demônios descontentes*?

Bruna Beber: Ah... eu acho que é um livro tão espontâneo, sabe? Tão... Juntando tudo até que... tudo o que eu tinha vivido até os 20 anos, assim, aquela vontade de conhecer e de escrever e aquela... é... um somatório de paixões que você acumula, assim, na sua adolescência e no começo da juventude... a sua capacidade de se arrebatar mais fácil, sabe? De se apaixonar e de se encantar. Então, eu acho que esse livro é uma mistura de todas as minhas paixões e sensações muito fortes até os 20 anos de idade. Então, eu gosto muito dele.

Leila Richers: E aí já são quatro livros publicados: [além de *A fila sem fim dos demônios descontentes*,] tem o *Rapapés e apupos*, depois o *Balés*, depois *Rua da Padaria*. E traduzidos para outras línguas: inglês, né? Alemão, espanhol...

Bruna Beber: É, os poemas, sim. Os livros inteiros, não. Mas muitos poemas já estão traduzidos em várias línguas.

Leila Richers: Agora, você vê uma evolução entre esses livros? Você vê, você sente que foi evoluindo, que a sua poesia já está mais madura? Ao mesmo tempo em que você foi crescendo, porque você começou uma criança, né?

Bruna Beber: Sinto, sinto claramente. E sinto também pelo trabalho que eu tenho cada vez mais em cada livro, sabe? E o *Rua da Padaria* foi o que me deu mais trabalho de todos. Mas porque eu estava buscando objetivamente... é... uma simplicidade e um trabalho de linguagem diferente, que eu não tinha buscado nos outros.

[...]

Leila Richers: Bruna Beber, muito obrigada pela entrevista.

Bruna Beber: Obrigada você.

Leila Richers: Adorei! Adorei seus livros! O programa *Cidade de Leitores* termina aqui. Um grande abraço para você também e até a próxima.

Leila Richers entrevista Bruna Beber. *Cidade de Leitores*. MultiRio, 29 ago. 2013.
Disponível em: https://www.youtube.com/watch?v=_5hKUEhQFJI. Acesso em: 24 fev. 2023.

TEXTO EM ESTUDO

PARA ENTENDER O TEXTO

1. O processo de publicação do livro de Bruna Beber ocorreu como você pensou?

2. Pela transcrição, pode-se perceber que, ao iniciar o programa, antes da primeira pergunta, a entrevistadora apresenta informações sobre a pessoa que vai entrevistar. Quais são as informações fornecidas ao espectador?

3. Considerando a entrevista assistida, responda às questões.

   a) Qual é a importância de haver uma introdução para a entrevista?

   b) Por que a introdução dessa entrevista é breve? Reflita sobre esse aspecto, lembrando que a entrevista foi veiculada em um canal de vídeos na internet.

4. A primeira pergunta da entrevista é feita no fim da introdução.

   a) O que essa pergunta sugere sobre a publicação do livro? Copie no caderno a afirmação que responde corretamente a essa questão.

      I. Sugere que a publicação do livro foi inusitada, fora do comum.

      II. Sugere que a publicação era esperada, em razão da qualidade dos poemas.

   b) A resposta de Bruna Beber confirma o que essa pergunta sugere? Explique.

   c) Que ações da escritora possibilitaram a publicação do livro?

5. A respeito do processo de publicação do primeiro livro de Bruna, responda às questões a seguir.

   a) Qual é a história da escolha do título?

   b) O título do livro rendeu uma nova amizade à poeta. Com quem e como essa amizade foi estabelecida?

   c) Por causa dessa amizade, um poema de Bruna tornou-se título de um curta-metragem. De quem é esse filme? Qual é o poema que o intitula?

   d) Como você entende o poema que intitula o curta?

   e) Analise a brincadeira que a poeta faz com as palavras do poema. Considerando que *vanguarda* refere-se a um movimento pioneiro em relação a gostos ou ideais de uma época, apresente uma interpretação para esse texto.

6. De acordo com a entrevista, qual é a relação entre o poema e o curta-metragem? Copie no caderno a alternativa correta.

   I. O filme é sobre um passeio de van. Assim, o poema se relaciona unicamente com a ideia de van como meio de transporte, sem que se considere o sentido promovido por meio do jogo de palavras do poema.

   II. O filme é sobre um passeio de van. O título do filme faz, portanto, referência ao tipo de veículo (van), mas estabelece também uma relação com o sentido sugerido pelo poema por meio do jogo de palavras.

7. Ao longo da transcrição, por que sempre há o nome da entrevistadora e o da entrevistada antes de cada fala?

ANOTE AÍ!

Nas entrevistas, é comum haver um **texto introdutório** com informações sobre a vida e a obra da pessoa entrevistada, a fim de contextualizar o público.

Além disso, uma entrevista é organizada por meio de **perguntas** do entrevistador e **respostas** do entrevistado.

UMA JOVEM POETA

Bruna Beber nasceu em 1984, na cidade de Duque de Caxias, no Rio de Janeiro. Ela colaborou como escritora, durante os anos 2000, em diversos *sites* e revistas relacionados à literatura. Seu primeiro livro, *A fila sem fim dos demônios descontentes*, foi lançado em 2006. Além desse, publicou: *Balés* (2009), *Rapapés e apupos* (2012), *Rua da Padaria* (2013), *Zebrosinha* (2013), *Ladainha* (2017) e *Uma encarnação encarnada em mim: cosmogonias encruzilhadas em Stella do Patrocínio* (2022).

7 Letras/Arquivo da editora

▲ Capa do primeiro livro de Bruna Beber.

246

PONTO DE VISTA

8. Leia a pergunta e a resposta a seguir.

> **Leila Richers:** O que você gosta mais nesse livro *A fila sem fim dos demônios descontentes*?
>
> **Bruna Beber:** Ah... eu acho que é um livro tão espontâneo, sabe? Tão... Juntando tudo até que... tudo o que eu tinha vivido até os 20 anos, assim, aquela vontade de conhecer e de escrever e aquela... é... um somatório de paixões que você acumula, assim, na sua adolescência e no começo da juventude... a sua capacidade de se arrebatar mais fácil, sabe? De se apaixonar e de se encantar. Então, eu acho que esse livro é uma mistura de todas as minhas paixões e sensações muito fortes até os 20 anos de idade. Então, eu gosto muito dele.

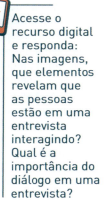

Acesse o recurso digital e responda: Nas imagens, que elementos revelam que as pessoas estão em uma entrevista interagindo? Qual é a importância do diálogo em uma entrevista?

a) Qual é o ponto de vista defendido pela poeta nesse trecho?
b) Qual é o verbo utilizado no início da resposta de Bruna Beber?
c) Analise esse verbo e explique como ele se relaciona com o que você respondeu no item *a*.

9. No trecho da atividade **8** apresentado, Bruna faz duas perguntas no decorrer de sua fala. Ao fazer essas perguntas, a entrevistada espera uma resposta? Explique sua resposta.

> **ANOTE AÍ!**
>
> A entrevista, muitas vezes, apresenta a **opinião** ou o **ponto de vista** do entrevistado. Dessa maneira, podemos conhecer o modo como ele vê o mundo, seus gostos, suas ideias. O entrevistado pode fazer **questionamentos** utilizando palavras como *sabe* ou *entende*, com o intuito de **chamar a atenção do interlocutor** para que ele acompanhe seu raciocínio.

10. Em uma entrevista, o público costuma construir uma imagem do entrevistado pelo que ele diz e como diz. Após ler a entrevista, como você percebe a poeta Bruna Beber?

11. **SABER SER** Para dar título a seu livro, Bruna Beber usou certa frase de uma intervenção urbana. Ao conhecer o autor da frase, ela e o artista estabeleceram uma amizade e uma parceria. Com base nesse fato, converse com a turma sobre as questões a seguir.

a) Para você, qual é a importância de estabelecermos parcerias em nossas atividades cotidianas?
b) De que maneira essas trocas podem promover nosso crescimento? Comente.

O CONTEXTO DE PRODUÇÃO

12. A entrevista foi feita para o programa *Cidade de Leitores*, da MultiRio, empresa que produz conteúdo educativo e cultural para *web*, TV e mídia impressa. Sabendo desse fato, responda:

a) Considerando o nome do programa, que assuntos ele provavelmente aborda?
b) A entrevista atende à expectativa criada pelo título do programa? Explique sua resposta.
c) Qual é, provavelmente, o público-alvo do programa?

247

PARA EXPLORAR

Cidade de Leitores
A cada episódio, o programa *Cidade de Leitores* explora um tema diferente. No *site* da MultiRio, acesse a página com os episódios do programa e assista aos que mais despertarem seu interesse.

Disponível em: http://multirio.rio.rj.gov.br/index.php/busca?mult=&cat=&tip=&proj=2593&txt=. Acesso em: 5 maio 2023.

A LINGUAGEM DO TEXTO

13. Na entrevista, algumas palavras e expressões foram utilizadas em sentido figurado. Leia os trechos a seguir.

> I. [...] esperava até que o livro fosse **encalhar**.

> II. [...] meu pai é muito **mestre do humor**.

- No caderno, responda à pergunta: Quais são os significados dos termos destacados nos fragmentos e quais efeitos de sentido eles produzem?

14. Leia a fala transcrita a seguir.

> **Bruna Beber**: Eu já escrevia poesia desde a adolescência, há muitos anos, e aí teve uma hora que eu comecei a olhar os poemas e ver que eles tinham uma... tinha uma sintonia, digamos assim, aí eu pensei "Ah! Eu vou publicar um livro". Só que eu já escrevia na internet, em revistas e *sites*, já colaborava com várias coisas na internet... Só que lançar um livro era uma coisa muito distante, sabe?

a) Em situações orais, é comum usar uma palavra e repeti-la em seguida. Na fala transcrita, em que trecho isso acontece? Copie-o no caderno.

b) Nessa fala, há várias expressões típicas da oralidade. Quais?

ANOTE AÍ!

A fala apresenta características próprias do momento de interação entre os interlocutores, como os **marcadores conversacionais**. Eles não têm relação com o conteúdo do discurso; funcionam como articuladores. Por exemplo, *aí*, *então* e *digamos* ajudam no desenvolvimento do turno, e *né?*, *sabe?* e *entende?* ajudam a chamar a atenção do ouvinte.

15. Leia este trecho:

> E ele me procurou e falou "Bruna, eu sou o Gustavo...". Gustavo Speridião o nome dele, é artista plástico aqui do Rio, do centro do Rio... "Eu sou o Gustavo, eu sou autor daquela frase e eu queria te conhecer, vamos nos encontrar." E a gente se encontrou e ficou amigo... E aí quando ele ia lançar o primeiro curta-metragem dele, ele usou um poema meu como título. Ele falou "Ah, esse aqui é o meu pagamento, vamos fazer essa troca".

a) Observe o uso das aspas na transcrição da entrevista. Qual é a função delas?

b) Com os trechos entre aspas, o público se aproxima da entrevista? Por quê?

c) Observe novamente o trecho da entrevista no momento dessa fala. As reticências foram usadas na transcrição para indicar o quê, nesse caso?

d) Que outras funções as reticências podem apresentar em uma transcrição?

16. Que tipo de registro predomina na entrevista: formal ou informal? Justifique.

ANOTE AÍ!

Em uma entrevista, o **registro** pode ser **formal** ou **informal**, dependendo do entrevistado, do assunto tratado, do grau de interação estabelecido entre os participantes e também do perfil do veículo em que a entrevista vai circular.

UMA COISA PUXA OUTRA

Gentileza gera gentileza

Na entrevista assistida, Bruna Beber fala que o título de seu primeiro livro foi retirado de uma frase pintada no viaduto da Perimetral, na cidade do Rio de Janeiro. Entre as imagens e frases que ela via nos muros, estavam algumas obras do Profeta Gentileza (1917-1996).

1. Na fotografia a seguir, em primeiro plano, está uma das obras do Profeta Gentileza. Observe a imagem e faça o que se pede.

▸ Murais do Profeta Gentileza no viaduto da Perimetral, no Rio de Janeiro. Foto de 2011.

- Compartilhe com os colegas suas impressões sobre os murais.

2. O antigo viaduto da Perimetral foi demolido em 2013 e 2014. No entanto, alguns dos murais do Profeta Gentileza foram mantidos. O que isso revela sobre a importância desse artista para a cidade do Rio de Janeiro?

3. José Datrino ficou conhecido como Profeta Gentileza por suas mensagens de amor e paz inscritas em paredes e muros da cidade. O mural 3 está de acordo com esses temas? Por quê?

4. Umas das frases mais conhecidas do artista é "Gentileza gera gentileza". Você já tinha visto essa frase em algum lugar? O que ela significa?

5. As pilastras com as inscrições de Gentileza encontram-se em uma região central da cidade do Rio de Janeiro. Você acha que a localização dos murais é importante para que a obra do artista seja conhecida? Por quê?

6. Observe que as cores empregadas no mural 3 dialogam com a mensagem apresentada na inscrição.
   a) Quais são essas cores?
   b) Essas cores estão presentes em que símbolo nacional?
   c) Na obra, qual é a relação entre essas cores e a mensagem verbal?
   d) Observe o local em que está a obra de Gentileza. De que modo você acha que ela afeta as pessoas que transitam por esse espaço?

PARA EXPLORAR

Memórias, crônicas e declarações de amor, de Marisa Monte. Rio de Janeiro: EMI Music Brasil, 2000.

Nesse álbum, Marisa Monte interpreta, na faixa 10, a canção "Gentileza", que retoma o momento, nos anos 1990, em que foi apagada a maior obra do artista, produzida nos murais do viaduto do Caju, no Rio de Janeiro. Depois, entre 1999 e 2000, essa obra do Profeta Gentileza foi restaurada.

▲ Profeta Gentileza em foto de 1987.

LÍNGUA EM ESTUDO

VERBO: MODO SUBJUNTIVO E MODO IMPERATIVO

MODO SUBJUNTIVO

1. Leia este trecho da entrevista com Bruna Beber:

> E aí eu fechei o livro, mandei, só que eu não esperava que ia ter resposta, sabe? Porque era um *e-mail* genérico, assim: editora@... Eu falei "Bom, se me responderem, eu estou no lucro". E aí eles me responderam, e o Jorge, editor da 7Letras, me ligou falando que tinha gostado muito do livro e que queria publicar.

RELACIONANDO

Em textos do gênero entrevista, é comum o uso de verbos no modo subjuntivo, pois o entrevistado costuma apresentar hipóteses, desejos e planos em relação ao assunto em discussão.

a) Qual é o significado de *lucro* para Bruna Beber?
b) Quais foram as primeiras ações realizadas pela editora e pelo editor?
c) As formas verbais da resposta ao item *b* estão em que modo? Que sentido esse modo verbal expressa?
d) No fragmento "se me *responderem*", o que a forma verbal em destaque expressa? Copie no caderno a alternativa correta.

    I. Certeza.   II. Hipótese.   III. Pedido.

De acordo com o que foi lido nesse trecho da entrevista, os verbos flexionados no modo indicativo costumam apresentar o fato verbal como realidade, indicando certeza. Para expressar o fato verbal como uma possibilidade ou uma hipótese, é preciso usar outro modo verbal: o **subjuntivo**.

ANOTE AÍ!

O **modo subjuntivo** expressa **dúvida**, **hipótese**, **desejo**, **intenção**, **condição**. Os verbos no subjuntivo indicam uma possibilidade de algo acontecer ou ter acontecido.

2. Leia a tira a seguir.

Alexandre Beck. *Armandinho*. Acervo do autor.

a) Qual é a situação apresentada na tira?
b) Que mudança há na expressão facial do garoto ao longo da tira?
c) Observando a expressão facial do garoto e outras informações indicadas pela linguagem não verbal, é possível perceber que a oração "Se eu soubesse" faz referência a sensações diferentes em cada um dos quadrinhos. Quais são elas?
d) Qual ideia apresentada anteriormente é confirmada pela última frase da tira?
e) Em "Se eu soubesse", o verbo está no modo subjuntivo. Considerando o que você já sabe sobre o uso desse modo verbal, por que ele foi usado na tira?

3. Leia, a seguir, o trecho de uma notícia retirada de uma publicação esportiva.

Quarteto misto garante primeiro pódio do Brasil nos "Jogos da Igualdade"

Os Jogos Olímpicos da Juventude são marcados pela difusão de valores humanos. Na edição de 2018, os jovens estão vivenciando diretamente a bandeira da igualdade. Pela primeira vez, um megaevento esportivo reúne o mesmo número de meninos e de meninas: são 2.006 homens e 2.006 mulheres. [...]

Lucas Peixoto, Ana Carolina Vieira, André Calvelo e Rafaela Raurich conquistaram a medalha de prata no revezamento 4 x 100 m misto. [...]

"Nós optamos pela mesma formação das classificatórias. Sabíamos que se a gente repetisse a fórmula iríamos garantir um pódio. [...]

Rede do esporte. Buenos Aires, 7 out. 2018. Disponível em: http://rededoesporte.gov.br/pt-br/noticias/quarteto-misto-garante-primeiro-podio-do-brasil-nos-201cjogos-da-igualdade201d. Acesso em: 5 maio 2023.

a) O que diferencia os Jogos de 2018 das edições anteriores?

b) Que ação foi realizada para garantir uma medalha na competição?

c) Essa ação é expressa por qual forma verbal? Em que modo verbal ela está?

O modo subjuntivo é composto de **três tempos verbais**, e cada um deles expressa determinada circunstância. Veja a seguir quais são eles.

TEMPOS DO MODO SUBJUNTIVO

Presente: indica um fato incerto no presente, um desejo, uma necessidade.

Exemplo:
Mesmo que eu **cozinhe**, todos devem ajudar.

Pretérito imperfeito: indica um fato (ou uma condição) que poderia ter ocorrido no passado ou um fato incerto do passado, do presente ou do futuro.

Exemplo:
Se eu **cozinhasse** bem, poderia ajudar na festa.

Futuro: indica a possibilidade de realização futura de um fato.

Exemplo:
Ele descansará quando tudo **estiver** organizado.

MODO SUBJUNTIVO			
Tempos verbais	**1ª conjugação** **Cantar**	**2ª conjugação** **Correr**	**3ª conjugação** **Partir**
Presente	Que eu cant**e** Que tu cant**es** Que ele cant**e** Que nós cant**emos** Que vós cant**eis** Que eles cant**em**	Que eu corr**a** Que tu corr**as** Que ele corr**a** Que nós corr**amos** Que vós corr**ais** Que eles corr**am**	Que eu part**a** Que tu part**as** Que ele part**a** Que nós part**amos** Que vós part**ais** Que eles part**am**
Pretérito imperfeito	Se eu cant**asse** Se tu cant**asses** Se ele cant**asse** Se nós cant**ássemos** Se vós cant**ásseis** Se eles cant**assem**	Se eu corr**esse** Se tu corr**esses** Se ele corr**esse** Se nós corr**êssemos** Se vós corr**êsseis** Se eles corr**essem**	Se eu part**isse** Se tu part**isses** Se ele part**isse** Se nós part**íssemos** Se vós part**ísseis** Se eles part**issem**
Futuro	Quando eu cant**ar** Quando tu cant**ares** Quando ele cant**ar** Quando nós cant**armos** Quando vós cant**ardes** Quando eles cant**arem**	Quando eu corr**er** Quando tu corr**eres** Quando ele corr**er** Quando nós corr**ermos** Quando vós corr**erdes** Quando eles corr**erem**	Quando eu part**ir** Quando tu part**ires** Quando ele part**ir** Quando nós part**irmos** Quando vós part**irdes** Quando eles part**irem**

MODO IMPERATIVO

4. Relembre um trecho da entrevista em que Bruna Beber conta sobre um acontecimento anterior à publicação de seu livro.

> E aí eu comentei com um amigo que escrevia comigo na revista que eu estava pensando em fazer um livro, mas eu não fazia a menor ideia de como se fazia um livro, nem... E ele comentou comigo "Ah, tem a editora 7Letras que costuma publicar autores muito jovens, autores iniciantes..." e "Ah, manda seu livro para eles".

a) Qual informação foi essencial para que a poeta publicasse seu livro?

b) Quem foi o responsável por apresentar essa informação?

c) As falas do amigo da poeta indicam o uso de linguagem informal? Por quê?

d) Que frase esse amigo disse para incentivar Bruna a tentar publicar o livro?

e) Nessa frase, que forma verbal revela o objetivo do amigo de Bruna? Explique sua resposta.

f) Em que modo verbal esse verbo está flexionado? Justifique.

Um verbo é flexionado no **modo imperativo** para expressar, por exemplo, uma sugestão ou um conselho ao interlocutor.

> **ANOTE AÍ!**
>
> O **modo imperativo** expressa **sugestão**, **ordem**, **conselho**, **convite**, **pedido**, entre outras possibilidades. Os verbos no modo imperativo são utilizados para se referir a um interlocutor, propondo ou ordenando a ele determinados comportamentos ou ações.

O modo imperativo não indica tempos verbais, nem é flexionado na primeira pessoa do singular, porque esse modo verbal pressupõe sempre a relação com um interlocutor, para quem se pede, sugere ou ordena algo. Ele tem duas formas: o **afirmativo** e o **negativo**. Veja, no quadro a seguir, as características da conjugação de um verbo regular no imperativo.

PRESENTE DO INDICATIVO	IMPERATIVO AFIRMATIVO	PRESENTE DO SUBJUNTIVO	IMPERATIVO NEGATIVO
Eu mando	————	Que eu mande	————
Tu mandas →	Manda tu	Que tu mandes →	Não mandes tu
Ele manda	Mande você/ele ←	Que ele mande →	Não mande você/ele
Nós mandamos	Mandemos nós ←	Que nós mandemos →	Não mandemos nós
Vós mandais →	Mandai vós	Que vós mandeis →	Não mandeis vós
Eles mandam	Mandem vocês/eles ←	Que eles mandem →	Não mandem vocês/eles

A conjugação do **imperativo afirmativo** segue a conjugação do presente do indicativo (segunda pessoa do singular e do plural sem o *s* final) e do subjuntivo (terceira pessoa do singular e do plural e primeira pessoa do plural). O **imperativo negativo** segue a mesma conjugação do presente do subjuntivo. No quadro apresentado anteriormente, é possível observar as relações entre esses modos verbais através das setas indicativas.

 Acompanhamento da aprendizagem

Retomar e compreender

1. Os cartuns costumam fazer uma crítica a um comportamento. Leia o cartum a seguir.

Adão Iturrusgarai. *Folha de S.Paulo*, 30 ago. 2014.

a) O que o menino quer fazer com os animais do zoológico? Que comportamento ele critica?
b) Qual é o plano do menino para que seu desejo se realize?
c) De que modo esse plano pode resolver a questão que ele vê como um problema?
d) Que oração indica que, no momento, o menino ainda não pode realizar seu plano?
e) Em que tempo e modo está conjugado o verbo dessa oração?

Aplicar

2. Leia a tira a seguir e responda às questões.

Mauricio de Sousa. *O Globo*. Rio de Janeiro, 22 mar. 2006.

a) Qual situação inesperada é apresentada na tira?
b) Na tira, quais recursos não verbais empregados permitem ao leitor compreender o que acontece com a personagem Cascão?
c) Além dos recursos não verbais, uma frase ajuda a construir o sentido da tira. Qual?
d) A forma verbal da frase está em que modo? O que esse modo verbal pode expressar?
e) Pelo comportamento de Cascão, de que maneira ele interpreta esse modo verbal?
f) Que alteração verbal poderia ser feita na frase para levar Cascão a entrar? Explique.

253

A LÍNGUA NA REAL

O MODO SUBJUNTIVO NA CONSTRUÇÃO DE ARGUMENTOS

1. Leia o trecho a seguir, retirado de uma entrevista com a escritora Eva Furnari.

Entrevista: Eva Furnari fala sobre seu novo livro

Drufs é o novo título da autora

Por Maria Clara Vieira – atualizada em 07/11/2016 14h55

Não existe regra quando o assunto é família: todas elas são bonitas e especiais, quaisquer que sejam suas configurações. Essa é a mensagem que fica após a leitura do livro *Drufs* [...], escrito e ilustrado por Eva Furnari. Na obra, a autora deu vida a personagens criados com seus próprios dedos.

[...]

Em entrevista à CRESCER, Eva Furnari contou sobre sua nova obra.

Como foi o processo criativo?

Foi meio sem querer. Eu tinha mania de fazer esses dedinhos de brincadeira, então me ocorreu a ideia de fazer um livro ilustrado com eles. Todo o livro foi criado em função das ilustrações. Comecei criando os personagens.

De quem são os dedinhos?

São meus! Só tem um que é do meu filho – ele estava dormindo no sofá enquanto eu maquiava o dedo dele. Fui a lojas de ferragens, comprei tampinhas, arruelas e outras bobagens e aí comecei a criar. Para fazer os rostos, usei material de maquiagem, como batom, lápis de olho e pintura facial de palhaço. Fui descobrindo o que funcionava e o que não funcionava. Quase desisti no meio do caminho. Demorou um ano para o livro ficar pronto.

Por que falar de diferentes configurações familiares?

Me ocorreu a ideia de que as próprias crianças poderiam falar sobre o assunto. Assim, o tom fica mais puro e inocente, e as questões vão surgindo naturalmente no meio da história. O mais importante é educar na democracia, preparar a criança para a multiplicidade de pessoas e de pensamentos, para que haja a aceitação do ponto de vista do outro. O livro pode funcionar como um gatilho para uma conversa: a minha família é assim, a do outro é assado.

▲ A escritora e ilustradora Eva Furnari.

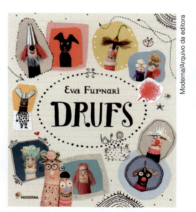

▲ Capa do livro *Drufs*, de Eva Furnari.

Maria Clara Vieira. Entrevista: Eva Furnari fala sobre seu novo livro. *Revista Crescer*, São Paulo, 7 nov. 2016. Disponível em: http://revistacrescer.globo.com/Diversao/noticia/2016/11/entrevista-eva-furnari-fala-sobre-seu-novo-livro.html. Acesso em: 8 maio 2023.

a) De acordo com a introdução da entrevista, qual é a mensagem do livro *Drufs*?

b) Na frase inicial do primeiro parágrafo, há duas ocorrências de um mesmo verbo conjugado no tempo presente do modo indicativo. Qual é esse verbo?

c) Qual é o efeito obtido com o uso, nessa frase, desse tempo e modo verbais?

d) No primeiro parágrafo, qual verbo está no tempo presente do modo subjuntivo?

e) No contexto, o que o uso desse tempo e modo verbais expressa?

2. O trecho da entrevista é composto de três perguntas. Sobre elas, responda:

a) Que perguntas questionam o modo como o livro foi criado?

b) Em que resposta Eva Furnari opina sobre o tema tratado no livro?

c) Na terceira resposta, a autora expressa um desejo. Transcreva esse trecho.

d) Que forma verbal é utilizada para expressar esse desejo?

e) Essa forma verbal está flexionada em quais tempo e modo?

f) Por que a expressão desse desejo é essencial na argumentação?

3. Leia este trecho de uma entrevista com o ator baiano Luís Miranda.

> Fazer cinema na Bahia eu já acho uma grande vitória em meio ao caos que está a cultura baiana. [...] Eu espero muito fazer cada vez mais cinema na Bahia, eu moro aqui, trabalho muito fora, mas moro aqui. Então, espero que o cinema cresça cada vez mais. E eu vou fazer o que puder para o cinema baiano crescer.

Amanda Aouad. Entrevista exclusiva com Luís Miranda. *CinePipocaCult*. Disponível em: http://www.cinepipocacult.com.br/2011/07/entrevista-exclusiva-com-luis-miranda.html. Acesso em: 8 maio 2023.

a) Qual é a opinião de Luís Miranda sobre a cultura e o cinema baianos?

b) Copie o trecho em que se revela um desejo de Miranda com relação a fazer cinema na Bahia.

c) Na resposta ao item *b*, que forma verbal indica o desejo do ator?

d) Como está flexionado o verbo da resposta ao item anterior?

e) De que modo a expressão desse desejo colabora para a argumentação?

4. Leia este trecho de uma entrevista com o contador de histórias Fabio Lisboa.

> **Em um mundo onde os celulares e outras tantas mídias dominam a atenção das crianças, o que fazer para que elas não percam o gosto pela leitura?**
>
> Nada supera o poder da imaginação. Nem as novas mídias. Especialmente, para quem descobre o gosto pela leitura e, assim, aprende a usar o seu poder imaginativo. [...] O problema é que muitas crianças e mesmo jovens não chegam a ter incentivos suficientes para que se tornem leitores fluentes e aprendam a usar o seu próprio imaginário. Então o segredo para que os livros sejam amados é, independentemente dos novos recursos audiovisuais, que os pais e professores incentivem as crianças e os jovens a descobrirem, em si mesmos, o recurso inigualável da leitura e da imaginação.

Blog *Contar Histórias*. Viagem Literária 2014 - Entrevista com o Contador de Histórias. Thiago Barreto entrevista Fabio Lisboa. Disponível em: http://www.contarhistorias.com.br/2014/08/viagem-literaria-2014-entrevista-com-o.html. Acesso em: 24 fev. 2023.

a) Segundo o entrevistado, o que a descoberta do gosto pela leitura proporciona?

b) De acordo com ele, o que é preciso fazer para que as crianças amem os livros?

c) Qual forma verbal expressa essa ação a ser realizada? Em que tempo e modo ela está?

d) Reescreva a última frase, iniciando-a desta forma: "É necessário que os pais e professores incentivem as crianças e os jovens a descobrirem em si mesmos o recurso inigualável da leitura e da imaginação para que...".

ANOTE AÍ!

No processo argumentativo, para **reforçar a opinião** (expressando o desejo de mudança) e **formular argumentos** (indicando a finalidade de determinada ação), é possível usar verbos no **tempo presente do modo subjuntivo**.

AGORA É COM VOCÊ!

ENTREVISTA ORAL

Proposta

Você e os colegas vão entrevistar uma pessoa que goste de ler ou de ouvir música. A entrevista será registrada em áudio ou em vídeo para, depois, ser compartilhada com a turma toda.

GÊNERO	PÚBLICO	OBJETIVO	CIRCULAÇÃO
Entrevista oral	Professor e colegas da turma	Produzir entrevista com pessoa que goste de ler ou de ouvir música	Entrevista em áudio ou vídeo para ser exibida na sala de aula

Acesse o recurso digital e responda: A entrevistada conta que desde pequena gostava de histórias. De que forma isso influenciou em seu gosto pela leitura?

Planejamento e elaboração de texto

1. A turma deverá se organizar em trios para produzir a entrevista.

2. Escolham a pessoa que vão entrevistar. Pode ser alguém que goste de ler ou que goste de ouvir música.

3. Façam o convite e informem à pessoa convidada o contexto do trabalho, dizendo por que e para que ele será realizado. Expliquem que a entrevista será apresentada à turma, por isso peçam à pessoa que assine um termo de autorização para o uso, em sala de aula, do material gravado.

4. Conversem previamente com essa pessoa sobre o tipo de leitura ou o gênero musical de que ela gosta. Isso ajudará vocês a formular as perguntas que vão estruturar a entrevista. Fiquem atentos às dicas a seguir.
    - Se a entrevista for relacionada à leitura, procurem descobrir: os autores e os livros preferidos do entrevistado; quais conhecimentos podem ser obtidos por meio dessas leituras; quais livros ele indica; etc.
    - Se a entrevista for relacionada à música, procurem descobrir: o estilo musical; artistas e canções favoritos do entrevistado; histórias de como se interessou por esse estilo; se coleciona algo relacionado a esse gênero; etc.

5. Formulem o roteiro de perguntas. Para elaborá-las, selecionem as informações coletadas na conversa e busquem outras informações sobre os livros ou os cantores que o entrevistado citou previamente.

6. Façam questões que levem o entrevistado a argumentar a favor do tipo de leitura ou gênero musical de sua preferência. Por exemplo, em vez de perguntar "Quais são os seus cantores preferidos?", questionem: "Por que X e Z são seus cantores preferidos?" ou "De quais cantores desse gênero musical você não gosta? Por quê?".

7. Após redigir as perguntas, elaborem o texto de introdução da entrevista. Para isso, utilizem as informações obtidas na conversa: nome completo do entrevistado, idade, local de nascimento e curiosidades sobre ele.

8. Em seguida, o trio deverá escolher quem vai ser o entrevistador.

9. Quando tudo estiver pronto, o entrevistador deverá treinar a apresentação do texto de introdução e a leitura das perguntas. Uma sugestão é gravar esse treino para verificar o que pode ser aperfeiçoado. Lembrem-se de que o roteiro de perguntas é uma orientação, não é preciso ficar restrito a ele.

10 Escolham o local para a gravação da entrevista e verifiquem se o ambiente é adequado, ou seja, sem barulhos que comprometam o áudio.

11 Verifiquem, com antecedência, se o equipamento de gravação (celular, gravador portátil, câmera de vídeo, etc.) está funcionando adequadamente, com bateria carregada e com memória suficiente para armazenar a gravação.

12 Sejam pontuais e solícitos, pois o entrevistado estará prestando um favor.

13 No início da conversa, o entrevistador deve apresentar o entrevistado de forma natural, usando o registro de linguagem adequado à situação, tendo em vista seu interlocutor e a quem a entrevista será apresentada. O entrevistador deve estar com o roteiro de perguntas em mãos. Durante a entrevista, se for o caso, poderá aproveitar as falas do entrevistado para improvisar outras questões. Se o entrevistado sair do tema, o entrevistador deverá retomar as perguntas do roteiro.

14 Na conclusão da entrevista, agradeçam ao entrevistado.

15 Verifiquem se a gravação ficou adequada. Se necessário, façam uma edição com o auxílio de programas gratuitos disponíveis na internet.

> Acesse o recurso digital e responda: De acordo com o entrevistado, o que é necessário para fazer uma boa entrevista?

MÚLTIPLAS LINGUAGENS

Ouçam uma entrevista em um programa de rádio e prestem atenção às opiniões apresentadas pelo entrevistado. Tomem nota de todas as observações feitas, pois elas ajudarão posteriormente, no momento da gravação de vocês.

1. Observem a entonação da voz do entrevistado. O tom da fala oscila em momentos em que há defesa de ponto de vista?

2. O entrevistado faz pausas durante as respostas? Se sim, por quê?

No momento da gravação da entrevista de vocês, fiquem atentos às pausas, às expressões faciais e à entonação da fala do entrevistado. Isso vai ajudar vocês a identificar as opiniões dele e a notar se abordaram um tema delicado e se devem redirecionar a conversa.

Avaliação

1 Com o áudio ou o vídeo da entrevista pronto, avaliem o que vocês produziram com base nas perguntas do quadro a seguir.

ELEMENTOS DA ENTREVISTA ORAL
Escolheram um entrevistado que gosta de ler ou de ouvir música?
Por meio de uma conversa prévia com o entrevistado, produziram o texto introdutório e obtiveram informações para formular as perguntas do roteiro?
Produziram perguntas relacionadas com os objetivos da entrevista?
Antes da entrevista, o entrevistador ensaiou o texto introdutório e as perguntas?
Foi escolhido um local adequado para a gravação?
As perguntas elaboradas levaram o entrevistado a expressar suas opiniões e justificá-las?

Circulação

1 Combinem com o professor e com a turma uma data para cada grupo apresentar a entrevista produzida em áudio ou em vídeo.

2 Respeitem a apresentação dos demais grupos e escutem com atenção as entrevistas para depois comentar o que acharam.

3 Após as apresentações, avaliem os pontos positivos e negativos da atividade.

PARA EXPLORAR

Cultura Brasil
No *site* da TV Cultura, há várias entrevistas disponíveis com artistas relevantes para a história da música brasileira. Acesse a página e conheça alguns músicos e suas composições.

Disponível em: http://culturabrasil. cmais.com.br/ entrevistas. Acesso em: 8 maio 2023.

CAPÍTULO 2
CONVERSA COM ESCRITOR

O QUE VEM A SEGUIR

A entrevista a seguir, com o escritor Jeferson Tenório, foi publicada na plataforma de jornalismo *Ecoa* em dezembro de 2021. Leia o título da entrevista e reflita sobre os significados que podem ser construídos a partir dele. Em seguida, leia o texto completo.

TEXTO

QUEBRANDO A HISTÓRIA ÚNICA

Vencedor do Jabuti, Jeferson Tenório vê enriquecimento da literatura com mais negros publicados e premiados

Depois de lançar em agosto de 2020 "O avesso da pele", seu terceiro romance, o escritor Jeferson Tenório ficou um tanto assustado com a repercussão. [...]

[...] O livro foi ganhando novos leitores, novas resenhas e, em novembro deste ano, recebeu o Jabuti de melhor romance, um dos principais reconhecimentos da literatura brasileira.

"O avesso da pele" é narrado por Pedro, jovem negro que refaz a história do pai, um professor de literatura assassinado em uma abordagem policial. Com a questão racial como pano de fundo, a literatura de Tenório quer principalmente construir a subjetividade dos personagens, evidenciando a humanidade de corpos frequentemente desumanizados.

[...]

▲ Jeferson Tenório, escritor brasileiro.

Ecoa - Uma pesquisa sobre romances brasileiros mostrou que havia ausência total de personagens negros na maioria e que mais de 90% dos autores eram brancos. Quais as consequências da falta de diversidade entre autores e personagens para a literatura e a sociedade brasileiras?

Jeferson Tenório - De certo modo, a literatura acaba refletindo o que a gente tem na sociedade. Essa pesquisa causou uma grande comoção, as pessoas achavam que a gente estava querendo cotas para personagens. Entenderam tudo errado, era uma constatação do quanto o sistema literário brasileiro era branco, racista, preconceituoso, machista. O que não significa que [esses autores] não tenham qualidade. Fui leitor desses romances escritos por homens brancos da classe média e muitos deles me influenciaram também. [...]

Como a sua literatura e a de outros autores em atividade têm combatido esse problema?

Fiz uma uma *live* com o José Falero, que é daqui de Porto Alegre, e a gente estava conversando justamente sobre isso: embora as pessoas queiram rotular, dizer que a minha literatura é sobre racismo, que a literatura dele é sobre a marginalização de pessoas, a gente vive batendo na tecla que o que a gente faz é trabalhar com o que há de mais humano.

Os personagens acabam sendo reflexo das experiências desses autores. É aquilo que a Conceição Evaristo já vem falando há algum tempo sobre as escrevivências, experiências que são fruto de uma

Continua

jornada muito singular, que é a jornada de pessoas negras no Brasil. Essa visão, a partir desse lugar, permite que a gente conte uma outra história. [...]

No ano passado, o Jabuti de melhor romance foi para "Torto arado", um livro que também foi um fenômeno. Você vê uma atenção maior do mercado editorial e das premiações para escritores negros nesses últimos anos?

Acho que tem a ver com a diversidade dos jurados. Havia pessoas negras, autores, críticos, professores negros e negras no júri [do Jabuti], o que ajuda um pouco, até sobre o olhar que se dá para determinada literatura.

Mas também tem um mercado editorial que se abriu para a produção de autores negros e negras nos últimos anos, isso é inegável. Uma outra história da literatura está sendo contada [...]. Me parece que a gente está vivendo um momento muito bom nesse sentido, mas claro, sempre olhando com um pé atrás, para que a gente não ache que é o suficiente ter dois prêmios Jabuti com dois homens negros.

Estamos vivendo um momento de reconhecimento e acredito eu que isso não tem a ver com a cor da pele, mas justamente com o reconhecimento de qualidade.

Como você se relaciona com esse tipo de recepção, com esses rótulos?

Não tenho muito problema com a recepção porque não tenho controle dela. Quando a gente escreve um livro, até tenta colocar alguns efeitos estéticos para reverberar na recepção. Mas isso nem sempre dá certo, na maioria das vezes não dá. [...]

Então eu lido com tranquilidade. A minha questão é o modo como eu me apresento. Dependendo do lugar onde estou, me apresento como um autor negro que faz literatura negra. E tem outros espaços em que eu não acho que isso seja relevante, em que ser apresentado como escritor é o suficiente. Então não há uma regra de como eu classifico minha literatura. [...] Não há uma fixidez identitária. A literatura foge justamente desses rótulos.

Neste ano completou-se o cinquentenário do Dia da Consciência Negra — que surgiu em Porto Alegre, idealizado por um personagem que você homenageia no livro, o poeta Oliveira Silveira. A história negra e do movimento negro no RS é suficientemente conhecida?

Ela não é conhecida, o movimento não é conhecido. Tem uma questão de procurar apagar a identidade negra aqui, é um processo sistemático. O próprio Dia da Consciência Negra não é feriado aqui, no lugar onde foi criado. Isso já diz alguma coisa.

O Oliveira Silveira é essa usina de ideias que vai iluminando essas lâmpadas ao redor, essa árvore que vai dando frutos. [...]

A literatura pode ser antirracista? O que uma literatura antirracista pode fazer?

Eu não sei se acredito numa literatura antirracista, acho que é de novo colocar um rótulo. É claro que, como movimento político, eu acho interessante colocar o meu livro e outros como literatura. É preciso ser objetivo para se comunicar com uma grande massa.

Do ponto de vista pragmático acho que a literatura pode quase nada. A gente não está fazendo livros para serem antirracistas, mas que falam de personagens que têm sonhos, que têm suas contradições. [...]

Mas não acredito que alguém vá ler "Torto arado" num dia e no outro dia vá virar antirracista. É uma construção interna que a pessoa vai fazendo. A literatura pede para o leitor esse tempo da lentidão, da reflexão, e a partir dessa sensibilização é que talvez essa pessoa possa tomar algumas atitudes mais práticas. A literatura tem grande poder, mas interno, individual.

Juliana Domingos de Lima. Quebrando a história única. *Ecoa*, 19 dez. 2021. Disponível em: https://www.uol.com.br/ecoa/reportagens-especiais/jeferson-tenorio-a-literatura-foge-dos-rotulos-identitarios. Acesso em: 8 maio 2023.

Identitária: termo utilizado para fazer referência à identidade e a um conjunto de características relacionadas a um grupo.

***Live*:** termo da língua inglesa utilizado para fazer referência a transmissões ao vivo, realizadas via internet, geralmente em redes sociais.

Pragmática: prático, o que se realiza de forma objetiva.

Reverberar: repercutir, fazer com que algo seja percebido, notado.

TEXTO EM ESTUDO

PARA ENTENDER O TEXTO

1. Após a leitura, o que você pensou sobre o título da entrevista se confirmou? Compartilhe suas impressões com os colegas.

2. Ao longo da leitura do texto, é possível notar que o título da entrevista está conectado a algumas falas nela presentes.
   a) Quais falas do escritor podem confirmar essa conexão com o título?
   b) De acordo com as falas do escritor, o título da entrevista está em sentido literal ou em sentido figurado? Explique.
   c) Em sua opinião, por que foi dado esse título para a entrevista de Jeferson Tenório?

> **ANOTE AÍ!**
>
> Uma das funções do **título** é chamar a **atenção do leitor** para o conteúdo da entrevista. Ele pode destacar uma das falas do entrevistado ou uma informação que o interlocutor consiga ser instigado a ler o texto na íntegra.

3. Releia o texto de introdução da entrevista.
   a) Quais informações revelam que Jeferson Tenório é um escritor reconhecido?
   b) Por que essa informação é apresentada nessa parte do texto?

4. Na primeira pergunta presente na entrevista, há uso de um dado objetivo.
   a) Qual é esse dado?
   b) Qual a importância de se apresentar esse dado no início da entrevista?
   c) A resposta dada pelo entrevistado a essa pergunta apresenta outros dados objetivos? Justifique.

> **ANOTE AÍ!**
>
> Para fundamentar uma afirmação e comprovar ao interlocutor determinada situação ou ponto de vista, podem ser utilizadas informações **objetivas**, como fatos concretos, indicações específicas e dados numéricos. Também pode haver uso de recursos mais **subjetivos**, elaborados com base na vivência do indivíduo ou na observação sobre diferentes contextos.

5. Na entrevista são citados dois livros que receberam o Prêmio Jabuti: *O avesso da pele*, escrito por Tenório, e o romance *Torto arado*, do escritor baiano Itamar Vieira Junior.
   a) Por que o entrevistador relaciona as duas obras em sua pergunta?
   b) De acordo com o entrevistado, a premiação das obras está relacionada com quais aspectos?

6. Na parte final da entrevista, Tenório aborda as possibilidades da literatura.
   a) Ao longo de sua fala, o escritor retoma uma ideia tratada na entrevista a respeito de classificações e rótulos relacionados à produção literária. A qual classificação Tenório faz referência?
   b) De acordo com o texto, por que o escritor considera que essa classificação não se adequa à produção literária?
   c) Para o autor, qual a principal atuação da literatura em relação aos leitores?

PARA EXPLORAR

Prêmio Jabuti

Criado em 1958, o Prêmio Jabuti é considerado como a mais importante premiação brasileira de livros. Realizado anualmente pela Câmara Brasileira do Livro, é organizado em quatro eixos de premiação: Literatura, Não Ficção, Produção Editorial e Inovação. Acesse o *site* para saber mais informações sobre ele.

Disponível em: https://www.premiojabuti.com.br/. Acesso em: 27 fev. 2023.

O CONTEXTO DE PRODUÇÃO

7. Na primeira questão, a jornalista cita um dado publicado em uma pesquisa.
   a) Ao realizar essa abordagem inicial, o que é possível deduzir a respeito do planejamento da entrevista?
   b) Qual fala mostra que Tenório teve acesso à pesquisa?

> **ANOTE AÍ!**
>
> Para realizar uma entrevista, geralmente, o entrevistador prepara com **antecedência** as perguntas que fará ao entrevistado. Ainda assim, dependendo da resposta, podem surgir novas perguntas no decorrer da entrevista. Além disso, é comum as entrevistas abordarem **temas de interesse coletivo**.

A LINGUAGEM DO TEXTO

8. Na segunda pergunta, Tenório faz uso da palavra "escrevivência", atribuindo-a à escritora brasileira Conceição Evaristo.
   a) Considerando a composição dessa palavra, que sentido ela expressa no contexto em que foi empregado?
   b) O escritor elucida brevemente seu significado. Qual a relevância dessa explicação para o texto?

9. Ao longo da entrevista, o escritor utiliza expressões em linguagem figurada.
   a) Quais expressões o entrevistado utiliza para caracterizar Silveira?
   b) De acordo com o contexto, qual o sentido dessas expressões?

Acesse o recurso digital e responda: O que marca a produção literária de Conceição Evaristo?

COMPARAÇÃO ENTRE OS TEXTOS

10. Compare as duas entrevistas estudadas nesta unidade.
    a) Que aspecto da vida dos entrevistados é abordado nelas?
    b) Onde cada uma das entrevistas foi veiculada?
    c) Em qual delas as marcas de oralidade estão mais presentes? Por quê?
    d) Em ambas as entrevistas, há textos introdutórios. Qual deles apresenta mais informações sobre o entrevistado, sua vida e sua obra? Por quê?

11. Os dois escritores entrevistados vivem no Brasil, mas apresentam diferentes experiências e perspectivas em relação às próprias obras. Em sua opinião, essa diversidade de experiências e o contexto vivido por eles foram abordados adequadamente pelos entrevistadores? Justifique.

CIDADANIA GLOBAL

REDUÇÃO DAS DESIGUALDADES

A entrevista lida apresenta perspectivas relacionadas à inclusão social e ao reconhecimento da população negra. No Brasil, para tentar diminuir desigualdades raciais e sociais, foram implementadas políticas afirmativas, como: cursinhos preparatórios para exames de ingresso em universidades voltados à população de baixa renda, adoção de cotas em universidades e concursos públicos, entre outras.

1. No dia a dia, você observa situações em que fica evidente a pouca diversidade de pessoas em um mesmo ambiente? Em que contextos isso costuma acontecer?
2. Você conhece alguém que teve sua trajetória modificada a partir da inclusão em políticas de ações afirmativas?

LÍNGUA EM ESTUDO

PERÍODO COMPOSTO POR COORDENAÇÃO

1. Releia a seguir um trecho da entrevista com o escritor Jeferson Tenório.

> Neste ano completou-se o cinquentenário do Dia da Consciência Negra — que surgiu em Porto Alegre, idealizado por um personagem que você homenageia no livro, o poeta Oliveira Silveira. A história negra e do movimento negro no RS é suficientemente conhecida?
>
> Ela não é conhecida, o movimento não é conhecido [...].

a) De acordo com o contexto, o pronome *ela* retoma qual expressão presente na entrevista?

b) Ao elaborar a fala, Tenório faz uso de duas locuções verbais. Quais são elas? Transcreva-as.

c) A frase em que essas locuções verbais estão presentes pode ser considerada um período. Justifique essa afirmação e classifique-o em simples ou composto.

d) Essa frase é composta de duas orações. Quais são elas?

e) Que sinal de pontuação separa as duas orações?

f) Observando o sentido dessas orações, copie no caderno a alternativa que indica a relação estabelecida entre elas.

   I. Justificativa de uma ideia.
   II. Somatório de ideias.
   III. Oposição de ideias.

g) Ao observar as duas orações, pode-se afirmar que elas são independentes sintaticamente uma da outra. Explique essa afirmação.

Conforme visto na atividade anterior, há períodos formados por mais de uma oração, os quais recebem o nome de **período composto**. Observe o esquema a seguir, que mostra a diferença entre o período simples e o período composto.

Exemplo: A literatura **tem** grande poder.

Exemplo: Ela não **é** conhecida, o movimento não **é** conhecido.

Quando as orações que compõem o período composto são independentes entre si, ou seja, cada oração tem um sentido completo, temos o **período composto por coordenação**. As orações que formam esse tipo de período são chamadas de **orações coordenadas**.

ANOTE AÍ!

O **período composto por coordenação** é formado por **orações independentes** que podem ser separadas por sinais de pontuação (vírgulas, ponto e vírgula e dois-pontos), os quais estabelecem relação de soma, oposição, alternância, explicação ou conclusão entre as orações.

RELACIONANDO

Em textos do gênero entrevista, é comum haver períodos compostos por coordenação. Veja esse trecho de uma resposta presente na entrevista com Bruna Beber, presente no capítulo 1 desta unidade, sobre como a informação a respeito do livro por ela escrito chegou até o autor da frase utilizada como título da obra: "Uma menina **lançou** um livro, ela **pegou** a sua frase e **usou** como título do livro dela [...]". Entre as três primeiras orações do período, é estabelecida a relação de soma: a separação entre a primeira e a segunda oração é indicada por vírgula.

Retomar e compreender

1. Leia a tira a seguir para responder às questões.

Alexandre Beck. *Armandinho Cinco*. Florianópolis: A. C. Beck, 2015. p. 5.

a) De acordo com a resposta de Armandinho, o que você supõe que a menina lhe perguntou?
b) Nessa tira, que ações Armandinho atribui às mães?
c) Essas ações estão apresentadas em um período. Quantas orações há nele?
d) Que relação essas orações estabelecem entre si: adição, oposição ou conclusão de ideias?
e) Em que tipo de período essas orações estão organizadas? Justifique sua resposta.
f) Ao ler a tira, é possível saber o que Armandinho pensa sobre a maternidade? Explique.

Aplicar

2. Leia o texto a seguir e faça o que se pede.

> **GAME REAL**
>
> A febre dos chamados *eSports* (*games* eletrônicos em que os jogadores competem entre si) é o motor de "Heróis de Novigrath". No livro, o jogo do título é febre no país, arrasta milhões de competidores, inspira filmes e outros produtos e é tema de campeonatos em todos os lugares. Escrita pela brasileira Roberta Spindler, a história fala como Pedro passou de um grande competidor do *game* para um rapaz que mal sobrevive fazendo vídeos na internet — até que o jogo se materializa na vida real. [...]
>
> Bruno Molinero. 10 dicas de leitura para o Dia do Livro Infantil. Era outra vez – *Folha de S.Paulo*, 18 abr. 2018. Disponível em: https://eraoutravez.blogfolha.uol.com.br/2018/04/18/10-dicas-de-leitura-para-o-dia-do-livro-infantil/?loggedpaywall. Acesso em: 24 fev. 2023.

a) De acordo com as informações apresentadas, qual parece ser o objetivo do texto?
b) Transcreva o período em que o autor explica a influência do jogo Novigrath na trama.
c) Quantas orações estão presentes nesse período? Como elas são classificadas?
d) Que relação é estabelecida entre essas orações?

3. Leia as orações do quadro a seguir.

Ele foi à feira com os avós	estudaram em casa e foram dormir.
Provei todos os doces	conseguiremos os ingressos para o filme.
Hoje as crianças brincaram no parque	não gostei de nenhum.
Chegamos cedo no cinema	faltavam verduras para o almoço.

- No caderno, associe as orações do quadro e construa períodos compostos por coordenação. Em seguida, indique o tipo de relação estabelecida.

263

A LÍNGUA NA REAL

RELAÇÕES DE SENTIDO ENTRE ORAÇÕES COORDENADAS

Agora, leia a entrevista a seguir, publicada no jornal *Folha de S.Paulo*. Nela, o jornalista Paulo Saldaña entrevista uma menina de 11 anos para a edição comemorativa do Dia das Crianças.

"QUERO BATALHAR IGUAL MINHA MÃE, MAS TER UMA VIDA MELHOR", DIZ VITÓRIA, 11

**PAULO SALDAÑA
DE SÃO PAULO**

Vitória olha com admiração para a história da mãe, diarista, e da avó, que vende temperos na feira e é apontada como sua confidente. Quer ser batalhadora como as duas, mas espera para si um futuro melhor. "Acho que a gente tem que pensar em coisas grandes", diz. "Eu acho muito fundamental as pessoas que têm oportunidade de estudar, olhar assim pro caderno e ver uma fonte de aprendizagem."

Aluna do 6º ano da escola municipal de ensino fundamental do CEU Três Pontes, no Jardim Romano, zona leste de São Paulo, Vitória Railane Nobre Santos tem 11 anos. Mora no mesmo bairro com a mãe, avó e a irmã mais velha. [...]

Você mora com sua mãe, seu pai e sua irmã?

Antigamente, eu morava lá no Ceará com a minha vó. Só que aconteceu uns negócios e eu tive que vir pra cá, pra São Paulo. Aí neste ano, perto de abril, eu comecei a morar com minha mãe. Hoje, mora eu, a minha mãe e as minhas duas irmãs. Às vezes, o meu padrasto também vem, tipo assim, nos final de semana, mas ele mora bem longe, mora lá em Tucuruvi.

Mas você nasceu no Ceará?

Não, eu fui pro Ceará quando tinha 1 ano de idade. Aí eu fiquei lá até os meus seis. Eu me considero uma cearense, no caso. O meu pai veio do Ceará, minha mãe veio do Ceará, a família todinha do meu pai veio do Ceará, então sangue de cearense está aqui em mim, né?! Às vezes minha mãe reclama porque eu falo do jeito igual eles falam. Mas foram seis anos num lugar aprendendo a viver da maneira daquele estado. É muito difícil chegar aqui e, de uma hora pra outra, aprender a falar igual eles fazem. [...]

Você acha que a escola é importante pro seu futuro?

Sim. Eu penso no meu futuro, na minha carreira, em aprender mais lições, aprender coisas mais novas. E ter uma carreira que me dê um bom salário, alguma coisa melhor.

Mas a gente ainda tem vários anos para depois fazer a faculdade. Mas o meu sonho é participar do "The Voice Brasil".

É mesmo? Você canta?

Um pouco. Do jeito que eu gosto da Ivete Sangalo, eu quero participar mesmo do "The Voice Brasil". É um desafio, igual o desafio no campeonato de *game*, que a gente acabou perdendo.

Sério? Era muito importante pra vocês ganhar esse jogo?

Era. Era importante pra nós porque a gente acabava perdendo todos os anos. Então eu ia ter orgulho por vencer assim, só que não foi dessa vez. [...]

Você vê muita criança como você na televisão dando entrevista?

Muito difícil, mas na internet, como tem *blogs*, é mais fácil de ver criança da minha idade [...]. Mas tem crianças que têm vergonha, igual eu estava antes de fazer a entrevista. Então, não é muita criança que aparece, mas agora com *blog* as crianças saem, desafiam, brincam, mostram o dia a dia delas. [...]

Paulo Saldaña. "Quero batalhar igual minha mãe, mas ter uma vida melhor", diz Vitória, 11. *Folha de S.Paulo*, 13 out. 2017.

1. No começo da entrevista, Vitória conta sobre a origem de sua família.

a) Copie no caderno o período em que a garota enfatiza sua origem cearense.

I. "Antigamente, eu morava lá no Ceará com a minha vó."

II. "É muito difícil chegar aqui e, de uma hora pra outra, aprender a falar igual eles fazem."

III. "O meu pai veio do Ceará, minha mãe veio do Ceará, a família todinha do meu pai veio do Ceará [...]"

b) Nesse período, há quantas orações? Como elas são classificadas?

c) Que sinal de pontuação demarca a separação entre elas?

d) Qual é a relação de sentido estabelecida entre essas orações?

e) Vitória demonstra ter orgulho da origem de sua família? Explique.

f) Durante a entrevista, Vitória revela que sua mãe implica com a maneira como ela fala. Na sua opinião, por que isso acontece?

2. Em determinado momento, Vitória comenta seu sentimento em relação a uma possível conquista em um campeonato de *game*.

a) Transcreva o período em que é feita essa afirmação.

b) Que expressão relaciona as duas últimas orações desse período?

c) Qual é o sentido dessa expressão? Leia as alternativas a seguir e copie no caderno a correta.

I. Oposição.

II. Conclusão.

III. Explicação.

d) Reescreva esse período, excluindo essa expressão e mantendo a vírgula já existente antes dela.

e) Ao fazer essa alteração, o sentido do período foi mantido? Justifique.

3. No final do trecho, Vitória comenta sobre a presença de crianças em *blogs*.

a) Copie no caderno o trecho em que ela explica como as crianças revelam seu universo nos *blogs*.

I. "[...] as crianças saem, desafiam, brincam, mostram o dia a dia delas."

II. "Mas tem crianças que têm vergonha, igual eu estava antes de fazer a entrevista. Então, não é muita criança que aparece [...]."

III. "Muito difícil, mas na internet, como tem *blogs*, é mais fácil de ver criança da minha idade."

b) Releia o trecho da fala de Vitória que você indicou no item anterior. Você percebeu que há um período composto por coordenação? Quantas orações estão presentes nesse período?

c) No trecho da fala de Vitória que você indicou no item *a*, a menina utiliza orações coordenadas separadas por vírgula. Reescreva no caderno o trecho, substituindo a última vírgula por uma palavra, mantendo o mesmo sentido.

d) Ao fazer essa adaptação, o trecho ficou mais próximo da modalidade oral ou da modalidade escrita da língua? Explique.

ANOTE AÍ!

As **orações coordenadas** podem ser conectadas por **sinais de pontuação** ou por **palavras** ou **expressões de ligação**. De acordo com a construção do período composto, são estabelecidas diferentes relações de sentido entre as orações.

ESCRITA EM PAUTA

Acompanhamento da aprendizagem

EMPREGO DO *G* E DO *J*

1. Os trava-línguas são um tipo de jogo com palavras que consiste em dizer corretamente frases com sílabas difíceis de pronunciar ou com sílabas formadas por sons que se repetem. Leia em voz alta o trava-língua a seguir.

Nas jaulas o jaguar
girando, javalis selvagens,
jararacas e jiboias gigantes.
Girafas gigantes gingando
com jeito de gente.

Tradição oral.

a) Quais sons se repetem nesse trava-língua?
b) Quais são as letras que representam esse som?

ANOTE AÍ!

As letras *g* e *j* representam o mesmo som quando a letra *g* é utilizada antes das vogais *e* e *i*.

Observe, nos esquemas a seguir, alguns fatores que determinam o uso de uma letra ou de outra.

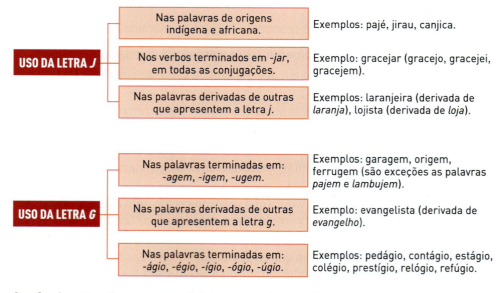

USO DA LETRA *J*
- Nas palavras de origens indígena e africana. — Exemplos: pajé, jirau, canjica.
- Nos verbos terminados em *-jar*, em todas as conjugações. — Exemplo: gracejar (gracejo, gracejei, gracejem).
- Nas palavras derivadas de outras que apresentem a letra *j*. — Exemplos: laranjeira (derivada de *laranja*), lojista (derivada de *loja*).

USO DA LETRA *G*
- Nas palavras terminadas em: *-agem*, *-igem*, *-ugem*. — Exemplos: garagem, origem, ferrugem (são exceções as palavras *pajem* e *lambujem*).
- Nas palavras derivadas de outras que apresentem a letra *g*. — Exemplo: evangelista (derivada de *evangelho*).
- Nas palavras terminadas em: *-ágio*, *-égio*, *-ígio*, *-ógio*, *-úgio*. — Exemplos: pedágio, contágio, estágio, colégio, prestígio, relógio, refúgio.

2. Copie estas frases no caderno e complete as lacunas com as letras *g* ou *j*. Depois, justifique suas respostas.
   a) A ★iboia estava escondida no meio da floresta.
   b) Pedro não veio à escola, pois estava com farin★ite.
   c) A cozinheira despe★ou o caldo na panela.
   d) A chuva era tanta que ele não teve cora★em de sair de casa.
   e) O acara★é estava com um sabor muito bom.
   f) O marinheiro via★ou por vários lugares do mundo.

PARA EXPLORAR

Língua: **vidas em português.** Direção: Victor Lopes Portugal/Brasil, 2002 (105 min). Nesse documentário, o diretor moçambicano conta como a língua portuguesa tomou rumos distintos nos países colonizados pelos portugueses. Há depoimentos de escritores de diferentes países lusófonos que expressam sua visão da língua portuguesa.

3. Leia as palavras do quadro. Depois, copie e complete as frases no caderno, adaptando-as coerentemente, isto é, de forma adequada ao contexto.

| gesso | majestade | loja | algema |

a) O rapaz chegou ao trabalho com o braço ★.
b) O entrevistador apresentou-se ★ ao público.
c) Ele é um ★ muito conhecido na região.
d) Eles foram encaminhados ★ à delegacia.

4. Observe as capas dos livros a seguir.

◀ Capa do livro *Berinjela se escreve com J*, de Josimar Melo. São Paulo: DBA, 1999.

◀ Capa do livro *Viaje na viagem*, de Ricardo Freire. São Paulo: Mandarim, 2000.

a) Qual é o título do livro I? E o título do livro II?
b) O nome do legume da capa do livro I pode gerar confusão no momento da escrita. Por que isso acontece?
c) Consulte o dicionário e responda: O nome do legume representado no livro I é escrito com *g* ou com *j*?
d) No livro II, por que a palavra *viaje* está escrita com a letra *j* e a palavra *viagem* está escrita com a letra *g*?
e) Você achou difícil escolher entre o uso do *g* e do *j* nas palavras utilizadas nos títulos dos livros apresentados? Ou já teve dificuldade com outras palavras que contêm essas letras representando o mesmo som? Comente.

■ ETC. E TAL

A língua portuguesa no mundo

Além de ser a língua oficial no Brasil e em Portugal, a língua portuguesa é falada em cinco países africanos: Angola, Cabo Verde, Guiné Bissau, Moçambique e São Tomé e Príncipe, convivendo com outras línguas. Na Ásia, o português é língua oficial no Timor-Leste, porém a língua dominante nesse país é o tétum.

Em 1996, foi criada a Comunidade dos Países de Língua Portuguesa com o objetivo de ampliar a cooperação e a troca cultural entre os países falantes de língua portuguesa.

1. BRASIL
2. PORTUGAL
3. CABO VERDE
4. GUINÉ-BISSAU
5. SÃO TOMÉ E PRÍNCIPE
6. ANGOLA
7. MOÇAMBIQUE
8. TIMOR-LESTE

AGORA É COM VOCÊ!

ENTREVISTA ESCRITA

Proposta

Você terá a oportunidade de entrevistar um profissional que atue em uma área de seu interesse, com o objetivo de conhecer melhor as diferentes possibilidades de atuação no mundo profissional contemporâneo. Pode ser um professor, um engenheiro, um técnico em mecânica, um artista plástico, entre outros. Essa pessoa pode ser da sua família ou alguém próximo que esteja disposto a ser entrevistado. Registre sua entrevista em áudio e, depois, transcreva as perguntas e as respostas, edite o texto e publique-o em um guia de profissões da turma.

GÊNERO	PÚBLICO	OBJETIVO	CIRCULAÇÃO
Entrevista escrita	Comunidade escolar	Realizar entrevistas que possibilitem às pessoas conhecer diferentes profissões	Guia de profissões para ser doado à biblioteca da escola

Planejamento e elaboração do texto

1 Forme dupla com um colega para realizar a entrevista. Selecionem uma pessoa que trabalhe com algo que lhes desperte interesse. Em seguida, convidem a pessoa para ser entrevistada.

2 Busquem informações sobre a profissão do entrevistado, consultando, para isso, *sites* de universidades e guias de profissão. O acesso a informações sobre a profissão facilitará a formulação de perguntas mais específicas.

3 Elaborem um roteiro de perguntas. Algumas possibilidades de questões são:
- Qual é seu nome e quantos anos você tem?
- Quando e por que decidiu seguir sua profissão?
- Comente como aprendeu a exercer sua profissão: precisou fazer um curso técnico, uma graduação ou aprendeu de outro modo?
- Há quanto tempo atua profissionalmente?
- Quais são os pontos positivos e os pontos negativos dessa profissão?
- Que dicas você daria para quem deseja seguir a mesma profissão?

4 Evitem elaborar perguntas cujas respostas possam ser apenas "sim" ou "não". Por exemplo: em vez de perguntar "Como fotógrafo, você consegue ter uma rotina?", prefiram "De forma geral, como é a rotina de um fotógrafo?".

5 É importante lembrar que o roteiro de perguntas é uma orientação para guiá-los no momento da entrevista. No entanto, aproveitem as falas do entrevistado para improvisar novas questões e conhecer mais sobre o assunto.

6 Marquem a data da entrevista e escolham um local que seja calmo e sem muito ruído, para não atrapalhar a gravação do áudio.

7 Antes do dia da entrevista, decidam quem fará as perguntas, quem cuidará da gravação e quem fará as fotos do entrevistado para ilustrar o texto. As fotos podem, por exemplo, mostrar o local e os instrumentos de trabalho do entrevistado ou o momento da entrevista. Peçam autorização ao entrevistado para utilizar as imagens e as declarações feitas na entrevista.

268

8 No dia da entrevista, verifiquem se o equipamento de gravação de áudio está funcionando adequadamente. Cheguem ao local combinado com antecedência para deixar tudo arrumado e iniciar a entrevista no horário.

9 Durante a entrevista, sigam o roteiro, aproveitando as oportunidades para inserir novas questões. Ao final, agradeçam a colaboração do entrevistado.

10 Após finalizar a entrevista, é hora de ouvir a gravação e transcrever cuidadosamente cada uma das perguntas e das respostas.

11 Em seguida, façam a retextualização da entrevista, cortando as marcas de oralidade, como frases repetidas e palavras como *né*, *aí*, *daí*, *então*. Algumas dessas expressões podem ser eliminadas sem prejuízo do conteúdo. Outras, porém, precisam ser substituídas para que o sentido seja mantido.

12 Se alguma resposta sair do tema, vocês podem retirá-la do texto final. No entanto, estejam sempre atentos para que as ideias e os conteúdos expostos pelo entrevistado não sejam alterados, distorcendo o que ele disse.

13 Após transcrever a entrevista e adequar o texto, escrevam a introdução. Indiquem o nome do entrevistado, a idade, a profissão, alguma curiosidade, etc.

14 Selecionem uma fala marcante do entrevistado para ser o título da entrevista e, abaixo do título, insiram o nome e o sobrenome de cada integrante da dupla.

Avaliação e reescrita do texto

1 Troquem o texto da entrevista e o áudio da gravação com outra dupla. Após uma leitura atenta da produção dos colegas e a escuta do áudio que deu origem ao texto, respondam às questões a seguir em uma folha avulsa.

ELEMENTOS DA ENTREVISTA
A introdução apresenta as informações necessárias para conhecer o entrevistado?
As perguntas estão relacionadas ao objetivo da entrevista? Expliquem.
As perguntas levaram o entrevistado a expressar suas opiniões e justificá-las?
As falas do entrevistado não sofreram distorções?
O título da entrevista está de acordo com a fala do entrevistado?

Circulação

1 Combinem com o professor a confecção do *Guia de profissões*, que apresentará as entrevistas elaboradas pelas duplas. Sigam estas orientações:

- Produzam a capa. Para isso, utilizem imagens que remetam ao universo das profissões e insiram o título do guia, que deve estar em destaque.
- Escrevam uma apresentação para o guia. Esse texto deve vir antes do sumário e tem como objetivo informar aos leitores quem o produziu e quando.
- Determinem a ordem em que os textos devem aparecer e escolham as imagens que vão acompanhar cada entrevista.
- No sumário, listem em ordem alfabética as profissões contempladas e indiquem o número da página correspondente ao início de cada entrevista.
- Por fim, montem o livro, juntando capa, apresentação, sumário e entrevistas.

2 Com a publicação pronta, deixem o *Guia de profissões* na biblioteca da escola, para que as outras turmas conheçam o que vocês produziram.

ATIVIDADES INTEGRADAS

O texto a seguir é uma entrevista com o escritor e ilustrador brasileiro Fernando Vilela. Depois da leitura, responda às questões.

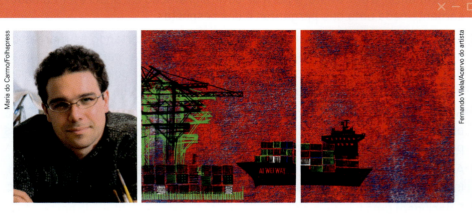

"Ilustrador é um autor que escreve com imagens", diz Fernando Vilela; leia entrevista

POR BRUNO MOLINERO

"A ilustração ganhou o estatuto de arte contemporânea", repete o autor e ilustrador Fernando Vilela. Se é assim, ele lançou duas "exposições" importantes neste ano: uma inédita e uma baseada em seu mais famoso trabalho.

A nova é "Contêiner", livro publicado pela editora Zahar em abril deste ano, com uma história que passa por portos e navios de carga no mundo todo. A outra é o relançamento do premiado "Lampião e Lancelote", pela mesma editora.

Vencedor de três prêmios Jabuti, a obra havia sido lançada em 2006 pela Cosac Naify e fala do encontro e da batalha entre esses dois personagens — ambos heróis de muitos folhetos de cordel. "Receber um prêmio é muito estimulante, reforça o trabalho. Mas, ao mesmo tempo, é muito relativo", diz Vilela em entrevista ao *blog*.

FOLHA – O que mudou na ilustração de livros no Brasil nos últimos anos?

Fernando Vilela – Houve uma grande mudança. Primeiro porque a impressão gráfica evoluiu bastante no Brasil. Agora há uma preocupação maior das editoras em fazer trabalhos sofisticados esteticamente. O livro infantojuvenil, que eu prefiro chamar de livro ilustrado, está nesse barco de sofisticação e busca por novas estéticas. Muitos artistas acabaram entrando nesse universo, o que acaba dando ao livro uma força gráfica que não existia antes.

O ilustrador hoje é um mestre da arte narrativa. Não deixa de ser um autor que escreve com imagens. No Brasil, especificamente, o livro ilustrado tomou caminhos muito experimentais, com identidade própria, apropriando-se de elementos estéticos indígenas, afro-brasileiros, da gravura do cordel. A ilustração ganhou o estatuto de arte contemporânea.

[...]

O que vem primeiro na hora de criar um livro: o texto ou a ilustração?

A história. É como em um filme: aparece uma sequência narrativa. No livro "Contêiner", tive ideias de várias sequências. Em "Lampião e Lancelote", pensei primeiro no duelo. Sempre muito visual, com o Lampião inserido na imagem do cangaço, e Lancelote com uma armadura. Só depois veio o texto.

---

cangaço: denominação dada a grupos armados que atuam no sertão nordestino.

contemporâneo: do tempo ou da época atual.

estatuto: similar a *status*, posição de prestígio.

experimental: aquilo que se baseia em experiências novas, inéditas.

↪ Continua

Acompanhamento da aprendizagem

Nesse caso específico, depois do texto pronto, precisei refazer muitas das ilustrações. Porque percebi que tinha ilustrado cenas que acabaram sendo escritas. Para não ficar redundante, criei outras imagens.

"Contêiner" fala sobre o mundo globalizado a partir dos navios de carga. Faz sentido falar disso para crianças com a explosão da internet?

A cultura tem peso. A gente vive em um mundo virtual do ponto de vista da informação, mas, ao mesmo tempo, transportamos nossas culturas pelo mundo: computadores, geleias, petróleo, o que seja. A gente vive em um mundo globalizado, onde matérias se deslocam. E os navios são os principais transportadores dessas matérias, dessas culturas. Acho que a gente não pensa muito nisso. Principalmente as crianças.

No supermercado, você jamais se pergunta qual caminho aquela nectarina que veio da Espanha percorreu. Ou a maçã que veio da Argentina, o damasco da Turquia. Acho isso fascinante. "Contêiner" abre uma possibilidade de leitura do mundo contemporâneo. Tanto que, no final do livro, fiz questão de colocar o tempo de deslocamento entre os países e as distâncias percorridas. São curiosidades interessantes.

[...]

Está trabalhando em novos projetos?

Sempre, mas nunca sei se eles vão sair do papel ou quando vão ser lançados. Sou meio supersticioso. Se falo sobre uma ideia inédita, acho que ela pode não dar certo.

Bruno Molinero. "Ilustrador é um autor que escreve com imagens", diz Fernando Vilela; leia entrevista. Era outra vez – *Folha de S.Paulo*, 17 nov. 2016. Disponível em: http://eraoutravez.blogfolha.uol.com.br/2016/11/17/ilustrador-e-um-autor-que-escreve-com-imagens-diz-fernando-vilela-leia-entrevista/. Acesso em: 8 maio 2023.

Analisar e verificar

1. Responda às questões a seguir, que tratam do título da entrevista.
   a) Observe o uso das aspas no título. O que ele indica?
   b) O título faz referência a uma declaração de Fernando Vilela. Em qual parte da entrevista ele desenvolve essa ideia?

2. Sobre o texto de introdução da entrevista, responda às questões.
   a) Por que o entrevistador utiliza aspas na palavra *exposições*? Explique.
   b) Quais informações são apresentadas sobre a obra relançada?
   c) Qual é a relevância dessas informações na introdução da entrevista?

3. Ao responder sobre o que vem primeiro ao criar um livro, Vilela faz uma comparação com o cinema.
   a) Escreva no caderno o período em que ele faz essa afirmação.
   b) Há quantas orações nesse período? Como elas são classificadas?
   c) O que demarca a separação entre elas?
   d) Qual é a relação de sentido estabelecida entre essas orações?

4. Analise as escolhas linguísticas do entrevistador.
   a) Há predomínio de verbos no modo imperativo, subjuntivo ou indicativo?
   b) Se a última pergunta da entrevista fosse "Fale sobre seus novos projetos", o sentido da questão se manteria? Explique.

Criar

5. Imagine que você vai entrevistar o ilustrador Fernando Vilela. Quais seriam as cinco perguntas do seu roteiro de entrevista? Monte seu roteiro e compartilhe com os colegas.

PARA EXPLORAR

Fernando Vilela
Para conhecer o trabalho desse ilustrador e artista plástico, acesse o *site* oficial dele no *link* indicado a seguir.
Disponível em: http://www.fernandovilela.com.br/. Acesso em: 8 maio 2023.

CIDADANIA GLOBAL
UNIDADE 8

10 REDUÇÃO DAS DESIGUALDADES

Retomando o tema

Durante o estudo desta unidade, você e seus colegas puderam refletir sobre a necessidade da redução das desigualdades e a importância da inclusão social de todos. Nessa seção, vocês vão produzir minibiografias para divulgar para a comunidade escolar. Antes, porém, respondam às seguintes questões:

1. Quais autores de literatura vocês conhecem? Quais são seus preferidos?
2. Desses autores, quais são negros?
3. Para você qual a importância de se divulgar autores negros?

Geração da mudança

Agora, em grupo, você e seus colegas vão pesquisar autores negros brasileiros e, em seguida, escolher um deles para criar uma minibiografia, de forma a promover o reconhecimento de pessoas negras atuantes em meios culturais, literários, entre outros. Veja algumas orientações:

- Selecionem um autor e busquem informações sobre a vida, a formação escolar e a produção literária dele. Estejam atentos às fontes de pesquisa consultadas.
- Elaborem um texto, em formato impresso ou digital, organizando as informações nesta sequência: nome do autor; ano de nascimento e morte (se for o caso); local de nascimento; resumo da história de vida; formação escolar; livros publicados, indicando editora e ano de publicação; principais temas abordado nas obras; recepção das obras pelo público; e fontes consultadas.
- Organizem com o professor uma roda de conversa na qual serão apresentadas as descobertas realizadas.
- Após a discussão, escrevam com letra legível, ou digitem, a minibiografia com os ajustes necessários. Lembrem-se de produzir um título relacionado à vida, à obra ou às temáticas abordadas pelo escritor. Além disso, é possível inserir uma foto ou uma ilustração do escritor escolhido na minibiografia.
- Divulguem a produção para toda a comunidade escolar, por meio de uma exposição das minibiografias elaboradas pela turma.

Autoavaliação

INTERAÇÃO

GRÊMIO ESTUDANTIL

Se vocês estão interessados em ter voz ativa dentro da escola, em um espaço de debate, em trabalhos em equipe e na manifestação de ideias, o Grêmio Estudantil é o caminho certo para vocês! Nesta seção, vocês vão organizar uma entidade desse tipo. Em um grêmio, é possível discutir, fortalecer e planejar ações visando melhorias tanto para o ambiente escolar quanto para a comunidade como um todo. Além disso, formar um Grêmio Estudantil é uma oportunidade para que vocês explorem um canal de participação dentro da escola, exercendo a cidadania e mobilizando-se em busca de melhorias nas áreas de comunicação, cultura, esporte, política e integração social.

A escola é um dos lugares mais importantes da nossa trajetória. Nela passamos boa parte do tempo, convivendo com colegas, fazendo amigos, conhecendo outras realidades, aprendendo e nos preparando para o futuro. Por isso, é fundamental que, nesse espaço, vocês tenham a oportunidade de opinar sobre o que ocorre nele, de discutir sobre o que desejam e de planejar ações.

Fundo: enjoynz/iStock/Getty Images.
Ilustrações: Vanzyst/iStock/Getty Images;
mustafahacalaki/iStock/Getty Images

Criar e integrar um grêmio estudantil são maneiras de participar mais ativamente do ambiente escolar, garantindo que aquilo que vocês pensam e desejam seja levado em consideração. A principal finalidade do grêmio, portanto, é debater os problemas da escola, pensando em caminhos para resolvê-los, bem como discutir os projetos dessa instituição, ajudando a transformá-los em realidade. Dessa maneira, vocês se tornam parceiros da escola e, com os professores e a direção escolar, podem lutar por melhorias para todos.

Objetivos

- Discutir sobre a importância da criação de uma agremiação dentro da escola.
- Organizar um grêmio estudantil na escola com a colaboração de professores e da direção escolar.
- Reconhecer-se como cidadão capaz de agir em prol do coletivo e participar do dia a dia escolar.
- Desenvolver a autonomia, impulsionando a busca de realizações individuais de acordo com seus valores, sem deixar de respeitar o próximo.
- Envolver-se nas questões escolares e na criação do grêmio, desenvolvendo o protagonismo e a criticidade.
- Incentivar a participação de colegas no exercício democrático justo, organizado e útil à vida escolar.

Planejamento

Organização da turma

- Na primeira parte da atividade, vocês vão visitar um grêmio estudantil. Depois, sob orientação do professor, todos vão participar de uma roda de conversa cujo objetivo será discutir a função e a importância de um grêmio no ambiente escolar.
- Depois, a turma vai definir uma comissão composta de alguns estudantes para conversar com a direção sobre a organização de um grêmio na escola.
- Em grupos, vocês vão se dedicar à produção de um estatuto com as normas necessárias para a criação do grêmio.
- O estatuto deverá ser discutido posteriormente com toda a turma e com representantes das outras salas. Para que isso seja possível, uma assembleia geral será realizada.
- Uma comissão deve ser definida, na assembleia, para organizar todo o processo eleitoral do grêmio, desde a campanha das chapas até a eleição e a divulgação dos resultados.
- Escolhida a comissão, ela ficará responsável por divulgar o prazo, por estabelecer as regras para a formação das chapas que concorrerão ao grêmio e por organizar a eleição.
- As chapas inscritas deverão divulgar suas propostas para toda a escola, por meio de um debate, entre outras ações.
- Por fim, a eleição do grêmio será realizada e os resultados dela serão divulgados pela comissão eleitoral.

Procedimentos

Parte I – Visita a um Grêmio Estudantil e discussão sobre esse tipo de entidade

1 Para dar início aos preparativos para a criação do grêmio estudantil, vocês vão visitar uma escola de Ensino Fundamental, de Ensino Médio ou uma universidade que tenha grêmio. Entrem em contato com uma dessas instituições educacionais e agendem uma visita. Expliquem que vocês vão criar um grêmio e gostariam de conhecer o de outra instituição.

2 No dia da visita, procurem se informar sobre como o grêmio funciona, quais atividades ele promove, como a diretoria é formada, quais as dificuldades enfrentadas, etc. Peçam, se possível, uma cópia do estatuto do grêmio para vocês conhecerem esse tipo de documento e, depois, elaborarem o do grêmio que criarão.

3 Já de volta à escola, formem uma roda de conversa com o objetivo de trocar ideias sobre a visita realizada e dar início à discussão da criação do grêmio de vocês. Façam um levantamento das necessidades da escola no momento atual e de que forma a criação de um grêmio poderia ajudar a supri-las. Por exemplo, reflitam sobre as situações a seguir.

- Quais eventos culturais existem na escola? Como e por quem eles são organizados?
- Como e quando os campeonatos esportivos ocorrem? Eles envolvem todos os estudantes da escola?
- Que atividades lúdicas e recreativas acontecem na escola? Elas são realizadas de forma programada?
- Quais ações sociais costumam ocorrer no ambiente escolar?
- De que forma as atividades extracurriculares que ocorrem na escola são divulgadas para os estudantes? Quem cuida dessa tarefa?
- Há atividades educativas extracurriculares como palestras, debates, etc.?

4 Escolham um representante da sala para anotar as opiniões da turma e formular um pequeno texto explicando as necessidades apontadas e a importância de criar um Grêmio Estudantil para ajudar nessas necessidades.

5 Decidam quais serão os estudantes encarregados de entregar esse documento à direção escolar. A finalidade é a aprovação da criação do grêmio pela direção e a definição de uma data para as eleições.

Parte II – Criação do estatuto do grêmio

1 Após a aprovação pela direção escolar, é chegado o momento de produzir o Estatuto do Grêmio Estudantil, um documento que estabelece as normas de funcionamento do grêmio. Para determinar as normas, é recomendado que os membros leiam e analisem o estatuto do grêmio que visitaram, caso tenham obtido uma cópia dele, ou pesquisem na internet exemplos de estatutos de grêmios estudantis para se familiarizarem com o gênero de texto e entenderem sua estrutura e organização. Em seguida, devem se reunir em grupos e discutir sobre os itens listados a seguir. É importante que um encarregado seja designado para anotar as conclusões do grupo e compartilhá-las com a turma.

- **Objetivos:** O que é o grêmio e qual sua finalidade?
- **Patrimônio:** Onde as reuniões do grêmio vão ocorrer? Que objetos e recursos serão necessários para a manutenção desse espaço?
- **Composição:** Quais cargos (presidente, vice-presidente, secretário, tesoureiro, diretor social, diretor de imprensa, diretor de esportes, diretor de cultura, etc.) vão compor a diretoria do grêmio? Quais serão as funções atribuídas a cada um?
- **Regime eleitoral:** Quem pode fazer parte do grêmio? Como ocorrerão as inscrições das chapas e a eleição?
- **Associados:** Quem poderá auxiliar o grêmio e de que forma isso vai ocorrer?

- **Regime disciplinar:** Se possíveis infrações ocorrerem durante o mandato, quais serão as consequências para elas?
- **Disposições gerais:** De que maneira e em que situações o estatuto do grêmio pode sofrer alterações?

2. Cada um desses itens será um capítulo do estatuto. Dentro dos capítulos, haverá subdivisões chamadas de artigos. Os artigos, por sua vez, também podem ser divididos em incisos (numerados com algarismos romanos), parágrafos (iniciados com o símbolo §) ou alíneas (identificadas por letras minúsculas).

3. Após as discussões com a turma completa, os grupos devem se organizar novamente para produzir os textos de cada capítulo, descrevendo e explicando de forma objetiva cada item.

4. Em seguida, cada grupo deve expor à turma o que produziu para que os textos possam ser avaliados e melhorados. É importante que todos participem, opinem e contribuam nessa etapa, de maneira que o estatuto seja uma obra coletiva.

5. Por fim, sob orientação do professor, vocês devem digitar os capítulos e juntá-los para formar um único documento, o **Estatuto do Grêmio Estudantil**.

Parte III – Assembleia geral

1. A finalidade dessa primeira assembleia geral é decidir o nome do grêmio, aprovar o estatuto e definir os membros da comissão eleitoral.

2. Escolham um estudante para ficar encarregado de tomar nota das discussões e redigir a ata da assembleia geral. Nessa ata, todas as ações ocorridas e decisões tomadas devem estar descritas. Posteriormente, esse documento ficará disponível na sede do grêmio da escola para o acesso de qualquer pessoa que queira ter conhecimento dele.

3. Com a direção escolar e o professor, definam uma data na qual a assembleia ocorrerá. Após defini-la, um grupo de estudantes deve passar em todas as salas para divulgar, além da data, o local e o objetivo da convocação da assembleia.

4. A maneira como a assembleia será composta deve ser decidida por vocês. Uma sugestão é a de que cada turma escolha estudantes representantes para comparecer a essa reunião. Os estudantes escolhidos devem comunicar às suas respectivas turmas o que ficou definido.

5. No dia combinado, o primeiro assunto da pauta pode ser o nome oficial do grêmio. Os participantes podem dar sugestões. É interessante que os representantes escolhidos levem para a assembleia os nomes sugeridos pela turma. Na sequência, por meio de votação, o nome mais representativo e significativo será adotado.

6. Feito isso, inicia-se a apresentação do estatuto produzido em sala. Ele deve ser lido para que todos tomem conhecimento das informações nele contidas. Concluída a leitura, abre-se espaço para tirar dúvidas, fazer sugestões, críticas e apontamentos. Nesse momento, caso a maioria concorde, alterações podem ser feitas no documento. Depois, o estatuto deve ser aprovado e, enfim, consolidado.

7. Ainda durante a assembleia, deve ser formada uma comissão eleitoral que dará início aos preparativos da eleição. Qualquer um dos presentes pode fazer parte dessa comissão. No entanto, é preciso esclarecer que as pessoas que participarem da comissão eleitoral não poderão ter seus nomes inscritos em uma chapa para concorrer a um cargo no grêmio.

8. Formada a comissão eleitoral, em comum acordo, a data da eleição deve ser definida, bem como o período que as chapas terão para realizar a campanha.

Parte IV – Campanha eleitoral

1. Depois de encerrada a assembleia geral, é hora de vocês organizarem as inscrições das chapas. Divulguem essa informação afixando cartazes com os seguintes dados:
   - período de inscrição das chapas;
   - local das inscrições;
   - período de campanha das chapas e dia da eleição.
2. Na produção dos cartazes, coloquem uma mensagem chamativa, incentivando os colegas a participar da inscrição. Também procurem lembrá-los de que qualquer informação sobre o grêmio pode ser encontrada no estatuto.
3. Na sequência, produzam um formulário de inscrição para que os participantes de cada chapa preencham. Nessa ficha, devem constar os nomes dos participantes, a turma em que estudam, o cargo que cada um ocupará (de acordo com o estatuto) e as propostas e os planos de ação que pretendem cumprir caso vençam a eleição.
4. Após o recebimento das inscrições, a comissão eleitoral deve promover uma reunião para orientar as chapas inscritas a iniciar a campanha na escola. Nessa reunião, que também deverá ser registrada em ata, os participantes precisam saber em que dias poderão divulgar suas propostas aos estudantes e de que forma poderão fazê-lo.
5. Com autorização da direção da escola e orientação do professor, as chapas podem passar de sala em sala apresentando-se e divulgando suas propostas nos dias combinados e pelo tempo definido.
6. Por fim, organizem um debate na escola para que todas as chapas discutam suas propostas, o que pode ajudar os estudantes a definir seus votos. Agende o debate com a direção e o professor.
7. Em dia e local definidos, as chapas devem se apresentar brevemente. Na sequência, e por sorteio, uma chapa deve iniciar as perguntas. Todas terão o direito de responder. É importante que seja definido um tempo para perguntas e um tempo para respostas, a fim de que todos tenham a mesma oportunidade de fala. O número de perguntas que cada chapa poderá fazer será decidido pela comissão eleitoral.
8. É importante que os estudantes que vão assistir ao debate também possam fazer perguntas às chapas. Ressaltem que o respeito nesse momento é fundamental e as perguntas devem ter a intenção de promover um debate produtivo e não difamatório.
9. O debate deve ser documentado em ata.

Compartilhamento

1. Antes de iniciar a eleição, algumas providências precisam ser tomadas. Para isso, organizem-se em grupos e sigam as instruções.
   - O primeiro grupo produzirá uma cabine de votação. Dentro dela, o grupo deve deixar uma caneta azul ou preta.
   - Caso a escola não tenha uma urna para depositar as cédulas, outro grupo deverá produzir uma com caixa de papelão. A caixa deve ser encapada e ter uma abertura em cima, pela qual serão depositados os votos. No dia da eleição, a urna deve ser posicionada ao lado da cabine e ficar visível a todos.

- O terceiro grupo, por fim, deverá produzir a cédula de votação com o nome da escola, o nome do grêmio e, logo abaixo, o nome das chapas seguido de espaços para assinalar. As cédulas devem ser impressas em quantidade suficiente para todos os estudantes.
- Um quarto grupo deverá organizar a lista com os nomes dos estudantes por turma, a fim de que, ao entrar na sala para votar, cada estudante assine ao lado de seu nome, evitando, assim, falhas ou votação duplicada.

2. Um dia antes da eleição, agendem com a direção da escola uma sala para realizar a votação.

3. No dia da eleição, alguns membros da comissão eleitoral devem fazer o papel de mesários, que são pessoas responsáveis por compor as mesas receptoras de votos, coletar a assinatura de cada eleitor, entregar uma cédula para a pessoa e direcioná-la para a cabine de votação.

4. Outros membros devem ficar responsáveis por organizar a chegada dos eleitores à sala de votação. A liberação dos estudantes para votar pode ocorrer de forma escalonada, uma turma por vez e em fila.

5. Finalizada a eleição, a comissão eleitoral deve recolher a urna para iniciar a contagem dos votos, que será acompanhada por dois representantes de cada chapa e pelo professor. No final da apuração, uma ata da eleição deve divulgar os resultados.

6. Uma nova assembleia geral precisa ser convocada para que os resultados da eleição sejam informados e a chapa vencedora tome posse.

7. Por fim, a chapa eleita poderá iniciar suas atividades, participando ativamente das decisões tomadas na escola. É importante que os integrantes da chapa se reconheçam como representantes de todos os estudantes e, sempre que possível, recorram à opinião dos colegas para tomar decisões. O costume de produzir atas em reuniões da chapa e em assembleias gerais também deve ser constante, proporcionando a todos o acesso às informações.

Avaliação

Após a criação do grêmio estudantil, é chegado o momento de vocês avaliarem o processo todo, destacando os pontos positivos e os negativos.

1. Durante as discussões iniciais, foi possível definir a relevância da criação do grêmio para a escola?
2. A direção da escola foi consultada sobre a criação do grêmio e auxiliou nesse processo?
3. Os estudantes puderam participar da criação do estatuto do grêmio estudantil? A opinião de todos foi respeitada?
4. As informações apresentadas no estatuto atenderam aos objetivos propostos?
5. A assembleia geral contou com a participação dos representantes de todas as turmas?
6. As decisões tomadas na assembleia geral foram amplamente discutidas?
7. A campanha eleitoral ocorreu de forma respeitosa e produtiva, atingindo toda a escola?
8. Durante a eleição, os eleitores foram recebidos com cordialidade?
9. Todas as atas do processo foram devidamente produzidas e poderão ser consultadas pelos estudantes caso exista interesse?
10. O que pode ser melhorado nos próximos eventos referentes ao grêmio?

INTERAÇÃO

FEIRA DE HQ

Gibis, almanaques, mangás, *graphic novels*: o universo dos quadrinhos comporta personagens, enredos, traços e estilos para todos os gostos. Nessa seção, vocês vão organizar uma feira temática sobre HQs, com espaço de troca entre os visitantes para compartilhar esse rico universo com a comunidade escolar.

Uma das primeiras histórias em quadrinhos (HQs) surgiu em 1896, nos Estados Unidos, quando o ilustrador Richard Felton Outcault decidiu incluir, em uma seção de humor do jornal *New York World*, elementos que, na época, foram grandes surpresas, mas que hoje são muito conhecidos: uma personagem fixa, uma ação fragmentada em quadros e balõezinhos de texto. Assim nascia o *Yellow Kid* (*Menino Amarelo*), que logo virou uma sensação entre os estadunidenses. No Brasil, a febre dos quadrinhos começou por volta de 1906, quando a revista *Tico-Tico* começou a publicá-los.

Desde então até os dias atuais, os quadrinhos são fontes de entretenimento e conhecimento para leitores de todas as idades. Alguns colecionam edições de suas HQs favoritas; outros acabam trocando com amigos as edições que já leram. Seja como for, além da leitura, os amantes das histórias em quadrinhos normalmente compartilham também o prazer de dividir essa paixão com os outros.

Richard Green/Alamy/Fotoarena

Objetivos

- Organizar uma feira de HQ com a colaboração de todos os colegas da turma de modo que ela seja uma atividade prazerosa e divertida.
- Posicionar-se criticamente em relação ao conteúdo de resenhas em vídeo sobre personagens, cartunistas ou histórias em quadrinhos que possam servir de tema para as quatro salas da feira.
- Produzir resenhas em vídeo sobre o conteúdo pesquisado.
- Criar um sistema de troca de HQs que será implementado na feira.
- Redigir um texto que contenha as normas de conduta que devem ser seguidas pelos frequentadores da feira.
- Estruturar uma feira que comporte quatro salas temáticas e um espaço reservado à troca de HQs, promovendo uma interação entre a comunidade escolar e familiares.
- Cuidar das salas temáticas e do espaço de troca durante o evento, mantendo a organização e recebendo os convidados da feira.
- Ampliar o acervo de HQs da biblioteca da escola.

Planejamento

Organização da turma

- Na primeira parte da atividade, sob a orientação do professor, a turma vai pesquisar resenhas em vídeo que abordem o gênero HQ.
- Em duplas, vocês vão escolher o tema de que mais gostaram e produzir resenhas em vídeo para serem exibidas primeiro aos colegas da classe e depois aos visitantes da feira. Em seguida, vocês vão eleger os quatro temas para compor as salas temáticas do evento.
- Na segunda parte da atividade, a turma será organizada em cinco grupos, dos quais quatro ficarão responsáveis por preparar as salas temáticas e um por organizar o espaço e o sistema de troca de HQs.

Durante toda a feira, esses mesmos grupos serão responsáveis pela recepção e orientação dos visitantes em cada um desses espaços organizados.

- Na terceira parte da atividade, a turma se organizará novamente para decidir e estabelecer as regras de convivência que deverão ser seguidas pelos grupos e também pelos visitantes no dia do evento. Além disso, a turma vai trabalhar na montagem dos espaços.
- Por fim, a turma toda deve se reunir novamente para avaliar a experiência e entregar para a biblioteca da escola as HQs arrecadadas durante o evento.

Procedimentos

Parte I – Mergulho no universo das HQs e definição das salas temáticas

1. Para iniciar a preparação da feira, a turma selecionará os temas que vão compor as salas temáticas. Para isso, deverá realizar os passos indicados a seguir.

- Com o professor, retomem as características (verbais e não verbais) do gênero HQ, suas personagens conhecidas, os cartunistas renomados, as HQs que surgiram com o tempo, etc.
- Em seguida, organizem-se em duplas para pesquisar resenhas em vídeos que abordem esses ou outros temas relacionados ao universo das HQs. Procurem assistir a vários vídeos para criar um bom repertório sobre o assunto.
- Analisem nas resenhas pesquisadas informações sobre como costuma ser a recepção das HQs por parte dos leitores, quais as razões do interesse que elas despertam, por que esse gênero textual é popular, o que chama a atenção das pessoas quando as leem. É importante refletir e compreender também a relevância das HQs para o incentivo à leitura.
- Escolham o tema de que mais gostaram ao assistir às resenhas em vídeo: uma personagem do passado ou do presente, um cartunista consagrado ou muito original, uma história em quadrinhos que conquista muitos fãs, um tipo de HQ que se diferencia das tradicionais, etc.
- Elaborem um roteiro para uma resenha em vídeo considerando que ela será vista pelos colegas da escola e demais visitantes da feira. Na resenha em vídeo, sintetizem o tema escolhido pela dupla, guiando e convidando o espectador a conhecer na íntegra o assunto sobre o qual vocês escolheram falar. Leiam trechos das HQs relacionadas ao tema e procurem mostrá-las ou indicá-las no vídeo. Ao final, façam uma análise sobre o tema escolhido, explicando ao espectador por que vocês resolveram fazer uma resenha sobre ele.
- Gravem o vídeo de forma criativa, fazendo uma edição interessante e inserindo vinhetas, entre outros recursos de audiovisual. Inspirem-se nas resenhas assistidas.

2. Depois, combinem com o professor uma data para assistir às resenhas em vídeo produzidas pela turma.

3. Após assistir a todos os vídeos de cada dupla, elejam os quatro assuntos que vão compor as salas temáticas.

4. Respeitem a opinião dos colegas e aceitem a decisão da maioria. Isso é essencial para que a sequência da atividade ocorra de forma organizada e produtiva.

Parte II – Organização das salas temáticas e do espaço de troca

1. Com o auxílio do professor, em uma data previamente combinada, a turma se organizará em cinco grupos, dos quais quatro ficarão responsáveis por organizar as salas temáticas e um por organizar o espaço e o sistema de troca de HQs.

2. A primeira etapa de organização será a do espaço reservado para a troca de HQs. Cada estudante deverá levar para a sala HQs que poderão ser expostas durante a feira.

3. Compartilhem informações sobre essas HQs. Descrevam as características das personagens e dos enredos e compartilhem curiosidades sobre elas. O grupo responsável pelo espaço de troca deve conhecer bem as informações sobre as histórias que os estudantes levaram a fim de auxiliar os visitantes da feira. Toda a turma deve colaborar nessa tarefa!

4. Em seguida, pensem em elementos para compor cada sala temática, desde a decoração e montagem de cenários até quadros com trechos de histórias em quadrinhos, entrevistas, etc. Lembrem-se de que a ideia é que cada sala apresente aos visitantes um mundo específico dentro do universo das HQs. Por isso, a ambientação do lugar também é importante: vocês podem trabalhar com som, iluminação e até mesmo *performances* ou vídeos sobre o tema.

5. Organizados nos cinco grupos, façam uma lista de todos os materiais que vocês vão utilizar em cada espaço e determinem as funções de todos os integrantes. O grupo responsável pelo espaço de troca também deverá pensar na ambientação do local, com o objetivo de facilitar a interação entre os visitantes.

6. Pensem na possibilidade de apresentar, de alguma forma, as resenhas em vídeo feitas. Isso certamente enriquecerá muito a experiência da feira.

7. Com a ajuda do professor, definam um cronograma de tarefas e entrega de materiais, a data para a montagem das salas e o dia do evento.

8. Escolham um lugar seguro para guardar as HQs e os materiais para montagem das salas temáticas até o dia da feira. O grupo responsável pelo espaço de troca cuidará da organização do lugar escolhido. Além disso, tentará angariar novas HQs para serem trocadas.

9. Após finalizar o planejamento do evento e definir uma data para ele, reúnam-se novamente para produzir os convites que serão utilizados para divulgar a feira a toda a comunidade escolar. Esse convite deve conter o nome da escola, o nome do evento, o dia, o local, o horário e um comunicado solicitando que os visitantes levem HQs para trocar durante a realização da feira. A mensagem deve ser atraente e convidativa.

10. Os convites devem ser impressos e distribuídos para as outras turmas da escola, em estabelecimentos comerciais do bairro, aos familiares e aos amigos mais próximos. É importante que todos os grupos participem da divulgação.

11. Outra ideia para divulgar o evento é compartilhar as resenhas em vídeo, com a supervisão do professor, nas redes sociais da escola.

Parte III – Montagem da feira

1. Após decidirem a data com o professor, reservem os espaços necessários para o evento: cinco salas ou, então, quatro salas e o pátio.

2. Na data combinada para a montagem, levem todos os materiais necessários para a organização dos espaços.

3. Antes, porém, de realizar o trabalho de montagem, reúnam-se com o professor para decidir as normas de convivência que os grupos e os visitantes devem seguir durante a realização do evento.

4. Cada grupo ficará responsável por elaborar um cartaz com um texto contendo as normas de comportamento da feira de HQ. Com a ajuda do professor, elaborem um texto único. É importante que, na entrada das salas temáticas e também no espaço de troca, apareça um cartaz com as normas de convivência.

5. Por fim, dividam-se nos grupos estipulados e comecem a decorar as salas temáticas. Não deixem de retomar as anotações e o planejamento feito na etapa de organização.

6. O grupo responsável pelo espaço de troca das HQs, além de organizar o lugar para expô-las e receber os visitantes, deve confeccionar as fichas de troca. Elas devem conter algumas informações fundamentais, como as indicadas abaixo.

Nome do leitor	Dados da HQ doada (autor, edição, ano)	Dados da HQ recebida (autor, edição, ano)

Além dessas informações, vocês podem inserir outras que julgarem necessárias. As fichas de troca devem ser impressas e entregues aos visitantes no dia da feira. Qualquer pessoa que realizar uma troca deve preencher a ficha e devolvê-la a um membro do grupo. As HQs arrecadadas que não forem trocadas serão doadas para a biblioteca da escola, portanto as informações devem auxiliar na organização dessas revistas na biblioteca.

7. Também caberá ao grupo responsável pelo espaço de troca definir um sistema justo de permuta de HQs, prevendo possíveis situações. Por exemplo, o visitante que levar uma HQ poderá trocá-la por um almanaque ou uma *graphic novel*? Organizem essas informações em um texto e distribuam-no para todos os integrantes do grupo, de maneira que eles tenham conhecimento de como ocorrerão as trocas.

8. Após finalizarem as etapas descritas, a feira de HQ pode começar!

Compartilhamento

1. No dia do evento, cada um dos cinco grupos que participou dos processos de planejamento e organização deve se dirigir ao espaço pelo qual ficou responsável. A essa altura, todos vocês já estarão ambientados com os temas apresentados e com a função que vão exercer.

2. Os estudantes que ficaram encarregados de receber as HQs doadas pelos frequentadores devem manuseá-las com cuidado e garantir que todos façam o mesmo. Além disso, é importante prepararem-se para apresentar informações sobre o gênero HQ e sobre as revistas, os livros e os almanaques disponíveis, de modo a ajudar os visitantes na hora da troca.

3. Informem os visitantes da feira sobre as fichas e o funcionamento das trocas, estipulando "valores de troca" (decidido anteriormente pelo grupo) para cada um dos itens.

4 Os integrantes de qualquer grupo devem estar preparados para esclarecer as normas de convivência, quando necessário. É importante comentar que tais regras são essenciais para que o evento ocorra de maneira satisfatória e segura. É possível que as salas temáticas, por conta da decoração, também apresentem suas próprias regras de visitação. Nesse caso, um membro do grupo deve ficar na porta apresentando as informações necessárias aos frequentadores.

5 É primordial que os integrantes das salas temáticas se preparem para explicar o tema selecionado, o objetivo da montagem e até mesmo o processo de produção.

6 Comuniquem aos visitantes que as HQs, ao final do evento, serão doadas à biblioteca da escola.

Avaliação

Após a feira, é hora de comemorar e analisar o trabalho feito. Com a turma toda reunida e o professor como mediador, conversem sobre as questões a seguir.

1. Ao analisar as resenhas em vídeo, vocês fizeram novas descobertas a respeito dos quadrinhos que já liam? Em caso positivo, contem o que descobriram.
2. As informações que os colegas levaram para a sala de aula com as resenhas em vídeo também proporcionaram novas descobertas? Contem sobre essas descobertas.
3. Durante o planejamento das salas temáticas e do sistema de troca, os grupos trabalharam com cooperação e respeito, cumprindo as tarefas atribuídas a cada integrante nos prazos combinados?
4. A montagem das salas temáticas e do espaço de troca foi executada de acordo com o planejamento? Vocês ficaram satisfeitos com o resultado?
5. O trabalho nos grupos foi dividido adequadamente, de modo que ninguém ficasse sobrecarregado?
6. As regras de convivência foram criadas com cuidado e atenção, possibilitando que todos pudessem compreendê-las de forma simples e objetiva?
7. Durante a feira, os visitantes das salas temáticas foram recebidos com cordialidade, atenção e respeito? Em geral, como eles reagiram aos elementos expostos?
8. O sistema de troca de HQs funcionou satisfatoriamente, ou seja, os participantes da feira conseguiram efetuar as trocas sem dificuldade?
9. A comunidade escolar se divertiu durante a feira? Quais foram os principais comentários de quem esteve presente?
10. O que pode ser melhorado, caso o evento seja realizado novamente?

Ao final da avaliação, organizem uma maneira de todos levarem as HQs arrecadadas para a biblioteca. Depois, não deixem de aproveitar para ler e conhecer mais exemplos desse gênero textual.

PREPARE-SE!

PARTE 1

Questão 1

Aventuras de Xisto

Depois de andar cerca de duas horas sem que nada de extraordinário acontecesse, Xisto chegou a uma larga clareira onde havia uma cabana em ruínas.

Bastante intrigado, aproximou-se, depois hesitou e teve ímpetos de voltar. O desejo de esclarecer o mistério e de ser útil à gente daquele reino o impeliu para a frente, entretanto.

De coração aos pulos, entrou cautelosamente pela porta entreaberta. Sua sombra desenhou-se logo, imensa e negra nas paredes da cabana, que a luz da lanterna mostrou serem de madeira escura, carcomida pelo tempo. O assoalho estava cheio de fendas, e as traves do teto ameaçavam ruir a cada momento. Dois morcegos voavam de um lado para outro, e um rato escondeu-se numa fresta.

Firmemente decidido a cumprir sua missão até o fim, Xisto se dispôs a passar a noite naquele horrível lugar. Retirou a grossa capa que trazia nas costas, estirou-a no chão e deitou-se, disposto a ferrar no sono o mais depressa possível.

Afinal de contas, disse ele pra si mesmo, nada houve de anormal. [...]

Lúcia Machado de Almeida. *Aventuras de Xisto*. São Paulo: Ática, 1982. p. 35-36.

Em narrativas de aventura, a caracterização do espaço contribui para a atmosfera da história e para a criação dos desafios impostos ao protagonista. No trecho, o espaço é caracterizado como

a) um ambiente sombrio em ruínas.

b) um espaço repleto de morcegos.

c) um lugar iluminado e em ruínas.

d) uma casa com paredes negras.

e) uma floresta extraordinária.

Questão 2

Porém, de repente, um urso monstruoso começou a urrar às minhas costas, emitindo um som que mais parecia um trovão. Eu me voltei e, notando que a besta estava pronta para me devorar, segurei nas mãos a bexiga com licor e, pelo medo, apertei-a com tanta força que, ao explodir, o licor acabou por ser arremessado nos olhos do animal, tirando-lhe a visão. De imediato ele deu meia-volta, afastou-se correndo confuso e logo adiante caiu por uma fenda no gelo até o mar, e não foi mais visto.

[...]

Rudolf Erich Raspe. *As surpreendentes aventuras do barão de Munchausen em XXXIV capítulos*. Tradução: Claudio Alves Marcondes. São Paulo: Cosac Naify, 2014.

O antagonista é uma personagem que se contrapõe ao protagonista, representando uma ameaça aos objetivos do herói. No trecho lido, as palavras que evidenciam o inimigo como perigoso são

a) *monstruoso* e *besta*.

b) *confuso* e *medo*.

c) *força* e *pronto*.

d) *urso* e *animal*.

e) *gelo* e *trovão*.

Questão 3

Faça alguém nascer de novo. Seja um doador de órgãos. Quando decidir, converse com sua família.

Secretaria de Saúde – Governo do estado do Espírito Santo. AQuatro, 2011.

Considerando que esse texto faz parte de uma campanha de propaganda governamental, pode-se afirmar que a intenção principal dele é

a) incentivar a doação de órgãos.

b) instruir sobre a doação de órgãos.

c) explicar o que é a doação de órgãos.

d) relatar um caso de doação de órgãos.

e) descrever o processo de doação de órgãos.

Questão 4

Mon Bijou (Bombril). Agência W/Brasil, 1998.

O anúncio de publicidade acima estabelece uma intertextualidade com o quadro *Mona Lisa* (1503), de Leonardo da Vinci. Nele, a relação entre a linguagem verbal e a não verbal tem como finalidade
a) comparar a beleza da Mona Lisa com a qualidade do produto anunciado.
b) gerar um debate sobre o uso de referências artísticas no discurso publicitário.
c) incentivar a apreciação artística por meio de uma paródia da obra *Mona Lisa*.
d) associar a maciez da pele da Mona Lisa ao efeito proporcionado pelo produto.
e) reforçar a qualidade do produto ao comparar o efeito do seu uso com a obra de arte.

Questão 5

Ao estudar *emojis*, psicólogos querem desvendar comportamento humano

[...]

No fim das contas, os *emoticons* e *emojis* podem ser muito mais do que o reforço de que algo foi satisfatório ou agradável (use um "coração" com "S2" ou "<3") ou a manifestação de segundas intenções por trás de uma conversa casual.

Essas "palavras", como resume Luli Radfahrer, especialista em comunicação digital e professor da USP, não têm um significado fixo. Embora algumas como notas de dinheiro voando e o *emoticon* de espanto (:-O) sejam bem claros em resumir até frases inteiras, outros vão ganhando significados diferentes segundo quem os utiliza — especialmente os jovens.

É o caso do "joinha". Para a velha guarda, o significado pode ser um singelo "OK", mas entre os mais jovens ele assumiu um significado mais rude, como um desinteressado ou rude "ah, tá", como explica Ronaldo Lemos, diretor do Instituto de Tecnologia & Sociedade, do Rio de Janeiro, e colunista da Folha.

Gabriel Alves. Ao estudar *emojis*, psicólogos querem desvendar comportamento humano. *Folha de S.Paulo*, São Paulo, 24 jan. 2017. Equilíbrio e Saúde. Disponível em: https://www1.folha.uol.com.br/equilibrioesaude/2017/01/1852473-ao-estudar-emojis-psicologos-querem-desvendar-comportamento-humano.shtml. Acesso em: 17 maio 2023.

Os *emoticons* e os *emojis* são linguagens não verbais bastante utilizadas na comunicação digital. Os *emoticons* são representações gráficas compostas de sinais de escrita que costumam representar emoções humanas, enquanto os *emojis* são imagens que transmitem a ideia de uma palavra ou frase. De acordo com o texto, é possível concluir que os *emoticons* e os *emojis*
a) mudam de aparência de uma geração para outra.
b) escondem segundas intenções da mensagem.
c) variam de significado segundo o contexto.
d) têm sentidos fixos em qualquer situação.
e) resumem frases inteiras sem clareza.

Questão 6

Texto I

[...]

Ao mesmo tempo, informou que logo que amanhecesse Malasartes deveria pegar um bando de porcos e levá-los à feira da vila.

Malasartes obedeceu e vendeu-os por um bom preço. Antes de retornar, no entanto, comprou vários rabos de porco — e apenas os rabos — e entrou por um lamaçal nas vizinhanças da fazenda. Feito isso, correu na direção da casa-grande, gritando:

— Estão todos atolados! Estão todos atolados!

Surpreso e desorientado, o fazendeiro ficou desesperado.

— E agora? O que vou fazer? — perguntava-se, apavorado, correndo de um lado para o outro. Foi depressa para o lamaçal, ordenando que Pedro buscasse duas enxadas para desatolar os animais.

Julio Emilio Braz. *Causos de Pedro Malasartes*.
São Paulo: Cortez, 2011.

Texto II

Mandou vender na feira um bando de porcos. Malazarte levou os porcos, cortou as caudas e vendeu-os todos, por bom preço. Voltando, enterrou os rabinhos num lamaçal e chegou em casa gritando que a porcada estava atolada no lameiro. O patrão foi ver e deu o desespero. Malazarte sugeriu cavar com duas pás. [...]

Luís da Câmara Cascudo. *Contos tradicionais do Brasil*. 14. ed.
Rio de Janeiro: Ediouro, 2000.

Os textos I e II são trechos de um mesmo conto popular registrado por diferentes autores. Ao se comparar os trechos, é possível identificar

a) personagens com poderes sobrenaturais.

b) indicações temporais precisas e explícitas.

c) marcas do período de recriação da história.

d) diferentes formas de contar a mesma história.

e) repetições para facilitar a memorização do conto.

Questão 7

Texto I

Manka, a esperta

Era uma vez um fazendeiro rico muito ganancioso e mesquinho. Sempre cobrava caro por tudo e levava a melhor sobre seus vizinhos pobres. Um deles era um humilde pastor a quem o fazendeiro devia um bezerro. Quando chegou o dia do pagamento, o fazendeiro se recusou a dá-lo [...].

Ethel Johnston Phelps (org.). *Chapeuzinho Esfarrapado e outros contos feministas do folclore mundial*. São Paulo: Seguinte, 2016. p. 126.

Texto II

A noiva do lorde

Há tempos, viveu um lorde muito rico que era dono de uma fazenda enorme e tinha muita prata no baú e muito ouro no banco. Mas havia algo que ele não tinha: uma esposa.

Um dia, a filha de um dos vizinhos do lorde trabalhava nos campos de feno dele. O lorde gostou bastante dela e, como era filha de um pobre fazendeiro, achou que bastaria mencionar casamento para ela aceitar a proposta, feliz da vida.

[...]

Ethel Johnston Phelps (org.). *Chapeuzinho Esfarrapado e outros contos feministas do folclore mundial*. São Paulo: Seguinte, 2016. p. 181.

Os dois trechos são parágrafos de abertura de contos populares. As expressões "Era uma vez" (texto I) e "Há tempos" (texto II) indicam a seguinte característica desse gênero textual:

a) ênfase em um período passado preciso.

b) predominância do tempo histórico dos fatos.

c) falta de exatidão temporal dos acontecimentos.

d) ausência de linearidade na ordem de narrar.

e) destaque para o tempo específico da narrativa.

Questão 8

Tem "mineirês" no Facebook, uai, e pão de queijo

Uai, cê não sabia desse trem novo no Facebook não? A Prefeitura de Belzonte publicou um guia pra causdiquê cê num tenha tendido.

Traduzindo...

Não conhece o novo recurso do Facebook? A Prefeitura de Belo Horizonte publicou um guia visual explicando em "mineirês" as novas maneiras de reagir às publicações na rede social.

Nem o bom e velho (e tradicional) pão de queijo ficou de fora. Será que o quitute vale mais que um *like*?

Bol Notícias, 26 fev. 2016. Disponível em: https://www.bol.uol.com.br/entretenimento/2016/02/26/e-tem-mineires-no-facebook-uai-e-pao-de-queijo-claro.htm#:~:text=N%C3%A3o%20conhece%20o%20novo%20recurso,vale%20mais%20que%20um%20like%3F. Acesso em: 17 maio 2023.

O assunto principal do texto lido é o lançamento de um guia de "mineirês" publicado pela prefeitura de Belo Horizonte. Para abordar esse assunto, o autor do texto empregou uma linguagem marcada por
a) vocabulário antigo.
b) termos científicos.
c) expressões regionais.
d) construções poéticas.
e) desvios da norma-padrão.

Questão 9

O poema é uma carnificina

um tal de cortar, mexer, reescrever, amputar
transformar a matéria-prima em produto final
　　　　　　　　　　　　　　　　　　[a mó de
que os vacilos, a sangria desatada, não trans-
　　　　　　　　　　　　　　　　　　[pareçam
ninguém tem nada a ver com essas plásticas
　　　　　　　　　　　　　　　　　　[em série.
o leitor quer um rostinho bonito, nada mais.

Chacal. *Murundu*. São Paulo: Companhia das Letras, 2012. p. 53.

Algumas escolhas linguísticas feitas pelo autor caracterizam uma variedade linguística, tais como
a) "o poema é uma carnificina".
b) "a mó de que os vacilos".
c) "a sangria desatada".
d) "plásticas em série".
e) "nada mais".

Questão 10

A casa de praia

　　Casa. Muay Thai. Séries americanas. Casa. Muay Thai. Séries americanas. Casa. Muay Thai. Séries americanas. Casa. Muay Thai. Séries americanas. Casa. Muay Thai. Séries americanas. Casa. Muay Thai. Séries americanas. Casa. Muay Thai. Séries americanas.

　　Aniversário. Fim de semana com os amigos na praia e nada de festa de 15 anos (se eu conseguisse me livrar disso, é claro).

Sandra Saruê. *A casa de praia*: uma história sobre empatia. São Paulo: Melhoramentos, 2019. p. 17.

No primeiro parágrafo desse texto, a narradora-personagem lista alguns substantivos repetitivamente para
a) enfatizar a monotonia da rotina.
b) descrever os ambientes citados.
c) organizar as atividades da semana.
d) indicar a quantidade de atividades realizadas.
e) expor a falta de sentido das ações realizadas.

Questão 11

Bill Watterson. *A hora da vingança*: as aventuras de Calvin e Haroldo. São Paulo: Conrad, 2013. p. 58.

Sobre a tira de Calvin, é correto afirmar que
a) a falta da linguagem verbal compromete o entendimento da tira.
b) o uso da linguagem verbal colabora para o entendimento da tira.
c) a ausência da linguagem não verbal dificulta a compreensão da tira.
d) o emprego das linguagens verbal e não verbal ajuda na leitura da tira.
e) o uso da linguagem não verbal permite a compreensão da sequência da tira.

Questão 12

Ziraldo. Menino Maluquinho. *Jornal do Brasil*, 1997.

Nas tiras, o leitor conhece os sentimentos das personagens não só pela linguagem verbal, mas também por elementos da linguagem não verbal, como traços, setas, expressão das personagens e outros recursos gráficos. No último quadrinho da tira acima, foi utilizado o recurso do destaque na palavra *roupa* com a finalidade de
a) mostrar a alegria da personagem.
b) sinalizar o sussurro da personagem.
c) enfatizar a surpresa da personagem.
d) demonstrar a inveja da personagem.
e) indicar a agressividade da personagem.

Questão 13

Cientistas alcançam temperatura mais baixa já registrada no Universo: − 273 °C

O experimento abre caminho para o desenvolvimento de novos materiais com propriedades inimagináveis

Um grupo internacional de cientistas conseguiu alcançar, dentro de um laboratório na Terra, a menor temperatura já registrada no Universo: − 273 °C. Não se trata apenas de um grande feito de laboratório. O experimento abre caminho para o desenvolvimento de novos materiais com propriedades inimagináveis.

A menor temperatura já registrada na Terra naturalmente foi de − 89,2 °C, na Antártida. Em alguns lugares da Lua, ela pode cair abaixo dos − 200 °C. No experimento científico, pesquisadores da Universidade de Rice, nos Estados Unidos, e da Universidade de Kyoto, no Japão, usaram raios *laser* para resfriar átomos até alcançar uma temperatura de apenas um bilionésimo de grau acima de − 273,15 °C, o zero absoluto na escala Kelvin. Nesta temperatura, o movimento dos átomos cessa por completo.

[...]

Exame, 22 out. 2022. Disponível em: https://exame.com/ciencia/cientistas-alcancam-temperatura-mais-baixa-ja-registrada-no-universo-273oc/. Acesso em: 17 maio 2023.

Parte introdutória de uma notícia, o lide costuma responder a algumas perguntas essenciais sobre o conteúdo apresentado na matéria. Sobre o trecho da notícia apresentado acima, é possível afirmar que o lide responde às seguintes perguntas

a) Quem? O quê? Onde?

b) Quem? Por quê? Como?

c) Quem? O quê? Onde? Quando? Como?

d) Quem? O quê? Quando? Por quê? Como?

e) Quem? Quando? O quê? Onde? Por quê? Como?

Questão 14

A vida de Antonio Candido em 7 momentos históricos

O crítico literário morreu hoje [12 de maio de 2017], aos 98 anos − e viu tudo o que aconteceu no mundo desde a 1ª Guerra. Entenda a vida de Candido no conturbado século 20

Bruno Vaiano. A vida de Antonio Candido em 7 momentos históricos. *Superinteressante*, 12 maio 2017. Disponível em: https://super.abril.com.br/historia/a-vida-de-antonio-candido-em-7-momentos-historicos/. Acesso em: 17 maio 2023.

Com base no título e na linha fina acima, é possível inferir que a notícia vai

a) comentar a morte de Antonio Candido.

b) explicar a obra do crítico literário.

c) expor fatos históricos do século 20.

d) classificar a obra do crítico como imprescindível.

e) relacionar a vida do crítico a fatos históricos.

Questão 15

[...] Questionado sobre por que o Tricolor, em sua visão, é mais cobrado que os demais, Maicon foi sucinto. "Porque é o maior. Quando somos grandes, somos mais cobrados do que os outros", bradou, antes de ponderar. "Estamos acostumados. Quem não quer cobrança, que fique em casa no sofá, mas em certos pontos há um certo exagero", avaliou. [...]

"Sempre vai ter cobrança no São Paulo, independentemente se teve investimento ou não. [...]", concluiu.

Maicon reclama, mas entende mudanças no Tricolor: "É o maior". *Gazeta Esportiva*, 7 abr. 2017. Disponível em: https://www.gazetaesportiva.com/times/sao-paulo/maicon-reclama-mas-entende-cobrancas-no-tricolor-e-o-maior/. Acesso em: 17 maio 2023.

Os verbos *bradar*, *avaliar* e *concluir* foram utilizados com o objetivo de

a) marcar a declaração do atleta.

b) julgar o depoimento do jogador.

c) refletir a formalidade do jogador.

d) expressar a opinião do jornalista.

e) introduzir o ponto de vista do jornal.

Questão 16

Mariah Carey compra mansão de 90 milhões

A nova casinha da cantora tem 15 quartos, sala de cinema e pista de atletismo!

É uma das casas mais caras do mundo, mas a cantora Mariah Carey não conta os tostões e planeja mudar-se para lá em breve [...]. O valor da mansão, implantada mesmo no centro de Beverly Hills, em Los Angeles, ascende a 90 milhões de euros. [...]

Sapolifestyle, 24 ago. 2011. Disponível em: https://lifestyle.sapo.pt/fama/noticias-fama/artigos/mariah-carey-compra-mansao-de-90-milhoes. Acesso em: 17 maio 2023.

A notícia acima foi publicada em um *site* português, na seção "Celebridades". Os manuais jornalísticos de redação recomendam uma visão imparcial, mas em alguns casos é possível observar a opinião do autor. No trecho, o uso da palavra *casinha* expressa o ponto de vista do autor em relação ao fato, indicando

a) desprezo pela casa milionária da cantora.

b) raiva pelo gasto desnecessário da cantora.

c) carinho em relação à casa nova da cantora.

d) indiferença em relação ao gasto da cantora.

e) ironia em relação ao tamanho da casa da cantora.

Questão 17

Texto I

Neymar se tornou um grande passador no Barcelona

ESPN, 14 nov. 2016.

Texto II

Simplicidade e aconchego para fugir da cidade grande

O Globo, 14 ago. 2013.

Texto III

15 ideias para ocupar os miúdos nas férias grandes

Observador, 4 jun. 2016.

No dia a dia, emprega-se a palavra *grande* em diferentes contextos. Nos textos I, II e III, *grande* apresenta os seguintes sentidos, respectivamente,

a) alto, extremo, dilatado.

b) extremo, extenso, enorme.

c) excelente, populoso, longo.

d) sério, notório, fundamental.

e) corpulento, violento, excessivo.

Questão 18

Mascherano comemora grande número de torcedores e lembra de passagem pelo Corinthians

O volante Javier Mascherano elogiou neste domingo a grande quantidade de torcedores que saíram da Argentina para acompanhar a estreia de sua seleção na Copa do Mundo, contra a Bósnia, no Maracanã.

"Foi quase como jogar em casa. Só temos que agradecer pela quantidade de gente que veio torcer por nós. Foi lindo ver o Maracanã com tantos argentinos", declarou Mascherano, que também lembrou com carinho sua passagem pelo Corinthians. [...]

ESPN, 16 jun. 2014. Disponível em: http://www.espn.com.br/noticia/418496_mascherano-comemora-grande-numero-de-torcedores-elembra-de-passagem-pelo-corinthians. Acesso em: 17 maio 2023.

No título e no primeiro parágrafo da notícia acima, o adjetivo *grande* contribui para
a) mostrar o sentimento da torcida.
b) caracterizar o fato relatado.
c) resumir a informação principal.
d) manter o sentido dos substantivos.
e) expressar o sentimento de euforia do repórter.

Questão 19

Superlua ilumina o céu de domingo. Saiba como observar

Uma bela superlua poderá ser vista de todos os pontos do Brasil na noite de domingo. O fenômeno em que a Lua parece maior e mais brilhante será melhor observado a partir das 21h, quando o astro começa a aparecer no horizonte Leste do céu. A recomendação dos astrônomos é observar o satélite nesse momento inicial da noite para aproveitar uma "ilusão de ótica" que a faz parecer maior. [...]

Rita Loiola. Superlua ilumina o céu de domingo. Saiba como observar. *Veja.com*, 15 out. 2016. Disponível em: https://veja.abril.com.br/ciencia/superlua-ilumina-o-ceu-de-domingo-saiba-como-observar/. Acesso em: 17 maio 2023.

Nas notícias, os adjetivos oferecem aos leitores detalhes sobre o fato relatado. No texto lido, as palavras e expressões que caracterizam a superlua são
a) *bela*, *maior* e *mais brilhante*.
b) *fenômeno* e *pontos do Brasil*.
c) *ilumina* e *noite de domingo*.
d) *satélite* e *Leste do céu*.
e) *astro* e *ilusão de ótica*.

Questão 20

Fernando Gonsales. *Níquel Náusea*.

Nessa tira, o superlativo *originalíssima* é usado pela aranha para chamar a atenção para seu
a) egoísmo.
b) senso crítico.
c) plano de caça.
d) talento artístico.
e) desejo de solidão.

PARTE 2

Questão 1

Expresso para a Índia

[...]

Voei de Katmandu para a poluída Nova Délhi. Queria conhecer a moderna capital antes de voltar ao Brasil, especialmente o mausoléu dedicado ao segundo imperador mongol, Humayun, e Jamia Masjid, a maior e mais bela mesquita da Índia. Desejava, também, após percorrer as mais arcaicas e desconfortáveis aldeias do interior, sentir um pouco da vida cosmopolita indiana.

Inaugurada pelos britânicos, em 1931, sobre os escombros da antiga Délhi, a nova cidade, com suas embaixadas, lojas de grife internacional e a presença dos executivos das multinacionais ocidentais, vinha expondo a grande contradição pela qual passavam os indianos, espremidos entre o avanço tecnológico e um sistema religioso extremamente rígido. Sua democracia política, orgulho da República da Índia — único país asiático a nunca ter sido governado por ditadores — vivia em constante conflito com os dogmas ortodoxos religiosos, especialmente a divisão das pessoas em castas sociais, alicerces da doutrina hindu.

[...]

Airton Ortiz. *Expresso para a Índia*.
Rio de Janeiro: Record, 2011. p. 13.

Extraído de um relato de viagem, o trecho acima apresenta uma das principais características temáticas desse gênero textual, que é

a) a resistência do viajante aos costumes do local visitado.

b) o perigo enfrentado pelo viajante ao conhecer novos lugares.

c) o olhar do viajante para a cultura e os costumes do local visitado.

d) a solidão vivida pelo viajante por estar em local desconhecido.

e) a saudade sentida pelo viajante de sua terra natal e de sua cultura.

Questão 2

Férias na Antártica

Quando deixamos a América do Sul rumo à Antártica, passamos pelo extremos sul do continente americano, o famoso Cabo Horn. A partir dali, navegamos pelo Estreito de Drake. Com muito mar pela frente, estamos sempre acompanhados por muitas aves marinhas, principalmente petréis e albatrozes.

Conforme nos aproximamos da Antártica, a água vai esfriando, ficando mais densa e o alimento começa a ficar mais concentrado, atraindo um número maior de animais. É como se entrássemos num enorme carrossel de animais e *icebergs* que flutuam em volta do continente antártico. Esse cinturão azul que abraça o continente é chamado de Convergência Antártica.

[...]

Laura Klink; Tamara Klink; Marininha Klink.
Férias na Antártica. São Paulo: Grão, 2010. p. 14.

No trecho lido, é possível identificar as seguintes características do gênero relato de viagem

a) uso da primeira pessoa do discurso, indicação do espaço e descrições.

b) uso de formas impessoais e descrição objetiva de pessoas e de espaços da narrativa.

c) uso da primeira pessoa do discurso, descrição de sentimentos e de impressões pessoais.

d) objetividade nas indicações de espaço e descrição de sentimentos e de impressões pessoais.

e) predominância da terceira pessoa do discurso, uso de marcadores temporais e descrição objetiva.

Questão 3

Charles Schulz. *Snoopy*. O Estado de S. Paulo, 21 jun. 2005.

A substituição do artigo indefinido *um*, ligado ao substantivo *cachorro*, pelo artigo definido *o* gera humor na tira. Ao empregar o artigo *o*, Snoopy

a) provoca a garota.
b) faz uma brincadeira.
c) refere-se a outro cão.
d) ironiza a primeira fala.
e) deseja reconhecimento.

Questão 4

O ônibus

Logo na esquina
desceu o primeiro.
Seguiu o motorista
mais quatro passageiros.

Desceu o segundo
no ponto seguinte.
Levou um susto:
a rua estava diferente.

Desceu o terceiro
na casa de Raimundo
que carrega no nome
tanta raiva do mundo.

O quarto desceu
em frente à estátua.
Caiu-lhe sobre a cabeça
uma espada de prata.

Desceu o último
tranquilo na calçada,
queria sentir o vento,
passear e mais nada.

Ficou só o motorista
nenhum passageiro.
Agora sim — ufa! —
podia ir ao banheiro.

Fernando Paixão. *Poesia a gente inventa*. São Paulo: Ática, 1996.

No poema, algumas palavras indicam a ordem em que os passageiros desceram do ônibus, contribuindo para a progressão do texto. Esses termos são

a) artigos.
b) adjetivos.
c) numerais.
d) advérbios.
e) substantivos.

Questão 5

Quino. *Mafalda*. São Paulo: Martins Fontes, 2005.

Considerando a linguagem empregada na tira e seus efeitos de sentido, é possível afirmar que a locução interjetiva utilizada por Mafalda no quarto quadrinho revela

a) pena.
b) aversão.
c) reprovação.
d) revolta.
e) desapontamento.

Questão 6

P é para pajé

Um pajé com falta de pê
Não é pajé. No máximo, um ajé
Correndo atrás de um pê:
Quando para vai pé ante pé
Pegar um pê ante pê.

P é para pajé

Sérgio Capparelli. *Tigres no quintal*. 4. ed. São Paulo: Global, 2008. p. 93.

É possível afirmar que esse poema
a) cria um efeito sonoro com a palavra *correndo*.
b) é construído com a aliteração da consoante *r*.
c) ganha ritmo com a repetição da consoante *p*.
d) tem ritmo marcado apenas pela assonância.
e) apresenta onomatopeias.

Questão 7

As bênçãos

Não tenho a anatomia de uma garça pra perceber
Em mim os perfumes do azul.
Mas eu recebo.
É uma bênção.
[...]

Manuel de Barros. *Poesia completa*. São Paulo: Leya, 2010. p. 478.

Autores que escrevem poesia costumam utilizar palavras e expressões de maneira não convencional, ampliando as possibilidades de sentido. Nesse poema, a expressão "perfumes do azul" gera significado incomum ao misturar
a) sons.
b) cores.
c) emoções.
d) percepções de sentidos.
e) pensamentos.

Questão 8

Jânio Quadros foi convidado, alguns anos após a renúncia, a dar uma palestra na Universidade Mackenzie, em São Paulo. O auditório estava lotado. Assim que entrou, o ex-presidente percebeu que o clima não seria nem um pouco favorável — foi recebido com uma vaia estrondosa pelos estudantes. Jânio falou durante uma hora, sem se importar com as piadinhas, assobios e outras zombarias dos estudantes. Quando terminou de falar, o reitor abriu para as perguntas. Um rapaz de cabelos compridos e chinelos, sem nenhuma cerimônia, perguntou:

— Você renunciou por quê?

O auditório ficou em silêncio. Jânio ajeitou os óculos, olhou bem para o garoto e respondeu, provocando gargalhadas:

— O senhor já deve ter ouvido falar em Benjamin Franklin. Ele dizia que a intimidade gera dois tipos de problemas: filhos e aborrecimentos. Como não quero ter nenhum dos dois com o senhor, dobre a sua língua ao se dirigir a um ex-presidente!

[...]

Maria Tereza de Queiroz Piacentini. *Não tropece na língua*. Curitiba: Bonijuris, 2012. p. 232-233.

Os pronomes de tratamento revelam o grau de intimidade entre interlocutores, dependendo da situação de comunicação. No episódio relatado no texto acima, a causa da irritação de Jânio Quadros foi

a) a acusação de covardia feita pelo rapaz ao ex-presidente.

b) o registro de linguagem informal usado pelo rapaz.

c) o vestuário inadequado utilizado pelo rapaz.

d) a vaia estrondosa feita pelos estudantes.

e) a zombaria feita ao ex-presidente.

Questão 9

História meio ao contrário

[...]

— Majestadinha do meu coração, conta para mim, conta... Que foi que aconteceu, meu real amor?

Tanto ela insistiu que o Rei, finalmente, conseguiu urrar:

— Uma coisa horrível! Roubaram o dia!

Quando disse **isso**, fez-se um silêncio de espanto. A Rainha e a Princesa não podiam acreditar — embora nunca tivessem sabido que o Rei mentisse. Mas não conseguiam aceitar que **aquilo** fosse verdade. Então alguém podia roubar o dia? Carregar o sol? Acabar com a luz?

Ana Maria Machado. *História meio ao contrário*. 25. ed. São Paulo: Ática, 2005. p. 13.

Os pronomes demonstrativos podem ser utilizados para fazer referências e evitar repetições, retomando ou introduzindo informações. No trecho lido, os pronomes *isso* e *aquilo* em destaque

a) não apresentam referentes.

b) introduzem uma nova informação à história.

c) introduzem duas informações novas à história.

d) retomam uma mesma informação apresentada anteriormente.

e) retomam informações diferentes apresentadas anteriormente.

Questão 10

Mandela

No auge do verão de 1918, nasce um menino na aldeia de Mvezo. Seus pais irão chamá-lo Rolihlahla. Ele não demora a pastorear carneiros ou a cortar galhos para ser o rei do arremesso de bastão. Rolihlahla ama seus numerosos primos como irmãos. Gosta de derreter o quibebe de abóbora na boca e fazer graça dos cabelos brancos do pai cobrindo a cabeça com as cinzas do borralho! Mas o que Rolihlahla gosta mesmo é de beber nas tetas das vacas. Nas verdes colinas da África do Sul, o leite das pastagens tem o gosto doce da liberdade. [...]

Alain Serres. *Mandela*: o africano de todas as cores.
Tradução: André Telles. Rio de Janeiro: Pequena Zahar,
2013. p. 5-7.

O texto acima é um fragmento da biografia de Nelson Mandela, líder político vencedor do prêmio Nobel da Paz. Sobre esse texto, é possível afirmar que ele

a) apresenta a vida de uma pessoa pouco relevante.

b) narra fatos da vida de Nelson Mandela com humor.

c) relata trechos da infância de Nelson Mandela.

d) descreve fatos ficcionais da vida de Mandela.

e) indica os fatos de forma imprecisa.

Questão 11

Noel, o menino da Vila

Um belo dia, quando voltava de uma sessão de cinema, Noel entrou na sala de sua casa e se viu frente a frente com o piano. Nesse momento, o espírito aventureiro se associou à paixão musical. E ele, proibido que era de tocar no caro instrumento, não resistiu. Aproximou-se dele, levantou a tampa, que guardava o teclado, e suavemente começou a dedilhar. Uma tecla, duas, três... a música foi entrando em sua mente e, sobretudo, em sua alma.

— Nooeel, larga o piano! — gritou dona Martha.

[...]

Clóvis Bulcão e Márcia Bulcão. *Noel, o menino da Vila*.
Rio de Janeiro: Escrita Fina, 2010. p. 12.

Nesse trecho da biografia do músico e compositor Noel Rosa, observa-se

a) a indicação do tempo dos fatos de forma precisa.

b) o uso de travessão para indicar a fala do biografado.

c) o relato de um episódio significativo na vida do biografado.

d) a descrição minuciosa do tempo e do espaço da narrativa.

e) a apresentação do perfil psicológico do biografado.

Questão 12

O escolhido por João Lara foi o violão, não o tradicional de seis cordas, mas o de sete, introduzido na época por Arthur de Souza Nascimento, o Tute, e por Otávio Viana, o China, do lendário conjunto Oito Batutas, capitaneado por seu irmão mais novo, que entraria para a história como um dos maiores compositores do país de todos os tempos, **Pixinguinha**. [...]

Lucas Nobile. *Dona Ivone Lara*: a primeira-dama do samba.
Rio de Janeiro: Sonora, 2015. p. 11-12.

No trecho, o termo destacado faz referência

a) a João Lara.

b) a Arthur de Souza Nascimento.

c) aos jovens amadores.

d) ao lendário conjunto Oito Batutas.

e) ao irmão mais novo de Otávio Viana.

Questão 13

O que os olhos não veem, a natureza sente. *Greenpeace*, 2018. Disponível em: https://www.greenpeace.org/brasil/participe/divulgue-ogreenpeace/midia-impressa/. Acesso em: 17 maio 2023.

Depois de ler os elementos verbais e não verbais do anúncio do Greenpeace, é possível afirmar que
a) os animais possuem sentimentos.
b) a falta de consciência afeta a natureza.
c) os animais fecham os olhos para a natureza.
d) sentimos a natureza mesmo sem enxergá-la.
e) a imagem contradiz a mensagem de que é preciso abrir os olhos para os problemas ambientais.

Questão 14

Ministério da Saúde. Governo Federal, 2009.

No cartaz, o emprego do modo imperativo visa
a) levar o leitor a tomar medidas preventivas.
b) convencer o leitor a comprar caixas-d'água.
c) criticar o comportamento do leitor.
d) intimidar o leitor sobre suas ações.
e) tranquilizar o leitor sobre a dengue.

Questão 15

Guardiões da Galáxia Vol. 2 | Entrevistamos James Gunn

Publicado em 5 de dezembro de 2016 às 19h10 por Marina Val

Durante a CCXP 2016, tivemos a oportunidade de conversar com James Gunn, diretor de Guardiões da Galáxia e Guardiões da Galáxia Vol. 2, em uma mesa-redonda junto com outros jornalistas. [...]

Qual é o maior desafio em se fazer a trilha sonora do segundo filme funcionar tão bem quanto a do primeiro?

JG: Eu acho que, bem, a trilha sonora do primeiro funcionou muito bem enquanto trilha sonora e eu acho que essa do segundo também funciona e funciona bem no filme também. Mas eu tenho de pensar no que é melhor para o filme, é o meu trabalho pensar nisso e pensar nas músicas que serão melhores no sentido emocional do filme, e eu acho que temos algumas músicas que fazem isso muito bem e são músicas melhores do que algumas músicas do primeiro, algumas músicas que funcionam como um prazer culpado, elas são um pouco mais maduras do que as músicas do primeiro filme. [...]

Jovem Nerd, 5 dez. 2016. Disponível em: https://jovemnerd.com.br/nerdbunker/guardioes-da-galaxia-vol-2-entrevistamos-james-gunn/. Acesso em: 17 maio 2023.

A entrevista é um gênero textual tipicamente oral, mas que pode ser realizado de forma escrita. Dependendo do contexto, é comum que uma entrevista transcrita apresente marcas de oralidade. No texto acima, que é a transcrição de uma entrevista, essas marcas servem para

a) preservar as características típicas do discurso oral.

b) manter o registro formal usado pelo entrevistado.

c) censurar o uso da norma-padrão na imprensa.

d) explicitar as emoções do entrevistado.

e) criticar o uso do registro informal.

Questão 16

todateen: Garotas, como vocês definiriam o *cyberbullying*?

Paula: Eu definiria como um *bullying* numa versão 2.0, a prática do *bullying* é a mesma, só que pra quem pratica agora, as vantagens são maiores (tipo o anonimato ou a forma como as coisas se expandem mais rapidamente).

Isa: Acho que é uma forma covarde de praticar *bullying* (não que a prática seja um ato heroico), mas pela internet as pessoas falam o que pensam e bem entendem, então, acho que é uma forma fácil de violentar os outros verbalmente. [...]

Disponível em: https://todateen.com.br/noticias/entrevista-paula-e-isa-garotas-geeks-falam-sobre-cyberbullying.phtml. Acesso em: 17 maio 2023.

Que palavra presente no texto pode ser associada a variedades linguísticas utilizadas normalmente por jovens?

a) tipo

b) coisas

c) rapidamente

d) acho

e) internet

Questão 17

Nos últimos anos, no Brasil, estamos percebendo um aumento da desinformação, de ataques à liberdade de imprensa e de expressão. [...] Você considera que a literatura e outras formas de expressões culturais e artísticas podem ser uma maneira de lutar contra esses atos de repressão?

Milton Hatoum – Sim. Mas, a literatura e as artes, de um modo geral, não são discursos ideológicos. Quando você lê um romance, geralmente, o leitor ou a leitora faz perguntas e são elas que conduzem a reflexão de uma questão, de um problema ou de um conflito humano. [...] O que acontece, hoje, no Brasil, é uma forma de opressão que inibe muitas pessoas. Mas não nos cala, nós não somos obrigados a silenciar. Então, por isso, escrevemos, precisamos ler e continuar a fazer o ofício que mais nos satisfaz. No meu caso, o que me move para escrever é o desejo. Porém, a situação é muito adversa para quem admira ou para quem convive ou não pode viver sem a arte, sem a imaginação. A dificuldade de financiamentos para filmes, para peças de teatro, para festivais de músicas prejudica a produção artística no Brasil, o que é muito preocupante.

Arco entrevista escritor Milton Hatoum. Revista *Arco*, 22 jul. 2021. Disponível em: https://www.ufsm.br/midias/arco/arco-entrevista-escritor-milton-hatoum. Acesso em: 17 maio 2023.

Apesar de concordar com a pergunta, o escritor Milton Hatoum argumenta que a literatura e outras formas de expressão cultural e artística só podem ser uma forma de luta contra atos de repressão se

a) a imaginação do leitor for ampliada durante a leitura.

b) o incentivo à leitura acontecer desde a primeira infância.

c) os discursos ideológicos dominarem essas expressões artísticas.

d) os artistas oferecerem reflexões profundas por meio de suas obras.

e) a falta de recursos financeiros não impedir seu desenvolvimento.

Questão 18

Poeminha a um fotógrafo

Retoca, meu rapaz, retoca bem;
Tira aqui um pouco da papada,
E mete uns cabelos mais;
Tem quase nada.
Corta a curva do nariz
Alisa as rugas
Raspa a cicatriz
(não morri por um triz)
E não esquece de botar
Um pouco de brilho juvenil
No olhar.
Eu lhe recomendei bem
Ao fazer o pedido:
Não me agrada sair
Tão parecido

Millôr Fernandes. *Essa cara não me é estranha e outros poemas*. São Paulo: Boa Companhia, 2014.

No poema lido, o modo imperativo utilizado pelo eu poético expressa

a) ordem.

b) pedido.

c) convite.

d) conselho.

e) advertência.

Questão 19

Se essa rua fosse minha

Se essa rua
Se essa rua fosse minha
Eu mandava
Eu mandava ladrilhar
Com pedrinhas
Com pedrinhas de brilhante
Para o meu
Para o meu amor passar

Nessa rua
Nessa rua tem um bosque
Que se chama
Que se chama solidão
Dentro dele
Dentro dele mora um anjo
Que roubou
Que roubou meu coração
[...]

Domínio público.

No verso "se essa rua fosse minha", o uso do verbo *ser* no modo subjuntivo contribui para expressar

a) a vontade do eu poético de modificar a rua.

b) a relutância do eu poético em residir na rua.

c) a alegria do eu poético por ser o dono da rua.

d) o desejo do eu poético de manter as características originais da rua.

e) o conflito do eu poético em residir em uma rua em que ele não pode mudar nada.

Questão 20

Cem dias entre o céu e o mar

E com passaporte, diário e livros de bordo debaixo do braço subi os degraus gelados da escadinha de ferro e fomos atrás da única luz acesa no porto. O oficial da Imigração, especialmente arrancado da cama para a ocasião, e com cara de quem não estava muito acostumado a madrugar, colou as estampilhas, carimbou e finalmente assinou os meus papéis. E assim, às seis horas do dia 10 de junho de 1984, uma gelada manhã de domingo, eu estava oficialmente autorizado a deixar o porto de Luderitz, na Namíbia (antiga África do Sudoeste), com destino ao Brasil, remando.

Amyr Klink. *Cem dias entre o céu e o mar.*
São Paulo: Companhia das Letras, 2005.

As orações que formam o período composto por coordenação são sintaticamente independentes, mas estabelecem entre si relações de sentido. No trecho "colou as estampilhas, carimbou e finalmente assinou os meus papéis", a oração introduzida pela conjunção *e*

a) explica a importância de o oficial da imigração ler os papéis.

b) apresenta o motivo de o oficial da imigração assinar os papéis.

c) adiciona a informação de que o oficial da imigração assinou os papéis.

d) introduz a consequência de o oficial da imigração carimbar os papéis.

e) contradiz a informação apresentada anteriormente à de o oficial da imigração carimbar os papéis.

BIBLIOGRAFIA COMENTADA

ABREU, A. S. *Curso de redação*. São Paulo: Ática, 2004.

A obra oferece amplo material direcionado para o aprimoramento da escrita. Com base em textos literários e jornalísticos, apresentam-se conceitos linguísticos e discursivos acompanhados de atividades.

ABREU, A. S. *Gramática mínima*: para o domínio da língua padrão. 2. ed. Cotia: Ateliê, 2006.

Nessa gramática, são abordados aspectos que influenciam a escrita. Segue-se o modelo funcionalista-cognitivista e tomam-se como referência escritores modernos e a mídia de prestígio do país.

ARAÚJO, J. C. (org.). *Internet & ensino*: novos gêneros, outros desafios. Rio de Janeiro: Lucerna, 2007.

O tema dessa coletânea de textos é o impacto da internet no ensino e na aprendizagem. Há capítulos sobre "gêneros digitais" de texto, como o *chat*, o uso de *emoticons* e os efeitos do uso de tecnologias digitais na ortografia. A obra destaca estratégias de ensino e aprendizagem que dialogam com possibilidades e desafios característicos da internet.

BAGNO, M. *Nada na língua é por acaso*: por uma pedagogia da variação linguística. São Paulo: Parábola, 2007.

A obra aborda a noção de "erro" nos estudos da língua. O autor contextualiza historicamente o tema e, depois, insere-o na educação escolar, refletindo sobre a norma-padrão e os usos linguísticos.

BAKHTIN, M. *Os gêneros do discurso*. Organização, tradução, posfácio e notas: Paulo Bezerra. Notas da edição russa: Serguei Botcharov. São Paulo: Editora 34, 2016.

O livro reúne dois textos escritos por Bakhtin entre 1950 e 1960, em que são abordados conceitos como gêneros do discurso, enunciado, texto e cadeia comunicativa. Além desses, há outros textos inéditos do teórico que tratam do aspecto dialógico da língua.

BARBOSA, M. (org.). *Pós-verdade* e *fake news*: reflexões sobre a guerra de narrativas. Rio de Janeiro: Cobogó, 2019.

Os textos que compõem o livro discorrem sobre as mudanças ocasionadas pela internet nas formas como se produz e se consome informação. Além disso, abordam recursos que surgiram com essa tecnologia e os efeitos deles sobre a democracia.

BAZERMAN, C. *Escrita, gênero e interação social*. Organização: Judith Chambliss Hoffnagel e Angela Paiva Dionisio. São Paulo: Cortez, 2007.

A obra favorece a reflexão sobre a linguagem como elemento de mediação entre interlocutores, apontando a necessidade de estudar o contexto em que um autor está inserido para que sua produção seja efetivamente compreendida.

BECHARA, E. *Moderna gramática portuguesa*. 37. ed. Rio de Janeiro: Nova Fronteira, 2009.

Essa é uma obra de referência na gramaticografia, em que o autor acrescenta reflexões sobre questões linguísticas e discursivas à abordagem normativa que faz da língua.

BENVENISTE, E. *Problemas de linguística geral I*. 5. ed. Tradução: Maria da Glória Novak e Maria Luisa Salum. Campinas: Pontes, 2005.

A partir da publicação dessa obra, ganham força a teoria da enunciação e, com isso, as formas de expressão de subjetividade no texto, os dêiticos e outros conceitos que se solidificaram no século XX. O autor estabelece uma visão objetiva das relações entre língua e sociedade, linguagem e história, forma e sentido.

BRANDÃO, H. N. (coord.). *Gêneros do discurso na escola*: mito, conto, cordel, discurso político, divulgação científica. 4. ed. São Paulo: Cortez, 2003 (Coleção Aprender e Ensinar com Textos, v. 5).

O livro apresenta exemplos de trabalho com o texto em sala de aula. Os gêneros selecionados foram explorados à luz da teoria dialógica interacionista, como divulgação de instrumental para esse trabalho.

BRASIL. Ministério da Educação. Secretaria de Educação Básica. *Base Nacional Comum Curricular*: educação é a base. Brasília: MEC/SEB, 2018. Disponível em: http://basenacional comum.mec.gov.br/images/BNCC_EI_EF_110518_versaofinal_site.pdf. Acesso em: 11 abr. 2023.

Documento oficial e de caráter normativo no qual são definidas as aprendizagens essenciais nas diferentes etapas de ensino da Educação Básica. Tem como principal objetivo balizar a qualidade da educação no Brasil, guiando os currículos e as propostas pedagógicas das escolas públicas e privadas.

BRONCKART, J. P. *Atividades de linguagem, textos e discursos*: por um interacionismo sociodiscursivo. 2. ed. Tradução: Anna Rachel Machado e Péricles Cunha. São Paulo: Educ, 2008.

O livro apresenta aspectos teóricos e práticos do ensino da linguagem. É uma referência para professores e estudantes, pois explicita diferentes etapas da produção textual em contextos diversos.

CITELLI, A. *O texto argumentativo*. São Paulo: Ática, 1994 (Série Ponto de Apoio).

Na obra, aborda-se a argumentação considerando aspectos como formação e expressão de ponto de vista e mecanismos argumentativos, além de questões ligadas à coesão e à coerência.

CITELLI, A. *Outras linguagens na escola*: publicidade, cinema e TV, rádio, jogos, informática. 4. ed. São Paulo: Cortez, 2004 (Coleção Aprender e Ensinar com Textos, v. 6).

Livro de caráter prático que apresenta atividades para o ensino de produção de textos em diferentes linguagens e suportes.

COSTA, S. R. *Dicionário de gêneros textuais*. 3. ed. Belo Horizonte: Autêntica, 2008.

Além de definir conceitos relacionados à classificação dos gêneros textuais, o dicionário apresenta cerca de quatrocentos verbetes sobre gêneros escritos e orais de várias esferas.

CUNHA, C.; CINTRA, L. *Nova gramática do português contemporâneo*. Rio de Janeiro: Lexikon, 2009.

A descrição do sistema linguístico é exemplificada com o uso de textos de autores brasileiros, portugueses e africanos, oferecendo uma compreensão morfossintática de fenômenos linguísticos.

GEBARA, A. E. L. *A poesia na escola*: leitura e análise de poesia para crianças. São Paulo: Cortez, 2002 (Coleção Aprender e Ensinar com Textos, v. 10).

O livro faz uma reflexão sobre o ensino de poesia do ponto de vista acadêmico e do planejamento de atividades.

ILARI, R. (org.). *Gramática do português falado*: níveis de análise linguística. 4. ed. Campinas: Editora da Unicamp, 2002.

A coletânea é decorrente dos Seminários Plenos do Projeto de Gramática do Português Falado, que ocorreram entre 1980 e 1990. Esse volume inclui textos de especialistas em fonética, fonologia, sintaxe, morfologia e análise textual.

CRÉDITOS OBRIGATÓRIOS

Ilari, R.; Basso, R. *O português da gente*: a língua que estudamos, a língua que falamos. São Paulo: Contexto, 2006.

Os autores iniciam o estudo a partir da origem latina da nossa língua, passando pela consolidação dela na Europa e pela sua especificidade em nosso continente.

Koch, I. G. V. *A coesão textual*. São Paulo: Contexto, 2007.

O livro aborda a coesão e seus mecanismos, trabalhando a produção e a compreensão de sentidos por meio de enunciados reais.

Koch, I. G. V.; Bentes, A. C.; Cavalcante, M. M. *Intertextualidade*: diálogos possíveis. São Paulo: Cortez, 2007.

O livro discorre sobre o conceito de intertextualidade, isto é, a ideia de que o sentido de um texto é modelado por outros textos. As autoras exploram os diferentes níveis de intertextualidade e sua relação com os conceitos de transtextualidade e polifonia.

Koch, I. G. V.; Travaglia, L. C. *A coerência textual*. São Paulo: Contexto 2006.

A obra, além de abordar a coerência e sua aplicação, discute as relações entre esse conceito e o ensino.

Leite, L. C. M. *O foco narrativo*. São Paulo: Ática, 2007 (Coleção Princípios).

A obra apresenta a narração na ficção e na historiografia. Expõe e exemplifica os tipos de narrador segundo Friedman e detalha a onisciência seletiva, o monólogo interior e o fluxo de consciência.

Marcuschi, L. A. *Da fala para a escrita*: atividades de retextualização. São Paulo: Cortez, 2010.

O livro discorre sobre as relações entre fala e escrita, apontando diferenças e continuidades entre essas modalidades. Assim, problematiza tradicionais dicotomias e propõe atividades de análise de tipos e gêneros textuais, além de exercícios de retextualização que exploram a passagem de uma modalidade para outra.

Neves, M. H. M. N. *Que gramática estudar na escola?* Norma e uso na língua portuguesa. São Paulo: Contexto, 2003.

A obra propõe um tratamento científico e contextualizado do ensino de gramática, apresenta a importância da taxonomia de formas e funções e valoriza o uso da língua materna e o convívio entre variantes linguísticas.

Saussure, F. de *Curso de linguística geral*. 28. ed. São Paulo: Cultrix, 2012.

Livro fundamental para a edificação da linguística moderna, lançado postumamente (1916) por estudantes de Saussure com base em três cursos ministrados por ele na Universidade de Genebra. Na obra, estão presentes os pressupostos teórico-metodológicos relacionados ao estruturalismo.

Vieira, F. E.; Faraco, C. A. *Gramática do período e da coordenação*. São Paulo: Parábola, 2020 (Coleção Escrever na Universidade, v. 3).

O livro promove o desenvolvimento de uma consciência sintática que pode ser aplicada à escrita. Embora o título da coleção sugira a produção textual na universidade, o conteúdo é passível de ser aplicado no Ensino Fundamental, e a descrição gramatical é voltada às práticas de leitura e escrita.

p. 73 Qual a origem das palavras "sim" e "não"? Gabi Monteiro / Abril Comunicações S.A.

p. 76 Lisboa, Henriqueta. O homem pequeno. *In*: *Literatura oral para a infância e a juventude*: lendas, contos e fábulas populares no Brasil. São Paulo: Peirópolis, 2002. p. 105.

p. 93 Cidadezinha qualquer. Carlos Drummond de Andrade. *Alguma poesia*. Rio de Janeiro: Record, 2001. Carlos Drummond de Andrade © Graña Drummond www.carlosdrummond.com.br.

p. 102 Quem inventou o band-aid? Marcel Nadale / Abril Comunicações S.A. Edição: 178 Página: 49.

p. 132 Continho, de Paulo Mendes Campos, publicado no livro *Para gostar de ler: crônicas 1*, Editora Ática, São Paulo; © by herdeiros de Paulo Mendes Campos.

p. 133 Paloma Oliveto/CB/D.A Press.

p. 166 O que se diz. *In*: *O poder ultrajovem*, de Carlos Drummond de Andrade, Companhia das Letras, São Paulo, 2015. Carlos Drummond de Andrade © Graña Drummond www.carlosdrummond.com.br.

p. 178 Infância. Carlos Drummond de Andrade. *Alguma poesia*. Rio de Janeiro: Record, 2001. Carlos Drummond de Andrade © Graña Drummond www.carlosdrummond.com.br.

p. 189 O retirante resolve apressar os passos para chegar logo ao Recife. *In*: *Morte e Vida Severina*, de João Cabral de Melo Neto, Alfaguara, Rio de Janeiro; © by herdeiros de João Cabral de Melo Neto.

p. 192 Ritmo. *In*: *Apontamentos de história sobrenatural*, de Mario Quintana, Alfaguara, Rio de Janeiro. © by herdeiros de Mario Quintana.

p. 195 Noite de São João. *In*: *Poesia completa*, de Jorge de Lima, Nova Aguilar, Rio de Janeiro; © by Maria Thereza Jorge de Lima e Lia Corrêa Lima Alves de Lima.

p. 221 Alice Ruiz. *In*: ENCICLOPÉDIA Itaú Cultural de Arte e Cultura Brasileira. São Paulo: Itaú Cultural, 2022. Disponível em: http://enciclopedia.itaucultural.org.br/pessoa21586/alice-ruiz. Acesso em: 04 de abril de 2022. Verbete da Enciclopédia. ISBN: 978-85-7979-060-7.

p. 263 Bruno Molinero/Folhapress.